高等院校旅游管理专业系列教材

旅游心理学（第三版）

LÜYOU XINLIXUE

孙惠君　王青 ◎ 编著

首都经济贸易大学出版社
Capital University of Economics and Business Press
·北京·

图书在版编目（CIP）数据

旅游心理学 / 孙惠君，王青编著. -- 3 版.
北京：首都经济贸易大学出版社，2024.7. -- ISBN 978-7-5638-3708-3

Ⅰ. F590-05

中国国家版本馆 CIP 数据核字第 20248PW993 号

旅游心理学（第三版）
孙惠君　王　青　编著

责任编辑	杨丹璇
封面设计	
出版发行	首都经济贸易大学出版社
地　　址	北京市朝阳区红庙（邮编 100026）
电　　话	（010）65976483　65065761　65071505（传真）
网　　址	http：//www.sjmcb.com
E- mail	publish@cueb.edu.cn
经　　销	全国新华书店
照　　排	北京砚祥志远激光照排技术有限公司
印　　刷	唐山玺诚印务有限公司
成品尺寸	170 毫米×240 毫米　1/16
字　　数	409 千字
印　　张	19.75
版　　次	2011 年 3 月第 1 版　2016 年 8 月第 2 版 **2024 年 7 月第 3 版**　2024 年 7 月总第 7 次印刷
书　　号	ISBN 978-7-5638-3708-3
定　　价	48.00 元

图书印装若有质量问题，本社负责调换
版权所有　侵权必究

第三版前言

改革开放特别是党的十八大以来，我国旅游发展步入快车道。我国目前是全球最大的国内旅游市场，成为国际旅游最大客源国和主要目的地之一，旅游业规模从小到大、实力由弱渐强，日益成为新兴的战略性支柱产业和具有显著时代特征的民生产业、幸福产业，成功走出了一条独具特色的中国旅游发展之路。2024年5月17日，中共中央总书记习近平对旅游工作做出了重要指示。总书记强调，新时代新征程，旅游发展面临新机遇和新挑战。

经济发展水平的提升增加了人们的可支配收入，使得旅游活动变得更加普及。同时，经济的全球化也促进了国际旅游业的增长。伴随经济全球化的浪潮，各国社会文化不断交融，旅游行为也随之发生变化。现代旅游者追求个性化和定制化的旅游体验，他们不再满足于传统的旅游产品和服务，而是寻求能够满足个人兴趣和需求的独特体验。

之前的很多年里，旅游者坐在旅行社的大巴车里，隔着汽车的玻璃窗观赏旅游景点，仅仅通过拍照留下美好的记忆。现在的旅游者已经走出"玻璃罩"，走进旅游地的每个角落，品尝当地美食，与当地人交谈，参与当地的各种节庆活动，体验当地居民的真实生活。未来的旅游热点将不再局限于"用围墙圈起来"的收费景点，而是向旅游目的地更广阔的、真实的生活场景拓展。创建全域化的"非景之景"，呼唤旅游产品开发和旅游服务的变革，需要我们更多地关注旅游者不断变化的内在需求。

互联网和移动技术的发展极大地改变了旅游者的规划和预订行为。在线旅游平台和移动应用使得旅游信息更加透明，预订过程更加便捷，而旅游服务评价内容变成公开可查询的信息。此外，可持续旅游和生态旅游越来越受到重视，越来越多的旅游者开始更加关注旅游活动对目的地环境的影响。面对不断变革的旅游市场，如何开发旅游产品，如何为旅游者提供个性化的优质服务，如何跨越文化差异的鸿沟，需要进一步深化对旅游者心理规律的研究，从人的内心世界找到答案。

作为教材的编写者，我们将持续关注旅游者旅游行为的变化趋势，继续深入研究旅游者的心理变化规律，把更多的研究成果写进教材里，为旅游事业的持续发展做出自己的贡献。欢迎读者批评指正！

孙惠君

前　言

据世界旅游及旅行理事会（WTTC）预测，未来10年我国旅游业将保持年均10.14%的增长速度。其中，个人旅游消费将以年均9.18%的速度增长，企业与政府旅游的增长速度将达到10.19%。到2020年，中国将成为第一大旅游目的地国和第四大客源输出国，那时中国的旅游产业规模将是现在的6倍。旅游业正成为中国新的经济增长点和支柱产业。

高速发展的旅游产业对旅游相关研究和旅游教育均提出了较高的要求。适应旅游业要求不断提升服务质量的现状，近些年来，国内的旅游研究由倚重经济学、管理学的学科基础的宏观研究，渐渐转向依靠心理学、社会学等对旅游个体的微观研究，这种转变使得国内的旅游研究正在与国际接轨。旅游心理学作为专门研究旅游活动过程中个体以及群体心理变换规律的学科，在旅游学科体系中占据重要的位置。

本书分为15章。第一章是旅游心理学的概述；第二章至第六章分别介绍了旅游者的感、知觉，旅游动机，旅游者的情绪，旅游者的个性以及旅游者的态度等个体因素对旅游行为的影响；第七章群体与旅游行为则主要探讨群体对旅游行为的影响规律；第八章至第十一章对旅游服务作了详细的陈述，并对从业人员的心理素质进行了总结；第十二章至第十五章属于旅游企业管理心理的内容，从个体差异、领导、激励、压力管理等几个重要环节探求提高旅游企业管理水平的方法。

本书编写分工如下：孙惠君编写了第一章至第十一章，王青编写了第十二章至第十五章。编写过程中参考了大量国内外有关旅游心理学的书籍与相关网站上的内容，并引用了其中的资料，在此对文献作者表达诚挚的谢意。

本书内容如有不当之处，希望各界专家批评指正！

孙惠君

目 录

第一章 旅游心理学概述 ····· 1
 第一节 旅游心理学的研究对象 ····· 2
 第二节 旅游心理学的研究方法 ····· 5
 第三节 心理学基础知识 ····· 13

第二章 旅游者的感、知觉 ····· 20
 第一节 旅游者的感觉 ····· 21
 第二节 旅游者的知觉 ····· 27
 第三节 旅游者对旅游条件的知觉 ····· 33
 第四节 社会知觉 ····· 38

第三章 旅游动机 ····· 51
 第一节 动机概述 ····· 52
 第二节 旅游者的旅游动机 ····· 57

第四章 旅游者的情绪 ····· 72
 第一节 情绪概述 ····· 73
 第二节 旅游者的情绪 ····· 83

第五章 旅游者的个性 ····· 90
 第一节 个性概述 ····· 91
 第二节 个性与旅游行为 ····· 96

第六章 旅游者的态度 ····· 111
 第一节 态度及其特征 ····· 111
 第二节 旅游态度与旅游行为 ····· 120
 第三节 旅游态度的改变 ····· 122

第七章　群体与旅游行为 ·· 134
第一节　群体及其对个体行为的影响 ·················· 135
第二节　不同社会群体的旅游行为 ····················· 141

第八章　旅游服务心理 ·· 157
第一节　旅游服务的特征 ··································· 158
第二节　旅游服务中的客我交往 ························ 163

第九章　导游服务心理 ·· 179
第一节　导游员的心理品质 ······························· 180
第二节　导游服务心理 ······································ 197

第十章　旅游购物心理 ·· 204
第一节　旅游购物的心理意义 ··························· 205
第二节　旅游者购物的主要动机 ························ 206
第三节　旅游商品销售应遵循的心理规律 ·········· 208

第十一章　饭店服务心理 ······································· 213
第一节　住店客人的需要 ··································· 214
第二节　前厅服务心理 ······································ 218
第三节　客房服务心理 ······································ 223
第四节　餐厅服务心理 ······································ 227

第十二章　个体差异与管理 ···································· 231
第一节　能力差异与管理 ··································· 231
第二节　气质、性格的差异与管理 ····················· 238

第十三章　激励 ·· 254
第一节　激励概述 ··· 254
第二节　激励的理论 ·· 256
第三节　激励理论的应用 ··································· 264

第十四章　领导 ·· 270
第一节　领导概述 ··· 270
第二节　领导理论 ··· 272
第三节　领导的有效性和领导者影响力 ·············· 285

第十五章　工作压力与健康 ·············· 288
第一节　压力和工作压力 ·············· 288
第二节　组织中的压力源 ·············· 293
第三节　压力管理 ·············· 299

参考文献 ·············· 306

第一章 旅游心理学概述

本章提要

旅游心理学属于心理学分支中应用性的学科,与旅游学的内容存在交叉。旅游心理学从旅游者的个体心理、群体心理以及旅游服务心理、旅游管理心理四个方面,探讨旅游过程中旅游者和旅游行业从业者的心理变化规律。客观性、发展性、系统性和理论联系实际是旅游心理学研究的原则。旅游心理学的研究方法包括观察法、实验法、测量法、调查法、个案法、文献综合法和投射法。

旅游是一项愉快而美好的活动,它是人类社会生活的一项重要内容。在有文字记载的各个时代,人们都向往旅游。人类早期的出行多是为了通商和公务,少数人的探险旅行和科学考察则建立了欧亚大陆间的联系。直到中世纪后期,越来越多的人通过旅行增长知识、保健身体,以教育、健身、娱乐、交往为目的的旅行活动开始盛行。16世纪,英国一个叫利普西斯的人曾记载:"古往今来,伟人名士皆有旅行经历。而通过这种求知旅行,使其增加了对异国他乡风土人情、生活方式以及政体组织方面的了解,从而开阔了视野。"在国外有条件的家庭,年轻人一俟中学毕业,不等投考大学便被送往国外旅行,游历几十个国家成为很平常的事情,人们普遍认为完成旅行的年轻人视野开阔、长进颇大。当然，人们出游的目的各不相同，但旅游行为日渐普及，已然成为大众化的消费项目。

伴随各国旅游业的迅猛发展，旅游学应运而生。学者们从经济、管理、地理、法学、社会、教育等多个角度深入探讨旅游行为的规律。虽然这些研究对于认识旅游活动的规律和促进旅游业的发展起到了较大的作用，但是这些研究多从旅游活动的外部环境入手，研究影响旅游行为的外因，而对旅游活动的主体，即旅游者的研究不够深入。

旅游是人的活动，旅游景点开发和接待服务要围绕旅游者进行。人为什么要离开自己的家去旅游？为什么有的人到甲地旅游而有的人到乙地旅游？怎样才能使人们在旅游过程中得到愉快的感受和满足等心理体验？这些问题的研究，无论对旅游景区的开发部门还是旅游服务行业都至关重要。

解释旅游行为不是一件容易的事，因为影响人的行为的因素很多。比如，人们如何看待旅游地、旅游广告和旅游交通，如何学会旅游消费，如何作出旅游决策，个体的性格如何影响不同人的旅游行为，导游员应具备哪些能力，如何根据游客心理需求因势利导安排导游服务，等等。以上内容都要求我们了解旅游者的心理活动及其规律。

第一节　旅游心理学的研究对象

旅游心理学作为心理学的一门分支学科，既属于旅游学科范畴，又属于心理学科范畴，是研究旅游活动中旅游者的心理活动及其相关规律的学科。我们看到的旅游行为，如度假休闲、异地探险、城市观光以及人们为改变生活环境、丰富人生体验的一系列行为，都是个体心理需求的表达。对旅游者心理的研究可以帮助我们理解旅游者千差万别的旅游行为，发现旅游者旅游行为的规律，解释旅游过程中的各种现象。

围绕着旅游者从接受各种旅游宣传，产生旅游的愿望，寻求旅游地的相关资料，到目的地旅游，并与交通、住宿、餐饮、娱乐、旅行社等服务机构发生消费关系，再到完成旅行，进而形成关于这次旅行的整体印象，并为下一次旅行积累经验的旅行全过程，可以把影响旅游者心理和行为的因素概括为旅游者个体的心理特点、旅游者所属群体和社会环境、旅游从业人员的服务以及旅游企业管理四个方面。这四个方面就是旅游心理学的研究内容。

一、旅游者个体心理

每个旅游者都是有思想、有情感、有欲望以及有不同兴趣爱好、性格气质和价值观念的人，所有这些特征都会影响旅游者的旅游行为。比如，对于同一条宣传某旅游地生意火爆、游客云集的旅游广告，有些人会认为这里一定不错，因而趋之若鹜;而有些人却认为人太多会影响观光游览,反而不愿光顾这里。人们对广告信息的理解各有不同,造成这种不同的原因多种多样,其心理机制较为复杂,可能源于兴趣、性格、原有生活经历、知识背景、情感体验、风险知觉模式等。

旅游活动是旅游者心理活动的外在表现,而旅游者的心理活动是旅游者在旅游过程中对旅游刺激物的反映,是人脑所具有的特殊功能和复杂的活动方式。人的大脑作为人体最神秘、最精细的器官,它的功能就是接受内、外界的各种刺激,经过加工,产生感觉、记忆、情感、想象、思维、言语以及各种外显行为,这些产物就是心理现象,是人对外界刺激的反映。人的心理活动处在内在隐蔽状态,不具有可以直接观察的形象状态,因而无法直接了解。但是,心理活动可以支配人的行为,决定人做什么、不做什么以及怎么做。人的行为尽管形形色色,人人有别,但都是受人的心理支配的。因而观察一个人的行为表现,即可间接了解他的心理活动。

旅游者选择哪个地方作为旅游目的地,采取何种方式旅游,逗留多长时间,确定哪些旅游项目,是否选购旅游商品……旅游者对旅游的每一个环节和步骤都会作出相应的心理反应,会进行分析、比较、选择、判断。旅游者的行为在其心理活动支配下进行,要理解旅游者千变万化的旅游行为,必须了解其心理活动规律,即旅游者的感觉、旅游者的知觉、旅游者的记忆、旅游者的思维、旅游者的想象、旅游者的情感、旅游者的性格、旅游者的气质以及旅游者的态度等。

二、旅游群体心理

人具有社会属性,离开群体,个体将无法生存。早在公元前328年,亚里士多德就指出:"人在本质上是社会性动物,那些本来就缺乏社会性的个体,要么就比人低级,要么是超人。社会实际上是先于个体而存在的。不能在社会中生活的个体,或者因为自我满足而无须参与社会生活的个体,不是兽类,就是天神。"

人出生后,在家人的照料下长大,同他人交往,接受社会影响,学习掌握社会角色行为规范,形成适应社会环境的人格、社会心理、行为方式和生活技能。在逐渐学会社会规范的过程中,每个人都拥有所属群体的行为特征,家庭、职业、社会阶层、朋友同事圈子、地域、文化、性别等所属群体的标准、目标、行为规范甚至旅游消费模式。群体对个体行为的影响也可以在其旅游行为中体现出来,个体的旅游行为偏好在很大程度上受群体的影响。

在现代社会中,大众传媒以惊人的速度向人们提供大量信息,人们生活在充斥着信息的环境里,任何人都不是孤立的。模仿、从众等现象在群体中十分普遍。旅游者会选择具有代表性、权威性或自己喜欢、向往的人为榜样,模仿榜样的行为、思想和语言。对某些人来说,旅游行为本身就是模仿行为,有些人在某个旅游环节上受群体文化环境的影响,而没有自己独立的判断。所以,了解群体的心理变化规律,以及当群体在规模、属性、凝聚力、意见领袖等方面变化时群体成员的心理与行为会发生哪些变化,对于研究人的旅游行为具有极大的指导意义。

此外,旅游者的旅游过程也是一个人际互动的过程。旅游者与旅游者之间的关系、旅游者与旅游从业人员之间的关系、旅游者与旅游目的地居民的关系等,都会影响旅游者的旅游经历和体验。旅游者与共同旅游的游伴多半已有感情基础,或因利益一致而相互适应,因而对自己的游伴较为自然和不过分计较;旅游者对旅游从业人员往往要求较高,认为自己花了钱就应该享受周到细致的旅游服务,因而往往产生埋怨、矛盾和冲突。加之旅游者身处异乡,心理上存在不安与紧张,对外界的刺激比较敏感,这就要求旅游从业人员了解旅游者的心理特点,因势利导做好服务工作,处理好各类人际关系。

三、旅游服务心理

在具备丰富的旅游资源和良好的旅游设施的前提下,旅游服务水平的高低、旅游服务质量的好坏是促进旅游业发展的关键。如何提供高水平的旅游服务,让旅游者感到满意,不是一件容易的事。旅游是一个过程,旅游消费是旅游者花钱购买一段个人经历,以"接待"为特点的旅游业应以带给旅游者美好的体验为目标。所以,旅游服务实质上是旅游服务人员通过与旅游者打交道,帮助旅游者体验其美好的个人经历的过程。旅游业的重要任务之一就是大力提高旅游服务水平,使旅游者乘兴而来,满意而去。要提高旅游服务水平,除了提高从业人员的服务技能以外,还需要了解旅游服务对象的心理特点,开展有针对性的个性化服务,满足不同旅游者的心理需求。只有在了解和掌握旅游者心理特点的基础上,善于区分不同民族、国家、年龄、性别、职业、文化背景的旅游者的生活习惯和服务要求,根据旅游者的兴趣、爱好、能力、动机、气质、性格等,主动地、自觉地开展有针对性的服务,满足不同旅游者的心理需求,才能使旅游者产生积极愉快的心理体验,形成美好的旅游印象,感到旅游消费的确物有所值。对旅游服务心理的研究为开展高质量的旅游服务提供了相应的理论依据。

四、旅游管理心理

任何一个企业都要靠人来实现企业的目标,旅游企业也不例外。以"接待"为主要工作内容的旅游企业,如饭店、餐馆、旅行社,企业的大部分工作是员工直接为客人提供旅游服务,员工的技能水平、职业素养、工作态度决定了企业的服务质量。劳动效率的提高和企业目标的实现很大程度上取决于员工的目标、态度,群体的行为准则、心理气氛,领导者的威信、影响力等社会心理因素。为了更好地发挥员工的工作主动性和积极性,企业不仅要建立以完成生产任务为中心的管理制度,同时要建立以人为中心的管理制度。作为现代企业,在人、财、物三大资源中,人是最重要的资源。

旅游企业应运用旅游心理学理论分析并逐步掌握员工心理状态和个性心理,了解员工的能力特点、工作愿望、人际苦恼和工作积极性的源泉,有的放矢地开展管理工作。通过科学的管理，为员工安排合适的工作岗位，尽可能做到人尽其才，同时建立有利于激发员工工作积极性的组织团队，及时解决员工的心理问题，创设一种沟通顺畅、激励健全、领导有效、目标一致、充满凝聚力和创造力的高效率团队气氛。相对于其他的行业来说，旅游企业更加依赖员工的创造力和工作热情。所以，针对旅游企业开展管理心理学研究，也是旅游心理学不可缺少的内容之一。

　　旅游者个体心理、旅游群体心理、旅游服务心理和旅游管理心理四个方面构成了旅游心理学的主要研究内容。此外，旅游者的旅游行为给旅游地的居民生活也带来一些影响。很多当地人放弃原有职业，改行从事专门的旅游服务工作，他们学习各种语言，了解不同的文化，进而他们的文化、思想、习俗也变得多元、时尚了。这种变化是动态的而非静止的，它会随着旅游地外部环境以及旅游地居民内在认知等方面的变化而变化。对旅游地居民心理的研究目前较为薄弱，值得关注。研究旅游地居民的心理对解决旅游区保护、减少旅游开发机构与当地人的冲突、减少旅游者与当地人的冲突等现实问题具有积极的意义。

　　总之，旅游业的特点决定了它必须围绕如何更好地为旅游者服务这一根本问题开辟自己的道路。从事这一行业的经营者、服务者总是以招揽客人，接待旅游者，组织旅游活动，为旅游者提供食、宿、行、游、购、娱等优质服务为宗旨。使"产品"满足旅游者的心理需求，是旅游业的生命线。如旅游景点的开发首先要研究能否对旅游者有吸引力，然后才能决定它的社会价值和经济价值。旅游业的一切设施，无论现代化程度有多高，也必须在充分考虑到旅游者生理特点和心理特点的前提下来论证它的科学性和实用性。通过旅游者心理的研究，可以了解、激励并影响旅游者作出各种旅游决策和行为的心理因素，掌握旅游者的心理需求，从而为旅游市场的预测开发、旅游企业的经营管理提供科学而丰富的指导，促进国际国内旅游业的发展。同时，旅游心理学作为心理学的一个分支，通过对旅游者心理的特殊规律进行研究总结，可以丰富心理学的知识宝库，使心理学带给人们更多的自我了解，体验更多的生活幸福。

第二节　旅游心理学的研究方法

　　现代心理学理论的发展离不开心理学的实际研究和应用，科学的理论正建立在科学的研究方法之上，因而研究方法已成为心理学的重要组成部分。旅游心理学作为心理学的分支之一，心理学中已经非常成熟的研究方法同样适用于旅游心理学，事实上，每个人都是现实或潜在的旅游者。心理学理论的发展为旅游心理学的研究提供了知识和方法上的支持。当然，由于研究人群和情境的特殊性，各个心理学分支需要选择恰当的方法，并作适当的改进。旅游心理学的主要研究对象是流动性较强的旅游者，旅游行为在时间上是短暂的，针对个体的研究不适于进行长期观察；鉴于旅游者在旅游活动中所处的特殊地位，也不宜采用实验室实验法，而可以采用观察法和调查法;考虑到游客行程仓促,不便于要求游客给予主动配合,也难以要求游客同意配合;个人访谈很难实施,而集体访谈也要看游客是否愿意参与。所以,对旅游者的心理研究具有一定难度,对研究工作的要求较高。但是,只要采用正确的研究方法,本着客观的原则,一定会取得可靠的结果。旅游心理学日益丰富的研究成果和恰当的研究手段为其理论建构与方法改进提供了大量新的素材。

一、研究旅游心理学的基本原则

(一)客观性原则

所谓客观性原则,指要求研究者坚持实事求是的科学态度,按照心理现象的本来面目去反映、去分析,而不附加任何主观的成分。按照客观性原则的要求,研究者要保证采集真实的研究数据,获得真实的客观材料,以保证结论能反映研究对象自身的客观真实。

(二)发展性原则

所谓发展性原则,指用发展的观点看问题,把心理现象看作一个不断发展变化的过程,进行动态研究。按照发展性原则的要求,研究者既要寻找旅游者旅游行为的规律,即关于个体行为稳定的特征,又要注意到当客观条件发生变化时,旅游者的原有特征会发生变化。人的需求在不断满足中变化,人的情绪随外界情境的改变而变化,人的性格也会在工作、生活的磨砺中改变,旅游者的心理当然也是发展变化的了。

(三)系统性原则

所谓系统性原则,指用整体的观点看问题,把心理现象作为社会现象的一部分,用整体、系统、联系的观点进行分析研究。按照系统性原则的要求,研究者要想充分了解旅游者的某种心理特点,就应明确该心理特点在研究对象的整个心理面貌中的位置,考察各种心理现象之间的相互作用关系,并将其放入更大的社会背景中进行综合分析,而不是孤立的、局部地看待某种心理现象。

(四)理论联系实际原则

旅游心理学的研究有其理论目的,这就是探索旅游者的心理变化规律,为解释旅游者的行为提供科学依据。旅游心理学还有其实践任务,就是运用旅游心理学的规律为旅游业的科学发展服务,解答旅游资源开发部门、旅游管理部门和旅游服务行业提出来的实际问题,使旅游者获得高质量的旅游产品,使从业人员提高服务质量。这也是研究旅游心理学的动力。

二、旅游心理学的研究方法

旅游心理学是一门交叉学科,其研究方法兼有心理学、社会学、管理学等学科的特点,而且定性研究和定量研究同样重要。目前,旅游心理学的基本研究方法主要是观察法、实验法、测量法、调查法、个案法、文献综合法和投射法等。

(一) 观察法

在自然条件下,有目的、有计划地系统观察人的行为和活动,从中发现人的心理现象产生和发展的规律的方法叫作观察法。例如,观察儿童的游戏,记录儿童每天所说的话,了解儿童的注意力和儿童的思维活动,比较儿童语言的发展。观察可分为自然观察和参与观察。自然观察是在自然情境中对人的行为进行观察,其特点是对所观察的行为尽可能少地干预。自然观察的主要目的是描述行为,提供"类别"及"数量"信息,即回答"是什么"的问题。此外,它也可能提供一些其他的经验数据。自然观察是所有研究方法的基础。观察者与被观察者之间存在互动关系,这种观察叫作参与观察,即观察者作为被观察者群体的一员进行的观察。其特点是,由于身临其境,观察者可能获得较多的"内部"信息。采用参与观察法时,应尽量减少观察者与被观察者之间相互作用造成的负面影响。观察法应在自然条件下进行,研究者不应去控制或改变有关条件,否则,被观察者行为表现的客观性将受到影响。

运用观察法,首先应有明确的目的,要制订研究计划,拟定详细的观察提纲。观察过程中要敏锐捕捉各种现象,并准确、详细地记录下来,及时予以整理和分析,以利于科学结论的产生。由于观察法很少干扰或不干扰被观察者的正常活动,因而得出的结论比较符合实际情况。另外,观察法简便易行,可以涉及相当广泛的内容。观察法是进行旅游心理研究最基本的方法,是在不改变通常的旅游活动的条件、不被旅游者觉察的情况下进行的,因此,由于旅游者的活动处在自然状态下,所得的材料比较真实。此外,运用观察法不需要控制或创设特设的条件,灵活方便,可以随时随地地应用。

在进行观察的时候,观察者不应干预活动的进行,应该客观地进行观察,按事件发生的先后顺序加以记录,然后进行分析。因此,观察法不能控制条件,只能听任活动的自然进行,观察所得的材料往往不足以区别哪些是偶然的,哪些是规律性的。用观察法获得的资料,也不能按事件发生的先后,简单地作因果联系的解释。因而,观察法表面看起来很简单,但实际运用起来难度非常大,因此,只有经过严格训练的人才能有效地使用观察法。但是,用观察法得到的资料比较客观、真实。通过对观察资料的分析,也可做出现象之间因果关系的假设,为进一步进行实验研究打下基础。对于流动性强和逗留时间短暂的旅游者来说,观察不可能是长期的,必须在短时间内进行。加之游客身处异乡,较为敏感,观察者尽量不要让游客感到被监视、被侵犯。这就要求旅游心理研究人员熟悉旅游活动过程,了解旅游者外部表现的心理意义,以便迅速准确地进行观察。必要时,可适当使用照相机、录音笔、摄像机等设备,便于进行进一步的观察记录。

（二）实验法

实验法是主试在严格控制的条件下,观察被试的行为或活动,探索客观条件与人的心理活动之间的因果联系的研究方法。实验法可以分为实验室实验法和自然实验法。实验室实验法是在设备完善的实验室里对被试的心理现象进行研究,从呈现刺激到记录被试的反应、数据的计算和统计处理,都采用电子计算机、录音、录像等现代化手段,实行自动控制,因而对心理现象的产生原因、大脑生理变化以及被试行为表现的记录和分析都是比较精确的。自然实验法是由研究者有目的地创造一些条件、在比较自然的条件下进行的,它既可以用于研究旅游者一些简单的心理活动,又可用于研究旅游者比较复杂的心理活动。自然实验法兼有观察法和实验室实验法的优点。由于自然实验法是在实际情况下进行的,所得到的结果比较接近实际;又由于自然实验法是研究者有目的地改变或控制某些条件,因此比较具有主动性和严密性,所得到的结果也比较准确。

在实验法中,由实验者选择用来引起被试者心理或行为变化的刺激变量叫作自变量;由自变量引起的被试者心理和行为的变化叫作因变量。我们所要寻找的就是自变量和因变量之间的因果联系。为了研究的成功,实验者还要控制除自变量之外的一切能够对被试者的心理或行为产生影响的客观条件,这些条件叫作无关的额外变量。例如,在研究不同的记忆方法对记忆效果的影响的时候,记忆的方法是自变量,被试者的记忆效果是因变量。但是,除了记忆方法之外,记忆的材料,被试者的性别、年龄、知识经验、个性特点以及环境条件等,都会对记忆效果产生影响。我们的目的是确定记忆方法的优劣,在研究中我们只能让记忆方法这一个因素起作用,对其他条件都要加以控制,不能让它们影响记忆的成绩。控制的方法很多,主要是保持这些条件的恒定,让它们在各种实验条件下所起的作用相等。如果应该控制的变量没有控制好,也就是在实验中不该起作用的因素起了作用,那么,就会造成自变量和没有控制好的额外因素共同引起了被试者心理和行为的变化,实验也就失去了效用。实验法在旅游研究中使用起来难度较大,一般很少使用。

（三）测量法

测量法是指使用一套预先经过标准化的测量工具对具有某一属性的对象给出可资比较的数值的方法。测量时所使用的工具称为心理测验,按照内容可以分为智力测验、成就测验、态度测验、人格测验;按照形式可分为文字测验和非文字测验;按照测验规模可分为个别测验和团体测验。

在旅游心理学的应用领域,使用心理测量法时研究者通常不会花费时间和精力去编制测验量表,而是使用那些标准化的测验量表来测量旅游者或旅游工作者的心理和行为特征。例如:要了解旅游者的智力,可以使用韦克斯勒(Wechsler)的儿童与成人的智力量表进行测量;要了解旅游者的各项人格因素,可以使用明尼苏达大学的明尼苏达多项人格调查表,也可以采用卡特尔(Cattell)16PF问卷,除此之外，还有许多其他的人格测验量表可供使用；如果想了解旅游者的价值观，不妨采用莫里斯13种生活方式量表，当然，也可以使用阿尔伯特(Altport)等人的价值研究量表。在心理测量领域，用来测量人的心理现象的量表越来越多，态度、兴趣、偏爱、需要、动机、能力、情绪、记忆、气质、性格等方面都有相应的测验量表，有时还不止一个。这些测验量表均可以被旅游心理学研究所用。此外，在对旅游业工作人员的心理测评、人员选拔、岗位分配以及员工的心理状态与服务行为的关系等方面，测验量表也有广泛的用途。

心理测量法的优点在于：能够把定性变量当作定量变量处理，使研究结果具有科学、直观、实用、可比较性强等特点；可以进行团体测验，从而提高研究工作的效率；心理测量的内容往往涉及较为深层次的个体心理特征，为深入研究旅游者的心理品质、心理规律提供了条件。其缺点在于测验所依据的心理学理论基础不够坚实。例如：人们对什么是人格还在争论，因而那些人格测验量表的效度就令人怀疑；对测量结果进行统计的方法尚不完善，可能存在统计处理的问题而导致错误结论的现象；对测量环境和实施测量的人员提出了很高要求，在实施测量过程中难以保证满足那些要求；任何量表都有其适用的人群，如不同的文化、职业、年龄等，对不同的人群使用时必须进行修订，如果没有修订就使用，测量结果就可能不真实、不可靠。

（四）调查法

就某一问题，用口头或书面的形式向被调查的对象提问，让其回答，通过对其回答的分析来了解被调查对象的心理活动的方法叫作调查法。用口头提问进行的调查方法叫作访谈法；用问卷的方式提问、让被调查者进行回答的调查方法叫作问卷法，例如民意测验。在进行口头调查的时候，事先要列好提问的问题或提问的提纲；在用问卷进行调查的时候，要按科学的程序制定好问卷。问题的设计要准确、具体，而且不能有暗示的意味，不能让被调查的对象难以理解或者产生歧义。

1. 访谈法

访谈法是研究者通过与研究对象的口头交谈来搜集资料的方法。与观察法一样，访谈法也属于直接搜集资料的方法。

(1)特点。访谈法是访谈者与被访者双方互相影响的过程，它具有两个方面的特点：一方面，若要取得访谈的成功，访谈者必须在双方人际沟通时创造信任的氛围，取得被访者的积极配合；另一方面，为了保证访谈的客观性、真实性及有效性，访谈必须具有明确的目的性和一套访谈提纲设计、编制与实施的原则。访谈法是一种科学研究的方法，不是普通的聊天。

(2)分类。

①结构访谈与非结构访谈。结构访谈是标准化访谈，即按统一要求、依照一定结构的访谈问卷进行的正式访谈；非结构访谈的访谈提纲是粗线条式的，访谈者可

视实际情况灵活掌握与调整。结构访谈的结果易于统计分析,但灵活性较差。非结构访谈的灵活性强,但要求统计者具有较丰富的数据归纳和分析的经验。

②直接访谈与间接访谈。直接访谈是面对面的访谈;间接访谈是通过一定的中介进行的访谈,常见的有电话访谈等。直接访谈不仅能获得言语信息,还能得到非言语信息,因而有助于对访谈结果的解释与分析,但这种访谈对访谈者的要求较高,花费较多;间接访谈搜集的资料相对较少,访谈效率高,花费较少。

通过互联网进行的访谈是近年出现的一种新的访谈形式,它是间接访谈,但也具有直接访谈的部分特点。

③个别访谈与集体访谈。个别访谈又叫一对一访谈,主要用于对某个人进行较为深入的访谈。集体访谈又叫小组访谈,通常涉及8~12名被访者,被访者均从相关样本中选出,代表某一细分市场。小组访谈由一名主持人组织,时间在1~3小时之间。主持人按照融洽关系、组织讨论、总结发言的顺序开展访谈,力图让每位被访者都发表自己的见解。

(3)访谈过程与技巧。

①准备工作。在访谈前应熟悉访谈问卷的内容,准备好访谈所需的材料,尽可能了解被访者,选择双方均适宜的时间与地点进行访谈。

②接近被访者。是否善于接近被访者将决定访谈能否顺利进行。在接近被访者的过程中应注意以下几点:穿着干净整洁;称呼恰如其分;自我介绍简洁明了,不卑不亢;发出邀请时应热情,语气应该肯定和正面;以适当方式消除被访者的紧张、戒备心理,有时应出示身份证及有关文件。

③应对拒绝的技巧。如果被访者拒绝访谈,访谈者应有耐心,甚至要忍耐对方一些过分的表现和言词;同时应尽快搞清对方拒绝的原因并设法说服。不要轻易放弃,因为最初的拒访者能提供特殊信息,这可以为进一步的访谈研究提供重要的参考。

④谈话与提问技巧。开始交谈时应有寒暄之词以调节情境氛围;严格按访谈问卷的顺序以及原有问题提问。访谈时应与被访者保持交流,认真听、记,并适当给被访者以鼓励,但要避免诱导,对被访者应有耐心;如有遗漏,应请对方补充回答。

⑤追问技巧。当被访者回答不完整、不明确或答非所问时,访谈者应进行适当的追问。追问可分为说明式追问、详尽追问、假设性追问、系统追问、情感反应式追问以及正面追问等。这些追问方式可根据不同的场合和目的灵活运用。例如:当被访者犹豫不决或不理解时可用重复追问;回答不全时,可详尽追问;当需要对方提供更多信息时,可采用中性提问或评论方式追问。

访谈法在旅游心理学的研究中较为常见,在征得游客同意的基础上,针对其旅游过程的一些感受、需求、意见进行访谈,可以获得旅游者最直接、最及时的资料,给旅游管理部门提供及时的反馈意见。但这种方法要求研究人员有较高把握目标和控制谈话的技巧和能力,所以实际操作存在难度。此外,访谈记录量多且杂乱,收集、整理、分析、提炼的过程需要花费较多时间,而根据访谈结果得出的结论受访谈者访谈技巧、记录整理功底以及访谈者对问题的认识程度的影响,带有主观色彩。

2. 问卷法

研究者用统一的、严格设计的问卷搜集资料的研究方法叫作问卷法。问卷法是旅游心理学研究中使用得最普遍的方法之一。

(1)特点。问卷法有两个特点:一是标准化程度较高,整个过程严格按一定程序进行,从而保证了研究的准确性和有效性,避免了主观性及盲目性;二是收效快,能在短期内获得大量信息。

(2)分类。

①结构问卷和无结构问卷。在结构问卷中,每一问题都给出若干备选答案,被调查者从中选择认为最恰当的一个(有时是多个)答案。其优点是填写简单明快、用时较少,资料便于统计分析。无结构问卷中,问题虽然是统一的,但未给予任何选择答案,被调查者可自由作答。其优点是可获得丰富的资料,有利于进行较深入的研究。

②发送问卷、访问问卷和邮寄问卷。这是依照问卷的传递方式进行的分类。

发送问卷是调查者自己或请人把问卷发送到被调查者手中,待其填答完毕,再由调查者逐一回收。发送问卷适用于团体的或有组织的被调查者,其回收率及有效率均较高。

访问问卷是调查者按照问卷的要求当面向被调查者提出问题,然后将被调查者的口头回答填写在问卷中。其回收率极高,有效率亦较高,但费时费力,只适用于较小样本的研究。

邮寄问卷是调查者向一定范围的被调查者寄送问卷,要求被调查者按规定的要求填答,并在某一时限前通过邮寄方式将问卷回传给调查者。其优点是问卷样本可以较大,且匿名性较强,但回收率较低。通过缩短问卷长度及附有回寄邮票的办法可在一定程度上提高回收率。

(3)问卷的构成。问卷一般由以下 7 个部分构成:

①标题:问卷的标题,是对问卷目的及内容最简洁的说明。

②前言:说明研究目的、研究内容、研究的组织者以及对被调查者提供的资料的保密承诺等。

③指导语:用以指导被调查者怎样填写问卷的说明,包括填写方法、要求、时间、注意事项和例题等。

④问题及备选答案:问题和备选答案的内容是问卷的主体。

⑤一些人口学数据的记录:这些一般作为主要的研究变量。

⑥结束语:通常在此对被调查者表示谢意。

⑦计算机编码:方便后期用计算机处理问卷的结果。

(4)问卷设计的主要原则。

①目的性原则:设计问卷时要明确并紧密围绕研究目的。

②全面性原则:设计问卷时要全面考虑问卷内容的构成,在提问语句及答案设计中要尽量穷尽相关内容。

③非歧义性原则:设计问卷时,要使被调查者能准确理解问卷的内容,避免出现歧义。

④非暗示性原则:设计问卷时,调查者要力求避免对被调查者暗示与诱导。

⑤适度规模原则:设计问卷时,尽量针对特定的问题展开,不要牵涉面太广。如果问卷过长、问题太多,会引起被调查者的疲倦甚至反感。

(五)个案法

个案法是对某一被试者或研究对象所作的多方面的深入详细研究,包括其历史资料、作业成绩、测验结果,以及别人对其的评价等,目的在于发现影响其某种心理和行为的原因或发展历程。个案法又叫作个案历史技术,这种方法强调的是个体之间的差异。例如,对超常儿童的跟踪研究就是运用的个案法。通过对超常儿童的个案研究,可以了解超常儿童的人格特点、影响他们创造性发挥的主客观条件等。此外,像领导者对组织发展变革的影响、某个饭店经营的成功之道等也都可以运用个案法进行研究。应用个案法对一个对象进行研究所得到的结果能否加以扩展,应该慎重分析。现实生活中给我们提供的个案有时是非常难得的机会。因为这样的机会如果不是现实生活提供的,我们是无法用人为的方法制造出来的。例如,一个先天盲的儿童得到治疗见到了光明,他是如何看世界的,生命早期失明对他智力的发展有无影响,我们只有在这个个案中获得资料。通过研究某个饭店的历史来了解其管理方法的成效,具有不可复制的特点。对于个案所提供的这种机会我们应该抓住,而不应该忽视。但由于它过于具体,普遍性较差,其结论不宜随意推广。

(六)文献综合法

文献综合法是按照一定目的搜集大量资料(过去及现在的),通过内容分析进行研究的一种方法。采用文献综合法所搜集的资料包括调查报告、个案资料、事件记录、统计资料、出版物及历史文献等。这种方法的优点是对研究对象的心理干扰小,适用于跨文化的比较研究和时间跨度较长的趋势研究,适用于对历史人物进行研究;其缺点是工作量大,费时费力,分析数据的难度也较大。在旅游管理心理研究中,有时需要进行档案分析,追溯被研究对象的既往史,考察其成长发展经历,实际上就是文献综合法的应用。在某种意义上,文献综合法也是一种调查法,是对历史资料的调查。

（七）投射法

投射法指使用非结构任务作为刺激材料，允许被试作出不受任何限制的反应，根据被试解释任务时无意识的动机的流露，探询人的个性深层次所蕴涵内容的研究方法。测试种类包括联想法、构造法、完成法、表露法、选择或排列法。常用的投射法主要有主题统觉测验、造句测验、罗夏墨迹测验、角色扮演等。其中造句测验属于较为灵活、方便实施的一种方法，它要求被试将未完成的句子完成。例如：

我最大的恐惧是_____

喜欢旅游的人，_____

旅途中烦扰我的事情是_____

被试在完成句子的同时，其内心的情感、态度、动机就会投射出来。比如："喜欢旅游的人，勇敢、热爱生活、好相处、有活力。"以上是一名被试完成的句子，可以看出，其对旅游的看法非常积极，将许多溢美之词加在旅游者身上，一定是一个旅游爱好者或向往者，如果有机会，其一定会去旅游。能够使被试在没有心理防御的情况下流露深层次的心理欲求，是投射技术的优势所在。但是，由于对被试的解释完全依赖研究人员的主观分析，计分缺乏客观性，所以，投射技术在实际操作中存在困难，对主试的专业水平要求较高。

三、旅游心理学研究中应注意的问题

旅游心理学的研究往往要求尽可能不干扰旅游者的正常旅游行为。要特别注意征得被试者的同意，避免欺瞒等不良身心刺激对旅游者所产生的后果，要尽力避免对旅游者的行程造成影响。鉴于在旅游心理学研究中容易出现一些问题，研究者应注意的主要问题包括：

（1）在制订研究计划时，研究者应评估研究内容是否违反道德原则，是否超过被试的心理承受能力。

（2）研究前，研究者应向被试说明研究计划的主要部分，并征得被试同意。在特殊情况下的欺瞒，需在事后向被试说明，求得理解。

（3）被试有退出研究的自由。

（4）对被试提供的个人资料应保密，不能随意公开。

（5）不得与被试建立研究工作以外的其他关系。

第三节　心理学基础知识

心理学是旅游心理学的主要理论依据之一。我们要想应用旅游心理学来了解旅游者的行为规律，更好地开发旅游资源，首先必须了解和掌握有关人的心理过程、心理特征及其规律的知识。

一、心理现象

心理学是一门研究人的心理现象及其规律的科学。人的心理现象非常复杂,恩格斯曾把它誉为"地球上最美的花朵"。人眼可以看到五彩缤纷的世界,人耳可以聆听优美、动人的乐曲,人脑可以贮存异常丰富的知识,时过境迁而记忆犹新。人具有堪称"万物之灵"的智慧,运用思维可以探索自然和社会的各种奥秘。人还具有七情六欲,用喜怒哀乐表达内心的感受。人有控制自己行为的能力,能通过活动去满足自己的各种需要,并在环境中留下自己意志的印迹。总之,人类关于自然和社会方面的各种知识和成果,都与人类心理现象的存在与发展分不开。那么,什么是心理现象?世界上的各种现象中,哪些现象属于心理现象的范畴?心理学家为了研究的方便,把心理现象分为每个人都共有的心理过程和区别人与人之间不同的心理特征,具体见图1-1。

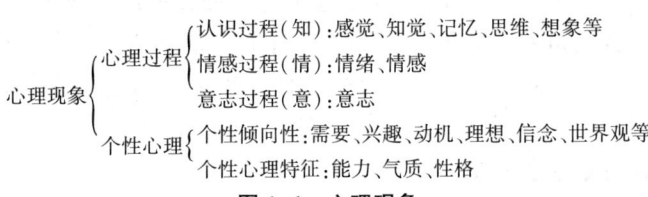

图1-1 心理现象

(一) 心理过程

心理过程即心理活动的过程,是心理现象的不同形式对现实的动态反映。心理过程又分为三个方面,即认识过程、情感过程和意志过程。

认识、情感和意志三种心理过程,简称知、情、意。它们虽然彼此有所区别,但又是统一的心理活动的三个不同方面。心理学对认识过程、情感过程和意志过程的研究成果为旅游心理学的理论提供了坚实的学科基础。

1. 认识过程

认识是指人们获得知识的过程,它是人的最基本的心理过程,包括感觉、知觉、记忆、想象、思维、言语等。人们认识客观事物的一般过程,往往是先有笼统的印象,再进行精确的分析,然后运用自己已有的知识和经验,有联系地、综合地加以理解。可以说,人们对事物的认识过程也就是人们对客观事物个别属性的各种不同感觉加以联系和综合的反映过程。这个过程主要是通过人的感觉、知觉、记忆、思维等心理活动来完成的。感觉是对事物个别属性的认识,如颜色、明暗、声调、粗细、软硬等,是认识过程的开端,在感觉的基础上,人们对事物的个别属性加以综合分析,形成知觉,对事物有了较完整的表象。在知觉中,人的知识经验起着重要的作用。人们为了加强对事物的认识,还借助记忆把过去生活实践感知过的东西、体验过的情感或知识经验在头脑中重复反映出来。如几年前我们游过峨眉山,现在想起来,那飞瀑流泉、群峦叠嶂的景象仍历历在目。这种积累和保存个体经验的心理过程叫作记忆。人们对事物的认识过程不仅通过感知去认识事物的外在联系，还以表象的形式向思维过渡，进一步认识事物的一般特征和内在联系，全面地、本质地把握事物的本质。思维过程是人们对客观事物在头脑中概括的、间接的反映，是认识的高级阶段。例如，消费者对商品的认识过程就是从感知到思维的过程。感知是形成表象并产生思维的直接基础。在购买商品时，消费者首先借助感知与表象获得感性认识，再经过思维获得理性认识，再加以反复比较，以决定是否购买。人还具有想象活动，这是凭借在头脑中保存的具体形象来进行的。例如，作家创作人物形象、科学家对理论模型的构想、人们读小说时头脑中呈现的人物场景都包含想象活动。

2. 情感过程

情绪是人们对客观事物的一种态度的体验，是对事物好恶的一种倾向。由于客观事物与人们需要之间的差异，人对客观事物便抱着不同的好恶态度，产生不同的心理变化和外部表现。事业的成功、朋友的支持、家人的团聚使人感到愉快、兴奋和喜悦；而工作的失利、朋友的讥讽、亲人的争吵使人感到沮丧、痛苦或愤怒。满足或符合人们需要的事物，就会引起人们的积极态度，使人产生一种积极的情绪，如愉快、满意、喜爱等；反之，不能满足人们的需要或与人们的需要相抵触的事物，就会引起人们的消极态度，使人产生一种消极的情绪，如嫌恶、愤怒、憎恨等。积极的情绪能引起人们认识的积极性，使人锐意进取；相反，消极的情绪会使人消沉，减少人们工作、生活的热情。由客观现实所引起的人的需要是极其复杂的，因此，客观现实与人的需要之间就构成了各种各样的复杂关系。同一事物可引起不同的情绪，不同事物当然更易引起不同的情绪，因此，人们经常处于彼此交织着的不同情绪之中。与情绪相联系的概念是情感，情绪与情感既有区别又有一定的联系。它们都是人们对客观现实是否能满足需要的体验，都能使人产生一定的生理变化和外部表现。两者的区别主要表现在强度的不同：情绪是较强的情感，生理变化和外部表现与情感相比更明显，如高兴时手舞足蹈，愤怒时暴跳如雷；情感具有较强的稳定性、深刻性，是对人对事物稳定的态度反映，常常以内心体验的形式存在，如深沉的爱、殷切的希望、痛苦的思虑等。二者会互相转化，稳定的情感是在情绪的基础上形成的，并通过情绪表达。如深沉的母爱，往往是通过母亲为儿子的进步而高兴、为儿子担心等情绪表达出来的。情感与情绪不同于其他心理活动，它们的任何一种表现形式都包含自我体验、生理变化和外部表现三个方面。

情感或情绪往往表现为肯定或否定的对立的两极性，如满意和不满意、喜悦和悲伤、爱和憎等。在每一对立的情感或情绪中间还有许多程度上的差别，表现为多样化的形式。同一个人对同一件事有时会出现两极的对立情感或情绪。例如，学习中遇到困难时，可能引起苦闷，也可能引起激奋。对立的两极在一定的条件下可以互相转化。两极化也可表现为积极和消极两方面。积极可提高和增强人的活动能力，如愉快可使人积极地工作；消极会降低人的活动能力，烦闷会降低一个人的

工作效率等。人的情感和情绪不但与身体健康有密切的关系,而且与人的行为也有密切的关系。激动的情感或情绪会使人的行为产生差错,甚至导致出格的行为。在企业生产中,有许多工作事故是工人在情绪不正常的情况下操作所导致的;而大规模的球迷闹事往往也是由情绪失控造成的。因此,对人的情感、情绪必须加以正确的疏导。导游在工作中也应十分注意游客的情绪,不断改进工作方式,使游客在游览中心情舒畅。

3. 意志过程

(1)意志的一般概念。意志是指人自觉地确定目的并支配自己的行动以实现预定目的的心理过程。人在反映客观现实的时候,不仅产生对客观对象及其现象的认识,并对它们形成这样或那样的情绪体验,而且还有意识地对客观世界进行有目的的改造。这种最终表现为行动的、积极要求改变现实的心理过程就是意志。

(2)意志的特征。人的意志过程具有以下特征:

①能够自觉地确立目的。人类的活动是有意识、有目的和有计划的活动,这与其他动物(甚至某些高等动物)的活动是完全不同的。

②自觉能动性。人在繁杂的环境中主动地提出目的,同时主动采取行动来改变环境以满足自己的需要,因此,意志集中地体现出人的心理活动的自觉能动性。

③意志具有对行为的调节作用。意志对行为的调节有发现和制止两个方面。前者在于推动人去从事达到预定目的所必需的行为,后者在于制止不符合预定目的的行为。

④意志具有对心理调节的作用。意志不仅调节人的外部动作,还可以调节人的心理状态。当操作者排除外界干扰、把注意力集中于完成作业时,就存在着意志对注意、思维等认识活动的调节;当人在危急、险恶的情况下克服内心的恐惧和慌乱、强使自己保持镇定时,就表现出意志对情绪状态的调节。

⑤意志具有坚持的作用。意志对行为的调节并不总是轻而易举的,有时会遇到各种困难,因此,意志过程的实现往往与克服困难相联系。克服困难意味着对行动的预定目的的坚持。

(3)意志行为的结构。意志总是通过一系列具体行为表现出来的。受意志支配和控制的行为是意志行为。研究意志行为,主要是分析行为的心理方面,即心理对行为的调节过程。意志行为的心理过程分为采取决定和执行决定两个阶段。

①采取决定阶段。这是意志行为的开始阶段,它决定意志行为的方向,规定未来意志行为的轨道。决定的采取并不是瞬时完成的,它是一个过程,有着丰富的心理内容,体现出人的意志品质。采取决定是在面临复杂的情境时作出抉择的过程。从动力方面看,这个过程进行得迅速而有效,才有利于下一步执行决定的顺利实现。对人的意志过程而言,这就是意志的果断性。果断表现在迅速而合理地采取决定的能力上,如果在各种动机之间,在不同的目的、手段之间摇摆不定,迟迟作不出取舍,那是优柔寡断的表现;如果采取的决定缺乏合理性,不经深思熟虑就贸然

抉择,那是草率的表现。

②执行决定阶段。这是意志行为的完成阶段。在这个阶段,人的主观目的转化为客观结果,观念的东西转化为实际行为,实现对客观世界的改造。决定一经采取之后,决定的执行便是意志行为实现的关键阶段。再好的决定,如果不付诸实施,就失去了意义,也不再能构成意志行为。执行决定常要求更大的意志努力。第一,执行决定的行为要求支付巨大的智力或体力,并要忍受由行为或环境带来的种种不愉快的体验;第二,积极而有效的行为要求克服人的个性原有的消极品质;第三,执行决定的过程中,与既定目的不符的各种动机还可能在思想上重新出现,引诱人的行为脱离预定的轨道;第四,行动中会出现意料之外的新情况、新问题,而主体又可能缺乏应付新情况、解决新问题的现成手段,从而造成人的踌躇或徘徊;第五,在行为尚未完成之时,还可能产生新的动机、新的目的和手段,它们会在心理上同既定目的发生竞争,从而干扰行为的进程。

上述各项因素,都是妨碍意志力贯彻到底的困难,因此,执行决定需要付出更大的意志努力。执行决定是使行为按照预定方向和轨道坚持到底的过程。从动力方面看,这一过程要求不能半途而废,要求行为不偏离基本方向,反映在意志品质上,就是意志的坚忍性。意志坚忍的人,不论前进道路上如何艰难,也绝不放弃对目标的追求;不论行动中如何枝节横生,总是坚持既定的方向,百折不挠。

认识、情感和意志是密切联系、彼此渗透的。发生在实际生活中的同一心理活动,通常既是认识的,又是情感的,也是意志的。任何意志过程总包含认识成分和或多或少的情感成分,而认识和情感过程也包含意志成分。实际上并不存在纯粹的、不与任何认识和情感过程相关联的意志过程。当我们认识一个人的时候,对这个人的好恶就同时产生了,情绪体验就产生了,同时我们会作出是否与其继续深入交往或者不再联系的决定,这就是意志过程。也就是说,知、情、意同时发生,相互影响。

(二) 心理特征

游览同一景点,有的游客兴味盎然,有的游客无精打采;有的严守纪律,有的自由散漫;有的开朗善言,有的则沉默少语。这种鲜明的个体差异反映出游客拥有不同的心理特征。人在通过认识、情感、意志反映客观世界的过程中,会形成各种各样的心理特征,造成人与人之间的差异。人们的心理特征有些是暂时的、偶然出现的,有些是稳定的、经常出现的。人们在生活过程中形成的某些稳定的而且经常出现的心理特征叫作个性心理,也可以叫作个性。个性是在一个人先天生理素质的基础上,在一定社会环境条件下,通过社会实践形成和发展起来的比较稳定的、带有一定倾向性的心理特征的总合。人的个性差异主要表现在兴趣、气质、能力、性格上。

兴趣是人对某些事物特别注意的倾向,同时对这些事物持有积极态度的心理特征。兴趣对人的活动有很大影响,从知觉选择到探索的积极性,再到行为的积极性,都受兴趣的影响。从旅游行为看,有些旅游者对异地文化感兴趣,有些旅游者对自然风光感兴趣,也有人对当地的文物古迹情有独钟。气质反映了一个人心理活动的速度、强度、灵活性、稳定性、指向性的差异。现代心理学认为,按照人的心理活动的特征可以将人分为四种气质类型:多血质、胆汁质、黏液质和抑郁质。表现在人的心理和行为方面,就是有的人活泼、有的人沉稳,有的人平和、有的人急躁,有的人敏感、有的人迟钝。能力是顺利完成某种活动的必备心理品质。在人们之间,能力的差异既可能表现在质的方面,也可能表现在构成倾向和发展早晚上面。而质的差异,就是我们所说的通常意义上的聪明,主要体现在观察、记忆、思维等方面。性格是个性的核心部分,是人对客观事物的稳定的态度体系和习惯化了的行为方式构成。人在对自己、他人、集体、工作、生活等问题的态度与行为方式上存在巨大差异,有的人自私、有的人慷慨,有的人勤劳、有的人懒惰,有的人大胆、有的人懦弱,等等。人的心理特征一经形成就有很大的稳定性,所谓"江山易改,禀性难移",即指个性不容易改变。也正是人与人这种稳定的差异使心理现象丰富多彩,引人入胜。

人的心理特征是通过心理过程形成的。没有认识、情感、意志过程,就不会产生人在认识、情感、意志过程中的个性特点。同时,个性心理特征又调节着心理过程的进行,并赋予心理过程以个体的特色。

二、个体与群体

我们前面讲到的心理过程和心理特征是存在于个体身上的心理现象,主要反映个体心理。但是,人是社会的实体,人作为社会的成员,总是生活在各种社会团体中,并与其他人结成各种各样的关系,如民族关系、师生关系、家庭关系、同事关系、朋友关系等。由两个或两个以上的人组成的相互影响、相互作用、相互依赖的人群结合体就叫作群体。每个人都生活在各种群体之中,依赖群体提供的生活和就业机会,从群体中学会社会生活技能,完成社会化过程。群体与个体一样存在着群体需要、群体利益、群体价值、群体舆论、群体意志等,但群体也有个体不具备的特征,如群体凝聚力、群体规模、群体气氛(士气)、群体沟通、人际关系、冲突、竞争、协作、群体效率等。一个群体由于具有某些特定的特征而区别于其他群体。有的群体凝聚力强,团结协作,而有的群体则人心涣散,勾心斗角。旅游者在旅游过程中组成了一个相互作用的群体,旅游群体的氛围、人际关系、舆论导向等特征,直接影响着旅游活动的开展。每个生活在群体中的人都会受所属群体的影响并具有所属群体的特征。比如说,家庭是"人格制造的工厂",个体的性格、生活习惯、消费偏好或多或少带有家庭的烙印。工作中的小群体会影响人们的工作积极性,旅游中的小群体会影响旅游者对旅游安排的评价。

社会心理学专门研究个体活动如何在特定的社会条件下受其他人或团体的影

响,同时也研究个体心理活动如何影响社会中的其他人或团体。风俗、习惯、传统、流行、舆论、人际交往等都是社会心理学研究的主要内容。

群体心理或社会心理与个体心理的关系是个性与共性的关系。群体心理或社会心理是在群体的共同生活条件和环境中产生的,是该群体内个体心理特征的典型表现,而不是个体心理特征的简单总和。群体心理或社会心理离不开个体心理,但对于个体来说,群体心理或社会心理又是一种重要的社会现实,直接影响个体心理的发展。因此,群体心理或社会心理也是十分重要的研究内容。

三、心理学的分支

凡是人参与的活动,就应该有心理学研究。心理学的研究渗透到生活的方方面面,并在不同的领域开花结果。总体来说,心理学的研究领域可以分为应用领域和基础领域两个部分,如图1-2所示。

$$\begin{cases} 基础领域:普通、生理、比较、实验、认知 \\ 应用领域:教育、管理、运动、犯罪、消费、工程、咨询、旅游 \end{cases}$$

图1-2 心理学的研究领域

旅游心理学是心理学研究领域的一个新的分支,是20世纪80年代以后才出现的新兴学科。它属于应用心理学的一部分,是心理学基本原理在旅游领域的应用。由于起步较晚,它还有很多内容需要不断补充完善,但对旅游实践具有较大的指导潜力,前景无限。

复习思考题

1. 旅游心理学研究哪些方面的内容?
2. 观察法的优点与缺点是什么?
3. 在访谈之前,应该做哪些准备?
4. 心理过程包括哪些方面?它们之间存在什么关系?

第二章 旅游者的感、知觉

本章提要

　　人是靠感觉和知觉来了解周围世界的,感觉与知觉是连续不可分的两个认知阶段。感觉可以分为外部感觉和内部感觉。知觉具有选择性、整体性、理解性和恒常性,客观刺激物的刺激强度、运动与否、新异性、对象与背景的差别以及个体的性格、情绪、期待、动机等主观因素会影响知觉的形成。旅游者对旅游条件的知觉包括距离、旅游地、交通三个方面。社会知觉是对社会对象的知觉,包括对他人、对自己以及人与人之间关系的知觉。

　　感知是人们理解世界的一种心理过程,自然风景、名胜古迹、奇风异俗只有被旅游者感知到,才构成真正的"风景"。旅游者的旅游活动是从对旅游的认识与感觉开始的。旅游者只有在感、知觉的基础上,才能获得对旅游产品的全面认识。在这一章里,我们将着重讨论旅游者的感觉和知觉,分析旅游者的感、知觉是如何影响旅游者的旅游行为和旅游者是如何看待旅游产品及服务的。

第一节 旅游者的感觉

日常生活中,我们经常使用"感觉"这个词,有时用得准确,有时用得不准确。感觉是一种最简单的心理现象,它是人脑对直接作用于感官的刺激物的个别属性的反映。例如,我们看到某种颜色,听到某种声音,闻到某种气味,感到自己饥渴或运动的状态等。物体的特征通过感官作用于人脑引起的心理现象就是感觉。感觉虽然很简单但很重要,它在人们的生活中具有重要意义。

人们要正常地生活,必须和环境保持平衡,其中包括信息的平衡。人们从周围环境中获得必要的信息,保证机体所需。信息超载或不足,都会破坏这种平衡,给机体带来严重不良影响。生活在大城市的人们,由于信息超载,会产生"冷漠"的态度,这是自我保护;而彻底的"感觉剥夺"则会使人不安和痛苦。人是经常需要新鲜刺激的动物,人不能总是在同一刺激环境中工作和生活。因犯的生活之所以令人觉得恐怖,不仅仅因为他们被剥夺了自由,而且也因为他们生活在一种单调乏味的环境之中。为了了解在失重状态下,在太空枯燥的生活情形下,宇航员的感觉会发生什么变化,心理学家设计了一个密封的、十分安静的、舒适的房间,被试除了在吃饭、上厕所时可以活动以外,剩下的时间都安静地躺在床上,各种感觉减少到最少的程度。结果大部分志愿被试在三四天左右就要求出来,因为忍受不了安静和没有变化的刺激环境。感觉被剥夺超过3天以上的人普遍感觉迟缓、神经衰弱、情绪紧张、易怒、烦恼,甚至产生幻听、幻视等精神分裂症状,需要一段调整适应期才能重新开始正常生活。而旅游正是给人提供丰富、新异的感官刺激的休闲娱乐活动。

一、感觉的种类

我们平日常说,人有五官,因此人有5种感觉。事实上,人的感觉远远不止5种。根据刺激物的性质以及它作用于感官的性质,可以将感觉区分为外部感觉和内部感觉。感觉种类如表2-1所示。

表2-1 感觉的种类

	感觉种类	感觉器官	适宜刺激	功能
外部感觉	视觉	眼睛	可见光波	看东西
	听觉	耳朵	声波	听声音
	嗅觉	鼻子	气味	识别气味
	味觉	舌头	味道	感觉物质味道
	触觉	皮肤	物理压力	感觉硬度、形状等
	痛觉	皮肤	疼痛	生命安全
	温度觉	皮肤	温度	生命安全

续表

	感觉种类	感觉器官	适宜刺激	功能
内部感觉	饥渴	内脏器官与大脑皮层	食物、水及体内失衡	吃、喝
	动觉	所有感觉与大脑皮层	身体运动	日常行动
	平衡觉	内耳中的前庭	身体倾斜度	身体平衡

感觉虽然是最简单的心理现象,但其他复杂的心理现象都离不开感觉提供的丰富的信息。旅游活动为旅游者提供了新鲜的、丰富的感觉刺激,旅游者可以看风景、听天籁、闻花香、尝美食,这些正是旅游体验的基础。旅游开发管理部门应尽可能为旅游者创造良好的环境刺激,从而使其产生美好的旅游体验。

(一)视觉

70%以上的信息是通过视觉获得的,人离不开视觉信息。在消费领域,商家制作各种各样的图片广告,在色彩、大小、形状、寓意上吸引观者,从而使产品或品牌深入人心。此外,在产品设计、包装、柜台陈列等环节,尽量区别于其他商品,充分展示本产品的独特魅力,向消费者传递产品的属性与价值信息。旅游广告设计、饭店的装饰以及旅游商品的包装等都非常依赖视觉因素。旅游者对旅游产品的理解,很大程度上建立在视觉信息的基础上。而在旅游活动中,视觉就更加重要了。旅游活动可以说首先是视觉的活动,事实上,游遍天下就等于看尽天下美景,大部分旅游景点的开发与设计首先必须满足人们视觉上的需要。旅游者乐于看到异国他乡的文化习俗、风景名胜。而桂林的山水、九寨沟的景色、苏杭的园林之所以会使人感到特别美,就是因为那儿的山水、建筑变化多端,而且搭配组合得令人悦目,四周景色皆不平凡。平淡、辽阔的草原和单调的大海同样也吸引人去欣赏,这是因为这类风景能极大地增加人们的视觉域,使人有开阔心胸之感。

颜色是视觉最重要的因素,具有象征意义和文化意义,不同的颜色会产生不同的心理效应。红色使人兴奋,蓝色等冷色调使人情绪平和。用餐时,黄色和乳白色的灯光能引起人的食欲,蓝色灯光易使人感觉食物已腐烂,茶色、咖啡色灯光雅静。颜色对于不同民族、不同文化具有不同的象征意义,这是旅游设计和服务中应该注意的问题,比如黑色在中国代表着死亡和丧葬气氛,是中国人忌讳的颜色。颜色具有很强的联想功能。例如,在儿童游乐园里,游乐设施的颜色就要活泼、鲜艳、多彩;故宫的颜色以金黄和红色为主,显现出帝王宫殿的威严与雄伟。在具有民族、传统、原始性的旅游区应创设相应的颜色文化,如中国的西藏,当地人本身的服饰颜色就能给游客以强烈的视觉冲击。

颜色使人产生的心理联想如表2-2所示。

表 2-2　颜色的心理联想

颜色	象征	距离感	温度	兴奋度	主要联想
白色	少女、清纯、神圣、死亡	远	冷	低	清洁、诚实、神圣
灰色	质朴、温和	近	温	中	平易近人、稳重、和气
黑色	夜晚、罪恶、压抑、死亡	近	温	低	死亡、庄重、神秘、罪恶
红色	血、喜庆、恐怖、活力	近	热	高	喜庆、精力旺盛、好斗、愤怒、吉利、危险、张扬
绿色	植物、生命	近	温	中	平静、环保、生机、顺利
蓝色	天空、大海	远	冷	低	遥远、飘逸、冷淡、朴素、寂寞
黄色	黄金、高贵、富裕	近	温	高	富裕、高贵、愉快、舒适
紫色	威严、优雅	近	温	中	优美、满意、希望、生机
青色	鬼火、恐怖、怪异	远	冷	低	恐怖、冰冷、神秘

（二）听觉

听觉是个体与外界进行沟通交流的途径。优美的乐曲，让人心旷神怡；强烈的噪声，让人烦躁易怒。国外的一项研究发现，巴赫的音乐可以治疗胃神经症。音乐疗法对许多身心疾病有效，甚至在播放高雅音乐的广场，小偷和其他暴力犯罪都减少了。商家利用音乐的心理效应，在饭店、餐馆、商场播放背景音乐，能创造适宜购买的氛围，特别是适宜音量的背景音乐有降低噪声的作用。餐厅的背景音乐又叫"dinner-show"，席间伴奏，当音乐节奏较快时，客人吃饭的速度会加快，带来更高的翻台率；当音乐节奏较慢时，客人吃饭的速度会减慢，但消费食物的数量增加。

旅游者并不完全在默默地深思和欣赏，开发旅游产品、创新旅游服务当然也要从人的听觉角度去探索如何满足旅游者。在旅游中应当引导游客听听寺庙的钟声、山泉的流动、鸟儿的鸣叫和当地的传说故事等，这样才能使旅游者深深融入旅游活动中去。导游说话的语速变化会增加感染力、说服力，精彩讲解更能打动人心。

（三）嗅觉

气味可使人情绪激动，也可使人情绪缓和，它们能勾起人们的回忆，也能缓解人们心中的抑郁。旅游者对气味的一些反应往往与早期的经历有一定的联系。好的气味能使人振奋精神，产生甜蜜、幸福、温暖、兴奋、愉快、舒适、轻松、受欢迎、自信、安全的感觉。如婴儿爽身粉的气味能唤起人们对舒适、温暖、喜悦等感受的记忆，好像投入母亲的怀抱一样安全舒适。在西方国家，有些出版商让旅游杂志附带一种香味，以强化或促进旅游者的反应。一些面包房通过鼓风机将烤面包的香味吹出去，以激发过往行人的购买欲望。英国一家公司根据人的嗅觉位于大脑的情感中心，气味可以通过情感中心的直接通道对人的态度和行为产生强烈影响的原理，专门为商店提供可以给人带来宁静感的气味，用来延长顾客在商店停留的时间。超市中面包香味的空气清新剂,能够诱发消费者的食欲。

在旅游过程中,旅游者的所有感官都是开放的、敏感的,具有较高的接受性。不良的气味对个体来说意味着不舒适,也意味着不安全,会使游客的游性大减,阻碍旅游业的发展。20世纪50年代,日本的东京没有抽水式厕所,厕所气味令人厌恶,受到旅游者的批评。为了更好地举办奥运会,日本开展了60—70年代的厕所卫生革命,现代东京是世界卫生城市的典范,得到旅游者与投资者的青睐。中国的厕所问题也曾遭到外国游人的批评。人们对气味的敏感要求我们加强旅游产品、设施、景点的绿色环保工作。

(四) 味觉

许多旅游者同时还是美食家。品尝异国他乡的美食也是旅游中的享受之一。旅游景点应该重视这一点,为游客提供美味可口的食物,吸引更多的旅游者前来品尝。一些旅行社为了减少成本,提供给旅游者的食物既无味道,也无营养,更谈不上满足游客的口味了。这大大影响了旅游者的游览情绪。

(五) 触觉

没有"身临其境",游客就不会产生登上高峰感受一览众山小的豪迈,也无法体验漂流时的惊险和喜悦,更不会感觉沙滩的温度与大海的汹涌澎湃。人们必须亲自去旅游,用自己的手、脚、全身的肌肉和骨骼去全面接触陡峭的登山路、沙滩、激流、冰雪、海洋,才能真正体验到旅游的美妙感觉。旅游者喜欢用手摸一摸旅游景点或纪念品中好看的部分。看看北京故宫神武门上那与人齐高的铜钉个个被摸得发亮,就能知道旅游者是怀着一种什么样的崇敬心情来游览故宫的。用手或皮肤接触,人才会产生"真实"的而非虚幻的感觉。许多旅游者在看到久已向往的旅游目的地时,会产生这是否在梦中的疑惑,希望接触一下以证明它是真的。

旅游者将织物及其产品的质地与产品属性相联系,通过对酒店寝具或室内装潢品的材料感觉来判断其华丽程度及质量,光滑、精致、需要很多复杂处理程序来完成的织物更昂贵,因而被认为是高级品。

拓展阅读 2-1

在一次对旅游者行为的小实验中,研究者发现,曾与侍者有适当身体接触的人付小费较多。超市的食品示范者与顾客有轻度的身体接触,那么,他就能请到更多的顾客尝新,并且还能收到更多的这种品牌的食品订单。在一项"助人行为"的研究中,研究人员假扮打电话的人,故意把电话本遗忘在电话亭,如果研究人员走出电话亭时,与后面刚好走进电话亭的人有轻微的身体接触,那么后者更有可能把捡到的电话本归还研究人员。触觉对人心理的意义远比我们想象的巨大。

（六）温度觉

旅游者很重视气候、季节、纬度等因素。温度适宜的时节和地区也是首选旅游目的地的要素之一。冬天到寒冷的黑龙江去滑雪、打猎，体验寒冷的感觉，让人回味，夏季去凉爽的地方避暑则更令人留恋，有温泉的地方一直是世界各国旅游者喜欢的旅游目的地。

（七）痛觉

人们旅游时大多数追求轻松、舒适、无痛苦、快乐的感觉。可对于极地探险、穿越沙漠、长途徒步旅行、深入无人居住区去旅游的人们来说，根本体验不到舒适，反之要忍受饥饿、寒冷、生病、无人交谈、危险等痛苦，但是他们愿意。宗教僧侣的苦行可能是最早的以痛觉体验为目的旅游。越来越多的旅游者喜欢自助游，他们放弃既省心又舒适的随团旅游，选择火车硬座、廉价的旅馆、人迹罕至的区域，甚至风餐露宿，这种自助游被称为"自虐游"，而他们则被称为"驴友"。通过感受痛苦才能达到最大的快乐——这是旅游的另一种乐趣。有时旅游者在旅游过程中不小心受了一点小伤，反而会增强这次旅游的快乐记忆，而旅途中所吃的苦，都成了美好的回忆。

（八）动觉、平衡觉

单调刺激使人烦闷，强烈的刺激让人兴奋。蹦极、攀岩、高空降落、滑水、滑雪、冲浪、赛车、坐过山车等游乐项目无一不通过刺激来使人们的神经紧张兴奋起来，激发出人体内的热情和能量，考验人的胆量和意志。凡是能使旅游者运动起来的项目都会使旅游者全身心卷入，增加旅游的热情。而激情、新奇、惊险、有一定运动量的游乐项目能够刺激旅游者的动觉和平衡觉。经过动觉、平衡觉新异刺激的旅游者，往往精神振奋。人们平时习惯于日常的固定运动程式，而旅游中通过新的动觉、平衡觉刺激可以获得新的体验，可以增进身体各部位的动觉感觉器官的功能。所以，那些登山、潜水、漂流、蹦极等项目备受青年旅游者的喜爱，就连孩子，也喜欢这类大运动量的活动。

二、感觉的特性

（一）感受性

是不是所有作用于感官的刺激都能使人产生感觉？落在手背上的灰尘，你能感觉得到吗？100人的大合唱，如果增减一个人，你能听出差别吗？应该说很困难。无论是刺激的强度还是刺激变化的量，都必须达到一定程度，才能被人感觉到。这个临界值叫感觉阈限。

感受性指感觉器官对刺激物的主观感受能力。对感觉阈限或最小刺激量的觉察能力，称为绝对感受性。绝对感受性是旅游者感觉能力的下限，凡是没有达到绝对感觉阈限值的刺激物,都不能引起人的感觉。在刺激物引起感觉之后,如果刺激的数量发生变化,但变化极其微小,则不易被旅游者察觉。只有增加到一定程度时,才能引起人们新的感觉。差别阈限指感觉系统辨别变化或是两种刺激之间差别的能力。能被感受到的刺激的最小变化量叫差别感觉阈限,而人们感觉最小差别量的能力即差别感受性。这一规律解释了一个带有普遍性的消费心理现象,即各种商品因效用、价格等特性不同,而有不同的差别阈限值,旅游者也有不同的差别感受性。

拓展阅读2-2

最早产生阈下广告这一想法的是美国的一个电影院老板,此人名叫詹姆斯·维克瑞(James Vicary)。20世纪50年代末,他在放电影时在银幕上打出"喝可口可乐,吃爆玉米花"的字样,由于这些大字只是一闪而过,观众根本就没有察觉到。但是,他声称此举使电影院中可口可乐的销售量提高了18%,爆米花的销售量提高了58%。他的实验结果公布后引起公众一片哗然,人们甚至因此对阈下广告产生了极大的恐惧。人们担心,如果阈下广告在不知不觉中真的会对我们的行为产生如此之大的效果,那么就有必要对其加以防范。因此,阈下广告在许多国家受到了明令禁止。自那以后,为了验证那位电影院老板声称的阈下广告的效果,有关研究人员就此发表了200多篇论文。普拉特坎尼斯和阿伦森在对这些研究报告进行分析后认为,没有任何证据能够证明阈下广告具有如此大的功效。一种可能的解释是,在詹姆斯·维克瑞进行的6个星期的实验期间,可口可乐和爆米花在电影院休息厅内的定位导致了销售量的上升。阈下知觉也许是可能的,但并没有显示出对那些想控制别人的支持作用。可能受到阈下广告的影响而购买产品的人,也许是那些在任何情况下都会购买此产品的人,因为大多数人没有知觉到阈下信息。

(二)感受性的变化

俗话说:"入芝兰之室,久而不闻其香;入鲍鱼之肆,久而不闻其臭。"如果某个刺激持续的时间较长,人的感受性就会改变,这种现象叫作适应。人的视觉、听觉、嗅觉、触觉、味觉都有适应的现象。例如:游泳的人刚跳进泳池往往感觉水很冷,游一会儿就觉得水不再冷了,但出水觉得空气冷;戴戒指的人开始觉得手上有东西紧紧地箍着,戴久了常常感觉不到戒指的存在;白天走进漆黑的电影院,什么也看不见,几分钟后就可以看见东西了,散场后走出电影院,又觉得阳光很刺眼,几分钟就又可以适应了。

此外,不同感觉之间存在相互作用。例如:牙疼可以因强烈的声音刺激而加剧,也可以因压迫皮肤而减轻;白昼不见繁星,闹市听不清人语,先吃糖后吃苹果感觉酸,先吃杨梅再吃苹果就觉得甜。

第二节 旅游者的知觉

人是靠感觉和知觉来了解周围世界的。感觉和知觉是连续不可分的两个认知阶段。感觉以感觉器官为基础接受外界信息,知觉却是各种感觉加上人的记忆、思维等过程的综合。通过感觉我们只知道事物的属性,通过知觉我们才对事物有一个完整的印象。知觉的产生过程见图2-1。

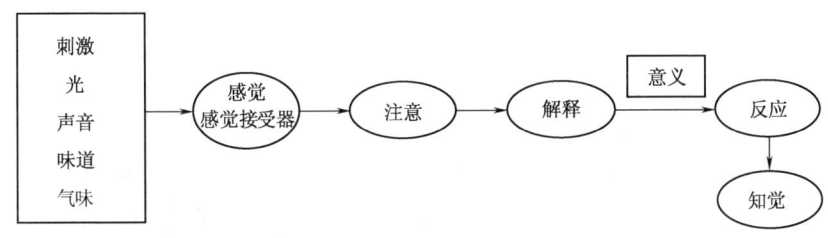

图 2-1 知觉的产生过程

知觉过程是选择、组织和解释感觉刺激,使之成为一个有意义、连贯的现实概念的过程。知觉是一个主动探索客观世界的过程,在这一过程中,大脑对大量离散的感觉信息进行选择加工,在信息加工过程中又强烈地受个体的动机、人格、态度、学习等因素影响。不同的人面临相同的风景会产生不同的旅游知觉反应。掌握旅游者的知觉特点对理解旅游者对旅游中风景的欣赏、旅游中景点的评价以及旅游广告设计、旅游产品开发都有积极的意义。

一、知觉的特性

(一)知觉的选择性

日常生活中,作用于我们感官的客观事物是多种多样的,但在一定时间内,人们并不能接受所有刺激,而仅仅感受到能够引起其注意的少数刺激。此时被感知的对象相对清晰,从其他事物中凸显出来,而其他事物则退到后面,相对模糊。前者是知觉的对象,后者是知觉的背景,如图2-2所示。

图2-2是一幅双关图形,当你以白色为背景、黑色为对象时,将看到两个相对的人脸;当你以黑色为背景、白色为对象时,将看到一个花瓶。对象和背景的选择因刺激物的特点和个体的兴趣、情绪、态度、动机不同而不同。比如下面的一幅画,见图2-3。

A图中的湖光山色中隐藏着什么?笔者的一位怀孕的同事很快找到了答

图 2-2　知觉图例(1)

　　　　　　A　　　　　　　　　　　　　　　　B

图 2-3　知觉图例(2)

案：一个婴儿。由于快做妈妈的她满脑子都是孩子的事情,所以容易看到图画中的婴儿。B 图中有哪些人？研究发现,如果在看图片之前,让被试者看一些少女的照片,被试者更容易看到图中的少女;而如果在看图片之前,让被试者看一些老太太的照片,被试者更容易看到图中的老妇人。可见,观者的心情、准备状态会影响对象的选择。

(二)知觉的整体性

　　知觉的整体性是指客观事物的个别属性作用于人的感官时,人能够根据知识经验把它知觉为一个整体。苏州园林中,山石、流水、小桥、植物、楼亭单独看起来无什么趣味,但组合匹配在一起就会构成从各个角度看都不同的精美画面。看一个人绝不是对头发、眼睛、嘴等分散来看的,而是作为一个整体知觉出来的。

　　通常,知觉的整体性遵循以下组织原理。

1. 闭合原理

闭合原理是指当一个刺激不完整时感知者填补缺失元素的倾向,即人们倾向于根据以往的经验填补空白。参见图2-4。

 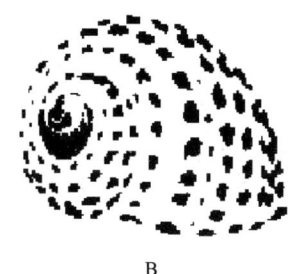 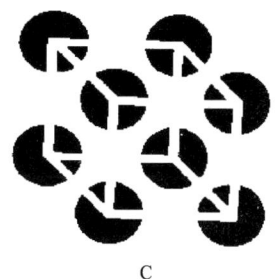

A　　　　　　　　　　B　　　　　　　　　　C

图2-4　闭合原理图例

图2-4中的3幅图中都有线条断断续续的情况,但并不影响人们识别图片中的事物。如在图C中,你是否看到一个立方体?在黑色的圆之间似乎也有白色的线条存在,这叫主观轮廓。无论是不合理的图形还是主观轮廓图形都是知觉整体倾向的结果。在山水旅游中,人们常把不关联的山水景物联系在一起来知觉,然后加以想象。

2. 邻近原理

邻近原理指人在感知各种刺激时,彼此相互接近的刺激物比彼此相隔较远的刺激物更容易被组合在一起,构成知觉的对象。这种接近既包括时间上的接近,也包括空间上的接近。参见图2-5。

A　　　B　　　C

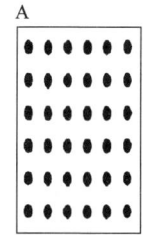 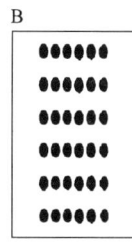 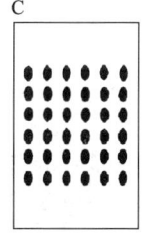　　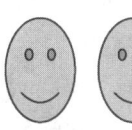 　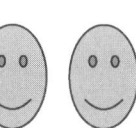

图2-5　邻近原理图例

人们倾向于把彼此地理位置接近的旅游点,如杭州、上海、苏州、无锡、南京等视为一个游览区域。大多数广告通过产品与接近产品的积极符号和形象相联系,从而使消费者认为它们是同一类事物。

3. 相似原理

相似原理是指人们在感知各种刺激时,容易将具有相似自然属性的事物组合在一起,即将相似的物体集成系列,从而产生一个统一的整体。参见图2-6。

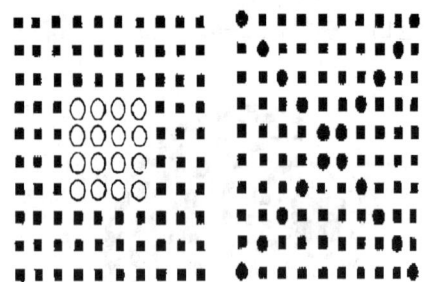

图 2-6　相似原理图例

图2-6中,白色的圆圈被看成一个图形,而黑色方形被看成一个图形。黑色的圆圈组成了交叉的两条线段。许多旅游者把江西的庐山、安徽的黄山和浙江的天目山视为同一类型的旅游地,尽管这三个地方都各自有其独特之处。

(三)知觉的理解性

知觉中有人的意识、经验、情感、态度的参加,是一个主动的信息加工过程。人们对知觉的对象用词、概念表述出来的倾向称为知觉的理解性。知觉的理解性在旅游者的旅游中有着十分重要的意义。它会使旅游富于乐趣,收获更广、更多、更高。自然的山水原本是没有旅游意义的,但经过旅游产业的加工就变得有旅游意义了。如北京房山著名的"石花洞",对有些特殊的钟乳石进行神话式、拟人式、拟物式的理解,使得游客游兴大发。人们越经常旅游,就越能增强对旅游的理解性。参见图2-7。

图 2-7　知觉的理解性图例

图2-7中的雪地里隐藏着什么图形？当你知道是一条狗时,是否越看越觉得像狗？

(四) 知觉的恒常性

在知觉中,由于知识经验的参与,使知觉往往并不随知觉条件的变化而改变,而表现为相对稳定,这就是知觉的恒常性。比如说,看同样一个人,由于距离远近不同,投射在视网膜上的视像大小可以相差很远,但我们总认为他的大小没有什么改变,仍按他的实际大小来知觉他,这就是大小恒常性。除了大小,物体的颜色、形状、亮度、方位都具有同样的特点。这种恒常性对人是有益的,帮助人在不同情况下始终按照事物的本来面目来知觉事物,从而有效地适应环境。如果人的知觉没有恒常性,你本来熟悉的朋友站得离你远些,你会因为他"矮小"而不认识他,或者因为别人化妆了而认不出来。

二、影响知觉的主客观因素

在辽阔的澳大利亚平原上,人们去看魔鬼岩——艾尔斯岩;在沙漠中,人们容易看到绿洲;在无边的大海上,人们的视觉很容易被船只、海鸟和白云所吸引。建筑学家会被当地具有独特风格的楼宇、房屋所吸引;历史学家爱品味历史遗迹中的故事;而心理学家则喜欢分析当地的风土人情。人们对世界的知觉并不是照镜子似的反应,而是受主观和客观因素的影响。

(一) 影响知觉的客观因素

影响知觉的客观因素主要有以下几点。

1. 对象与背景的关系

人们对对象与背景的知觉是不一样的,对象似乎在背景的前面,轮廓更加分明、完整。对象与背景可以互换,主要取决于个体当下的任务、兴趣等因素。如学生看黑板时,站在一旁的教师就变成背景;而学生看教师时,黑板则变得模糊而成为背景。对象与背景差别越大,越容易使人看到,如"比萨斜塔"与众不同,"庐山瀑布"飞流直下,都是十分醒目的。旅游企业在旅游产品开发过程中应注意这种对象与背景的关系,试想,如果北京故宫周围被摩天大楼包围,旅游者还能感受到中国古代王宫的恢宏吗？如果背景音乐喧宾夺主,干扰了旅游者的主要活动,就会引起旅游者的不满。

2. 对象是否运动

对象是运动的,容易被人知觉。运动变化着的事物比静止的物体惹人注意。饭店的霓虹灯是闪亮运动的,容易吸引游人的知觉;飞泻的大瀑布、海上的日出、林间的飞鸟等都容易被人觉察。

3. 对象反复出现

同样的知觉对象如果反复出现,容易被人们知觉并留下比较深刻的印象。大量广告、宣传资料被人们多次看到、听到,由于反复出现,多次作用,人们不仅容易快速知觉到,而且能留下较为深刻的印象。研究发现,如果某个陌生人多次出现在被试周围,会增加被试对这个陌生人的好感。

4. 对象的刺激强度

强烈的刺激比弱小的刺激更引人注意。比如险峻的山峰、幽静的湖泊、奔腾的江河、辽阔的大海、古老的建筑、珍禽异兽、奇风异俗等,都会以它们较大的刺激强度,使旅游者留下深刻、清晰的知觉印象。人们总是注意到最大、最强、最好、最快、最响的事物,而忽略特征不鲜明的事物。当然,刺激的大小是相对的,一块古色斑斓的碑刻放在陵墓、寺院、山水、园林处,很容易被人注意到,但是把它放在著名的西安碑林之中,旅游者就可能不太注意它。旅游者容易感知到那些特定环境中有突出特点的对象以及那些和他平时习惯的事物有较大差异的对象。

5. 对象的新异性

如果知觉对象充满新意就容易被人们感知。在一群穿着普通服装的人中,穿奇装异服的人很容易被人们知觉,所以,走在中国小镇大街上的外国人容易引来孩子们的围观。中国的万里长城、兵马俑堪称世界奇迹,引来无数国外旅游者的关注。商家不断推出新奇创意的广告,在众多的广告中脱颖而出,吸引观众的注意。

(二) 影响知觉的主观因素

影响知觉的主观因素主要有以下几点。

1. 兴趣

凡是符合人的某种兴趣、需要的事物容易引起知觉。信佛教的人对佛教寺庙就容易产生知觉。对儿童来说,儿童娱乐设施和活动设备更容易引起他们的知觉。喜欢足球的人时刻关注球讯,而"粉丝"们则关注着自己所喜欢的明星的一举一动。同样,喜欢旅游的人更容易知觉到旅游广告。

2. 需要和动机

面临毕业的大学生最容易知觉到招聘信息,生病的人最关心医疗报道,想结婚的年轻人更容易看到路边的婚纱广告。人的需要会指引人的知觉,选择能满足自己需要的事物来注意,甚至影响知觉效果。研究人员把被试分为两组,一组让他们饥饿1小时,另一组饥饿16个小时,然后让他们看幻灯片,结果发现,饥饿16个小时的被试更容易把模糊的图片看成食物。其实人们对报纸、电视等媒体的各种信息,通常是各取所需地知觉。

3. 知识和经验

每个人都有自己的经验,不同的个体由于经历不同而有不同的经验。由于这种原因,人们在面对同样环境或同一对象时,会知觉到不同的内容。美容师比水管工更容易看到一个不完美的鼻子,建筑师比文学家更能注意到古建筑设计的巧妙。外行看热闹,内行看门道。对旅游和旅游景点的知识和经验会影响旅游者的知觉。

有些游客游览故宫后说:"房子真多,不过都差不多,没什么可看的。"这就说明这次游览没有成功,游客缺少必要的、有一定深度的历史知识。有经验的游客会细心听导游员讲解,并购买浏览手册,详细向导游员提问。事实上,当导游员作了适当的讲解后,游客浏览景观时就会更全面、深刻,也就会对景观进行正确的知觉选择。游览过程中,对游览对象有所了解,更容易产生游览兴致,正所谓"看出门道"。

4. 情绪

"欢乐良宵短,愁苦暗夜长"。人们心情愉快时会感到时间过得快,心情不好时会感到时间难熬。情绪对人的知觉影响很大。心情好的时候,容易想到事物积极的一面,而沮丧时更容易想到消极的一面。"感时花溅泪,恨别鸟惊心",人们容易把自己的情感投射到外界事物上,使知觉到的事物也带有了喜怒哀乐。此外,人情绪低落时,就不愿意观察周围环境或逃避周围环境;而心情高兴时,就对周围的一切都感兴趣。旅游工作者应该重视愉悦游客身心,调动其积极乐观、热情投入的情绪。

5. 个性

世界上没有两片完全相同的树叶,也没有两个完全相同的人。每个人都有自己独特的一面。个性是一个具有复杂结构的心理特征,因而对知觉的影响也是多方面的。从气质来讲,多血质的人知觉速度快、范围广,但不细致、缺乏深刻;黏液质的人知觉速度慢,范围窄,但比较细致深入;而抑郁质的人往往知觉更加细致入微,也就更具有洞察力。从性格上讲,乐观的人容易知觉到希望,悲观的人更容易知觉到困难,争强好胜的人觉得别人总是与自己争,多疑的人觉得别人不可信。从能力上讲,对商品鉴别能力强的人,会清晰知觉到产品的质量差别;而对商品鉴别能力差的人,不同品质的商品在他眼中几乎是一样的。

6. 社会阶层

由于收入、职业和受教育程度的不同,人们分属于不同的社会阶层。同一社会阶层的人,价值观念比较类似,行为方式也往往相同;不同社会阶层的人,观念和行为模式则有所不同。正如一位哲学家所说的,住宫殿的人和住茅草屋的人想得不一样。在旅游方面,高收入和中等收入阶层的人有一定经济基础,视野开阔,对旅游更感兴趣,喜欢自助游的形式;而收入较低的社会阶层的人,对远距离和陌生的环境更容易恐惧,较喜欢随团出行,并选择成熟景区。

7. 其他

年龄、性别、文化、民族、信仰、家庭结构等因素都会影响个体的知觉。

第三节 旅游者对旅游条件的知觉

研究现代旅游者对旅游中的食、宿、行、游、购、娱等行为条件的知觉,对于旅游企业理解旅游者的旅游行为和招徕顾客有着重要的意义。对旅游目的地的知觉印象是旅游者是否去旅游的重要依据。对旅游目的地的知觉包括对旅游地距离的知觉、对旅游地的知觉和对旅游交通的知觉。

一、旅游者对旅游地距离的知觉

从居住地到旅游目的地之间的时空距离一直是影响人们是否前去旅游的重要因素。虽然现代交通工具迅速发展，甚至能将人送入令人神往的宇宙，但距离知觉所产生的经济、安全、时间等方面的问题是不可避免的。旅游距离知觉对旅游者作出是否旅游的决定具有以下两个作用。

第一，阻止作用。旅游距离知觉的阻止作用主要体现在以下几个方面。在经济方面，距离越远的旅行花费越多，所以，可以说一个国家出境旅游状况是衡量该国居民是否富裕的标准；在时间方面，对于抱着时间就是金钱观念的现代人来说，远距离，特别是偏僻的、路上所用时间长的地方要付出更多的时间成本；在身体方面，旅游需要耗费体力，旅游时的身体消耗比平时上班时要多得多，而且要适应时差、饮食、水土、气候等多方面因素的变化；在生活方便程度上，远距离旅行需要携带的物品可能很多，如更换的衣服等，另外，语言和风俗的不同也可能成为不方便的因素；在安全方面，比如，生活在北京的人去长城游玩与去西藏旅游的安全感是不同的。古诗云"劝君更尽一杯酒，西出阳关无故人"，形象地描绘了人们长途旅行的苍凉感。

随着距离的增加，旅游的代价也增加了，这个道理有助于解释为什么在国内旅游的人比去国外旅游的人多，近距离旅游的人比远距离旅游的人多。

第二，激励作用。从另一个角度来看，距离越远的旅游对人越有吸引力，寻找新鲜刺激本来就是旅游动机之一。人们在感知对象时，拉开距离增加了信息的不确定性，给人以想象的空间，人们把自己内心美好的愿望投射到遥远而未知的旅游地，正所谓"距离产生美"。"天那边""在那遥远的地方""天涯海角"都曾经是自古以来人们所向往的地方，遥远的异国他乡能激发人们的好奇心、神秘感。从心理方面说，遥远的地方所产生的朦胧感和神秘感不仅给人以更多变化的希望，而且还给人以更多的、新奇的和多样性的希望。人们有着对现实的、可预见事物的厌倦和对美好生活环境的向往，因此，越远的地方，对旅游者越有吸引力。

总之，距离对旅游者既有阻止作用，又有促进作用。对于远距离旅游的宣传要以着重强调交通的快捷便利、生活的方便舒适为主，这样容易克服距离知觉的阻止作用。

二、旅游者对旅游地的知觉

人们决定要去旅游时，首先要选择能够最大限度地满足自己需要和兴趣的旅游地。在旅游之前需要收集旅游地的相关资料，并作出选择。而获取旅游地的信息通常有两个渠道：一个渠道是旅游宣传，主要是指人们通过媒体、广告、互联网、展销会、旅游手册等获得的关于旅游目的地的知觉印象。我国的旅游地日益重视对外宣传，宣传形式呈多样化趋势，除了传统的宣传手册、旅游博览会等形式，还出现了各类文化节、明星作形象大使、景点节目创新(如张艺谋在桂林漓江上的创意)等新颖的形式。新的宣传形式吸引了大批国内外旅游者,也给旅游者带来了更好的旅游体验。

再一个渠道是直接经验。旅游知觉印象最终取决于在旅游目的地的亲身体验。旅游目的地直接知觉印象的形成取决于下列条件:

第一,旅游景观的独特性、观赏性。旅游景观的独特性取决于地理上的鲜明性和文化独特性,如果旅游景区在自然风光或风土人情方面与旅游者的居住地雷同,旅游者的旅游兴致就会大大降低。目前,一些旅游景区盲目模仿别人,渐渐失去了自己的特色,使游客感到所有的景区大致相同,有着一样的建筑、一样的饭菜、一样的纪念品、一样的特产。没有自己特点的旅游区最终会被淘汰。

第二,旅游者的参与程度。旅游产品具有其特殊性,它不是一种有形的物件,而是一种无形的经历。旅游企业要提供旅游吸引物和旅游服务,和旅游者一起来共同创造旅游经历。只有让旅游者更多地参与旅游活动,获得全面的身心体验,才能丰富旅游者的经历,使其获得满意的旅游感受。

第三,旅游设施的安全、方便和舒适的程度。没有安全感或者食、宿、行条件过于简陋,会影响旅游者的休息和游览活动,给其带来不良的旅游体验。

第四,旅游服务水平。旅游服务作为旅游体验的一部分,不仅影响旅游活动本身,也影响旅游者的旅游感受。服务人员用礼貌、诚实、尊重的服务态度为旅游者提供温馨周到的服务,让旅游者放心、愉快地度过旅游假期,使旅游者留下美好的回忆,将吸引更多的旅游者前来。1983年,我国通过国内数十家旅行社,对海外10个国家的游客进行了调查,发现我国作为旅游地在对旅游者产生吸引力方面集中在众多的历史古迹、美丽的自然风光、精美的手工艺品、风味独特的美味佳肴上,而被调查者对旅游设施和服务的评价甚低,这也反映了我国旅游业存在的问题。这些问题在进入20世纪90年代以后虽然有所改善,但在卫生与服务上我国旅游业与发达国家相比还有一定的差距。

三、旅游者对旅游交通的知觉

现代旅游交通条件的便利快捷,大大改善了人们旅游的条件,加快了旅游速度,特别是飞机、轮船的出现实现了人类全球漫游的梦想,宇宙飞船的出现更激发了人们实现21世纪太空旅游的梦想。我国有句古话:"在家千日好,出门一时难。"出门旅游的人们会感到许多不便,并担心各种不可预见的事情发生。"行"是旅游过程的重要组成部分,对它的知觉如何直接影响到旅游者对一次旅游的评价。那么,旅游者是如何感知旅游交通条件的呢?影响旅游者对旅游交通条件知觉的因素主要有以下几点。

(一)安全

对安全的需求是人最基本的要求,人们外出旅行首先会重视安全。一些旅游景点位于偏僻、原始的自然保护区、沙漠、沼泽地、森林等地方,路况不好,加上当地经济条件差、旅游交通设备落后等,往往容易造成交通安全事故,这会给旅游者出行带来心理压力。以往飞机和轮船的失事报道,会在一些游客心理上留下阴影,导致他们对飞机、轮船的安全性持有怀疑。许多游客喜欢乘坐火车旅游,主要原因是火车安全可靠,而且可以观赏沿途风光,有时也相当节省时间。朝发夕至、全程卧铺、一站直达的列车服务,为旅游和其他公务出行提供了方便。旅游者对火车的印象主要取决于三个因素:首先是运行速度,安全快速的直达列车最受欢迎,如果必须沿途停靠一些站点,则停靠次数越少越好;第二是发车及抵达时间,旅游者希望发车和抵达时间符合自己的旅游计划,能最大限度地利用时间观光和娱乐;第三是舒适程度,旅游者希望火车内干净清洁,设备完善,能够愉快地度过在车上的几个小时或几十个小时。

(二)速度

速度的提高,带来更短的旅途和更长的游览时间与休息时间。所以,许多游客喜欢乘坐飞机旅行,特别是远距离旅游,坐飞机可以大大节省时间。通常来说,人们更喜欢大型飞机,不是因为大型飞机可以坐更多的人,而是从以往的事故记录来看,小型飞机出现问题的概率高于大型飞机。在同样机型的情况下,乘客依次关心:起飞时间、是否按时抵达目的地、中途着陆次数、空中服务员的态度。飞机内能提供的娱乐形式或用餐口味等因素,不能有效地影响乘客对班机的看法。所以,对于航空公司来说,选择有竞争力的起飞时间和开发直达航班是取胜的法宝。此外,空中小姐的服务水平也是一个竞争的重要环节,热情、礼貌、友好的空中服务将为航空公司赢得信誉。

(三)舒适

没有哪位游客愿意一身疲惫地开始自己的旅游活动,游客对于旅途舒适度的要求越来越高。飞机快捷、舒适,但价格较高;火车便宜、舒适,但无法随时停靠;汽车方便、便宜、安全,可以按照旅游需要随时停靠,但坐、立、卧的舒适性较差。影响旅游者对汽车的选择主要有下列因素:车窗的宽敞程度、是否有空调、座椅的舒适程度、车身减震功能、视听设备等。相比飞机、汽车、火车,游轮被称为"浮动的休养地",它不但具有交通运输功能,而且坐船本身就是娱乐的内容之一,所以游轮并非一般意义上的交通工具。许多豪华游轮就像移动的风景,住宿、餐饮、娱乐设施一应俱全,一路观光,一路休闲。当然,游客也会根据需要选择是否乘坐游轮,主要涉及下列因素:游轮能到达的港口城市或旅游景点的多少,航程的远近,客舱、餐厅、游艺设备是否豪华舒适,娱乐项目的丰富性,旅伴是否令人愉快,购物是否方便,等等。

(四)价格

旅游支出是大多数家庭的一项较大开支,由于乘坐不同交通工具的花费差别较大,所以旅游者会在时间允许的情况下,选择较为便宜的交通工具,以节约开支。航空公司推出的打折机票颇受游客青睐。

无论乘坐以上提到的哪种交通工具,游客一旦坐上去,就失去了控制权。随着人们收入水平的提高,有车族数量也大大增加了。许多年轻的旅游爱好者,不愿意乘坐公共交通工具出游,而更愿意自己开车出行,行车路线可以随时调整,并随时下车休息娱乐,主动权掌握在自己手里。2006年"五一"黄金周,有一支由100多辆私家车组成的车队,由北京出发到达河南省开封市,引起当地的轰动。"自驾游"作为新生事物,具有极强的生命力,它向传统的出行方式提出了挑战。

四、旅游者对时间的知觉

人们的感知时间和实际时间往往是不一样的。许多人都有过这样的体验:当你有许多事情要做,面临着不能按时完成的困难时,就会感到时间过得飞快;相反,当你在期待着什么事情的发生,希望立即到达那一时刻的时候,会感觉时间慢得就像被凝住一样。所以我们说,持续时间的长短在很大程度上取决于体验的性质。人对时间的知觉原理曾多次被用来解决旅游企业遇到的实际问题。如枯燥的长途旅程,如果配有丰富多彩的录像,旅游者就不再感到旅途枯燥乏味;如果有导游人员精彩的讲解并展开参与性的各种活动,旅游者在欢歌笑语中就到达了目的地。在旅游线路的设计、旅游服务、景点设计等方面都要充分考虑旅游者的时间知觉。

时间知觉也是人对客观世界的主观反应,它也必然受到主观和客观因素的影响。影响人对时间知觉的因素主要有两方面:

第一,活动的内容。在一段时间里,做紧要、有趣、内容充实的事情时,会觉得时间过得很快,人们倾向于把这段时间估计得短些;如果对事情不感兴趣,事情又无关紧要,活动内容贫乏,就会觉得时间过得慢,人们对这段时间估计得就要长些。在人们事后回忆时,情形则恰好相反,对前者感到时间长,对后者感到时间短。

第二,情绪和态度。人们在欢乐的时候,觉得时间过得快,时间被估计得短些;在烦恼和厌倦的时候,觉得时间过得慢,时间被估计得长些。正所谓"欢乐良宵短,愁苦暗夜长"。期待着愉快的事情到来时,觉得来得慢,感到时间长;而对不愉快的事情,却觉得来得快,感到时间短。

旅游工作者了解旅游者在旅行游览过程中的时间知觉的特点是非常重要的,为此应该注意以下几个问题:第一,旅宜速,即旅行要求快速。旅游者一般都希望以最快的速度到达目的地,能尽量缩短时空距离。因为旅途这段时间常常被认为是没有意义的,感觉枯燥、乏味而且容易引起身体疲劳。为了降低旅游者的这种不良感觉,旅游组织者最好能在旅途中安排一些有趣的活动,导游员可提供一些游客感兴趣的讲解。第二,游宜慢,即游览活动要求放慢速度。人们外出旅游的目的就是游览风景名胜、历史古迹等,即所谓的"饱眼福"。游览的内容越丰富,越具有魅力,就越能使人们暂时忘却时间的流逝,达到"乐而忘返"的境界。第三,提供各种交通工具要准时。旅游者搭乘交通工具过程中最担心的问题就是安全和准时这两个问题。在保证安全的情况下，交通工具能否准时就显得非常重要。因为准时能保证旅游者按照计划去安排时间和活动，否则就会感到一切都被打乱了，就会产生烦躁感，甚至发展为强烈的不安和不满。飞机不能准时起飞或临时取消航班，或者车、船误点等，都会造成乘客的不满，从而引起纠纷和投诉。

第四节　社会知觉

旅游者与旅游服务人员之间以及与旅游地的居民之间以及旅游者相互之间的关系对旅游过程的影响较大，而任何一种人际交往活动，都是从对人的知觉开始的。旅游者会利用各种可能的信息资料来形成对他人的印象，随着交往的增多，其印象将会更全面、更丰富。这种印象决定了人与人之间的关系及其互动模式，这种印象的形成依赖于对人的知觉。从知觉的对象来看，可以把知觉划分为对物的知觉和对人的知觉。一般来说，对人的知觉可称为社会知觉。

一、社会知觉的概念与分类

（一）社会知觉的概念

社会知觉是指个体觉察到社会性事物的刺激，从而表现出自己的对应性态度或行为。有时社会知觉也称为社会认知。人们生活在纷繁复杂的社会中，纷繁复杂的社会形成了复杂的社会刺激，复杂的社会刺激构成了个体多方面的社会知觉。社会知觉方面的研究说明人们如何对他人或社会群体、社会角色以及人们自身的经验作出判断，这些社会知觉概括起来包括3方面的内容：对他人的知觉、对人际关系的知觉以及自我知觉。就人作为社会人的意义而言，社会知觉实质上就是对人的知觉。

对人的知觉与对物的知觉虽然都服从知觉的一般规律，但对人的知觉有其不同于对物的知觉的特殊规律。这主要表现在当人们知觉别人时并不停留在被知觉者的面部表情、身体形态和外部行为上，而是要根据这些外部特征了解其内部心理状态，要了解其动机、意图、观点、信念、个性特点等，并进一步分析产生对人知觉的原因。与对物的知觉相比，对人的知觉具有更多的社会意义。这是对人的知觉与对物的知觉的区别的根本点。

社会知觉是个体的一种特殊的社会意识，它对个体的心理活动和社会行为具有很大的影响作用。学习社会知觉的原理和知识，有利于把握旅游过程和旅游服务中人们的心理活动和行为规律，提高旅游服务的质量。

（二）社会知觉的分类

如果我们把社会知觉主要理解为对人的知觉，那么，以人为对象的社会知觉基本上可以划分下列3种类型。

1. 对个人的知觉

对个人的知觉主要是指通过对别人外部特征的知觉,进而取得对他们的动机、感情、意图等的认识。俗话说,"听其言、观其行而知其人"。例如,你对某个人在许多场合下的行为作了相同的推断后,就可能把一些相对稳定的印象归结到该人的身上,推测他以后在相似的情境中,将会产生过去那样的行为方式。如果该人在许多场合下都哭过,那么就可以推断他在一定的情境中也会有哭泣的行为。这就是说,我们要根据一个人的言论和行动来认识他。其实,这里所说的行动,从心理学来看,不仅是行为举止,也包括人的面部表情、身体姿势以及眼神等。概括地说,对个人的知觉包括三个方面:

(1)知觉对象的外部特征,包括一个人的仪表、风度、言谈、情绪和举止等。人是富有表情的社会人,人的表情乃是反映其身心状态的一种客观指标,例如"喜气洋洋""愁眉苦脸""面红耳赤"等,标志着人们喜、怒、哀、乐的心理状态。在社会生活中,人们往往根据他人的表情来判断他人的情绪,同时根据对方的表情作出自己相应的表情。例如:在马路上遇到熟人,对方向你微笑时,则你也报之以微笑;对方如果无动于衷、熟视无睹,你也难以表示出热情的态度;在课堂上,学生看到教师的表情严肃时,上课就更加认真;在导游工作中,导游员对游客热情招呼时,游客会倍感亲切。人们通过观察别人的表情,知觉别人对自己的态度,也通过自己的表情传达自己的态度。在现实生活中,人的表情只能作为一种知觉线索,不能作为唯一的依据,人的容貌、仪表、风度、谈吐等特点,也是重要的知觉线索。一个面貌端正、举止文明的人在与人初次见面时总会给人留下良好的印象;反之,一个其貌不扬、举止失当的人,初次见面时,也总会给人留下不良的印象。当然,我们并不主张"以貌取人",但一个人的外部特征,特别是其初次与人接触时,总会影响人们对其的印象,这是一个客观存在的事实。

一个人在知觉时并不像镜子一样地反映,知觉者总是依据一定的经验和观点。例如,由于认知者对自己熟悉的人、经常发生交往的人的情绪、情绪状态的表现方式和表现规则有较多的了解,因而易于判别;在复杂的社会背景下,认知者对关系疏远的对象则难以正确判断。不同民族、地区、年龄、性别、职业、性格、学识和修养的人,在情绪表达、言语习惯、行为方式上都有约定俗成的规则。这种规则,不仅影响自己的外在表现,也影响对他人的判断。有的人在看待别人时首先注意其道德品质,按道德品质把这个人归入一定的类别;有的人则首先注意他人的智力特征,按聪明还是不聪明对他人进行归类;等等。总之,对别人的知觉既受知觉对象的外部特征的影响,也受知觉者本人的知觉组织结构的影响。

准确的个体知觉有利于提供更好的旅游服务。例如,某一老年旅游团在饭店餐厅进餐时,其中一位老年游客走到盛着大肠粥的桶前用汤勺拨弄了几下摇摇头走开了。这一表情动作被细心的服务人员发现了,就给他做了一碗清粥送上来,这

第二章 旅游者的感、知觉

39

位老年游客感激万分。善于从平常的现象中发现不平常的事情,是做好服务接待工作的基本功。

(2)人格,包括人的气质、能力、性格、价值观等深层次、内隐的特征。对一个人人格的真正认知,必须通过与其长期的共同生活才有可能,正如中国一句俗话所说的,"路遥知马力,日久见人心"。但对人们性格的某些方面,在短时间内也有可能了解。如说话的强弱快慢,可能反映某人脾气的急缓,也能推测他胆子的大小;有人做事情、写东西,往往开始很认真,后来马虎,这可能与他的意志坚持性不够有关。了解一个人过去的生活,有助于对其性格的认识。在逆境生活的人,遭受的社会挫折多,不顺心的事多于顺心的事,他可能形成倔强孤僻的性格,也可能软弱顺从;生活在温暖安定的家庭里的人,其性格多半是乐观的,友好的;而从小备受宠爱的孩子,容易形成自私自利、好逸恶劳的性格。

(3)角色知觉,是指对人们所表现的角色行为的知觉。角色原是一个戏剧名词,指演员扮演的剧中人物。社会心理学研究的角色,是指个体在一定的社会和群体中占有的适当位置及其被该社会和群体规定了的行为模式。每个人在社会中都充当某些角色,如家庭关系中的角色(丈夫、妻子、父亲、母亲等)、性别角色(男性与女性)、职业角色(工人、干部、教师等)等。社会对任何一种角色都有一定的行为规范和评定标准,人们通过参加各种社会活动、业务活动以及在人际交往过程中,认识各种角色要求,掌握各种角色的行为标准,形成角色知觉。一个人对角色行为标准的认识,决定着他在社会上扮演这一角色的行为。例如,假设对于"经理"这个角色的行为标准有两种看法:一种认为完成计划、组织、指导、控制等工作上的管理任务是最重要的;另一种认为体察员工的要求、安抚其情绪才是最重要的。这种对角色行为标准的不同看法,将产生不同的管理行为和效果。角色知觉敏感的人,比较注意使自己的言谈举止符合本人的身份和社会地位,按照社会对该角色的要求来规范自己;相反,角色知觉不敏感的人,常常会出现有悖于特定角色规范的行为。对角色的行为标准认识不正确,就无法适应环境。在我国一些服务行业中,一些员工把为顾客提供服务看成自己地位卑微的表现,因此对顾客态度冷淡、生硬,顶撞顾客,觉得这是在捍卫自己的尊严。殊不知,作为一名服务人员最基本的职责就是为顾客提供周到细致的服务,热情、周到、不厌其烦是工作角色的要求,与个人的尊严无关。所以,培养敏感的角色知觉,对提高特定角色的责任感具有积极意义。旅游接待人员特别要正确知觉自己扮演角色的行为标准,按照这一标准规范自己的行为,才能心情愉快地完成旅游接待任务,树立良好的行业形象。

2. 人际知觉

人际知觉即对人与人之间关系的知觉。人际知觉是以人际交往行为作为知觉对象,发生在人际交往过程中的知觉。人际交往行为是指人们在交往中相互接触和交换的言语、态度和举止等。人际知觉的主要特点在于有明显的情感因素进入知觉过程。人们不仅相互感知,而且会彼此形成一定的态度。在这种态度的基础上会产生各种各样的情感。例如,对张三反感,对李四同情,对王五则喜爱等。在人际知觉过程中产生的情感决定于多种因素,如人们彼此之间接近的程度、交往的多少、彼此相似的程度等,都会对人际知觉过程中的情感发生很大的影响。一般来说,人们越是彼此接近、交往频繁,相似之处越多,就越容易彼此产生友谊、同情和好感,形成良好的人际知觉。心理学家曾做过一个实验,让10名素不相识的被试组成一个小组,先让他们在小组内自由交往,自由谈话,使他们相互间增进了解,然后进行问卷调查。问题是:①这个小组里你最喜欢谁?②你认为这个小组里谁最喜欢你?如果他们所选出来的人是同一对象,如甲认为"自己喜欢乙""乙最喜欢自己",而乙认为"自己喜欢甲""甲最喜欢自己",说明甲和乙两个人认识自己和对方的关系是正确的。③如果要选小组长,你要选谁?④你估计谁会当选?若选出来的人与他的估计是一致的,说明他对人与人之间的关系的认识正确。

旅游接待人员应该尽快了解旅游团体中的人际关系状况,以便利用这种关系搞好接待工作,提高旅游活动的效率。获得正确的人际知觉需要人与人之间顺畅的沟通。培养对人际关系的洞察能力,应该着眼于提高人际关系的感受性训练,其主要方法是开放沟通,在这个过程中观察自己并体会别人。

3. 自我知觉

所谓自我知觉,是指一个人通过对自己行为的观察而对自己心理状态的认识。人的自我知觉可以把知觉对象直接指向自己的心理活动,即我们所说的"内省",包括把正在进行的心理活动作为注意的对象和对以往的心理经验的认知。早期心理学研究主要用的就是内省的方法。内省虽然是经常发生的,但不一定可靠。因为"内省观察严格地说只是一种回顾""当观察者用内省的方法详细地考察自己的经验活动时,这种考察本身有可能改变该经验"。因此,只通过内省来观察自己的内心世界是不够的,还必须通过比较自己与他人的区别来认识自己内部的心理状态。

贝姆提出的"自我知觉理论"对此作了进一步研究。贝姆认为,我们通常很自信充分了解自己的性格、态度等内心世界,实际上并不如此,人在许多情况下,并不能直接知道自己的态度和情感。与对他人知觉的情况相同,不过是以自己表现出来的行为为线索来推测自己的内部状态的。当然,一个人观察别人的行为与观察自己的行为是有区别的。这种区别在于:其一,观察自己的行为时所掌握的信息要比观察别人时更多,例如,一个人几次参加高考都名落孙山,虽然尽了最大的努力,但每次考试时都身体状况极差,影响了考试成绩,对这种情况他自己是心中有数的,但别人即使观察他的行为也不一定能够了解充分;其二,对自己行为的知觉比对别人行为的知觉更深刻,这是因为自己对自己的知识、经验要比别人知道得更多些;其三,在自我知觉时,自己既是观察者又是被观察者,而在知觉别人时自己是观察者,别人是被观察者。米德认为,我们所隶属的社会群体是我们观察自己的一面镜子。个体的自我知觉很大程度上取决于个体认为他人是如何"看"自己的,这

又被称为"镜我"。

自我的发展经历了从生理自我到社会自我，最后到心理自我的过程。生理自我是个体对自己躯体的认知，始于出生8个月左右，3岁左右基本成熟。大约3岁到13~14岁，这个时期社会自我不断成熟，人们学会了解社会对自我的期待，并根据社会期待调整自己的行动。这一时期的孩子没有独立的评价能力，对自己的认识建立在重要人物的态度上，如父母、老师等，如果父母经常鼓励、表扬孩子，孩子就更容易获得自信。而父母或老师的批评、打击容易使孩子认为自己真的不好，从而失去自信。大约从青春期到成年，10年的时间，个体渐渐能知觉和调节自己的心理活动及其特征，根据社会要求自觉调整和塑造自己的心理与行为。自我知觉准确的个体表现出更恰当的行为，也更成熟得体。缺乏自我知觉或自我知觉不正确的个体，行为就会有更多的盲目性。例如对自己期望过高，选择难以胜任的工作，不能进行适当调节，导致身心疲惫。旅游者如果缺乏正确的自我知觉，也会选择不适合自己的旅游活动，如老年人本来体力不支，却还要坚持远行，导致出现身体不适等。旅游接待人员如果缺乏正确的自我知觉，可能导致服务过程中把自己摆在不适当的位置，不能很好地规范自己的行为，做好工作。所谓知己知彼，首先要知己，才能知彼。

二、社会知觉效应

在现实生活中，人们往往由于受到主客观条件的限制而不能全面地看待问题，尤其在看待别人时，往往容易受各种偏见的影响而造成歪曲的社会知觉，对别人的行为作出错误的归因判断。研究和了解社会知觉过程中产生的各种偏见及其表现，对于做好人的工作具有现实意义。下面介绍几种常见的社会知觉偏见。

（一）第一印象

第一印象也称初次印象，它是指与素不相识的人第一次见面时所形成的印象。第一印象主要是获得被知觉者的表情、姿态、身材、仪表、服装等方面的印象。在人对人的知觉过程中，给人留下的第一个印象是至关重要的因素。如果一个人在初次见面时给人留下了良好的印象，就会影响人们对他以后一系列行为的良好判断，反之则形成不良判断。这就是第一印象效应。心理学研究中曾经有过一个实验，给两组大学生看同一个人的同一张照片。在看这张照片之前，对一组大学生说，照片上的人是一位屡教不改的罪犯；对另一组大学生说，照片上的人是一位著名的学者。然后，让这两组大学生分别根据这个人的外貌来说明他的性格特征。结果两组大学生的解释截然不同。第一组大学生说，深沉的目光里隐藏着险恶，突出的下巴表明他死不改悔的决心。第二组大学生说，深沉的目光表明他思想的深刻性，突出的下巴表明了他在科学道路上勇于攀登的坚强意志。这一实验充分说明了第一印象对于社会知觉的重要影响。

双方初次见面时获得的对方个人资料是其外表和才华。个体对他人的认知往往无法消除他人外表特征所产生的影响,外表是被个体首先知觉的一个重要信息。两个陌生人相遇,会自觉不自觉地相互观察对方的仪容、服装、风度等外表条件。虽然大家都知道"以貌取人,失之于人"的道理,但现实生活中这种现象很难避免。尤其是青年男女在交往之初,往往容易凭外表作选择。他人的才华也是形成第一印象的重要资料。在现代社会中,知识、才能得到尊重,使才华成为增添个人魅力的条件。一个才华横溢的人即使其貌不扬,也会使对方形成深刻的印象。在旅游服务过程中,衣着整齐、仪表大方、学识渊博的导游员,更受游客欢迎。

一般来说,第一印象的作用是消极的,因为它仅仅是一种假设、猜想,如果不经过进一步检查、验证,只凭第一印象去处理问题,会带有很大的表面性、片面性,容易以貌取人,以偏概全。但是,第一印象作为初次见面时的认识现象,是客观的、无法回避的,况且它也具有一定的积极意义,它是人们进一步加深认识的基础和必经阶段。所以,关键是如何正确运用第一印象的作用,发挥其积极的一面,克服其消极的一面。具体说,要从三个方面加以注意:一是在看待别人时,要尽量避免仅仅凭第一个印象就下判断,并根据这种片面的判断去待人接物,对人、对事要多观察、多分析,以发现对方的优点。二是要严格要求自己,注意随时随地给人留下第一个良好的印象,为以后顺利开展工作打下有利的基础。三是处理人际关系问题时,要注意克服第一印象的不良影响造成的各种偏见和误解,全面地看待问题、分析问题,以建立和谐的人际关系。

(二) 晕轮效应

晕轮效应是指在人际知觉时,人们常常从对方所具有的某个特征而泛化到其他一系列有关的特征,也就是从所知觉到的特征泛化推及未知觉的特征,根据局部的信息形成一个完整的印象。这就是说,这一突出的特征或品质起着一种类似晕轮的作用,使观察者看不到人的其他品质,从而由一点作出对这个人整个面貌的判断。最典型的表现是:对某人无好感,则对他的一举一动都看不顺眼;对某人有好感,则对其一切言谈举止都觉得顺眼。

美国社会心理学家阿希(S. E. Asch)用实验证明了晕轮效应。他给被试看一张列有5种品质的表格(聪明、灵巧、勤奋、坚定、热情),要求被试想象一个具有这5种品质的人。被试普遍把具有这5种品质的人想象为一个理想的友善的人。然后,他把这张表格中的热情换为冷酷,再要求被试根据这5种品质(聪明、灵巧、勤奋、坚定、冷酷)想象出一个适合的人。结果发现,被试普遍推翻了原来的形象,而产生了一个完全不同的形象。这表明,热情、冷酷的品质起着晕轮作用,影响了对一个人的总体印象。晕轮效应的极端化就是推人及物,也就是"爱屋及乌"。

晕轮效应的产生,往往是个体在掌握有关知觉对象信息很少的情况下作出总体判断的结果,或是只从自己的偏好出发、带着个人偏见去衡量别人的结果。人们在知觉事物时,并不是对知觉对象的个别属性或部分特征孤立地进行感知,而是倾向于把具有不同属性、不同部分的对象知觉为一个统一的整体,利用自己的经验把各种属性联系为有机的整体。人的各种品质之间是有内在联系的。例如:热情的人往往对人比较亲切、友好,富于幽默感,肯帮助别人,容易相处;而冷淡的人较为孤僻、古板,以自我为中心,不愿求人,也不愿帮助别人。对某人只要有了"热情"或"冷淡"的一个核心特征印象,人们就会自然而然地去补充其他关联的特征,形成对某人整体的印象。事实上,个体人格的各个部分确实存在较大的相关性,如勇敢正直的人往往襟怀坦白,敢作敢当;自私自利、欺软怕硬的人往往虚伪阴险,表里不一,或阿谀奉承,或骄横跋扈。

在每个个体社会化的过程中,长者常常表达一些有关个性特征的长期留传下来的经验。如"秀外慧中""心慈手软""近朱者赤,近墨者黑"等,这些词反映了使用某些核心品质来推断某个人全部特点的可行性。但是,因为晕轮效应而错误地判断也是存在的,实际上生活中,"一好百好"的观念影响了对人的准确评价。要克服晕轮效应,必须在社会知觉过程中,坚持认识人与事的全面性、动态性和客观性:①要在深入了解和全面观察、分析一个人的言行后,才对其作出评价;②要用发展的眼光看待人与事,切忌用静止的眼光和成见去"盖棺定论";③要以客观的标准评价人,不以自己的好恶为标准。

(三) 首因效应和近因效应

首因效应是指一个人首先给人留下的印象具有强烈的影响,它与第一印象的作用是相同的。近因效应则是指最后给人留下的印象具有强烈的影响。有一项实验证明首因效应和近因效应的客观存在。这项实验分两段进行:第一段,向4组大学生介绍一个陌生人。对第一组说,这是一个外倾型的人;对第二组说,这个人是内倾型的;在第三组,先讲述这个人的外倾特征,后讲述他的内倾特征;在第四组,先讲述他的内倾特征,后讲述他的外倾特征。然后,让这4组学生分别想象出对这个陌生人的印象。第一和第二组学生得到的印象是显然易见的。在第三和第四组中,关于这个陌生人的印象完全符合提供信息的顺序,总是先提供的信息占优势。也就是说,第三组学生普遍把陌生人想象为外倾型的人,第四组普遍把陌生人想象为内倾型的人。这一段实验说明了首因效应的存在。第二段,给另外两组学生按上述第三和第四组同样的顺序描述一个人,所不同的是在先描述他的内倾或外倾特征之后,中间插做其他事情,如让学生做一些不太复杂的数学习题,然后描述相反的性格特征。在这种情况下,最后描述的特征会使学生留下深刻的印象。这说明近因效应在起作用。

上述实验不仅证明首因效应和近因效应的客观存在,而且证明这两种效应发生作用的不同条件。一般来说,在感知陌生人时首因效应起着更大的作用,而在感知熟悉的人时,如果在熟悉的人的行为上出现某种新异的表现,则近因效应起更大的作用。

这两种效应对我们的社会生活和工作具有一定的启迪意义。首先,在人际交往过程中,对待初次认识的人,要注意给他留下良好的第一印象,强化好的首因效应。对待熟悉的老朋友,要注意近因效应,防止出现交往危机。其次,在组织社会活动和开展宣传工作中,可充分利用这两种效应的作用来强化效果。例如,在组织晚会时,要特别注意开场节目和最后节目的安排,以加深观众对晚会的美好印象。又如,在讲演或作报告时,应该一开始就鲜明地提出自己的观点,以利用首因效应加深人们对这种观点的印象,在结尾部分再次归纳一下观点的主要内容和主要论据,利用近因效应进一步强化自己的主张,这样可以大大提高效果。

(四)刻板印象

刻板印象指在人们头脑中形成的对社会上某一类人的比较固定的、笼统的看法。当一个人看到他人时,常常会不自觉地按其年龄、性别、职业、民族等特性对他进行归类,并将已有的关于这类人的固定看法作为判断其个性的依据。例如,年轻人总是认为老年人是墨守成规的、缺乏进取心的,并在见到某个老年人时就要把他划归到自己头脑中固有的形象中去。同样,老年人往往会认为年轻人举止轻浮、办事不可靠,并在见到某个年轻人时把他归类到自己认定的形象之中。又如:人们谈到教授,总认为是文质彬彬、白发苍苍的;一说到工人,总是想到身强力壮、性情豪爽的形象;一知道是个美国人,总觉得他天真开朗、不拘小节;如果是英国人,那就是一副绅士派头;等等。可以说,社会刻板印象普遍地存在于人们的意识之中。人们不仅对曾经接触过的人具有刻板印象,即使是从未见过面的人,也会根据其间接的资料与信息产生刻板印象。例如,对不同国籍的外国人,尽管未直接认识交往,但人们对于不同国家的公民,也会有一套比较固定的看法,一种概括而笼统的看法。

社会心理学研究刻板印象最多的是研究对他国国民的刻板印象。G. 吉尔巴特调查了美国普林斯顿大学学生对于各个国家、各个种族的成员所具有的刻板印象,发现这些大学生对各国国民及民族的看法颇为一致。他们认为:英国人有绅士风度、聪明、因循守旧、爱传统、保守;黑人爱好音乐、无忧无虑、迷信无知、懒惰;日本人聪明、勤劳、有进取心、机灵、狡猾。1970年,我国台湾社会心理学家李本华等人用类似的方法调查了台湾大学学生对于其他国家国民的印象,包括美国、印度、苏联、法国、日本等国国民,发现这些大学生的看法也比较一致。例如,他们认为:美国人民主、天真、乐观、友善、热情;日本人善于模仿、进取、尚武、有野心;法国人爱好艺术、轻率、热情、开朗;苏联人唯物、勤劳、狡猾、有野心和残酷。

人们关于对他国国民的刻板印象多半是因道听途说而形成的,不是根据自己的亲身交往与接触,不是从各国的社会历史、政治经济、文化等方面去分析,而往往包括种族主义的偏见,所以是弊多利少。在我国常见的刻板印象是地域和职业,如北方人身材魁梧、豪爽率直；南方人身材矮小、灵活精明；上海人算计、河南人奸诈；商人唯利是图、教师文质彬彬；等等。

刻板印象的产生有其认识论的根源。人的思维总是从个别到一般，再从一般到个别。所以，在某些条件下，定型效应有助于人们对他人作概括的了解。"物以类聚，人以群分"是最基本的概括方法，这种方法的积极作用在于把现实中的人们加以归类，以便加速认识的过程。但是，在没有充分掌握全面感性材料的基础上所作出的概括，往往会形成关于某类人的不确切的归类，或者只是在对某类人的非本质特征基础上作出的概括，就会形成偏见。而根据这种偏见去看待周围的人们，必然会作出错误的判断。在旅游接待服务过程中，应尽量避免刻板印象的干扰，不要盲目归类，要对游客一视同仁。

拓展阅读 2-3

表 2-3　对民族性格特质评断的百分数

	1933 年	1951 年	1969 年
美国人：			
勤劳的	48%	30%	23%
智慧的	47%	32%	30%
实利主义的	33%	37%	67%
进取的	33%	21%	42%
进步的	23%	5%	17%
爱尔兰人：			
好斗的	45%	24%	13%
易怒的	39%	35%	43%
诙谐的	38%	16%	7%
诚实的	32%	11%	17%
虔诚的	29%	30%	27%
犹太人：			
精明的	79%	47%	30%
唯利是图的	49%	28%	15%
勤劳的	45%	29%	33%
贪婪的	34%	17%	17%
智慧的	29%	37%	37%

表 2-4 性别角色的刻板印象

女性的	男性的
根本没有攻击性	攻击性很强
毫不独立	非常独立
容易动感情	不容易动感情
毫不隐瞒感情	几乎总是隐瞒感情
非常主观	非常客观
容易被打动	不容易被打动
顺从	好统治他人
不喜欢数学和科学	喜欢数学和科学
无逻辑	富于逻辑
家庭定向	善于处世
含蓄	直率
难作出决定	容易作出决定
不使用粗野语言	使用粗野语言
温和	粗鲁
虔诚	不虔诚
习惯于整洁	习惯于懒散
强烈的安全需要	很少有安全需要

（摘自《社会心理学》，俞国良著，北京师范大学出版社，2006 年版）

（五）投射效应

投射效应是指个体总是假定他人与自己是相同的，当自己的年龄、民族、国籍、社会经济地位等特征与他人相同时更是如此。即使这些特征很不相同，这种看法也会存在。例如：自己喜欢热闹，往往会认为别人也喜欢热闹；自己好胜心强，则猜想他人也好强；等等。由于投射作用，个体认知他人往往会发生人格歪曲，发生偏见。A. 希芬鲍尔(1974)通过放映喜剧或令人讨厌的录像来赋予被试一定的情绪，然后令被试判断一些照片上的人的面部表情。被试往往会根据自己当时的情绪状态来断定他人照片上的面部表情。

以上几个因素都能影响人们的社会知觉。事实上，人们的认知活动并不是单个的因素单独地发生作用的，而往往是几种因素交织在一起对认知活动发生作用的。不过，在不同的情况下，某些因素的作用更大些，某些因素的作用可能小一些。

三、印象管理

(一) 印象管理的概念

印象管理,亦称印象整饰,指个体以一定方式去影响他人对自己的印象。即个体进行自我形象的控制,通过一定的方法去影响他人对自己的印象形成,使他人对自己的印象符合自我的期待。印象形成对认知者来说是信息输入,是形成对他人的印象;而印象管理是信息输出,是对他人的印象形成过程施加影响。

我们每个人都是非常注意自己在他人面前的形象的。参加重要的会议,会见重要的客人,或作一个重要的报告,都要注意自己的穿着。在申请工作的招聘会谈中,除了衣着得体之外,还要对如何介绍自己、如何表示对这份工作的兴趣、如何表达自己的才能,小心谨慎地仔细考虑,字斟句酌。戈夫曼(E. Goffman, 1967)把社会行为看成舞台表演,每个人都按照一定的"脚本"来行动。一个"脚本"是一组经过仔细选择的、能够表现自我的言语的和非言语的活动。当然,这种"脚本"随着听话的员工、敏感的朋友、有攻击性的足球运动员等角色的不同而不同,重要的是,"脚本"要从一个情景变换到另一个情景。当一个个体在其他人面前出现时,其存在着许多动机试图去控制别人对自己的印象和人际交往的性质,特别是试图获得社会赞同的愿望,以及想要控制社会交往的结果,从而产生了印象管理。每个人都希望维持一种和当前社会情景相适应的形象,并确保从他人那里获得使彼此都感到愉快和维护自我的评价。一个人能成功地树立起受到社会赞同的形象,便认为是"有了面子";反之,形象受到损害,便认为是"丢了面子"或"失了面子"。戈夫曼认为,人际交往的一条基本规则是互相承诺,互相谅解。这意味着,每个参与者将通过印象管理,努力使其他参与者保住面子。为了做到这一点,每个参与者就有一套维护面子的技巧,能清楚地解释其他人给他面子的行动,有一种维护双方面子的愿望,有使用印象管理技巧的意向。

(二) 印象管理的作用

印象管理是个体适应社会生活的一种方式。现实生活中,在不同的情境里,每一个体都承担着许多社会角色。个体要为他人、公众与社会所接受,其行为表现必须符合社会对他的角色的期待。为了更好地适应社会,个体就要实施有效的印象管理。成功的印象管理的基础,是正确理解情境,正确理解他人,正确理解自身的状态,正确理解社会对自己承担的角色的期待。但理解了,并不一定表示个体就会按社会要求行事。因此,不同的人有不同的印象管理。

(三) 常用的印象管理策略

在人际交往中,互动的双方在都知道对方在不断观察、评价自己,所以个体往往不断调整自己的言辞、表情和行为等,以期给对方留下一个良好的印象。印象管理是一种社交技巧,其常见策略有以下几种。

1. 按社会常模管理自己

人们认为外表能反映一个人的精神状态,而外表最容易为他人所知觉,所以个体往往留意修饰外表,尤其在异性面前更加如此。

2. 隐藏自我与自我抬高

个体的真实自我也许不受他人和公众欢迎,为使他人对自己产生良好印象,建立良好的人际关系,个体常常把真实的自我隐藏起来,好比戴上一副"面具";同时,通过各种办法自我抬高,让他人觉得自己在总的方面或特殊的方面很优秀,也可以给别人留下好的印象。自我抬高的人往往会承认自己的某些小的不足,以使自己在抬高某些重要方面时变得可信。

3. 按社会期待管理自己

个体往往按社会期待管理自己,使自己的行为符合角色的社会规范。例如教师在学生面前作出符合教师这一社会角色的行动。

4. 投人所好

个体为了得到他人的好评,给他人留下良好印象,往往投其所好,采取自我暴露、附和、谄媚、施惠等手段。

(四)自我表现与印象管理

自我表现是有意或无意地通过自己的言语和行为向他人显示自己,以达到印象管理目的的技术。自我表现总是与印象管理联系在一起,应该说,自我表现是一种方法,其目的就是在他人心目中建立起良好的印象,尽管这样做可能是无意识的。

从某种角度上讲,自我表现渗透社会生活的各个方面。通常,自我表现背后有两个主要的具体目的。第一,个体希望在他人心目中树立一个特定的形象。他之所以这样做,是因为他希望其他人赞同他或以某种方式来行动,例如在将来能给他以某种奖励。比如在招工会谈中,申请工作的人会表现得有责任心、有能力,以便获得这份工作和它所伴随的奖励。第二,个体想要建立和维护与他自己的自我概念相一致(理想的自我)的一种公开的形象。例如,一位妇女有一个她想要成为的理想的形象,那么,她会以尽可能地接近这个理想形象的方式来行动。在上述的两个例子中,这两个人都可能没有意识到自我表现背后的意向。

如果一个人想要在听众心目中建立起一种积极的形象,并留下良好的印象,那么他会尽可能地创造一种受到高度赞同的情景认同。选择恰当的行为来创造有利的情景认同常常需要仔细地计划。首先,该个体必须发现在人际交往中最可能受到赞同的那些特性。例如,参加聚会的人必须认识到,在这种场合表达友情是最恰当的;而售货员应该认识到顾客最需要的是坦率和诚恳。其次,他必须认识到诸多行为中哪些行为是能够表明他拥有该情景所需要的特性。例如,那个参加聚会的人应该预测是讲个笑话呢,还是取悦于女主人会使他显得更友好,只有正确地判断

情景,他才能够选择获得所希望的情景认同的行为。

(五) 旅游与印象管理

通常,有一些规范能表明为了获得赞同应该如何来行动。当这些社会规范比较明确,也就是说,对哪些行为能导致积极的或消极的评价,人们有着广泛一致的看法时,个体比较容易决定该如何行动,也比较容易预测他人的反应。但是当规范不明显或模糊时,个体往往不知道如何来表现自己,因而他的行为也更为无规律和难以预测。在通常情况下,社会流行或认可的言行就会成为个体自我表现从而实现印象管理的范本。由于目前社会对旅游者的评价较为积极,笔者多次课堂调查发现,人们认为旅游者是有活力、热爱生活、乐观积极、开朗、自由、健康并且有经济实力的人。所以,一些人出于对这种良好公众印象的认同心理,也就是希望被别人看成有活力、热爱生活、乐观积极、开朗、自由、健康并且有经济实力的人,才热衷于旅游活动。旅游行为在很多人的潜意识当中属于印象管理的一部分。其实,这种通过追逐社会流行行为而表现自我的现象很多,比如:某些人喜欢听音乐会,即使听不懂,也要附庸风雅;某些人购买某些品牌的产品,只是因为品牌所宣传的概念能提升自我的形象。旅游宣传工作应做好潜在旅游者的心理研究,深入了解旅游者的内心期待,使旅游宣传深入人心,让每位旅游者既能对旅游地充满期待,也能对旅游行为本身认可。

复习思考题

1. 什么是感觉?请举例说明。
2. 感觉的特性是指什么?感觉有哪些特性?
3. 结合个人经历谈谈知觉的特性?
4. 影响知觉的客观因素有哪些?
5. 旅游者对旅游地的距离知觉有什么规律?
6. 结合个人经历说说常见的社会知觉效应。

第三章 旅游动机

本章提要

> 动机是指引起和维持个体的活动,并使活动朝向某一目标的心理过程或内部动力。需要是动机的基础,它反映个体缺乏某种东西时的一种主观状态。动机和需要按照不同标准有多种分类。旅游者通过旅游实现生活的单一性和复杂性的平衡。旅游动机包括身心健康、好奇求知、社会交往、纪念、宗教朝觐和经济活动。

　　人们为什么会去旅游?不同的人为什么会有不同的旅游爱好?如果仅仅因为有钱并且有时间人们就能出行,那么如何解释那些已经拥有这两个条件而从不旅游的现象,或者攒钱、挤时间用于旅游的现象?是不是每个人都会有旅游需要?旅游需要产生动机,旅游动机是激发旅游行为并影响旅游心理效果的重要心理因素之一。旅游心理学研究旅游者的心理和行为的首要目的,是探索旅游者参加旅游活动的行为指向和持续这两个问题,也就是研究人们为什么要出外旅游,为什么要见识世界各国,为什么要选择不同的旅游点,再者,旅游者为什么能始终积极地、高高兴兴地去参加某项旅游活动,乐此不疲?这些问题都涉及旅游者的行为动机。它将解释人们的旅游偏好以及在旅游活动中应当具备哪些条件才能使旅游取得良好的效果。

第一节 动机概述

人的一切行为都受动机支配,动机驱使人追求某一事物,从事某一活动;或驱使人避开某一活动,停止某一活动。动机是人行为的直接的内在原因。分析人的行为时,必须揭示其行为的动机。只有这样,才能判断其行为的出发点,才能预见其行为重复出现的可能性,才能发出鼓励或禁止的信号,从而实现对其行为的控制。

一、什么是动机

动机是指引起和维持个体的活动,并使活动朝向某一目标的心理过程或内部动力。人类的各种活动都由一定的动机所引起,并指向某一目标。动机是个人行为的动力,是引起人们活动的直接原因,它是一种内部刺激。动机具有以下3种功能:

一是激活功能,即动机促使人进行某种活动。一个人怀有某种动机之后,能对其行为发生推动作用,表现为对其行为的发动、加强、维持直至终止。例如:大学生学习知识的动机会使他走进图书馆、教室,购买书籍,认真听课;而旅游者外出旅游是在其各种旅游动机的直接驱动下发生的。

二是指向功能,即在动机的作用下,人的行为指向某一目标。具有某种动机的人,其行为总是指向某一目的而忽视其他方面,其行为表现为明显的选择性。例如:在学习动机的支配下,大学生会到图书馆去看书,到书店去买书,而不是看电影、玩游戏;旅游者在旅游动机的指引下收集旅游资料、谈论与旅游有关的话题、为旅游作准备,并奔向旅游目的地。

三是强化功能,即当活动发生以后,动机可以维持和调整活动。当活动指向某个目标时,个体相应的动机便获得强化,因而某种活动就会持续下去,在遇到困难时能够去克服。例如,学习动机使学生克服困倦、分心的困扰;旅游者在旅游动机的作用下,愿意忍受旅途中气候、环境、生活条件等的不适,离家远行。

二、动机的产生

动机是在需要的基础上产生的,一种需要演化为哪种动机受到环境因素的影响。无论是物质的需要还是精神的需要,只要它以意向、愿望或理想的方式指向一定的对象,并激起人的希望时就可构成行为的动机。

(一)动机与需要的关系

动机虽以需要为基础,但只有需要,并不一定能产生动机。动机的产生至少应该具备两个条件:一是需要;二是具有满足需要的对象,即诱因。当需要处于萌芽状态,客观上缺乏满足需要的对象时,需要只表现为一种意愿或意向。只有当需要被强化到一定的程度,在客观上又有满足的对象时,需要才转化为动机。例如人们处于一般饥饿状态下,需要吃东西,但看到食品很不卫生,又冷又硬,知道如果吃下去会生病,就不想吃这食品。这就是说,饥饿状态下吃的需要并未激发出吃东西的动机。由此可见,动机具有一定的对象,即诱因。动机、需要、行为的关系如图3-1所示。

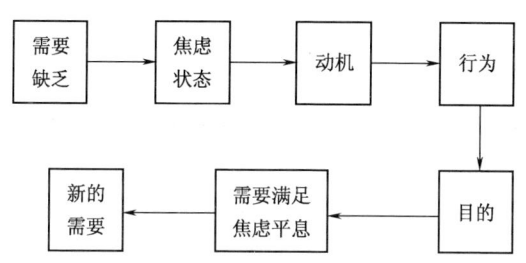

图3-1 需要、动机、行为的活动周期模式

图3-1显示,当个体产生某种需要而又未能满足时,个体内部呈焦虑状态,从而激发动机,推动行为实现目的,满足需要后焦虑得到平息,但又产生新的需要。

(二)需要概述

如前所述,动机是在需要的基础上产生的,因此,要研究动机,就离不开对需要的研究,对需要的探讨有助于我们对动机的理解。

1. 需要的一般概念

需要是有机体内部的一种不平衡状态,它反映个体缺乏某种东西时的一种主观状态,它是客观需求的反映,这种客观需求既包括人体内的生理需求,也包括外部的、社会的需求。它们在演化为心理现象之后,表现为需要。如渴了需要喝水,饿了需要吃饭,累了需要休息,生命财产得不到保障会产生安全的需要,孤独会产生交往的需要等。

需要是有机体活动的积极性源泉,是人进行活动的基本动力。人的各种活动,从生活工作、学习劳动到创造发明,都是在需要推动下进行的。需要激发人去行动,使人朝着一定的方向努力,追求一定的对象,以求得自身的满足。需要越强烈、越迫切,由它所引起的活动动机就越强烈。同时,人的需要也是在活动中不断产生和发展的。当人通过活动使原有的需要得到满足时,人和周围现实的关系就发生了变化,从而又会产生新的需要。这样,需要推动着人去从事某种活动,在活动中需要不断地得到满足又不断地产生新的需要,从而使人的活动不断地向前发展。

2. 需要的种类

人的需要是多种多样的,可以按照不同的标准对它们进行分类。大多数学者采用二分法把各种不同的需要归属于两大类,例如划分为生理性需要与社会性需要,或物质性需要与精神性需要等。

生理性需要包括饮食、运动、休息、睡眠、排泄、配偶、嗣后等,主要由机体内部某些生理不平衡状态所引起,对机体维持生命、延续后代有重要意义。社会性需要是人特有的需要,如劳动、交往、成就、社会赞许、求知等,主要反映了人类社会生活的要求,对维系社会生活、推动社会进步有重要作用。物质需要指社会的物质产品,如住房、交通;精神需要指精神产品,如报纸杂志、文艺演出等。

拓展阅读 3-1

Dacron Polyester 是杜邦公司旗下的一个业务单位,它为枕头制造商提供填充物,并且销售自有 Comforel 品牌的枕头。杜邦公司外包了营销调研以揭示个人使用枕头的行为。调研结果显示,杜邦公司遇到的一个挑战是人们通常不愿丢弃旧枕头。在一个样本中,有 37% 的回答者把他们与枕头的关系描述成"一对老夫妻",13% 的人认为枕头像"童年的伙伴"。依据使用枕头的行为,受访者可分为以下不同群体,即:多个枕头叠放使用组(23%),枕头拍松软使用组(20%),枕头折叠使用组(16%),搂抱枕头组(16%),把枕头压成一个能够舒服枕靠形状组(10%)。女人更喜欢把枕头拍松软,男人则偏好把枕头叠放。普遍将枕头叠放使用的发现使杜邦公司销售了很多成对包装出售的枕头,同时杜邦公司也推出了软硬程度不同的枕头。

(资料来源:摘自《营销管理》,菲利普·科特勒,凯文·莱恩·凯勒著,王永贵等译,中国人民大学出版社,第 14 版)

3. 马斯洛的需要层次理论

在需要理论中,流行甚广的"需要层次理论"对人类行为的动力从理论上和原则上进行了系统的分析,是心理学家试图解释需要规律的主要理论工具之一。美国人本主义心理学派的主要代表马斯洛(Maslow)在 1943 年出版的《调动人的积极性》一书中,把人的需要划分为五大类——生理的需要、安全的需要、归属与爱的需要、尊重的需要和自我实现的需要,如图 3-2 所示。

马斯洛把需要归纳为五大类,并按照它们发生的先后次序排序。

(1)生理需要。这是人类最原始的基本需要,包括饥、渴、性和其他生理机能的需要,它是推动人们行动的最强大的动力。马斯洛认为人的生理需要是最重要的,只要这一需要还没有得到满足,人就会首先寻求这一需要的满足,不会顾及其他需要。用这一观点就可以解释人们为什么夏天要到山里去避暑,为什么越来越向往宁静的田园生活,为什么越来越多的"白领"冬天到海南的海边晒太阳,世界各地的温泉为什么始终受人们欢迎,等等。

(2)安全需要。当一个人的生理需要得到满足后,下一步就是满足安全的需

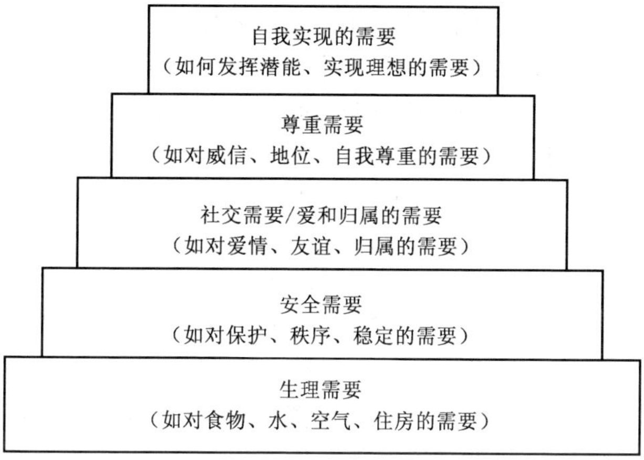

```
┌─────────────────────────────────┐
│      自我实现的需要              │
│ (如何发挥潜能、实现理想的需要)   │
└─────────────────────────────────┘
┌───────────────────────────────────┐
│          尊重需要                  │
│ (如对威信、地位、自我尊重的需要)   │
└───────────────────────────────────┘
┌─────────────────────────────────────┐
│     社交需要/爱和归属的需要          │
│   (如对爱情、友谊、归属的需要)       │
└─────────────────────────────────────┘
┌───────────────────────────────────────┐
│            安全需要                    │
│    (如对保护、秩序、稳定的需要)        │
└───────────────────────────────────────┘
┌─────────────────────────────────────────┐
│              生理需要                    │
│   (如对食物、水、空气、住房的需要)       │
└─────────────────────────────────────────┘
```

图 3-2　马斯洛的需要层次理论

要。首先是生活环境的确定,有安身之地、交际场所、工作地点;其次是生活秩序的稳定,生活有规律、活动有计划;再次,还需要人际关系可靠、可依、可预测、无后顾之忧,吵架、离婚、意外事件、突然袭击,都使人自危、紧张、不安。安全需要不仅满足人机体的物理空间需要,而且能减少人心理上的恐惧感。在日常活动中处处可以体现这种倾向,如避免高危职业、与熟悉的人来往、购买人身保险等。旅游者选择安全准时的交通工具,随着旅游团出行,在一些特殊的旅游项目上还要办理人身保险等行为都体现了对安全的需要。

(3)社交需要/爱和归属的需要。当生理需要和安全需要得到满足后,对爱和归属的需要就出现了。马斯洛的社交需要含有两方面的内容。一个内容是爱的需要,即人都希望伙伴之间、同事之间的关系融洽或保持友谊和信任,希望得到爱情,渴望得到别人的爱,同时也有机会爱别人。另一个内容是归属的需要,即一种要求归属于一个集团或群体的感情,希望成为其中的一员并相互关心和照顾,如班集体、社团、伙伴、婚姻家庭。进行任何一种旅游活动,都要接触新的人际环境,发生人际交往。三五好友或家人结伴同游是人们结识新朋友、联络旧感情的最有效的活动之一。此外,以探亲访友、寻根问祖、结婚纪念、异地同学聚会等为目的的旅游,也可以满足人的社交需要。

(4)尊重需要。当社交需要得到满足后,人还希望自己有稳定的地位、较高的名望,要求个人能力、成就得到社会的承认和赏识等。马斯洛认为,尊重需要分为两类:自尊和来自他人的尊重。自尊是指获得信心、成就、独立、自由、本领等,尊重则指获得威望、承认、接受、关心、地位、名誉和赏识。尊重需要一旦受到挫折,就会使人产生自卑感、软弱感、无能感,会使人失去生活的基本信心。受尊重的需要还同个体感到自己对这个世界是否有用的感觉有关,也与有关事物如衣服、汽车、教育、旅游和接待重要人物等能否增进自我形象有关。在聚会中与朋友分享自己旅游的见闻，或向别人炫耀出国旅游的经历，都会使人满足受人尊重的需要。有的人本来并没有足够的可自由支配的时间和金钱，但他还是请了假、借了钱，带着孩子出去旅游了。为什么呢？因为在他住的那幢楼的那个单元里，其他的住户都曾经出去旅游过，就剩下他这一户什么地方都没有去过。他的孩子经常在他面前提起这件事，他也觉得如果再不出去旅游一趟，自己的孩子就要被别的孩子瞧不起了。显然，他之所以外出旅游，并不是"受旅游目的地的吸引"。

（5）自我实现的需要。自我实现的需要是指实现个人的理想、抱负，发挥个人的能力至极限的需要。要达到自我实现，就要善于剖析自己，找到属于自己的方向。也就是说，人必须选择自己称职的工作，是什么样的角色就应该干什么样的事。马斯洛还指出："为满足自我实现的需要所采取的途径是因人而异的。有人希望成为一位理想的母亲，有人可以表现在体育上，还有人表现在绘画或发明创造上……"简而言之，自我实现的需要指最大限度地发挥一个人的潜能的需要。在自我实现的刹那，人会产生顶峰体验——一种忘我的、出神入化的、幸福的感受。现实生活中，人们无法真正自由选择职业和生活方式，旅游是极富有象征性的活动，有的人出去旅游就是用体现自我价值来满足自我实现的愿望。通过旅游人们可以寻找不同的理想生活状态，或挑战自我，或在旅游团队中扮演勇敢者、领导者、保护者等角色，可以使人们实现成为"理想自己"的梦想，从而满足自我实现的需要。当然，人们参加旅游活动，并不都由于自我实现的需要，但随着社会的发展和人们对生活质量的关注，对自我实现的要求会越来越高。

马斯洛的需要层次理论，对研究人类的行为需要和动机具有重要而普遍的意义。它不仅解释了人类需要的基本种类，而且揭示了各种需要之间的关系。在旅游领域内，需要层次理论虽不能用来解释所有旅游行为的动因，但它确实为我们认识旅游动机提供了重要的理论依据。但是，马斯洛的需要层次理论产生于西方文化背景，强调个人为中心，忽视社会条件对人的影响和改造。事实上，自我实现必须具备一定的社会条件，条件不具备任何人的自我实现都是不可能的。

三、动机的分类

一个人复杂多样的动机往往以其特定的相互联系构成动机系统。根据不同的标准，动机可分为以下两类：

第一，根据动机的性质，可将其分为生理性动机和心理性动机。生理性动机来源于人体得以生存和种族繁衍下去的最基本的生理需要，如对空气、水、食物、休息、性爱、嗣后等的需要，由这些需要引发的动机来源于人体内部某些生理状况的先天驱动力，并不是后天学习和强加的。心理性动机来源于人们的社会环境所带来的需要，如对安全和舒适的需要、被人尊重的需要等，由这些需要驱使的行为动机来自外部社会，一般通过外界学习而获得。

第二,根据动机产生的根源,可将其分为内部动机和外部动机。内部动机是指人们对活动本身感兴趣,活动能使人们获得满足,是对自己的一种奖励与报酬,无须外力作用的推动。比如,孩子们做游戏,玩得满头大汗,乐此不疲,他们愿意坚持在于活动本身的无穷乐趣。美国哈佛大学心理教授布鲁纳(1915)指出,内部动机由3种内驱力引起:一是好奇心;二是好胜心;三是互惠心。外部动机不是由人们对活动本身产生兴趣而产生的,而是由活动以外的刺激诱发出来的。例如,同样是踢足球,孩子们很开心,而职业运动员则感到疲惫,如果不给他们报酬,他们绝不会出场。为什么呢?因为孩子们踢球的动力来自运动本身带来的无穷乐趣,而运动员踢球更多的是为了赚钱,前者为内部动机,后者为外部动机。

第二节 旅游者的旅游动机

旅游是人有目的的活动,需要经济、时间、精力上的投入才能完成。作为活动和行为,总要有一种力量激发才会产生。旅游行为无论是就其内容的选择还是其活动本身的进行,都是一个充满不断努力和维持的持续发展过程,需要一种力量促使人们进行这种努力和维持这一过程。这种力量就是旅游动机。旅游动机是指直接引发、维持个体的旅游行为并将行为导向旅游目标的心理动力。那么这种心理动力是什么呢?回答了这个问题也就回答了人们旅游的真正的直接原因是什么。

一、旅游动机分析

人们为什么要旅游?对这个问题通常有许多解释。但对这些解释之间存在什么关系却缺乏明确的说明,它们往往没有触及人们旅游的较深刻的心理原因。其实,旅游行为的产生,其直接的心理动因是人的动机,而隐藏在动机背后的原因则是人的需要。动机的产生依赖于需要和满足需要的诱因。

(一)旅游需要

人的需要是多种多样的,旅游需要是人的一般需要在旅游过程中的反映。旅游者是旅游活动的主体,旅游者之所以要进行旅游活动,首先就是为了满足自身对旅游活动的需要。从旅游者的具体旅游过程来看,旅游者的需要是多方面的复杂的社会心理现象。首先,我们尝试用马斯洛提出的5种需要解释人类的旅游行为。

1. 马斯洛需要层次理论与旅游需要

人们在辛勤劳动或工作后,与亲朋好友一起,到风景优美的旅游地疗养、休养,到空气清新、风光旖旎、碧海蓝天的海滨呼吸新鲜空气,使身心得到放松,情感得到满足。旅游者的安全需要主要体现在对生命安全、财产安全和心理安全的需求上,要求旅游过程的衣食住行尽可能安全、卫生、快捷。旅游服务人员热情周到的服务,使旅游者获得许多尊重和爱的体验。对于还不算大众化的旅游项目,出行时的自豪与令人羡慕的丰富谈资,可以增加人们的自豪与自尊感。那些挑战人胆量、意志力、身体极限的旅游活动,在完成的一刹那,心醉神迷的陶醉体验与自我实现时的顶峰体验极为相似。在各种丰富多彩的旅游活动中,各取所需的旅游者可以体验不同的生活,满足日常生活情境无法满足的自我实现的需要。所以,旅游行为展现了人类对于生理、安全、社交、尊重、自我实现的强烈需要,旅游为人类满足这些需要提供了途径。

人们可能会问,难道以上的5种需要在日常生活中就无法满足吗?如果人们在日常生活中真的已经"万事如意"了,人们还会外出旅游吗?还会付出代价去过那种"日常生活之外的生活"吗?当然,人们在日常生活中是不可能"万事如意"的。我们知道,人有"进取"和"防卫"的心理倾向,也就是有"寻求满足"和"避免被伤害"的心理倾向;但是,日常生活不仅不能使人获得充分的满足,甚至还不可避免地使人受到一些伤害。正是由于这两个方面,人们才不惜代价要去过那种"日常生活之外的生活"。法国的社会学家约夫尔·杜马兹迪尔认为,旅游与其说是自愿对我们所生活的这个世界进行探索,还不如说是对现实的一种必要的逃避。他把旅游称为"可以让人们躲进第二现实的一种游戏"。

人们在绝大部分时间里在过他们的"日常生活",所以"日常生活"是人们必须面对的"第一现实"。如果说日常生活是人们的"第一现实",那么,旅游就是人们的"第二现实"。旅游是日常生活的"中断",是人们暂时离开自己的日常生活环境,去另一个地方过一段不同于日常生活的生活。

人们可以在旅游中做一些日常生活中想做而不可能做的事情,就此而言,旅游这个"第二现实"对于日常生活来说就是"不现实",或者说只是一种"梦想"。可以说,旅游行业就是帮助人们把"梦想"变成"现实"的行业。然而,这样说也并不准确。因为旅游工作者只能帮助人们实现某些在日常生活中无法实现的梦想,而并不能直接去改变人们的日常生活;而且,人们的梦想也并不全都是善意和美好的,并不都是应该创造条件去把它变成现实的。

2. 单一性需要和复杂性需要

心理学家们多年来一直在争论:人们力求在生活的所有领域都保持心理的一致性,还是追求多样性?其实,这一争论的双方都能帮助我们从另外一个角度来理解人们旅游的基本原因。

(1)单一性需要。单一性需要是指人们在生活中总是寻求平衡、和谐、相同、可预见性和没有冲突;任何非单一性都会使人产生心理紧张。因此,人们为减轻心理紧张,便会寻求可预见性和单一性。

按照单一性理论,旅游者在旅游过程中尽量寻找可提供标准化的旅游设施和服务。例如,旅游者喜欢去那些久负盛名的旅游胜地,光顾那些有名的餐馆网点,大部分自己开车去度假的人比较喜欢标准化的、牌子响亮的汽车旅馆,而许多出国旅游者则在异国他乡寻找本国的旅馆。因此,北京故宫、杭州西湖、广西桂林、安徽黄山等非常著名的旅游景点经常是人们出游的首选,而那些知名度高并能提供标准化服务的宾馆饭店也会在旅游旺季首先住满游客。因为标准化的旅游服务使旅游者能够预见自己什么样的花费将带来什么样的设施标准和服务。

总之,单一性理论认为人们期望在出现某一件事情的过程中不要遇到意料之外的事情。弗洛伊德认为,人的行为本质上是直接有助于缓和由非单一性所造成的心理紧张的。假如受到非单一性的威胁,人们就会采取行动确保危险的事不发生,并且在今后更加谨慎,避免非单一性带来的不适与烦恼。例如,大部分旅游者到一个陌生的地方旅行,会采取随团的方式,由导游带领四处游览,而不是贸然前往。如果某位旅游者在外出旅游时找不到饭店可以入住,买不到返程飞机票,其以后再外出旅游时,就可能事先订机票、订客房或者到旅行社办理委托,有的人可能从此再也不愿出去旅游了。

(2)复杂性需要。与单一性需要相反,复杂性需要的本质是人们追求新奇、出乎意料、变化和不可预见性等。人们之所以有复杂性需要,是因为这些复杂性东西的本身就能给人带来满足。

根据复杂性理论,在旅游环境中,旅游者将游览以前从未去过的地点。他可能宁可驱车行驶在偏僻的道路上并光顾当地的饮食店,也不去人们所熟知的连锁饭馆。而且,他可能宁可光顾独立经营的旅馆,也不去住一些提供标准化的住宿条件和服务的名牌连锁旅馆。对于希望避免单一性和可预见性的旅游者来说,著名的饭店、众所周知的旅游景点所提供的单一性和可预见性太多了,令其感到厌倦。这种旅游者希望其在家所习惯的东西和其在上次旅游中所经历的东西有所不同。

旅游中的不确定因素为旅游者提供了变化性和新异刺激,增加了旅途的新鲜感,让人感到旅游与居家生活的不同,从而可以摆脱日复一日、没有变化的生活所带来的厌倦感。所以,越来越多的旅游者喜欢自助游或者自己开车出游,或者参加带有挑战性的活动,如定向越野、漂流、野营等。

(3)单一性和复杂性的平衡。上述的单一性需要和复杂性需要这两种概念都能解释在旅游环境中所出现的许多现象。虽然这两种理论看起来前后矛盾,但如果把二者结合起来,就可以帮助我们进一步理解人们旅游的动机和行为。

适应性良好的人在自己的生活中需要单一性和复杂性两者的结合。人的中枢神经系统具有应付刺激的功能。当刺激过度或时间太久时,中枢神经系统的功能会受到影响,如在音乐震耳欲聋的舞厅待久了,人会感到不舒服,长期在这种环境里工作的人们,听觉系统容易受损。但是,如果长期生活在单调的环境里,刺激过于贫乏,人会感到厌烦,甚至导致抑郁、妄想等精神疾病的发生。单一性通常由人们在家里以及有时在工作中那种有条不紊的常规来提供,因为大多数人在家里可能愿意有相当程度的单一性和可预见性。而工作环境里提供的单一性或者复杂性的程度因工作性质的不同存在着很大的差别。一个流水线上的工人可能会感到他的工作环境太单一,而高级的公司行政管理人员或销售人员是在相当不可预见的、多样的和复杂的环境中工作的。频繁变化的工作情境、紧张的工作气氛、嘈杂的城市交通带给人应接不暇的刺激,容易造成人紧张、焦虑的不良情绪状态。心理学告诉我们,生活"过于复杂"或"过于简单"都是人所不堪忍受的。虽然不同的人会有不同的"平衡点",但人人都需要在"复杂"与"简单"之间寻求平衡。

在"复杂"与"简单"之间寻求平衡,也就是在"新奇"与"熟悉"之间寻求平衡,在"变化"与"稳定"之间寻求平衡。人们在家庭生活和工作中的单一性、可预见性以及不变性,必须用一定程度的复杂性、不可预见性、新奇性和变化性加以平衡。没有任何一个人能够在一个百分之百可以预见的世界中精神正常地生活。在某些时候,一个人对在家里和工作中所见到的有条不紊的常规和单一性变得厌倦起来,一旦厌倦到一定程度,他就需要新奇和变化来抵消由厌倦所造成的心理紧张。显然,旅游为寻求摆脱厌倦的人们提供了一种较为理想的刺激,它使人们得以变换环境、改变生活节奏,使生活丰富多彩。每个人都在特定的环境和条件下,从事着特定内容的紧张工作和劳动。尽管人们可能意识到自己劳动和工作的社会价值,并且对它们具有一定的兴趣,但是,长年累月重复着同一工作和同样的节奏,会带来心理上的单调感和枯燥感,并造成心理压力和心理上的疲惫。总之,心理学研究认为,人们在生活中总是力求使单一性和复杂性保持最佳的平衡状态,使心理维持在一个可以承受的紧张程度。单一性过多,会使人厌倦;复杂性太多,又会使人过分紧张以至于恐惧(参见图3-3)。

(4)旅游中的单一性与复杂性的平衡。

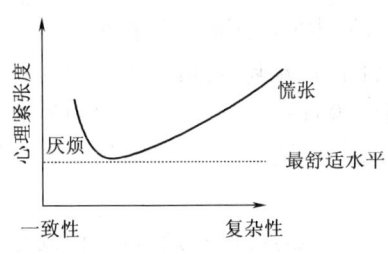

图3-3 复杂性和单一性的平衡

爱德华·J.梅奥和兰斯·P.贾维斯在他们合著的《闲暇旅行心理学》一书中指出:"单一性和复杂性这两种概念都能解释在旅游环境中出现的许多现象。虽然这种说法看起来自相矛盾,但我们很快就会看见,把这两种概念结合起来,就能为理解旅游的动机和行为提供一个非常可贵的看问题的角度。""如果真有一个最能解释人们为什么要旅游的因素的话,那就是人类对多样性的需要。……但(旅游中)新奇的东西可能过多,使旅游者不得不在单一性和复杂性之间寻求平衡。"比如对有些人来说,即使在旅游度假期间,他所寻求的也只是休息和放松。因此,对他来说,只在湖滨或海边晒晒太阳、看看风景或听听音乐就足够了。从这个意义上说,旅游对有的人来说是对现实生活的一种逃避。

旅游者的"求平衡心理"表现在以下两个方面。一方面是旅游者要"通过旅游"来纠正日常生活中的失衡。对于绝大多数人来说,日常生活中熟悉的东西太多,新奇的东西太少,因此需要到旅游中去接触大量新奇的东西,以此来纠正日常生活中的失衡。当然,相反的情况也是有的。有些人所从事的工作使其生活有了太多的复杂性。因此,他们不需要用"复杂性",而需要用"单一性"来恢复平衡。如果他们去旅游,可能只想到一个宁静的地方去过几天宁静的生活,或许只要能放下手里的工作,舒舒服服地在家里待几天就会心满意足了。不过,聪明的旅游经营者仍然有办法让这些"大忙人"成为旅游产品的买主。两位美国学者合著的《闲暇旅行心理学》一书中说:"最高一级的公司行政人员是在相当不可预见的、多样的和复杂的环境中工作的,没有哪两天的工作是完全相同的,每天都会遇到以前不曾出现过的新问题。他总是在和不同的人打交道,他的工作场所可以是办公室、工厂、家中、高级饭店,或者是飞机上,他甚至要来往于世界十几个城市之间。""企业的高级负责人可能会花钱带领全家出去旅游,但他的主要动机是对家庭的责任感,而不是使自己得以从工作中解脱出来的需要。这就意味着旅行社和其他部门要通过激发企业负责人对家庭的责任感,来促使他们在家庭旅游上花相当多的一笔钱。"

另一方面,旅游者要"在旅游中"保持必要的平衡。新奇的东西固然有吸引力,但并不是新奇的东西越多越好,也不是越新奇越好,超过一定的限度,"吸引"就会变成"排斥"。因此,旅游经营者在用许多新奇的东西吸引旅游者的同时,还应提供一些为旅游者所熟悉的东西,以此来保证旅游者在旅游环境中的心理平衡。

旅游者在旅游过程中,会通过旅游目的地、交通工具、住宿、餐饮、旅伴的选择来平衡自己的单一性与复杂性。如果旅游目的地陌生偏僻,旅游者可能会选择与家人或熟悉的朋友一同去,或者报名参加旅行社,由职业导游员陪同;如果目的地属于成熟的旅游区,旅游者可能会选择自助旅行,在不知名的旅馆住宿,品尝当地的特色小吃。当然,每个人的单一性与复杂性的平衡点不同,一部分人喜欢生活中变化少些、可预见性高些,他们愿意与熟人待在一起,选择较为固定的工作,做事之前会有所计划,并且不喜欢打乱计划,避免任何危险的情境,对有危险但刺激的游乐项目不感兴趣;而另一部分人喜欢生活富于变化,他们愿意不断结识新朋友,选择有新鲜感的工作,渴望计划外的新奇事物出现,偏爱有一定冒险性的活动,如赛车、登山、跳伞。前一种人对单一性的需求多些,而后一种人对复杂性的需求多些。他们的旅游行为也会有所不同,前者更偏爱悠闲的度假游,而后者则喜欢异地观光、探险。

3. 好奇心

人类有一种基本的心理性内在驱力——好奇、探索、操弄,这种驱力并不以生理上的需要为基础,也不是经过学习而获得的,而纯粹是由个体生活环境中的刺激而引发的、先天的内在驱力。它是人类心灵正常发展的原动力之一,是维护心理健康的一个条件,同时它也是旅游的一个根本性动因,它在某种程度上可以解释"人们为什么旅游"。因为内在驱力会给人带来紧张,它迫使人们必须以某种方式方法来应付这些紧张。这种紧张以及人们如何在旅游中消除这种紧张,可以用来解释许多旅游现象。

人的好奇心在出生后不久就显现出来了,婴儿在睡醒后喜欢四处张望,当有声音或物体出现在周围时,他会转过头寻找刺激源,这种被称作探究反射的行为是人的本能。当必要的运动技能得到发展,婴儿就会四处寻找、摸索,满足他的好奇心,并对新奇事物表现出兴奋。每逢新玩具到手,他总是以注视、抚弄、吸吮、摇动、敲打、撕裂等方法对新玩具"研究"一番。当幼儿到了一个新环境,也会不由自主地四处探索,只要能达到的地方、能打开的柜门都要看看和摸索,甚至把能搬动的东西都搬出来。为了看个究竟,满足好奇心,每个儿童可能都损坏过玩具,并因此受到训斥。许多人的好奇心持续发展到成年期,并不断寻找新的、不同类型的满足机会。

动物也有对新环境深入探索的需要。巴甫洛夫在研究条件反射时发现,动物和幼儿在遇到新异刺激时都会作出反应,而不顾眼前的情况,他把这种现象称为"探究反射",并具体解释为"是什么反应",它是未经学习而具有的无条件反射。在动物并无需要应付的紧急情况时,往往会去探索。有时探索的驱动力甚至会压倒通常人们认为是更迫切需要解决的问题。一只饥饿的猫在开始安下心来吃东西之前,可能会花些时间去仔细观察一下一种没见过的东西。有时人类探索的冲动甚至会压倒安全的需要,那些冒着生命危险去探索未知的世界、在攀登险峻山峰或穿越无人沙漠时丧命的探险家,他们的行为正说明了这一点。"好奇心"和"探究欲"似乎是整个动物界的共同特征。这种人类乃至整个动物界具有的对外部世界的自动探究的现象,从其行为上看,在个体保存和种属保存上是有着极其重要的适应价值的。动物在进入新环境时的第一个反应是探索、了解、熟悉以做到对它最大限度的把握,这样首先能知道新环境中是否存在危险,即使以后出现新的危险因素,由于其对环境的熟悉也能作出恰当的防御反应。人类保存了这种生存本能,它表现在人身上就是"好奇、探索、操弄",就是好奇心。

人类需要好奇心的滋养。心理学研究表明,幼儿心理的正常发展,其好奇心的主动满足是必不可少的条件。对成年人的研究发现,如果对其施以长时间单调刺激,会出现心智能力下降,甚至出现心理失调。人类感、知觉器官有一个特点:对有差别的、变化的刺激感知敏锐,面对单调的、持续不变的刺激感知会越来越迟钝,也就是感知心理学上说的"适应"。不变就是不好,缺乏"新奇性"和"复杂性"就是缺乏吸引力。可见对好奇心的满足对人类而言是非常重要的。那么怎样才能满足好奇心呢?好奇心一般需要外在刺激的引发,不像生理性动机有规律性地自发表现出来。能引起好奇心的刺激要具备"新奇性"与"复杂性"两个条件或两者之一,这两个条件是决定吸引力的基本因素。异地的未知性所具有的神秘感——即"新奇性"和"复杂性",对旅游者构成了永恒的吸引力,几千年来一直强烈地诱惑着人们外出旅游。与此相对的是,在旅游名胜区居住的人对周围的美景并不很感兴趣,或者说不像外来的游客那样感到有很大吸引力,甚至并不觉得有什么可看的,转而奇怪为什么有那么多的人来旅游。其中主要原因就在于这些景观对于当地居民缺乏

"新奇性"和"复杂性",而绝不是他们看不出来或者不知道其美丽。由于天天见、日日接触,因而熟视无睹。

幼儿的好奇心表现为对周围环境的探索,而成年人的好奇心则通常以旅游的方式表现出来。对幼儿而言,周围环境本身就具有"新奇性"和"复杂性",成年人要满足好奇心就困难许多,只好劳师远征、赴异地旅游,甚至远行探险。新奇的地质现象、奇特的动植物、大峡谷、瀑布、名山大川、神奇的异域文化、不可预测的新朋友,构成满足现代城市成年人好奇心的重要来源。总之,人为什么要旅游——为了满足好奇心、探索欲,它的满足能给人带来深层的快乐,它是维护、健全和发展人类心灵所必需的。好奇心是人类旅游的一个重要原因。

人类的所有行为的终极目的都是追求快乐,快乐是人类生存的目的。即使与追求快乐相反的一些行为,如延迟满足、暂时付出、苦行甚至牺牲,其最终目的也都是为了获得快乐,当然这是对快乐的理解和追求方式不同造成的。而旅游则是在社会、经济条件允许后大多数人为获得快乐而作出的选择。这种对获得快乐方式的选择不分种族、阶级和文化背景,有着高度的一致性。造成这种一致性的原因是人的本性。

人们的个性对于旅游动机的产生也有影响。活泼开朗、性格外向的人爱好社交、追求刺激、向往自然胜景,他们随时可能产生出门旅游的冲动;而性格内向,追求平静、安宁、恋家、思想保守和阅历不足的人不易产生旅游愿望。另外,是否产生旅游动机还同人们的身体健康密切相关。

(二)旅游产品

人们在有旅游需要的前提下,只有在客观上具有可以满足旅游需要的对象时,才可能产生旅游动机。自然风光和异地风俗文化都可以作为旅游吸引物,但它们必须具有吸引力,具有与众不同的特点,既要不同于人们日常生活环境,又要与其他旅游对象相区别,否则,毫无特色、千篇一律的旅游景点是不会有多少人愿意光顾的。旅游者的类型不同,需求各异,需要开发不同类型的旅游项目,开展多种旅游活动,满足多方面的需求。旅游需要是一个可以变化的概念。随着人们旅游经历的增加和经济条件、受教育程度等的变化,人们对旅游对象的内容、性质和满足旅游需要的方式也会发生变化,这就要求旅游开发部门在保持原有特色的基础上不断推陈出新,适应旅游群体不断变化的需求。

(三)其他条件

人类的基本需要以及好奇心等是产生旅游行为的内在动力,也可以说是主观条件,但如果不具备一定的客观条件,人们的旅游行为最终也不会发生。旅游动机产生的客观条件主要有经济基础和社会环境。

意大利有句谚语说:"旅行者该有猪的嘴、鹿的腿、鹰的眼睛、驴的耳朵、骆驼的肩背、猴子的脸,外加饱满的钱袋。"旅游是一种消费行为,需要有一定的经济基础,有支付各种费用的能力。当一个人的经济收入仅能够维持其基本生活需要时,他就不会有更多的财力去支付旅游的开销,也就不能产生外出旅游的动机。经济越发达、国民收入越高的国家和地区,外出旅游的人数就越多;反之就越少。有关统计资料表明,当一个国家或地区人均国内生产总值达到800~1 000美元时,国民将普遍产生在国内旅游的需要;当一个国家或地区人均国内生产总值达到6 000美元时,国民将普遍产生到国外旅游的需要。

一个人所处的社会环境也会影响旅游动机的产生。如果人们所居住的地方旅游成为时尚流行行为,人们的旅游经历相互传播感染,将促使一些人跟风而动,这些人由于在旅游中获得愉快的体验,可能转化为旅游爱好者。

二、旅游动机的作用

旅游行为是在旅游动机的驱动下产生的,一旦产生旅游动机之后,动机就推动个体为实现所需要的旅游活动进行种种努力,包括准备和创造条件,搜集旅游信息,分析、评价、选择旅游活动的目标和活动方式,制定旅游计划,发动并维持旅游活动的完成。

旅游需要花费时间和金钱,一些旅游爱好者每年都会拿出一笔钱作为旅游经费,为此他们可能在其他日常消费中节俭些。有些大学生为了能出去旅游而节衣缩食,省下饭钱攒够旅游的钱。在旅游爱好者的家里,你会发现大量的地图、自助游手册,甚至专业太阳镜、露营装备、相机、对讲机等。旅途中毕竟不如在家舒适,需要克服疲倦、饥饿,坚持到底,没有强烈的旅游动机是难以做到的。当旅游活动结束,旅游的实际内容以及旅游经历是否符合旅游动机的需要和期望,符合程度如何以及是否有超出期望以外的内容,会使个体产生不同性质和不同程度的心理体验,或者感到满意和愉快,或者感到不满意和失望,或者感觉平淡无奇,或者有出乎意料的奇异感受,这都将使旅游者对旅游内容和活动方式作出各种各样的评价。这些不同性质的评价作为经验储存在旅游者记忆中,影响着其对旅游项目的态度和今后的行为。所以,旅游动机既是上一次旅游活动的总结,也是下一次旅游活动的开始,同时决定了旅游者旅游行为偏好的千差万别。

三、旅游动机的种类

许多学者对旅游动机问题进行了探究。事实上,由于人们的旅游需要是复杂多样的,同时旅游本身又是一项综合性的社会活动,因此,人们的旅游动机也呈现出十分复杂多样的特征。国内外很多学者从不同的角度对旅游动机进行了分析和归类,尽管这些分析和归类都具有一些共同之处,但是所有的归类方法都难以达到完全一致。

(一) 国外对旅游动机的分类

1. 田中喜一的旅游动机分类

早在1935年,德国学者格里克斯曼(R. Giucksmann)就尝试着对旅游动机进行了分类。他在自己的著作《一般旅游论》中分析了旅游行为产生的原因,把旅游动机分成了心理动机、精神动机、身体动机和经济动机4个类型。

1950年,日本学者田中喜一在格里克斯曼对旅游动机分类的基础上,在《旅游事业论》一书中,对上述4种类型的旅游动机加以进一步细分,包括:

(1)心理的动机:思乡心、交游心、信仰心。

(2)精神的动机:知识的需要、见闻的需要、欢乐的需要。

(3)身体的动机:治疗需要、休养需要、运动需要。

(4)经济的动机:购物的目的、商业的目的。

这种分类方法的优点在于每种动机的内容都比较具体明确,但是将心理动机与精神动机等混为一谈也成了田中喜一研究成果的重大缺陷。

2. 约翰·A. 托马斯的旅游动机分类

1964年8月,美国学者约翰·A. 托马斯(John A. Thomas)在《美国旅行代理人协会旅游新闻》上发表了《是什么促使人们旅游》一文,他把人们的旅游动机划分为4大类共18种。

(1)文化教育动机:去看看别的国家人民的生活、工作和娱乐;去某些地方参观;去进一步了解正在报道的新闻事件;参加特殊活动。

(2)休息和娱乐动机:摆脱单调的日常生活;去好好玩一次;去追求某些与异性接触的浪漫经历。

(3)种族传统动机:去瞻仰祖先的故土;去访问家人或朋友曾经去过的地方。

(4)其他动机:天气;健康;运动;经济;冒险;胜人一等的本领;顺应时尚;参与历史;了解世界的愿望。

约翰·A. 托马斯的研究为我们提供了重要的思路,但对这些动机的解释却存在着各种各样的怀疑。

3. 罗伯特·W. 麦金托什的旅游动机分类

1977年,美国学者罗伯特·W. 麦金托什(Robert W. Mcintosh)在他与格普特合著的《旅游的原理、体制和哲学》一书中把人们的旅游动机划分为4种基本类型:

(1)健康动机。包括休息、运动、游戏、治疗及其他与身体健康直接有关的动机,此外还可包括医嘱和建议,如洗矿泉浴、药浴及健康恢复活动。这类动机的共同特点是通过身体的活动消除紧张和不安,恢复健康。

(2)文化动机,包括了解和欣赏其他国家或地区的文化、音乐、艺术、民间风俗、舞蹈、绘画和宗教等。这类动机表现出一种求知的欲望。

(3)交际动机,包括接触其他民族、探亲访友、结交新朋友,以及摆脱日常事务、摆脱家庭事务和邻居干扰等。这类动机常常表现出对熟悉的东西的一种厌倦和反感,具有逃避现实和消除压力的倾向。

(4)地位和声望动机。出于这类动机的旅游包括事务旅游、会议旅游、考察旅游、求学旅游以及为了个人兴趣所进行的研究等。这类动机的特点是通过旅游交往活动改善人际关系,满足其被承认、被赏识、被尊重以及获得良好声誉的欲望。

这种分类方法把文化动机专门作为一类划分出来,反映了现代旅游的发展趋势。

4. 奥德曼的旅游动机分类

1980年,美国学者利奥德·E. 奥德曼(Lloyd E. Audman)在《旅游,一个缩小的世界》一书中把旅游动机划分为8种类型:

(1)健康动机:为了使身心得到调整休养而产生的动机。
(2)好奇动机:出于对人文或自然景观的考察而产生的动机。
(3)体育动机:参与各种体育运动或观看体育比赛等的动机。
(4)寻找乐趣的动机:为了游玩、娱乐、度蜜月等原因而产生的动机。
(5)精神寄托和宗教信仰动机:为了朝圣,参加宗教集会或活动,参观宗教中心、历史遗迹,欣赏文学艺术、戏剧、音乐等而产生的动机。
(6)专业或商业动机:为了外出考察、公务、经商、教育等原因而产生的动机。
(7)探亲访友动机:为了寻根、回故里、与亲人联系而产生的动机。
(8)自我尊重动机:为了接受邀请或寻访名胜而产生的动机。

这种分类方法各类特点较为明显,但其中的部分内容却较难以清楚地划分、归类。

5. 波乃克的旅游动机分类

澳大利亚旅游学者波乃克(P. Bemeker)根据旅游行为的目的的差异性,把旅游动机划分为6种类型:

(1)休养动机:包括休闲、娱乐、游憩以及异地疗养等动机。
(2)文化动机:包括修学、参观、参加宗教仪式等动机。
(3)社会动机:包括蜜月旅行、亲友旅行等动机。
(4)体育动机:包括参加体育活动或观摩体育比赛等动机。
(5)政治动机:包括进行各种政治庆典的观礼活动等动机。
(6)经济动机:包括参加各种订货会、展销会等动机。

通过对以上几种旅游动机分类的观点进行分析比较,本书认为波乃克的分类比较通俗易懂,便于研究和应用。

6. 推力-拉力理论

1977年美国学者丹恩(G. Dann)提出了旅游动机推拉理论。推力因素是指潜在旅游者产生旅游愿望的内在因素,这类因素与个体内在心理求平衡失衡有关,而推力因素能够缓解个体由于内在需求不满足产生的心理紧张感,但是推力因素不能给出行为的具体方向。例如,一个想通过度假缓解工作压力的人可能去任何一个度假胜地。拉力因素则影响旅游者具体旅游的行动方向。拉力因素与旅游目的地的属性及旅游吸引物有关。旅游者根据对旅游目的地属性的认知,选择具体的旅游目的地。例如,一个选择度假地点的个体,看到马尔代夫的打折促销活动和美丽风景的宣传,做出了到马尔代夫度假的决定。

曼内尔和伊索哈拉在丹恩的基础上提出的二维度动机模型认为,从事休闲旅游活动所获得的心理益处是两个因素交互作用下的结果:逃离因素和寻求因素。逃离因素指的是从日常且具有压力的环境中逃离;寻求因素指的是从休闲旅游活动中得到心理的奖赏。逃离和寻求的影响力代表一种内在心理因子,类似于旅游动机中的推力,而在旅游环境获得满足类似于旅游动机中的拉力。

除了上述理论,大量研究者不断完善了推力-拉力因素理论,常用的推力-拉力因素见表3-1。

表3-1 旅游动机中常用推力-拉力因素

推力因素	拉力因素
参观文化历史吸引物	旅游商品、服务费用
观赏美丽的风景、享受天气	独特的生活风格
看见不同的新的东西	有趣的夜生活
增长知识	各种美食
体验不同的生活风格	交通便利
参观朋友没去过或想去的地方	友好的居民
实现旅游的梦想	住宿、运动等设施、信息
游览人们赏识的地方	服务质量
游览会给家人和朋友留下深刻印象的地方	历史文化吸引物
遇见新的人	美丽的风景、阳光、天气
回家后能分享旅游经历	安全
探亲访友	国际大都市
和家人、朋友一起	安静、卫生、舒适
建立友谊、发展关系	熟悉
合群、归属感	了解自然的好地方
逃脱日常生活	
得到锻炼、参加运动	
身体心理放松休息	
缓解工作压力	
处于平静的气氛里	
寻求刺激和兴奋、有趣	
大胆、冒险感	
挑战体能	
亲近、了解自然	

资料来源:张宏梅,陆林. 近10年国外旅游动机研究综述[J]. 地域研究开发,2005,24(2):63.

鉴于旅游动机对旅游决策过程的重要性以及对旅游形象、旅游行为、旅游满意度和忠诚度的影响,需进一步加强旅游动机的理论和经验研究。国内旅游动机研究已经取得了一定的成果,但旅游动机具有复杂性、动态性和难以概括性,我们不能将国外的研究成果拿来直接应用,也不能将特定群体、特定目的地的研究结论推及其他群体和目的地上。

(二)国内对旅游动机的分类

1. 刘纯的旅游动机分类

学者刘纯1992年在《关于旅游行为及其动机的研究》一文中的观点倾向于旅游行为的多源性动机,认为旅游行为来源于以下6种动机:

(1)社交的、尊重的和自我完善的动机。通过旅游这一象征性行为,可以结交新朋友,满足个体对爱和归属的需要;旅游活动本身就是个人取得成功与成就的象征,可以通过其获得独立感、自信心和自我舒适感;能够从旅游活动中增长知识和提高审美能力,满足个体自我完善的需要。

(2)基本智力的动机。旅游有助于满足尚未满足的智力需要,它使人们得以收集周围世界的事实,而这些事实在书本上又是找不到的。

(3)探索的动机。解释旅游动机的另一种假定就是好奇心和探索欲望,人的好奇心和探索欲望是与生俱来的,它促使人探索未知。这种欲望可以用登山、滑翔、跳伞、潜水或航海来得到满足,也可以通过在旅游中发现新目标、结交不同的人或了解异地文化等来实现。

(4)冒险的动机。大多数身体健康的人喜欢冒险,冒险是扣人心弦的,而且往往带有浪漫色彩,它推动人去做某件对本人而言是非同寻常的并具有一定危险性的事。这类旅游者通常有用自己的所有感官来体验世界的强烈欲望。

(5)一致性的动机。一致性,即人总是寻求平衡、和谐、一致,力求没有冲突和能够预知未来。不一致则会产生心理紧张,人们行为的本质就在于力图避免不一致带来的紧张。在旅游的情境中,个体寻找可提供标准化的旅游设施和服务,到众所周知的名胜古迹,走高速公路,选择连锁的旅馆、餐馆、商店网点,这些选择为旅游者提供了一致性,带来和谐、舒适感。

(6)复杂性动机。复杂性动机是对新奇、意外、变化和不可预见的追求。过度一致使生活重复、无聊。旅游者在旅游活动过程中,走访从未到过的地方、选择偏僻的小路等,满足了寻求一种变化的需要。旅游给人们不变的生活带来了新奇和刺激,解除由单调生活引起的紧张感。

此种分类方法侧重理论假设的分析,而缺乏实证分析和实际应用价值。基本智力动机与探索动机在内容上有重复的成分。

2. 邱扶东等人的旅游动机分类

1996年,邱扶东等人使用问卷调查的方法,把旅游动机分为以下6种:

（1）身心健康动机，包括锻炼身体、增进健康、摆脱日常生活压力，追求丰富的生活情调，忘记不快，回归自然等动机。

（2）怀旧动机，包括祭扫先人坟墓、重访自己生活过的地方、探望久别的亲友等动机。

（3）文化动机，包括了解异国他乡的风土人情、了解当地人的生活与工作情况、体验民族传统精神、了解民间传说和神话故事等动机。

（4）交际动机，包括在异地结交新朋友、可以获得无拘无束的自由行动等动机。

（5）审美动机，包括购买地方特色的旅游商品、游览名胜古迹、品尝地方风味小吃等动机。

（6）从众动机，即顺从主流意见，进行从众旅游的动机。

（三）综合的旅游动机分类

国外和国内的各种旅游动机分类方法均从不同角度提出了自己的观点。为了更好地认识旅游者的活动规律，以便有效地进行旅游业的开发建设，按照旅游动机的内容、性质进行分类，则更具有现实意义。根据这一原则，可对旅游动机进行以下分类。

1. 身心健康的动机

为了暂时摆脱单调紧张的工作和烦琐的家庭事务，通过旅游消除身体的疲劳和心理的紧张感、枯燥感，通过到某地休息、休养、治疗以恢复和增进健康；通过旅游活动或到某地参加体育活动锻炼身体等，都属于这类动机。具有这类动机的旅游者，旨在通过旅游活动来调节身心活动的节律，消除身体的疲劳，消除心理上的紧张、枯燥感和消极的情绪，治疗疾病、恢复和增进身体健康。在这种动机下选择的旅游活动，主要是那些能够调节人们身心节律、愉悦身心、增进身心健康的活动，诸如轻松愉快的参观游览活动、文化娱乐活动、不太强烈的体育健身活动以及休养和治疗活动等。

2. 探奇求知的动机

这是基于人们认识和了解自己生活环境和知识范围以外的事物的需要而产生的动机。这种动机要求旅游对象和旅游活动具有新鲜和奇特的特性。具有这类动机者，由于对获得奇特的心理感受和认识新异事物的强烈要求，即使旅游活动具有某种程度的冒险性，一般也不会成为他们旅游的障碍，甚至冒险性会成为增强这种动机的因素。所以，探奇求知的旅游动机的特点，主要是要求旅游对象和旅游活动具有新异性、知识性和一定程度的探险性。探奇求知的动机包括探求不同文化、不同社会生活方式、自然审美等的动机。

3. 社会交往的动机

人们为了探亲访友、寻根问祖、结识新朋友而进行旅游，就是社会交往动机的表现。个人、团体以至政府间的访问、公务往来、文化技术交流活动，都包括这种动机的成分。进行任何一种旅游活动,都要接触新的人际环境、发生新的人际交往并且要依靠这种新的人际交往来实现旅游活动,所以每一个旅游者都不同程度地具有人际交往的动机和要求。具有社会交往动机的旅游者,其特点是要求旅游中的人际关系要友好、亲切、热情和得到关心。

4. 经济的动机

出于经济动机的旅游多以经商或购物为内容,或参加交易会,或考察当地商业环境,或与客户会晤交往。有些人为了购物专程或绕道到某地旅游,如北京、上海、香港是人们心目中购物的首选之地;有些人为了商业或企业生产和营销的目的,去某地旅行以至停留相当长的时间;还有人作为企业的代表到某国、某地旅行并长住。这些都属于经济动机。

5. 纪念象征的动机

旅游可以作为某种重要事件的纪念,可以象征某种地位、声望和能力,如新婚旅游、结婚纪念日旅游等,就是受纪念性旅游动机的支配。有些旅游活动被人们视为具有较强的象征意义,需要相当的费用和其他社会条件才能成行,人们用以追求具有特殊经历和优越社会地位,以此来改变自己在人们心目中的地位和声望。如有人就以出国旅游来引起周围人们的羡慕。

6. 宗教朝觐的动机

以宗教活动为目的的旅游活动,指某一宗教的信徒为进行朝拜或庆祝重大节日而离开居住地的旅行活动。如信奉伊斯兰教的教徒去麦加朝圣,我国虔诚的佛教徒去峨眉山等佛教名山的巡游等都属于这类动机下产生的旅游活动。

旅游动机就其广泛性和重要性而言,可以分为以上 6 种基本类型,但这并不排除还有其他的旅游动机的类型。此外,每一个旅游者往往并不只是具有一种旅游动机,而是以某种旅游动机为主,兼有其他旅游动机。

四、激发旅游动机

旅游不是人们的日常生活,而是"日常生活之外的生活"。如果说日常生活是人们的"第一现实",那么,旅游就是人们的"第二现实"。人们在旅游中得到的许多东西,在日常生活中是无法得到的,从这个意义上说,"第二现实"就是日常生活中的"不现实"。人们到底要从"第二现实"中得到什么？不同的心理学家的观点不同,但无论是哪种旅游动机理论,都包含 3 个方面的内容:获得新鲜感,满足好奇心;获得亲切感,得到爱和尊重;获得自豪感,实现理想自我的期待。这些发现为旅游行业开发优质的旅游产品、激发旅游者的旅游动机提供了依据。

首先,在景区设计上,应尽可能加大与外界环境的反差,使旅游者一进入此地就觉得与别处不一样,让游客在视觉、听觉、嗅觉、触觉、味觉上充分感受这种不同,体验不同寻常的新鲜感。此外,在原有旅游吸引物的基础上,添加美丽动人的故事传说,会使景区更加丰富多彩,引人入胜。其次,导游和其他服务人员应热情细致地接待旅游者,并努力创设轻松愉快的人际氛围,使游客获得亲切感。再次,旅游活动应带有一定的参与性,让游客有机会表现自己,特别是通过具有挑战性的活动给旅游者一种荣誉感,如颁发勇敢等级证书等,从而增加旅游者的自豪感。

虽然现代人可以说是生活在一个"花花世界"里,但由于"快节奏"和"程序化",现代人常常会感到生活中的新鲜感不是更多而是更少了。由于交通发达和通信技术的进步,人们常说"地球变小了""人与人之间的距离缩短了"。然而,人们在心理上的、感情上的距离是不是也"缩短"了呢?事实上,由于激烈的竞争和高科技的应用等,人们常常感到彼此之间心理上的、感情上的距离不是"缩短"了,而是"加大"了。现代人与先辈相比,应该说是生活在一个比较"宽松"的环境里,但还是有许多人觉得在日常生活中没有足够的机会来"突出"自己、"表现"自己,甚至因为"做别人要我做的事,说别人要我说的话"而感到"我已不成其为自己"。再加上"人比人,气死人",因此许多人觉得"没有获得足够的自豪感"就不足为怪了。

当旅游工作者与旅游者在一起的时候,旅游者在旅游,而旅游工作者在做他们的日常工作。从这个意义上说,当旅游工作者与旅游者在一起的时候,旅游者生活在"第二现实"里,而旅游工作者生活在"第一现实"里。这是旅游工作者与旅游者往往"想不到一块儿"的一个重要原因。旅游工作者应当多从旅游者的角度,站在"第二现实"的角度上考虑问题,为旅游者创设充满人情味和新鲜感受的环境。让旅游者从旅游过程中获得平衡和解脱,既是旅游业应实现的目标,也是旅游业未来的发展方向。

复习思考题

1. 为什么说动机是个体行为的推动力?
2. 按照起源划分,人类的需要包括哪些种类?
3. 按照马斯洛的需要层次理论,具备哪些需求模式的个体更有可能出门旅游?
4. 结合个人的旅游经历,谈谈你的旅游动机。

第四章 旅游者的情绪

本章提要

情绪是对客观事物和对象的态度体验,具有两极性。情绪发生时会伴随生理反应和相应的表情动作。按照种类,情绪可以分为快乐、愤怒、恐惧、悲哀;按照表现状态,情绪可以分为心境、激情、应激。情感包括道德感、理智感、美感。旅游者的情绪具有兴奋性、感染性、易变性、敏感性,受需求的满足、活动情况、人际关系、身体状态的影响。

日常生活中人们经常会使用情绪、情感、感性这些词,具体来说,人在接触自然和社会各类事物时会产生喜欢或讨厌等心理体验,有时还有惊奇、赞叹、恐惧、忧愁、痛苦等心理体验,这些心理体验就是情绪。

旅游者的情绪是其在旅游活动中受到刺激所产生的身心状态。旅游者走出熟悉的小环境进入广阔天地,周围的一切迅速发生变化,使其产生复杂的情绪变化。这种情绪变化既是旅游者的体验、反应,又是他们的信息传递,并直接影响他们的旅游行为,对旅游行为产生积极或消极作用。喜悦、满足、愉快等美好的情绪体验,能激起旅游者活动的参与和投入的积极性;而过度兴奋、紧张、恐惧、烦恼等情绪体验,会使人们疲劳、失眠、食欲不振,从而破坏旅游兴致。本章将介绍情绪的基本概念、产生原理、表现及其在旅游过程中的变化规律。

第一节　情绪概述

人非草木,孰能无情。人生活在社会中,必然要接触到自然界或社会,必然会遇到得失、顺逆、荣辱、美丑等情境,有时感到愉快与高兴,有时感到激动与愤怒,有时感到悲伤与忧虑,有时感到爱慕与厌恶等。所有这些喜、怒、哀、乐、爱、惧、恨,都是人对现实对象的不同态度和独特的体验,都是情绪的不同表现形式。那么,究竟什么是情绪呢?

一、情绪的定义

(一)什么是情绪

情绪是对客观事物和对象的态度体验。客观现实中的对象和现象与人们之间的关系是情绪的源泉。不同的人由于与各种事物的关系不一样,对这些事物所持有的态度也不一样,所有人对这些事物的情绪体验也就不同。人与客观对象的关系取决于客观对象满足个体需要的程度,符合个体需要的事物,如清新的空气、悦耳的歌声、高尚的品德,容易使人产生积极的情绪体验;而不符合个体需要的事物,如难闻的气味、不幸的遭遇、卑鄙的行为,容易使人产生消极的情绪体验。当然,生活中也有一些事物与我们的关系不大,不影响我们的生活,我们对其无所谓好恶,没有什么情感反应。所以,产生情绪的关键是主体与客体之间的关系。生活中我们同时使用情绪和情感两个相近的词代表内心感受,实际上,这两个词的内涵有所不同。

(二)情绪与情感的联系和区别

1. 情绪与情感的联系

情绪是情感的外在表现,情感是情绪的内在内容。在具体的人身上,两者很难截然区分开来。两者总是同时存在,彼此交融为一体。情感离不开情绪,稳定的情感是在情绪的基础上形成的,同时通过情绪表现出来,没有离开情绪的情感。如深沉、持久的母爱,恰恰是通过母亲不断变化的情绪表达出来的。孩子生病、受伤时,母亲最着急、最痛心;而当孩子取得好成绩时,最激动兴奋的还是母亲。母亲因孩子而变化的情绪,正是母爱的表达。所以,情绪的发生往往和情感有关,情绪的变化也反映情感的深度。情绪和情感是不可分割的。严格来说,情绪和情感是从不同的角度描绘人的心理体验的不同概念,因为人的心理体验非常微妙,所以对情绪和情感作出严格的区分是困难的。

2. 情绪与情感的区别

(1)引起情绪与情感的需要的性质不同。情绪通常是指个体的生理或心理需要是否得到满足而产生的心理体验。生理或心理需要得到满足,就会产生积极肯定的情绪;反之,就会产生消极的情绪。例如,由饮食的需求引起的满意或不满意的情绪,由危险情景引起的恐惧不安等。情感的产生是与人的社会需要相联系的,其基础是和人与人之间的关系(即社会关系)相联系的需要。比如对社会贡献的需要、热爱祖国的需要、职业道德的需要、遵纪守法的需要等,由于满足了这些需要而产生的责任感、荣誉感、道德感、集体感、羞耻感等心理体验就是情感。情感是人类所特有的,是人在特定的社会生活条件下形成的,具有历史社会性。

(2)情绪与情感在稳定性上存在差别。情绪具有较大的情境性、激动性和暂时性。当人处于某种情境时,会很快地甚至本能地产生某种情绪,但这种情绪会随着相关情景的转化或消失而减弱或消失。例如,第一次看到浩瀚无际的大海,你可能会产生非常兴奋的情绪,但是接下来游览其他景点时,兴奋的感觉会逐渐消失,情绪转化为对其他景观的赞叹。与情绪不同,情感具有相当大的稳定性。如果一名导游员对导游工作充满热爱,认为作为一名导游员必须向游客提供最优质的服务,那么他会为了这种情感不断地提高自己各方面的素质,提高服务水平,活到老、学到老,不断从工作中总结经验,探索导游工作的规律。这种对游客负责的深厚情感会贯穿他的整个职业生涯。由此可见,情感具有稳定性和长期性。情绪带有更多的冲动性和明显的外部表现,如手舞足蹈、怒发冲冠、面红耳赤等,这些强烈情绪的发生往往会引起生理变化,如心跳加快、血压升高等,由于强度大,所以持续的时间比较短暂,且容易变化;而情感显得更加深沉,而且经常以内隐的形式存在,以微妙的方式流露出来,比较稳定、持久。

(三)情绪的两极性

情绪的两极性,是指不论从任何角度来分析,情绪都可以分为正、反两个方面,如肯定和否定、满意和不满意、强和弱、紧张和轻松、快乐和不快乐等两极状态,这和需要的满足与否是密不可分的。

1. 肯定与否定的对立

从性质上看,有肯定的情绪和否定的情绪。满意和不满意、愉快和悲伤、爱和恨、敬慕和蔑视、兴奋和烦闷等构成肯定和否定的对立。当然,肯定和否定两极的情绪并不绝对互相排斥,在一定条件下可以互相转化,如"乐极生悲""否极泰来""因爱成仇"。客观事物是复杂的,一种事物对人的意义也可以是多方面的。因此,处于两极的对立情绪可以在同一事件中同时或相继出现。人们几乎总是在追求肯定的情绪,但有时也会选择看一些悲剧,寻求一种否定的情绪与情感。

2. 积极与消极的对立

积极的情绪如快乐、热爱、兴奋等,能增强人的活动能力,驱使人积极地行动;消极的情绪如悲伤引起的郁闷等,则会削弱人的活动能力。在有些情况下,同一种情绪,既可能具有积极的性质,又可能具有消极的性质。例如,恐惧可能抑制人的行动,但也可能驱使一个人调动起他的全部精力与危险作斗争。每个人都处于不同的情绪中,不管是什么情绪,一旦产生,便会影响整个认知过程。情绪积极时,认知过程也积极;情绪消极时,认知过程也消极。情绪好的游客游览兴致更浓,更愿意了解有关的知识,与导游员和其他游客的交往也更融洽些。

3. 紧张与轻松的对立

情绪的两极性常常在活动的紧要关头或所处情景最有意义的关键时刻表现出来。例如,在某次关键的考试或比赛前,当事人一般有紧张的情绪体验,而当这次考试或比赛过后,往往出现紧张的解除和轻松的体验,这就是情绪两极性的表现。紧张决定于情境的影响和任务的性质,也决定于人的心理状态,一般来说,紧张与活动的积极状态相联系,它引起人的应激反应。如果情绪处在很低的水平,使人松松垮垮甚至处于半睡眠状态,人是不能适应任务和活动要求的。但有时候过度的紧张也可能引起抑制,引起行动的瓦解和精神的疲惫。例如:运动员由于过度紧张,发挥失常;学生考试时因紧张,造成头脑一片空白;等等。

4. 强与弱的两极性

很多类别的情绪都有由强到弱的等级变化,如从微弱的不安到强烈的激动、从愉快到狂喜、从微愠到暴怒、从担心到恐惧等。从好感到酷爱的发展过程是:好感—喜欢—爱慕—热爱—酷爱。情绪的强度越大,整个自我被情绪卷入的趋向越大。情绪的强度决定于引起情绪的事件对人的意义以及个人的既定目的和动机是否能够实现和达到。

二、情绪的表现

情绪过程有明显的机体变化和鲜明的生理唤醒状态。

(一)内脏器官活动的变化

内脏器官的变化主要表现在呼吸、循环、消化、内外分泌等系统上面。例如:人在生气时呼吸加快、变深,恐惧时呼吸缓慢、变浅,这样可以调节和控制吸收氧气和排出二氧化碳的量,有利于调节人体的精力;人在发怒或羞愧时,心跳加快,血压升高,血液循环也较快,血糖、血氧增加,这时人常常面红耳赤;人在惧怕时,人的血液也加紧循环,面呈苍白色。再如:人在愉快时吃饭香甜,食欲大增;难过时不想吃东西;愤怒或恐惧时,因交感神经受刺激,唾液腺停止分泌,因而口干舌燥,消化系统的活动大大减弱或停止。又如,在紧张地考试和比赛时,人的内外分泌系统的活动加强,首先肾上腺分泌激素增加,并随血液循环而散布全身,从而影响心脏的活动和肌肉收缩,使机体能减少疲劳,增强力量,以应付意外的急变。

(二)皮电和脑电的变化

人体的生物电也是情绪产生的一个重要指标。人在产生情绪体验时,内脏器官的活动加强,新陈代谢加快,皮肤上汗腺分泌旺盛。汗液中有大量的钠元素,导

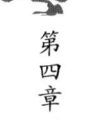

电性增强,电阻下降,电流则升高。平时,人体皮肤的电阻、电流保持一定的水平,当情绪发生时,皮肤电阻发生变化,因此,可用心电反射计记录皮肤汗腺的反射作用和电阻的欧姆数,以此作为判断情绪的一个指标。测谎仪就是利用这一原理设计的。

人脑像一台小型发电机,兴奋时产生阴电,周围产生阳电,出现明显的电位差。20 世纪 30 年代以后,出现了脑电波工作记录技术,利用脑电描记器,可以记录大脑不同部位电位差的变化。在情绪状态下,主要是 α 波(即高幅慢波,频率为 8~13 次/秒)消失而出现 β 波(即 14~30 次/秒的低幅快波)。一般惊吓时,σ 波(0.5~3 次/秒,振幅高)中断 17 秒,恐惧时中断 15 秒。

(三) 外部表情的变化

情绪发生时表现在身体外部的生理变化叫作表情。情绪状态的外部表情变化主要表现在以下 3 个方面。

1. 面部表情的变化

人和某些动物的面部肌肉和皮肤是富于活动性的,当情绪发生时,总要伴随着一定的表情动作。如眼睛可以传神,笑眯眯的半闭状是含情的表现,双眼大张发愣是惊讶的表情,愤怒则是目瞪欲裂,眼神温柔是深情的表现。眉毛也可以表现情绪状态,如展眉欢欣、皱眉忧愁、扬眉得意、横眉冷对、竖眉愤怒、低眉慈悲。此外,如耸鼻显轻蔑,恐惧而屏息,愤怒生气则是鼻孔大张等。还有,悲哀时口角下垂,欢笑时嘴角向上、张口露齿、面部肌肉由长变横,生气时嘴唇掀起,愤怒时咬牙切齿,羞愧时面红耳赤等都是面部表情的变化。眼睛是心灵的窗户,人与人四目相对时,很多情绪内容都可以读出来,眼睛可以表达真诚、友好、温和、探究、怀疑、贪婪、放肆、轻蔑等。导游员应善于用眼神向游客传达友好、热情的信息。

2. 身段动作的变化

除面部表情外,人的全身动作也有表现和传递情绪的作用。以头部活动为例,点头表示同意,摇头表示反对,低头表示屈服,垂头表示丧气。从身段动作来看,生气发怒时身体挺起,紧攥拳头,全身发抖;高兴时手舞足蹈,动作轻快;悲哀时动作缓慢,步履沉重;沮丧时全身松弛,有气无力。像"趾高气扬""垂头丧气""抱头鼠窜""呆若木鸡""形容枯槁""神采焕发"等成语都是形容情绪产生时神态变化的(参见图 4-1 和图 4-2)。

我们先来看图 4-1,请你判断图 4-1 中的 19 个姿势分别代表什么样的情绪。然后我们参考图 4-2,看看自己的判断对了多少。

3. 言语表情的变化

言语表情有多种表现。人们说话时的语音、语调、节奏、速度、断续以及弦外之音等,都是表达和判断情绪的指标。悲哀时语调低沉,节奏缓慢;高兴时语调高昂,节奏轻快;爱抚时语言温柔,和颜悦色;恼怒时态度凶狠,言语生硬。有时同一个词

图 4-1　各种身体姿势

1. 好奇　2. 疑惑　3. 不感兴趣　4. 拒绝　5. 观察
6. 自我满足　7. 欢迎　8. 果断　9. 隐秘　10. 探究
11. 专注　12. 暴怒　13. 激动　14. 舒展
15. 奇怪 支配 怀疑　16. 鬼鬼祟祟　17. 羞怯　18. 思索　19. 做作

图 4-2　各种身体姿势的意义

第四章　旅游者的情绪

由于语气和音调不同可表示出不同的意思,如"什么"一词,既可以表示疑惑,也可以表示生气、惊奇、恼怒、鄙视等不同的情绪。常言道:"说话听音,锣鼓听声。"在人际交往中,语言是人们用来表达心情、交流感情的重要手段,一般来说,言为心声。有时出于各种原因,人们可能言不由衷,把语言中真正的含义隐藏起来了。所以倾听是一门学问,不仅要听懂说出来的语言,还要听懂没有说出来的言外之意、弦外之音。导游员可以利用言语传达情绪的功能,在声调上加以变化,使导游词听起来惟妙惟肖、生动传神。

根据外部表情动作,可以判断他人内心的情绪体验。当然,由于人的意识的能动调节作用,有时可能以假象掩蔽其真正的情绪体验。

根据达尔文的进化论观点,人和动物的表情有共同的渊源。人的表情是由动物表情演化而来的,是为生存适应环境的结果。表情动作有传递信号的意义和以简化形式代替表露行动的特点。人因讨厌而耸鼻皱眉,是从动物祖先耸鼻皱眉为防臭气入鼻演化来的;因蔑视而露犬牙,最初是为了吓跑对方;因愤怒而咬牙切齿,是从动物祖先齿战发展来的。这些表情最初产生时都有生物学意义。

现在,表情动作是文明社会的一种交际手段。人的表情多是后天获得的,并受一定社会文化、风俗、习惯的影响。例如表达爱慕、欢迎,有握手、拥抱、接吻、吻手,轻拍头部和手背、肩部,碰鼻,向对方吹气等各种不同方式。道德教育对人养成文明、礼貌的表情动作与行为有重要作用。任何一种情绪都是促使人们采取某种行动的驱动力,使人们在面临各种情景时能及时拟定行动计划。情绪与行为的关系在动物或小孩的举止中最容易直接显现出来。但在社会化了的成人身上,情绪和行为有时会分离。情绪和行为的联系既有先天关联性,又具有后天社会文化制约性。情绪的表现除了受到先天遗传因素的影响之外,还受到社会文化因素的制约。也就是说,处于不同文化背景的人的情绪表现方式不同。

1972年,美国心理学家保罗·埃克曼(Paul Ekman)等人曾经做过情绪行为表现试验,他们让美国和日本的大学生观看一部悲伤的电影,采取单独观看和与他人一起观看两种方式。他们隐秘地摄下这些被试者看到电影最悲伤情节时的表情。结果发现,单独观看时,日本、美国大学生的表情没有什么区别,都表现出悲伤的情绪;但与他人一起观看时,日本大学生较少表现不良情绪,往往以礼貌的微笑掩盖真实情绪。这是因为日本文化不鼓励人公开表露自己的情绪;而美国大学生则能将悲伤的情绪表现出来。

三、情绪的分类

情绪作为对事物的反映形式,构成了人与客观世界之间关系的丰富多样性。根据不同的划分标准,可将情绪作3种不同的分类。

(一) 根据情绪的性质分类

我国心理学家林传鼎在总结我国古代对情绪分类的基础上,把情绪分为18

类:安静、喜悦、贪欲、忧愁、愤激、恐惧、恭敬、烦闷、惊骇、爱抚、哀怜、悲痛、愤怒、骄慢、嫉妒、惭愧、耻辱、憎恶。

20世纪70年代,美国心理学家伊扎德(Carroll E. Izard)用因素分析和逻辑分析的方法,提出人类具有11种基本情绪,即兴奋、惊奇、痛苦、厌恶、愉快、愤怒、恐惧、悲伤、害羞、轻蔑和自罪感。

综上所述,人类最基本的4种情绪是:快乐、愤怒、恐惧和悲哀。

1. 快乐

快乐往往是盼望的目的达到后继之而来的紧张解除时的情绪体验。快乐的程度则取决于愿望满足的程度,目的突然达到和紧张一旦解除便会引起巨大的快乐。快乐的程度从满意、愉快到异常的欢乐、狂喜,可分为一系列程度不同的级别。

2. 愤怒

愤怒是由于遇到与愿望相违背或愿望不能达到,并一再地受到妨碍而逐渐积累的紧张所产生的情绪体验。它可以从轻微不满、生气、愠、怒、忿、激愤、大怒到暴怒。特别是在所遇到的挫折是不合理的或被人恶意地造成时,愤怒最容易发生。如旅游行程中交通工具出故障,飞机、火车晚点等,如果不及时处理,导致游客情绪激化,就容易引起游客的愤怒。愤怒的程度取决于对妨碍目标的对象的意识程度,意识程度越高,人越愤怒。

3. 恐惧

恐惧是企图摆脱、逃避某种情景的情绪体验。恐惧往往是缺乏处理或摆脱可怕情景或事物的力量或能力造成的。例如,熟悉的情景发生了变化,失去了掌握和处理它们的办法时,就会产生恐惧。奇怪、陌生都可能引起恐惧。比如,一个人到人迹罕至的地方去探险,中途迷路或遇到可怕的情景,就会引发恐惧。消除恐惧靠的是镇定和勇敢,以及相信自己一定能战胜困难的信念。

4. 悲哀

悲哀是指所热爱的事物失去以及所盼望的东西幻灭时产生的情绪体验。悲哀的强度依存于失去的事物的价值和重要性。悲哀所带来的紧张的释放会使人产生哭泣。悲哀按其程度的差异表现为遗憾—失望—难过—悲伤—哀痛。

(二)根据情绪发生的强度、速度和持续时间分类

1. 心境

心境是一种微弱、平静而又持久的影响人整个精神生活的情绪状态,如心情舒畅、闷闷不乐、恬静、烦躁不安等。当一个人产生某种心境后,往往以同样的情绪状态看待一切事物,使其的言语、行动、思想和所接触的事物都染上同样的情绪色彩。例如:当心情舒畅时,说起话来和颜悦色,做起事来轻快利落,遇到什么事情都感到满意;当闷闷不乐时,则觉得一切东西都笼罩着一层"灰色"情调。古人云:"忧者见之而忧,喜者见之而喜""感时花溅泪,恨别鸟惊心"。这些都是心境的表现和写

照。可见,心境不仅具有特定的对象性,而且有扩散的特点。

引起心境的原因多种多样,如工作或学习的顺利与否,人际关系的和谐与否,事业的成败,健康状况,甚至自然环境的影响。对过去的片段回忆、无意间的浮想有时也会导致与之相联系的心境的重现。虽然人对引起心境的原因并不都能清楚地意识到,但它总是由一定的原因引起的。心境对人的生活有很大的影响:积极、良好的心境有助于主观积极性的发挥,提高工作、学习效率;消极、不良的心境会使人厌烦、消沉、郁郁寡欢,妨碍工作,影响身心健康。因此,克服消极的心境是很有意义的,它与性格和意志的培养有关,是个性修养的组成部分。

心境分为暂时心境和主导心境两种。由当前的情绪产生的心境叫作暂时心境,比如观看完贺岁电影之后,人还沉浸在喜悦的情绪体验中,但这种体验不会持续很长时间,会随着我们转入其他生活情境而逐渐消失,这就是暂时心境。由个人生活道路和早期经验所造成的个人独特的、稳定的心境是主导心境,决定了一个人的基本情绪面貌。如果一个人生活工作一直都很顺利,就会具有良好的主导心境,表现为乐观、外向、开朗、易于相处。主导心境不好的人经常表现为失望、忧愁、意志消沉等,别人不容易与之相处。

2. 激情

激情是一种猛烈的、迅速爆发而时间短暂的情绪状态。暴怒、恐惧、狂喜、绝望等情绪,如同狂风骤雨,会突然袭击而来,但持续时间较短。激情总是伴随有明显的生理变化和明显的外部表现。例如:暴怒时,拍案大叫,暴跳如雷,火冒三丈;恐惧时,大吃一惊,呆若木鸡;狂喜时,捧腹大笑,手舞足蹈;绝望时,心灰意冷,头脑昏沉。

激情往往是那些对人有重大意义的强烈刺激所引起的,而且这些强烈刺激的发生常常出乎人的意料。如范进中举,突如其来的成功让他陷入狂喜,处于激情状态。在激情状态下,人往往出现"意识狭窄"现象,人的认识活动范围往往会缩小,被引起激情体验的认识对象所局限,理智分析能力受到抑制,自我控制的能力减弱,往往不能约束自己的行为,不能正确评价自己行动的后果和意义。如狂热的球迷发生骚乱甚至做出很多过激行为。激情有积极的和消极的两种。消极的激情对机体活动具有抑制作用或引起冲动行为;而积极的激情与理智和坚强的意志相联系,它能激励人们克服艰险,成为行动的巨大动力。

3. 应激

应激是出乎意料的紧张情况所引起的情绪状态。在突如其来的危险条件下,必须迅速地、几乎没有选择余地地作出决定的时刻,容易出现应激状态。例如,司机在驾驶过程中遇到危险情景时,人们在遇到巨大的自然灾害时,需要在一瞬间迅速地判断情形、作出决定。应激状态的产生与人面临的情境以及人对自己能力的估计有关。当情境对人提出了过高的要求,而人意识到自己无力应付当前的过高要求时,人就会体验到紧张而处于应激状态。

(三)情感的分类

情感是在人类社会历史发展过程中形成的社会性体验。人的情感多种多样,其中与人的社会性需要直接相关的情感主要包括道德感、理智感和美感。

1. 道德感

道德感是关于人的举止、行为、意图、思想等是否符合社会道德行为标准和客观的社会价值而产生的情绪体验。当自己的言行符合社会道德标准时,就会感到愉快、舒畅;反之,就会感到内疚和不安。当看到别人的言行符合社会道德标准时,就会对其肃然起敬;反之,就会引起蔑视和愤怒。通常人们对自己的评价,除了认识上的评价外,还有情感上的评价,也就是能不能对得起"良心"。

2. 理智感

理智感是人在智力活动过程中所产生的情感。它是和人的认识活动、求知欲、认识兴趣的满足以及对真理的探求相联系的。在人认识世界的过程中,理智感的表现形式是多种多样的。例如,人们在探索未知的事件时所表现的求知的欲望,认识的兴趣和好奇心,在解决问题过程中出现的迟疑、惊讶、焦躁以及问题解决后的喜悦、快慰,在评价事物时坚持自己见解的热情,为真理献身时感到的幸福与自豪,由于违背和歪曲了事实真相而感到羞愧等,都属于理智感。

3. 美感

美感是根据一定的审美标准评价事物时所产生的情感体验。它是人根据自己的审美标准对外界事物作美的评价时而产生的一种肯定、满意、愉快、爱慕等的情感。人的审美标准既反映事物的客观属性,又受个人的思想观点和价值观念的影响。因此,在不同文化背景下,不同民族、不同阶级的人对事物美的评价既有共同的方面,也有不同的地方。例如,人们普遍认为仙鹤的形象和颜色是美的,而鳄鱼的形象是丑的,但具体的人由于经验不同,可能对它们作出不同的美的评价。

美感由一定的对象引起,美感的对象包括自然界的事物和现象、社会生活和社会现象以及各种艺术活动和艺术品。如大自然的美景使人心旷神怡,喜剧艺术使人在笑声中享受美的欢乐,悲剧艺术使人在悲哀、痛苦的同时享受美的愉悦。人类的社会道德品质和行为特征也能引起美的体验。那些善良、淳朴、诚实、坚强、公正坦率、不徇私情、有自我牺牲精神的品质和行为都是美的。而那些丑恶的品质和行为,如损人利己、虚伪、胆小怕事、两面三刀、狡猾奸诈等,会引起人们的厌恶、憎恨的情感体验。美感是人对对象的一种主观态度,因而随个人需要、立场、观点不同以及客体和主体的关系不同,其体验也就不同。旅游是一种综合性的审美活动,能极大地满足旅游者的审美需求,虽然旅游者由于文化背景、水平高低不同,社会地位及生活阅历存在很大的差异,但审美心理总是伴随旅游活动的全过程。

四、情绪的作用

情绪一经产生就会影响人们的认知过程和行为表现,具体表现在下述3个方面。

(一)动机性作用

人的任何行为都有动机,而情绪就起到了一个放大动机的作用。情绪是激励人的活动,提高人的活动效率的动力因素之一。适度的情绪兴奋性,可使身心处于活动的最佳状态,进而推动人有效地完成任务。良好的工作环境和人际氛围,会使人心情愉快,干劲倍增,感觉时间很快就过去了。但情绪也有干扰作用,当人的行为受到阻碍而产生消极情绪时,这种情绪会干扰有序的行为,妨碍活动进程,降低活动效率。在旅游中,当游客心情不好时,容易对美丽的景致失去兴趣,不愿前往欣赏,并容易感到疲劳。

(二)信号性作用

因为情绪是人的本能反应,所以尽管成年人的表情不一定完全对应其情绪,但是各种各样的表情具有信号的作用,能帮助别人了解其目前的情绪状态。所以,就算是语言不通的两个人,凭借表情和手势也能基本交流,并且可以从对方的情绪反应中调整自己的行为。例如:导游员讲解时如果发现游客听得聚精会神,就证明讲得好,可以沿着这个话题继续下去;如果发现游客们东张西望、心不在焉,那就证明讲得不好,不能吸引游客的注意力,应当改变讲解方式或者讲解的内容。

(三)对人际关系和心理气氛的影响

人在良好的情绪状态下,会增加对人际关系的需要,对人际交往表现出更大的主动性,愿意与人交往,并且容易使别人接纳;反之,人在不良情绪状态下,会变得敏感多疑,斤斤计较,形成交往障碍。情绪具有感染性,一个人的情绪能影响到别人,使其也产生同样的情绪体验。旅游团里有一位客人因为身体不舒服而情绪不好时,其他游客也会受其影响而情绪低落。导游员要及时控制这种低落情绪的感染,尽量用自己积极饱满的情绪感染整个旅游团的成员。

拓展阅读 4-1

表 4-1 提高情绪智力的策略

领域	策略
自我监控	• 对每天的情绪变化作一个记录,陈述导致你情绪变化的活动和信念,并对情绪变化结果加以评定

续表

领域	策　略
自我调节	• 对于悲伤,要避免悲伤的情境,在困难情境中尽量关注不使你感到悲伤的方面,果断地挑战困难,积极应对,并获取他人的支持 • 对于焦虑,重新评估威胁,看到挑战和机遇且通过进入危险情境锻炼勇气 • 对于气愤,回避引起气愤的情境,要求激怒你的人减少煽动性,自我克制
沟通	• 在听的时候,只听不判断 • 保留自己的观点和情绪 • 总结一下你所听到的别人说话的内容 • 在说话的时候,决定你的要点 • 有逻辑地组织语言 • 清楚地表达 • 确定对方已经理解了 • 不带攻击、责备或者生气的情绪去陈述观点 • 必要时重复一遍
问题解决	• 把大的、模糊的问题分解成很多小的、具体的问题 • 对事不对人 • 设想很多解决办法 • 比较不同解决办法的优缺点 • 选择并执行 • 回顾计划的完成 • 庆祝成功

(资料来源:摘自《积极心理学》,Alan Carr 著,中国轻工业出版社,2008 年版)

第二节　旅游者的情绪

旅游行为是旅游者满足某种需要的社会性活动。旅游者的情绪影响着旅游者的行为,同时,旅游者的行为也受到其情绪的影响,旅游者的情绪和行为之间是相互制约的互动关系。

一、旅游者情绪的特征

旅游者在旅游活动过程中的情绪具有以下几方面的特征。

(一) 兴奋性

从某种意义上说,旅游是日常生活的中断,是人们暂时离开自己的日常生活,到别处去过一段不同于日常生活的生活。因此,外出旅游就给旅游者带来一系列的改变:环境改变、人际关系改变、生活习惯改变、社会角色改变等。这种改变在给旅游者带来新奇的同时，还给他们带来情绪上的兴奋。这种兴奋性常常表现为"解放感和紧张感两种完全相反的心理状态的同时高涨"。

外出旅游使人们暂时摆脱了单调紧张的日常生活，现实生活中的角色要求所带来的种种监督和控制在某种程度上也有所减轻，这给人们带来了强烈的解放感。一些旅游者像变了一个人，渐渐暴露出时间观念差、群体观念差、自由散漫、丢三落四等缺点。另外，到异地旅游要接触到陌生人和新鲜事物，对未知事物和经历的心理预期使人感到缺乏把握感和控制感，人们难免会感到紧张。为了使旅游活动顺利，人们会在物质和精神两个方面尽量作充分的准备，并预想旅游地的各种条件，心中常常忐忑不安。

（二）感染性

旅游活动是一种高密度、高频率的人际交往活动。在这种交往活动中，既有信息的交流和对象的相互作用，又有情绪状态的交换。旅游服务中的情绪含量极高，以致被称为"情绪行业"。在旅游活动中，旅游者和旅游工作者的情绪能够互相影响，从而产生相同的情绪。一个人在与别人的交往过程中，其情绪通过言语、动作、表情影响到别人，从而引起情绪上的共鸣。比如：旅游中导游员讲解时如果表现出激动、兴奋、惊奇等，游客就会对导游员的讲解对象表现出极大的兴趣；如果导游员表现得厌倦、无精打采，游客也会觉得索然无味。反过来也一样，游客的情绪也会影响导游员的情绪。旅游者之间的情绪也会互相影响，旅游团队中开朗、乐观、乐于助人的游客常常能感染别人，使大家都兴高采烈、游性甚浓。

（三）易变性

在旅游活动中，旅游者随时会接触到各种各样的刺激源，人的需要又具有复杂多变的特点，因而旅游者的情绪容易处于一种不稳定的易变状态。比如，旅游者对某个景物开始的时候可能感到新奇，情绪处于积极状态，兴致很高。当到达情绪顶点之后，便可能由激动趋向于平静，兴致会逐渐减退。再后来如果感到疲劳的话，甚至会厌倦。如同我们平时劳累便容易发脾气一样，旅游者的脾气也容易波动。因此，导游员为了尽可能地满足每个人的需要，使旅游者的情绪能够保持积极的状态，就必须随时观察旅游者的情绪反应。

（四）敏感性

旅游者外出旅游，面对的是陌生的人和陌生的环境，这会让旅游者对周围的一切变得更为敏感，心中充满疑虑。再者，因为旅游需要做时空上的转移，跨越的距离越远，时间越长，往往越会给旅游者带来生理上的不适和心理上的紧张不安，这往往会使旅游者变得比平时更为敏感，对外界刺激的反应会更为强烈。曾经有一位旅游者，在车上睡得迷迷糊糊，听到有人谈论刀的事情，就认为有人要抢劫他的钱财，惊恐不安，并且报了警。结果证明是虚惊一场。大量的新异刺激和旅途劳累,容易使人兴奋、易变和高度敏感。

二、影响旅游者情绪的因素

旅游者在旅游活动中所接触到的一切,都会引起其情绪上的变化。具体说来,影响旅游者情绪的因素主要有以下几个方面。

(一)需要是否得到满足

旅游活动对旅游者来说就是追求需要满足的过程。在旅游活动中,旅游者的需要是多层次、综合性的:既有低层次的生理需要,也有高层次的社会性需要;有对物质的需要,也有对精神的需要,比如身体健康的需要,丰富见闻、获得知识的需要,得到别人尊重的需要,等等。另外,还有对食、住、安全等的需要。人的需要能否得到满足,决定着其情绪的性质。如果旅游企业提供的产品和服务能够满足旅游者的需要,旅游者就会产生积极肯定的情绪,如高兴、喜欢、满意等。如果旅游者的需要得不到满足,就会产生否定的、消极的情绪,如不满、失望等。无论旅游者的主导需要是什么(或是愉悦身心,或是探奇求异,或是结交朋友),优美独特的景观、新异有趣的娱乐活动和热情周到的服务都是必须提供的。

(二)活动是否顺利

需要是动机的基础,为了满足需要,人们在动机的支配下产生行动,行动过程中是否顺利会引起不同的心理体验。在整个旅游过程中如果一切活动顺利,旅游者就会产生愉快、满意、轻松等情绪体验;如果活动不顺利,旅途或游览过程中出现这样或那样的差错,旅游者就会产生不愉快、紧张、焦虑等情绪。如发生因各种自然灾害而无法前行、堵车耽误行程、被迫多次购物等事件,会对游客的情绪造成坏的影响,在其心中留下挥之不去的阴影。

(三)客观条件

旅游活动中的客观条件包括游览地的旅游资源、活动项目、接待设施、社会环境、交通、通信状况等。此外,地理位置、气候条件等也是影响旅游者情绪的客观条件。如优美的自然景色使人产生美的情感体验,整洁的环境使人赏心悦目,脏乱的环境、刺耳的噪声使人反感、不愉快。有的旅行社为旅游者提供的三餐未达到约定标准,用餐点环境恶劣、餐具不干净,甚至饭菜难以下咽,而住宿的地方设施简陋、卫生条件差,导致游客吃不好、住不好,那么心情一定不会好。气候条件也是影响旅游者产生相关情绪的重要因素。如我国的春季和秋季气候宜人,令人心情愉快,而寒冷的冬季和炎热的夏季则令人难以忍受。

(四)团队的人际关系

旅游团队少则几人,多则几十人甚至更多,有的由同事、朋友、熟人所组成,有的则完全由陌生人组成。由于旅游团队的特殊性,团体内部的人际关系也有别于

日常生活中的人际关系。一个团队中成员之间如果相处融洽，彼此互相信任，就会使人心情舒畅，情绪良好，开心愉快；如果发生摩擦，大家互不信任，互相戒备，甚至斤斤计较，则会使人不愉快，降低旅游的质量。有些游客只为自己着想，吃饭抢着吃、上车抢座位、住宿抢房间、游览抢着拍照，必然会引发矛盾，导致整个团队气氛恶劣，大家互不相让、事事必争，甚至发生吵骂打斗。因此，在人际交往中，要互相尊重，时刻保持良好的情绪，这样才能更好地享受旅游的乐趣。

（五）身体状况

无限美景在险峰，旅游活动需要一定的体力和精力作保证。身体健康、精力旺盛是产生愉快情绪的原因之一。身体欠佳或过度疲劳，容易产生不良情绪。因此，旅游工作者应该随时注意游客的身心状态，将活动安排得张弛有度，使游客保持积极愉悦的情绪，以保证旅游活动的正常进行。

三、情绪对旅游行为的影响

（一）对活动效率的影响

积极的情绪，如热情、愉快，可以激发人的能力，助长动机性行为，提高活动效率；而消极的情绪，如烦恼、悲哀、恐惧等，则会降低人的活动能力，导致较低的活动效率。激发游客喜欢、愉快等积极情绪，对增强人们的旅游动机、促使人们产生旅游行为有着十分重要的意义。同时，在旅游活动中，如果情绪高涨，即使景点吸引力不大，游客因为心态良好、思路开阔，主动接受外界信息，也能获得非常美好的旅游体验。

（二）对人际关系和心理气氛的影响

游客的情绪具有一种感染功能。这是指一个人的情感具有对他人情感施加影响的效能。当一个人产生某种情绪时，他自然能亲身感受到，这便是情绪的主观体验。这种情绪又会通过表情外显为他人所觉察，并进而引起他人的情绪反应。就好像看到别人开心你会微笑，而看到别人拉长着一张脸你也会觉得不开心。如在游客当中有这样一个情绪恶劣的人，总是闷闷不乐或对别人爱理不理，大家势必会不自觉地疏远他，这也会影响整个团队的游览情绪。由于心境的弥散性特点，当个体处于某种心境之中，他们的行为举止、心理活动都会蒙上一层相应的色彩。所谓"忧者见之则忧，喜者见之则喜""感时花溅泪，恨别鸟惊心"就是这个意思。在旅游活动过程中，游客持续快乐的情绪会给整个旅游活动都带来一层愉快的色彩；游客若情绪低落，就会对什么都提不起兴致，整个活动也就像被蒙上了一层黯淡的色调，显得乏味、无趣。

游客的情绪能影响和调节其认知过程。就旅游中的游客认知过程来说，不适当的消极情绪有干扰和破坏作用。它使游客的意识范围变得狭窄，认知评价能力无法正常发挥，对事件和他人的评价缺乏客观标准，对个人的评价往往以"自我"

为中心,或自制力减弱,遇事好冲动,心理反应过敏,喜欢猜疑或挑剔,有时产生攻击性,所以不可避免地会给旅游带来许多麻烦。所以,游客只有在良好的情绪状态下才会增加对人际关系的需要,对人际交往表现出更大的主动性,并且容易使别人接纳,愿意与人交往。因此,在旅游活动中,旅游活动组织者应该细心观察游客的情绪变化,主动引导他们的情绪向积极方向发展,并利用情绪对游客的影响作用,协调游客与各方面的人际关系,创设良好的心理气氛,达到旅游服务的最佳境界。

四、激发旅游者积极的情绪

(一)为旅游者提供优质的服务和产品

1. 设计开发符合旅游者旅游需要的产品

旅游产品设计必须以旅游者的旅游需要为基本出发点。旅游需要具有复杂性、层次性、个性化的特点。从构成上看,旅游需要既包括物质产品的需要,也包括精神产品的需要,如有的游客喜欢购物,而有的游客偏爱文物古迹或博物馆;从层次上看,旅游需要既包括低层次的生理性需要,也包含高层次的社会性需要和精神性需要,如有的游客喜欢导游讲些笑话、多与他们交流,而有的游客则喜欢导游员详细地讲述历史事件,少说"废话";从不同的旅游个体看,旅游需要呈现出个性化的倾向,如年轻人喜欢探险,而老年人则需要劳逸结合。这些特点要求旅游产品、旅游服务必须具备构成上的两重性、内容上的丰富性和形式上的多样性,针对不同人群设计不同的产品,充分满足各类需要。此外,要求旅游服务在操作上具有一定的灵活性和弹性,能够应对某些特殊的变化。

2. 提高服务质量,注重旅游服务

旅游服务是为满足旅游者的需求而提供的一切服务,它是有形的物与无形的服务行为的综合体。在为旅游者提供服务的过程中,要创造一种和谐的气氛,产生一种心理效应,以此触动旅游者的情绪,唤起旅游者的心理共鸣,使旅游者在接受服务的过程中产生愉快的心理感受。很多旅游企业都力图在服务方面创出自己的特色,其中大多注重在打动游客方面下功夫,具体体现在从细节入手、从游客的利益出发开展工作。

3. 通过提供准确有效的旅游信息,使游客建立合理的期望

游客对旅游信息的了解是形成旅游期望的基础,但并非旅游期望越高越好,因为游客的满意度取决于期望与实际之间契合的程度。当实际与期望符合时,游客会感到物有所值;当实际比期望更好时,可以激发游客更大程度的满意度;而实际与期望不符合时,游客会感到不满意,而且越不符合,就越不满意。所谓"期望越大,失望越大"就是这个道理。因此,在为旅游者提供信息时,要真实可靠,实事求是,如果为了吸引旅游者而言过其实,就会使旅游者大失所望,从而影响旅游企业

的声誉。

(二)调控消极的、不利的情绪

因为情绪具有感染性及传递信号的功能,一旦一个游客出现不良的情绪,会很快影响到其他游客,所以在实践中,应尽量避免游客产生不良的、消极的情绪,如果出现的话,应尽快设法进行控制。

1. 防患于未然,保证行程顺利

旅游过程中经常会出现一些意外事件,比如气候突变、汽车抛锚、道路拥堵等。这些意外事件会影响旅游行程的正常进行,从而导致游客的不满。要避免游客出现这些不满情绪,接团之前,相关的旅游部门应做好各项准备工作,比如天气预报信息的搜集、汽车的维修、熟悉相关道路的路况等,最大限度地将意外事件发生的可能性降到最低,保证旅游顺利进行。一旦出现上述意外事件,旅行社尤其是导游员的责任就会更加重大,因为导游员是与游客接触最直接的服务人员,意外事故处理得好坏直接关系到以后的行程和旅游企业的声誉。作为导游人员,面对意外事件,应该沉着冷静,迅速果断地采取措施来补救给游客带来的不便。应将造成问题的原因向游客讲清楚,并一分为二地分析事物的两面性,用理性的疏导化解游客心中的不满情绪。

2. 转移游客的注意力

情绪大多具有情境性,当不利情境再现时,如果能够果断转移情境,可以及时控制游客的情绪。导游员要有意识地调节游客的注意力,使游客的注意力从一个对象转移到另一个对象上。当旅游团中出现不良的预兆时,如争吵、抱怨等,导游员应设法用新的、有趣的活动,或用幽默、风趣的语言和有趣的故事吸引游客,从而转移游客的注意力,使他们忘掉或暂时忘掉不愉快的事,恢复愉快的心情。

3. 合理地宣泄情绪

不良情绪往往源于游客对旅游过程的失望,这种强烈的挫折体验会使个体产生攻击性。游客特别希望能说出来甚至骂出来,或用其他的方式发泄出来,这会使个体情绪得以改善。所以当游客处于不利情境时,旅游部门应承担主要责任。通常游客会通过事后的投诉获取相应的经济赔偿,但这种事后的补救措施并不能真正弥补游客所失去的精神享受。积极的做法应该是让游客在旅游过程中及时摆脱消极的情绪,进入积极的情绪状态,尽量顺利完成剩余的游程,以使游客的损失降到最小,其中较为有效的方法是让游客宣泄消极的情绪,"让客人出了气再走"。这需要导游员主动创造与游客交流沟通的机会,通过交流,游客可以将不满发泄出来,从而增进相互理解的程度,改善情绪。

复习思考题

1. 你目前有哪些情绪？是在什么情况下产生的？
2. 列举情绪的种类。
3. 旅游者的情绪有哪些特点？
4. 如何调整旅游者的情绪，使其获得满意的旅游体验？

第四章 旅游者的情绪

第五章 旅游者的个性

本章提要

个性是指一个人整个的、本质的、比较稳定的意识倾向性与心理特征的总和，其具有独特性、整体性、稳定性和倾向性，其的形成受先天和后天因素影响。多血质、胆汁质、抑郁质、黏液质的旅游者其行为特点各异。旅游者的感知能力、分析评价能力、鉴赏力、选择决策力以及维权能力在旅游过程中较为重要。性格可以按照不同标准分类，不同类型的性格特点从某种程度上影响旅游者的旅游行为。

个性是一种心理现象,客观地存在于每个人身上。个性是一种复杂的心理现象,它是一个人不同于别人的、自己特有的精神面貌。不同旅游者的不同个性影响着其旅游行为,使旅游工作呈现出复杂性和多变性。因此,对人的个性与旅游行为进行分析和研究,探求它的规律,有助于对不同旅游者的旅游选择倾向和旅游行为的理解,促使旅游管理与旅游服务工作更具有预见性和针对性,促进旅游业更好地发展。这是旅游心理学需要研究和探讨的重要课题。

第一节 个性概述

个性,也就是心理学著作中所说的人格。这一词来源于拉丁语(persona),是指演员舞台上戴的面具,代表剧中人的身份。在舞台上,演员的言行要与其扮演的角色相符,一个角色就意味着一套行为方式。后被心理学引用,把人在人生舞台上扮演的角色行为看成个性(人格)的表演。在社会文化环境的要求下,每个人逐渐形成相对稳定的心理与行为模式,以适应自身所处的环境,换句话说,人们在生活中扮演自己。

一、个性的概念及其特征

(一) 个性的概念

不同的学者对个性的定义有不同的表述。心理学家麦迪(S. R. Maddi)把个性定义为:个性是决定每个人心理和行为的普遍性和差异性的那些特征和倾向的较稳定的有机组合。另一位心理学家凯立希(R. A. Kalish)则认为,个性是导致行为以及使一个人区别于其他人的各种特征和属性的动态组合。这些特征和属性包括需要动机、调节方法、发展和完成任务的潜力、气质、情绪、自我知觉、角色行为、态度、价值观和能力等。本书认为可以把个性定义为:个性是指一个人整个的、本质的、比较稳定的意识倾向性与心理特征的总和。人的心理过程包括认知、情感和意志三个过程。这三个心理过程的稳定的倾向性和特征构成了一个人的心理全貌,构成了一个人的个性。个性包含两个相互联系的部分:一是个性倾向性,即心理过程的倾向性,指一个人对客观事物的意识倾向性,包括兴趣、爱好、需要、动机、信念、理想等;二是个性心理特征,即心理过程的特征,主要包括气质、性格和能力。本章主要讲述个性的第二部分,即个性心理特征问题。

(二) 个性的特征

1. 独特性

就像地球上没有两个指纹相同的人一样,世界上也不存在两个心理面貌完全相同的人。每个人都与别人有所不同,每个人都具有自己独特的风格,人与人之间都存在着个别差异。不仅一般人之间存在心理面貌上的差异,即使是生理解剖结构上相似的同卵双生子,他们的心理面貌也不完全相同。所以,个性实际就是个人的心理特征所表现出来的独特性。但是,个性的独特性并不排斥人与人之间在个性心理上的共同性,人的个性既有独特的一面,也具有与其他人共同的一面。

2. 整体性

个性不是一个孤立的心理特征,而以整体形式表现出来,是一个统一的整体。一个人的各种心理现象和心理过程是有机地联系在一起的,气质、性格和能力相互联系、相互制约,在同一行为中表现出来。个性总是表现为一系列的心理特征,只有把一个人的一系列心理特征联系起来,才能形成对这个人的个性判断。比如,对一个人形成外倾个性的判断,是由此人好动、爱与别人交往、乐观开朗、热情、好强和有理想等一系列心理特征构成的。

3. 稳定性

个性反映一个人内在的比较稳定的心理特征,偶尔的、一时的某种心理现象不能代表一个人的个性,只有那些一贯的、经常而持久出现的心理特征才能反映一个人的个性。比如,一个对人对事总是谨小慎微、循规蹈矩、稳稳当当的人,偶尔也会有冒险、轻率的举动。在这里,轻率不是他的个性,只有谨小慎微才是他的个性。一个人在成长过程中,不断地接受来自家庭、学校、社会的各种刺激,逐渐形成比较稳定的是非观念和价值判断,并进而影响了其情感、兴趣、思想,形成对现实比较稳定的态度及与之相适应的习惯行为,使之不论在什么环境下其心理面貌总是显示出大体相同的倾向性和特征来,这就是个性的稳定性。当然,这种稳定性也不是绝对的,而是相对的。随着人所处环境的改变或本人主观的努力,个性也是可以改变的。

4. 倾向性

个性是一个人所具有的一定的内在意识倾向性,它既体现为个人的需要、动机、兴趣、信念、理想和价值观等,又体现为人与人之间在气质、性格和能力等方面存在的个别差异。这种个别差异由人内在的倾向性所致,外露的各种行为特征是我们推断人的内在倾向性的依据。个性心理是行为的内驱力,行为是个性心理的外在表现。心理向行为转化的过程中总是表现出一定的倾向性。

二、个性的形成及其影响因素

(一) 个性的形成过程

个性的形成过程与个体的社会化过程是一致的。所谓个体的社会化,"是个体在特定的人类社会物质文化生活中,通过与社会环境的相互作用,由自然人转变为社会人的过程"。一个人自从呱呱坠地开始,就带着其先天遗传的生理素质,进入了社会化的过程,并在社会化的过程中逐步形成自己独特的心理倾向性和心理特征,即个性。一个人个性的形成和发展大体上经过了3个时期。

1. 婴幼儿期

在婴儿期,个体基本上是在家庭中生活的,进入幼儿期才开始与其他孩子一道过上了幼儿园的生活。这个时期的个体主要受来自以家庭为中心的周围环境的影响,其形成的个性虽然还不是十分稳定,但十分重要。大量的研究证明,婴幼儿期的生活经验将深刻地影响人的整个一生。个体朝什么方向发展,成为什么样的人,与这个时期的家庭生活的影响密不可分。所以,有"三岁见老"之说。

2. 学生时期

个体进入学龄期以后,过着以学校为中心的生活,其个性形成和发展的社会环境逐步扩大,家庭的影响日益减弱,老师、同学的影响日益加大。伴随着自我意识的逐渐成熟,个体的心理倾向性和心理特征也日趋明显和稳定。

3. 社会时期

当个体离开学校、步入社会之后,随着生活圈子的不断扩大,对其个性的发展产生影响作用的因素也越来越多、越来越复杂,使其个性在获得有机整体性的同时增添了复杂性。

(二)影响个性形成的因素

影响个性形成的因素很多,每个人个性形成和发展的环境也有差别。研究成果表明,有些个性特征几乎纯粹是先天的,另一些个性特征又几乎是后天形成的;但是,大多数个性特征是在先天因素和后天因素共同影响下形成的,而且主要是在后天的社会环境影响下形成的。对同卵双生子的研究成果,令人信服地证明了那种认为个性特征来自遗传的看法是错误的。当我们把遗传因素完全相同的同卵双生子放到社会情况、物质生活水平和文化水平各不相同的家庭里去培养,人们就会看到,他们的气质特征是很相似的,但是,他们整个的个性特征或性格特征却不一样,而且他们的年龄越大,个性的差异也就越大。

影响个性形成的因素主要有以下几方面。

1. 先天遗传因素

人的个性是逐渐形成的。然而,刚生下来的婴儿的心理并不是"一张白纸",而是具有一些先天的遗传心理特征。根据对初生婴儿的观察发现,有的好动,是兴奋型的;有的安静,是抑制型的。这样的神经类型的特点就是遗传的。这些特征构成了每个人独特的心理基础。但是,这些生理素质仅仅是决定个性差异的一方面,更重要的是个性发展过程中来自客观环境和个人的主观能动性的影响。

2. 家庭因素

在个性形成中家庭影响是最初的根源。家庭对子女的教育,除了按社会的要求使其发展成为适合社会要求的人以外,还以自己的家庭特点给子女以影响。家庭影响主要是父母的个性和教育方式这两个方面。父母的个性对子女的性格形成的影响作用是潜移默化的。父母对工作的态度、与同志的交往、对亲属的关系、对挫折和胜利的反应,都影响子女的个性。父母的教育方式对子女个性的形成也有重要影响作用。据研究,幼儿时受父母溺爱者,长大后在个性上多表现为依赖、遇事退缩、要人注意、讨人赞许、注意力不集中、情绪不稳定等;相反,受父母管教严格的子女,往往在个性上多表现为诚实、有礼貌、谨慎、负责任,但也表现出羞怯、自卑、敏感、屈从等。

3. 文化传统因素

每个社会都有自己的文化传统,在这个社会中生活的人,其个性的形成和发展不能不受文化传统的影响。研究成果表明,文化传统影响个性的形成是多方面的,包括:影响人与人的关系,影响需求和满足需求的途径,影响解决冲突的方式,影响人们如何去看待事物的真善美与假恶丑。因此,早在1949年,柯拉克罕(Kluchho)就曾指出:"文化在人生每一个转变上,都在调整我们的生活,不论我们意识到与否,从生到死一直有不断的压力,督促我们去遵循别人为我们定好的行为模式。"

4. 阶级和阶层因素

人总是生活在一定的社会中,在阶级社会或有阶级的社会里,又必然是一定阶级或阶层的成员。作为阶级或阶层的成员,其所形成的个性不可避免地要打上本阶级或阶层的烙印。不同阶层的人具有明显的个性差异,比如:一般来讲,知识分子阶层出身的人,举止比较文雅、有修养、待人礼貌,但爱幻想,不大喜欢与人深交,遇事缺乏果断性;农民阶层出身的人,作风朴素,不怕苦和累,憨厚老实,但有时有自卑感,有点倔强固执;工人阶层出身的人,集体观念强、守纪律,情感较强烈,性格直爽,讲究实际等。

三、个性理论

个性理论,是有关对于人的个性的结构、功能、改变以及与外界行为的关系等各方面的研究结果。直到现在,各心理学派对于个性理论的解释还很不一致。这里介绍其中最主要的几种理论。

(一)特质论

特质论就是从人的心理特性来研究人的个性。这种理论的代表人物主要有阿尔波特(G. W. Allport)、艾森克(Hans J. Eysenck)和卡特尔(Raymond B. Cattell)等。

阿尔波特认为,个性必须有能够进行测定的因素,这种因素就是特性,各种特性组合起来就构成人的个性。所谓特性,就是一种行为的倾向,如有谦虚特性的人,表现为对朋友和气、对父母尊敬、对工作认真等。这些特性是从一个人的行为中抽取出来的,就是从观察一个人的行为所看到的其经常表露的特点。

艾森克认为,个性表示行为的一种组织层次,超出特性的行为反应或习惯之上。他提出个性特质可以从两个独立的向度来描述:第一,情绪稳定—神经过敏;第二,内向—外向。艾森克还指出,这种向度是代表一个连续的尺度,而不是两个极端。个人可以或多或少具有这两种看似相反的特性,而不是非情绪稳定即神经过敏,或非内向即外向。

卡特尔认为,个性基本结构的单元是特质。特质表示在不同时间和各种情况之下行为的某种类型和规律性。它表现出特征化的相当持久的行为属性,也代表行为的倾向性。卡特尔还提出,特质有表面特质和根源特质之分,比如,一个学生各门功课考试所得分数就是其表面特质,而其智力的高低才是他的根源特质。

(二)社会学习论

社会学习论的主要代表有米勒、达乐、罗特、班图拉等。这种理论与特质论相反,它强调环境和情况对个人行为和性格起决定作用,认为通过学习,环境中的事物成为自己行为的模式,而个人的行为对环境也有一定的影响。具体来说,社会学习论有以下几个观点:

(1)一个人在特定的情况和环境中的行为取决于情况和环境的特殊性,取决于个人对情况和环境的评价以及对别人的类似的行为的观察。如果遇到的情况和环境与自己的愿望相吻合,就会经常出现同样的行为。

(2)一个人在其成长过程中,有些行为是直接学来的,而有些行为是通过观察而习得的。人们常常从观察别人的行为及其后果中学会辨别行为的好坏,并知道在什么情况下发生什么行为是适宜的,应该仿效;在什么情况下发生的什么行为是错误的,应该鄙弃。当看到别人的行为受到奖赏时,对他自己的行为就会起到强化的作用。

(3)强调个人行为和别人的关系。例如:常和别人争吵的人容易受到别人的轻视,而这种轻视是他自己的行为所引起的;一个讲礼貌的人使人感到舒服,同时别人也会对他以礼相待。

总之,社会学习论认为环境的变动引起人的特殊行为。这对心理诊断有很大贡献,它引导人们认识人类的行动是对特殊环境的反应作用。环境影响人的行为,而人又可以通过改变环境改变自己的行为。应用这个观点可以有效地改变不良的行为和性格,这是可取的。但是,这种观点过分重视环境因素,而忽视了人内在的个别差异,因而也有片面性。

(三)心理分析论

心理分析论的主要代表人物是奥地利的精神病医学家弗洛伊德(S. Freud)及其学生荣格(C. G. Jung)和阿德勒(A. Adler)。

弗洛伊德认为,人的个性是一个整体,在这个整体之内包括彼此关联而相互作用的三个部分,即本我(id)、自我(ego)和超我(superego)。而个人的行为是受这三个部分的相互作用而产生的内在动力的支配的。其中,本我是个性结构中最原始的部分,是人生来就有的;自我是随着个体出生后的成长而逐渐分化出来的,受"现实原则"所支配;超我在个性结构中居于可控制地位的最高层,是由于个人在参与社会生活的过程中,对社会规范、道德标准、价值观判断等接受后变为指导自己行动的准则而形成的。平常所说的理性的文明都属于超我的范围。一个正常的人,其个性中的三部分经常是彼此平衡而和谐的。

荣格认为,个性的发展并不取决于人本能的冲动,而受个人为达到自我实现的内在潜力所引导。自我才是个性结构的核心,而自我又取决于两种"态度"或倾向:一种为外向,一种为内向。这两种倾向是由人的感情显露与否来划分的。而且他把人的不同特性的组合,划分为敏感型、感情型、思考型、想象型4种不同的性格。

阿德勒也不同意弗洛伊德的原始本能的无意识的冲动是人行为的动力的看法，他强调个人争取优胜意识才是人的行为的主要内动力。他认为，在人的个性结构中起核心作用的是意识，而不是潜意识。个体不但意识到自己的行为，而且有计划、有方向地追求成就，以胜过他人。

（四）个性类型论

荣格和麦迪等是个性类型论的代表人物。

荣格起初把个性性格分为内向和外向两种类型。内向的人的特点是害羞、喜欢独自工作，在心理上受到压力和出现内心冲突时，总是反躬自省，自己责备自己。外向的人与此相反，他们的特点是好与人做伴、善交际，喜欢选择可以和别人直接接触和打交道的工作，如对外联系、推销和采购等工作。但实际上典型的内向和外向的人很少，大多数人是介乎两者之间的，而且人的性格又是各不相同的。正因如此，荣格经过多年研究，其理论又有新的发展，把人在生活中特别是在与人交往中的性格特点分为敏感型、感情型、思考型和想象型4类，虽然一个人可能同时具有两种或两种以上的性格类型特点，但其所具有的主要特征总是属某一类型的。

麦迪在荣格把个性分为内、外向的基础上，还对人由于出生后受到环境压力的影响而逐渐形成的高忧虑、低忧虑两个因素加以考虑。他认为，人们为了应付环境的压力，企图减低这种忧虑的痛苦，因而就会逐渐发展形成各种适应的行为方式。例如，某一个孩子由于缺乏父母的爱而感到孤独和不安所产生的忧虑，可以以对人仇恨和敌对的方式、也可能以对人羞怯和温顺的方式表现出来。因此，麦迪认为：研究人的个性应当考虑内、外向和高、低忧虑这4个因素，以这4个因素的不同组合形成不同的4种个性结构，如表5-1所示。

表5-1　4种个性结构

	高　忧　虑	低　忧　虑
外向	紧张、激动、情绪不稳定、爱社交、依赖	镇静、有信心、信任人、适应、热情、爱社会、依赖
内向	紧张、激动、情绪不稳定、害羞	镇静、有信心、信任人、适应、温和、冷淡、害羞

第二节　个性与旅游行为

把握好旅游者的个性特征及其与旅游的关系，既是了解旅游者旅游行为方式、做好旅游服务工作的需要，也是了解旅游客源分布情况、合理开发旅游资源、正确设计旅游项目的关键。个性心理包括个性倾向性和个性心理特征两个方面。个性倾向性主要指个人的需要、动机、兴趣、理想、世界观等，它反映的是人对社会环境的态度和行为的特征，是个性发展的潜在动力。个性心理特征是一个人的精神面貌的集中体现，是多种心理特点的独特结合，它反映人的心理的独特性和个别性，主要包括气质、性格和能力。在此主要介绍旅游者的个性心理特征对旅游行为的影响。

一、个性心理特征

(一) 气质

1. 气质概述

(1)气质的概念。气质这一概念与我们平时常说的"脾气"、"性情"或"秉性"相近似,是指个人的心理活动和行为在动力方面的特征,是心理过程发生的速度、强度、持久性、灵活性和指向性等方面的特点。其中:心理过程的速度指知觉的速度、注意力集中的时间长短、思维的灵活度等;心理过程的强度指意志努力的大小、情绪体验的强弱等;心理过程的指向性包括指向于外部事物和指向于内部事物。从人们的活动中可以发现,有的人表情外露,有的人表情不外露;有的人情绪发生快,有的人情绪发生慢;有的人动作敏捷,有的人拖拖拉拉;有的人活泼好动,有的人安静呆板;等等。这都是不同的气质特征的表现。每个人生来就具有一种气质。具有某种气质类型的人,常常在内容很不相同的活动中显示出同样性质的动力特点。比如,一个人具有活泼好动的气质特征,这种气质特征会在参加当众演讲、参加体育比赛和文艺活动等各种活动中表现出来。一个人的气质特点不依活动的内容为转移,仿佛使一个人的全部心理活动都染上了个人独特的色彩,表现出一个人生来就具有的自然特性。

人的气质具有极大的稳定性,它与先天因素有关,具体地说,与人的神经系统的类型有关。但也不能一概而论,一个人可以培养自己好的个性去掩蔽其气质的不足。

(2)气质类型及其行为特征。根据人类高级神经活动的强度、平衡性和灵活性,可以划分出4种神经类型,每一种神经类型对应形成一种气质类型,不同气质类型的人有着各不相同的行为特征,如表5-2所示。

表5-2 根据人类神经类型划分的气质类型及其行为特征

神经类型	气质类型	行 为 特 征
强、不平衡型	胆汁质	直率,热情,精力充沛,情绪易冲动,心境变化激烈,外倾
强、平衡、灵活型	多血质	活泼好动,敏感,反应迅速,爱与人交往,注意易转移,兴趣易变换,外倾
强、平衡、不灵活型	黏液质	安静,稳定,反应迟缓,沉默寡言,情绪不外露,注意稳定,善于忍耐,内倾
弱型	抑郁质	孤僻,行动迟缓,情绪体验深刻,善于觉察细小事物,内倾

在生活中,我们可以遇到以上4种气质的典型代表人物,但这只是少数。多数

人往往以一种气质为主兼有其他类型的气质的特点。

气质类型本身没有好坏之分,各种气质类型都有积极和消极的一面。例如,胆汁质的人热情、爽朗、富有进取心,但容易冒失、暴躁、粗心;多血质的人感情丰富、活泼、机敏、有同情心,但容易轻浮、不踏实、见异思迁;黏液质的人沉着、冷静、坚毅、实干,但容易冷漠、固执、拖拉。抑郁质的人感情深刻而稳定、细心、守纪律,但容易多疑、怯弱、缺乏自信心,并且爱疲劳。我们要注意发展气质积极的一面,抑制其消极的一面。

2. 气质与旅游行为

在旅游活动中,游客的不同气质会通过他们的言行举止表现出来。分析具有不同气质类型的游客的旅游行为,有助于进一步了解游客,并根据他们各自的气质特点做好旅游服务工作。

(1)胆汁质游客的旅游行为。胆汁质类型的旅游者喜怒哀乐表露于外,喜欢与人交往,讲话、办事的速度比较快,精力充沛,动作敏捷而有力,活动积极,有独立见解,给人以热情果断的印象,在游览中总爱走到别人的前头,并表现得非常活跃,其对旅游活动的气氛有着直接的影响。这种类型的旅游者比较直率,如果发现一些令自己不满的事情或遇到自己不顺心的事,会不顾情面、不顾场合地讲出来;他们在游览中常被导游员生动的讲解、有趣的故事所吸引,并不由自主地发出赞叹的声音打断导游的讲解,有时又会不假思索地提出一些问题去打断别人的讲话;他们排队、等车、等飞机或在旅馆等地办手续、在餐厅等地结账的时候,往往比其他游客显得更不耐烦;他们往往很粗心,容易遗失东西,如丢失照相机、手提包、钱包等物品。

在旅游服务工作中,对待胆汁质的游客应当注意避免激怒他们,不要计较他们一些不考虑后果的冲动言语。一旦发生冲突,服务人员要主动退让,找到合适的处理方式。应当尽可能迅速地为他们办理入住手续、餐厅结账等事情,并适时提醒他们不要遗留物品。

(2)多血质游客的旅游行为。多血质的旅游者活泼好动,易于适应环境的变化,往往热爱旅游,也很适合旅游。他们一般喜欢新奇、变化大的活动,不喜欢长时间地沉浸于某种单一的旅游项目之中,尤其是那些只需静观而无须参与的项目。他们喜欢与人交往,热情大方,喜欢讲话,常主动与服务人员攀谈;他们能够很快与人熟悉,能够替别人着想,愿意帮助别人,容易获得别人的好感,但这种友谊常常多变,不深厚,有时显得浮躁,给人轻诺寡信、见异思迁的感觉。他们活泼好动,不喜欢循规蹈矩,对各种新闻均感兴趣;他们反应快、理解能力强,显得聪明伶俐,常能机智地摆脱困境;他们对某人某事喜欢或讨厌时,旁人一下子就可以从他们的面部表情上看出来;他们在多数情况下显得非常乐观,经常处于愉快的心境当中,但看到使人感动的场面又会情不自禁地流起泪来。

在旅游服务工作中,对待多血质的游客应当多同他们交谈,不能不理睬他们,在与他们谈话时不应有过多的重复,否则他们会不耐烦。在餐厅应介绍他们吃新款式的菜肴,每天的食谱应有变化。还应主动向他们介绍宾馆里的娱乐场所,满足他们喜欢活动的特点。同时,要注意发挥他们在团队中的作用,使他们成为导游员或服务人员的好帮手。

(3)黏液质游客的旅游行为。黏液质游客的基本特征是安静、稳重、反应缓慢、沉默寡言、情绪不易外露、注意力稳定但难于转移、善于忍耐等。他们凡事力求稳妥,深思熟虑,一般不做无把握之事,在各种情形下都表现出较强的自我克制能力。他们外柔内刚,沉静多思,很少流露出内心的真情实感。与人交往时态度持重、适度,不卑不亢,不爱抛头露面和空泛清谈。他们行动缓慢而沉着,有板有眼,严格恪守既定的生活秩序和工作制度。他们很乐意从事一些变化不大、相对稳定、需要付出一定意志去努力完成的旅游活动。但他们过于拘谨,不善于随机应变,墨守成规,常常固定性有余,灵敏性不足。在旅游过程中,他们一般喜欢清静的环境,生活有规律,购买旅游产品或服务时总是反复比较斟酌,常常是热点线路的消费者;他们很少主动与人交谈,交谈起来很少滔滔不绝,常常使人觉得其难以接近;他们的情感一般很少向外流露,面部表情不丰富,不易受感动;很少大声谈笑,讲话慢条斯理,显得深思熟虑;他们很少发脾气,自制能力很强,讲话做事总是不慌不忙,力求稳妥;他们反应慢,在听导游讲解或介绍时,总是希望别人讲话慢一点或多重复几次;他们的注意力稳定而不易转移,对新环境不易适应,但一旦适应了又非常留恋,选择房间时经常提出再住以前曾住过的楼层,到餐厅就餐也喜欢吃自己熟悉的食品。

在旅游服务工作中,对待黏液质的游客应当尽量为其选择较为安静的客房,不要安排其住在靠近电梯旁和附近有很多青年人或有小孩吵闹的客房。导游员向他们作介绍或交代事情时,讲话应当慢一点,在重要之处还要重复一下。活动内容不宜过多过紧,劳逸结合。在他们点菜或选购商品时,应当允许他们作稍长时间的比较、考虑,不要急于催促。

(4)抑郁质游客的旅游行为。抑郁质的游客往往性情孤僻,多愁善感,行动迟缓,善于观察别人不易觉察到的事物。这类气质的旅游者在生理上难以忍受或大或小的神经紧张,厌恶那些强烈的刺激,例如尖叫、流血、恐怖镜头等。他们感情细腻而脆弱,常为区区小事而产生情绪波动。他们情绪体验的方式较少,也极少外露自己的情感,但内心体验却相当强烈,心里有话宁愿自己品味,不愿向别人诉说,常生闷气,与人交往时显得腼腆、忸怩,在陌生人面前很拘束,喜欢一人独处。但如果在一个团结友爱的群体中,他们可能是极易相处的人,尤其能善于周到地领会别人的意图,觉察到别人不易觉察的细小事物和微弱变化。他们对旅游项目、旅游方式的选择常常具有传统的、习惯的倾向,只喜爱自己比较熟悉的、比较安全的旅游项目;对于新开辟的旅游场所、新的旅游项目不大感兴趣,对力所能及的活动也乐于参加,对那些刺激性强、有危险的项目则十分讨厌,有强烈的自我保护意识;在旅游过程中,他们常比别人更感疲倦,遇到困难时常表现出怯懦、自卑和优柔寡断。他们遇事要三思而行,因此显得迟缓和刻板;他们在碰到失败或挫折时内心往往感到非常痛苦,遇到兴奋或伤心的事情容易失眠;他们讲话慢,有时向人作解释说明过多,做事审慎小心。

在旅游服务工作中,应当注意十分尊重抑郁质的游客,并需主动关心他们。对他们讲话要清楚明了,绝对不应与他们乱开玩笑,以免引起他们的误会和猜疑。当他们遗失物品、生病或遇到其他意外情况时,应当特别注意关心、帮助并想办法安慰,使之感到温暖。在听他们讲事情时,要耐心听完,不耐烦的表情会使他们再也不愿说出来。给他们安排客房时适宜安排单间或清静的房间。在游览时,导游员更要留意他们,因为他们容易疲劳,常常掉队。

(二)性格

1. 性格概述

(1)性格的含义。性格是人对现实的态度和行为方式中的比较稳定的心理特征的总和。它在人的个性中具有核心意义,人的个性差异首先表现在性格上。

人在社会化的过程中,逐渐形成了对现实的稳定的态度,如对生活、工作、朋友等的态度,同时也养成了若干行为习惯,如慷慨、吝啬、认真、马虎等。人对现实的态度和与之相适应的行为方式的独特结合,就构成了一个人区别于他人的独特性格。恩格斯说:"人物的性格不仅表现在他做什么,而且表现在他怎么做。"这句话精辟地指明了性格的完整含义,"做什么"反映了人对现实的态度,"怎么做"反映了人的行为方式。

性格作为人的比较稳定的心理特征,有两方面的含义:一方面是说,性格是在长期生活实践中形成的,比较稳固;另一方面是说,这种比较稳定的对现实的态度和行为方式贯穿在人的全都行为活动中,在类似的甚至不同的情境中都会表现出来。例如,一个人具有诚实的性格特征,但是经常表现的并不是这样,那么就不能说他是一个诚实的人。只有那些经常的、能从本质方面表现一个人个性的性格特征,才具有性格的意义。由于一个人在生活实践中形成的对现实的态度和行为方式具有稳定的倾向,我们就能预见他在某种情况下将会如何行动。

(2)性格结构。性格具有结构性,其结构特征包括以下4个方面:

其一,性格的态度特征。这里主要指处理各种社会关系的性格特征。①对社会、集体、他人的态度,对待物品的态度等。主要表现为:是为人正直、诚实礼貌、热爱集体、关心集体、富于同情心,还是为人阴险、自私虚伪、冷酷无情、对集体漠不关心。在旅游者身上则表现为爱团队、有社会责任感和同情心、正直、真诚、坦率、有礼貌,或自私、孤僻、拘谨、虚伪和粗暴等。②对学习、工作、劳动的态度。表现为:勤劳或懒惰、认真或马虎、细致或粗心、节俭或浪费、勇于创新或墨守成规等。有些旅游者刻苦、认真、勤奋、细致,富于首创精神;而有些旅游者则表现为懒惰贪玩、敷衍了事、墨守成规等。③对自己的态度。有些旅游者表现为谦逊、有自知之明、有自尊心、有自信心、严于律己;有些旅游者则表现为骄傲自满、不知羞耻、自卑、自由散漫等。

其二,性格的意志特征。其主要表现为个体在调节自己的行为方式的过程中所表现出来的意志特征。旅游者性格的意志特征可从4个方面进行分析:①个体是否具有明确的行为目标,并使其行为接受社会规范约束的意志特征,如独立性、目的性、组织性、纪律性、冲动性、盲目性、散漫性等。例如,对旅游具有明确的目的性还是被动参与,具有独立的见解还是易受暗示。②个体对行为自我控制水平的意志特征,如主动性、自觉性和自制力等,表现在旅游者对行为的控制水平。例如,主动地约束自己,克服冲动,还是放任自流、张皇失措等。③个体在紧急或困难条件下表现出来的意志特征,如镇定、果断、勇敢、顽强等。例如,在困难或紧急状况下能否迅速、准确地抉择,坚决果断还是优柔寡断,勇敢还是胆怯等。④个体对待长期工作的态度和行为的意志特征,如恒心、坚韧性、忍耐力等。例如,有恒心、坚韧不拔,还是半途而废、虎头蛇尾等。

其三,性格的情绪特征。性格的情绪特征又称为性情,反映了旅游者经常表现出来的情绪活动的强度、稳定性、持久性和主导心境方面的特征。①情绪的强度表现为受情绪的渲染和支配的程度,以及情绪受意志控制的程度。有的旅游者情绪活动一经引起就比较强烈,全部活动都被情绪所支配;有的旅游者情绪体验则比较弱。②情绪的稳定性表现为情绪的起伏和波动的程度。有的旅游者容易激动,情绪活动发生较快,不易控制;有的旅游者情绪较稳定,情绪活动发生较慢,也易控制。③情绪的持久性表现为情绪保持时间的长短,有的旅游者持续时间长,有的旅游者持续时间短。④情绪主导心境表现为不同主导心境稳定的程度。有的旅游者是欢乐、振奋的,有的旅游者则是抑郁、闷闷不乐的。

其四,性格的理智特征。这是指人们在感知、记忆、想象和思维等认识过程中所表现出来的差异:①感知是被动感知型还是主动观察型;②主动记忆还是被动记忆,有信心记忆还是无信心记忆,记忆中持续现象是强型还是弱型;③主动想象还是被动想象,是充满幻想的还是"冷静"的现实主义者,或是具有现实感的幻想家;④独立思考还是人云亦云,富于创造性还是好钻牛角尖,深思熟虑还是粗枝大叶。

2. 性格类型与旅游行为

性格的类型是指一类人身上所共有的性格特征的独特组合。有不少心理学家对性格进行了分类,但由于研究对象本身的复杂性,至今仍然没有公认的统一的分类。这里介绍几种与旅游行为相关的性格类型。

(1)理智型、情绪型和意志型,即依据人的理智、情绪和意志三种机能所占优势的情况来确定性格类性。

理智型的人常从理智的角度来考虑问题和解决问题,并用理智来控制自己的行为。具有这种性格的游客,其旅游行为往往受其理智支配,是否旅游、选择何地旅游、是否购买旅游纪念品,往往是经过慎重考虑、反复权衡各种利弊因素之后才决定的。在现实旅游活动中,理智型游客不容易受各类低价广告的蛊惑而盲从,常常根据自己获得的信息和个人的条件进行冷静分析,得出是否真正便宜的结论,经过这一系列活动,才作出是否旅游的决定。不仅如此,这种类型的游客对旅游中出现的问题总能以理智的尺度来衡量,讲道理,爱思考。

情绪型的人,情绪体验深刻,言行易受情绪的左右,处理问题喜欢感情用事。他们的旅游行为一般是在喜欢、感兴趣等各种感情支配下进行的,可能受自己或其他人过去旅游经验的影响,也有可能受商业广告的影响,因而显得幼稚,缺乏合理性。在旅游中为了满足个人感情的需要,他们常常进行超出自身条件的消费,乐于参加自费旅游项目。他们喜欢参加具有多样性、趣味性的活动,喜欢带来强烈情绪（如浪漫、感伤、高兴等）震撼的项目,不喜欢单纯的度假和专项旅游。他们感情形成的时间可能较长,也可能较短,并较为外露。

意志型的人,意志机能非常突出,其行动通常具有明确的目标,并积极主动去解决问题,办事比较果断。意志型的游客属于善于制定出游计划并坚持执行计划的人。如果执行计划的过程中遇到困难,他们也不肯轻易后退,而是迎着困难上,想办法实现自己的预定目标,比较执着。他们对那些目标明确、需要付出艰辛努力并能发挥个人能力的挑战性旅游活动感兴趣,而不喜欢漫无目标、轻而易举就能完成的旅游活动。

(2) 独立型和顺从型,这是按照人的独立性的程度来划分的。

独立型的人,其独立性强,不易受外界的干扰,善于独立发现问题,并能独立地解决问题,在紧急情况下不慌张,态度从容,想方设法克服困难。这种性格类型的游客,在旅游活动中处于主动地位,有较强的自信心,不盲从,喜欢单独性的活动,即使参加团队旅游,也喜欢大部分的旅游活动与时间由自己支配。他们善于独立思考,遇事镇静,出现意外事件也不慌乱。

顺从型的人,其独立性较差,易受暗示,容易不加批判地接受别人的意见,人云亦云,按照别人的意见办事,在紧张困难的情况下,常常表现得惊惶失措,难以应付局面。这种性格类型的游客,更愿意接受随团旅游,依靠导游员的指引完成各类活动。这类游客依赖性强,没主见,喜欢模仿其他游客的做法,需要导游员把一切都为他们安排妥当,并渴望更多的关注和同情。

(3) 外向型和内向型,这是按个体的心理活动倾向于外部或倾向于内部来划分的。

外向型的人,性格外向,情感容易流露,活泼开朗,好交际,思想活跃,对外界事物比较敏感,适应新环境的能力强。具有这种性格类型的游客,易于接受新鲜事物,喜欢参加各种旅游活动,喜欢主动与其他游客交往,认为旅游除了休息和放松之外,还是扩大交往范围、结交新朋友的好时机。他们在旅游活动中是非常积极的人,并且笑口常开,与导游员和同游者都能很好地相处。他们喜欢较大活动量的旅游项目和一般性的旅游设施,对旅游日程和内容只愿作一般性安排,乐于留有余地。由于他们能很快适应旅游环境的迅速变化,所以迎接难以预料的事物和在陌生之地的复杂经历是他们旅游的乐趣所在。

内向型的人,性格内向,比较沉静,不爱交际,做事谨慎,深思熟虑,反应缓慢,适应环境也比较困难。这种类型的旅游者,乐于选择正规的旅游设施和较小活动量的旅游项目,希望全部日程能事先安排好,在旅游目的地的选择上大多是环境宜人的湖滨海岛、山庄等旅游区。他们不愿意冒任何风险,对广告所宣传的旅游活动一般均持怀疑态度。在旅游活动中尤其是同团队旅游时不爱和别的游客交往,喜欢独处,显得不合群,出去旅游顾虑较多。

拓展阅读 5-1

性格内向的人出门必需物品

带上您需要的东西以减少外界的侵袭,可能会使以往疲惫不堪的自己变得精力充沛。以下物品可以放在您的背包、钱包、公文包或汽车里:

● 耳塞,用以阻挡大街上的噪声。

● 零食(坚果仁、蛋白条或其他富含蛋白质的零食)。当您感到血糖下降时,这些东西都可以让它恢复到正常水平。

● 瓶装水。记着经常喝点水。

● 一个随身听,用音乐抚慰自己。

● 一张卡片,在上面写上一些话,如"今天我将放松心情并欣赏发生的一切"。

● 有清新香味的棉球。当旁边有让您感到不舒服的气味时,就闻一闻那棉球。

● 晕车药。电影或意外的活动有时候会引起头晕。

● 一把雨伞或太阳伞。如果强烈的阳光让您心烦意乱,就可以使用它。童伞比较轻便,而且它们也能够隔开一些喧闹的人群。许多人评价说,在阳光充足的日子里打着伞散步是非常好的主意。

(资料来源:摘自《内向者优势》,Marti Olsen Laney 著,杨秀君译,华东师范大学出版社,2008 年 1 月第 1 版)

表 5-3 反映了加拿大成人度假模式与性格特征的关系,对于我们了解性格与旅游行为的关系具有一定的参考价值。

表 5-3 性格特征与加拿大成人的度假旅游行为

度假类型	性格及有关特征
度假不旅游者	好思考、内向、克制、认真
度假旅游者	好思考、活跃、善社交、开朗、好奇、自信

续表

度假类型	性格及有关特征
不度假者	焦虑
乘汽车旅游者	好思考、活跃、善社交、开朗、好奇、自信
乘飞机旅游者	非常活跃、相当自信、好思考
乘火车旅游者	好思考、被动、孤僻、不善社交、忧虑、依赖、情绪不稳定
乘旅行轿车旅游者	忧虑、依赖、敏感、抱有敌意、好斗、不能自我克制
在本国旅游者	开朗、活跃、无忧无虑
去国外旅游者	自信、信任他人、好思考、易冲动、勇敢
男性旅游者	好思考、勇敢
女性旅游者	易冲动、无忧无虑、勇敢
探亲访友者	被动
游览度假胜地	活跃、善社交、好思考
观光者	好思考、敏感、情绪不稳定、不能自我克制、被动
户外活动者	勇敢、活跃、不合群、忧虑、喜怒无常
冬季旅游者	活跃
春季旅游者	好思考
秋季旅游者	情绪稳定、被动

(资料来源:Ottawa,Canada:Canadian Goverment Travel Bureau,1971)

(三)能力

要了解旅游者能力的含义就要首先理解能力的含义及类型,继而才能进一步理解能力对旅游者行为的影响。

1. 能力的含义

能力是指能够顺利完成一定活动所必需的直接影响活动效果的本领。它包括完成一定活动的具体方式以及顺利完成一定活动所必需的个性心理特征。例如,从事音乐活动既需要掌握视唱练耳、演奏等具体活动方式,又需要具有曲调感、节奏感、音乐表现力、音乐感染力等个性心理特征。

能力总是和具体的活动联系在一起的,只有通过活动才能了解和发现人的能力。但并不是所有活动中表现出来的心理特征都是能力,只有那些直接影响活动效率,使活动的任务得以顺利完成的心理特征才是能力。例如,活泼、沉着、暴躁、谦虚、骄傲等心理特征,虽然和活动能否顺利进行有一定的关系,但它们与活动没有直接的联系,因而不能称为能力。

一般来说,要顺利地完成某项活动,只具备某一种能力是不够的,需要各种能力的结合,心理学中把各种能力的完备结合叫作才能。

2. 能力对旅游者行为的影响

在旅游活动中,旅游者首先要顺利完成自己的购买行为。要想买到满意的旅游产品,必须具备各种能力,其中主要是对产品的感知、记忆、辨别能力,对信息的综合分析、比较评价能力,购买过程中的选择、决策能力以及鉴赏力,对自身权益的保护能力等。这些能力是旅游者进行消费活动的必备条件。不具备这些基本能力,任何购买和消费行为都将受到影响,而基本能力的高低强弱会直接导致消费行为方式和效果的差异。

(1)感知能力。感知能力是旅游者对产品的外部特征和外部联系加以直接反应的能力。感知能力的差异主要体现在速度、准确度、敏锐度上。一般来说,感知能力(或称观察力)比较强的旅游者,能够迅速地注意到自己关心和需要的产品信息,在琳琅满目的产品中很快找到自己感兴趣和想购买的产品,而且对产品观察得比较仔细;而感知能力差的旅游者对相关产品信息反应比较迟缓,面对各种各样的产品,有些不知所措,一时不知到哪里去寻找自己所需要的产品,对产品的观察也比较粗糙,不会从产品的各种属性和特点的联系上认识产品。感知能力的高低还同旅游者的知识、经验有着密切的关系,丰富的知识、经验有助于一个人观察能力的提高。

(2)分析评价能力。分析评价能力是指旅游者对接收到的各种产品信息进行整理加工、分析综合、比较评价,进而对产品的优劣好坏作出准确判断的能力。有的旅游者思维的独立性、灵活性和抽象概括力很强,能够根据已有经验判断传播源的可信度、他人行为及消费时尚是否适合自己、企业促销手段的性质,能够对产品的真伪优劣等作出客观的分析,在此基础上形成对产品全面的认识,对不同产品之间差异的深入比较,以及对现实环境和自身条件的综合权衡;有的旅游者则缺乏综合分析能力,难以从众多信息中辨伪去妄,不能迅速作出清晰、准确的评价判断。

(3)选择决策能力。选择决策能力是指旅游者在经过一定的观察、识别以后,作出是否购买决断的能力。一个决断力强的旅游者,在对产品进行观察和抉择后,往往显得自信而坚定,自主性高,能够按照自己的意志独立作出决策。而决断能力差的旅游者,面对众多的产品往往犹豫不决,乐于接受现场销售人员的建议或受他人的左右,无法迅速、果断地作出正确的决策。

(4)鉴赏力。鉴赏力是指旅游者对产品的评价和对旅游资源的审美能力。这是一种较高层次的能力,它是建立在后天学习和自我美学修养基础之上的一种能力。一个旅游者审美和鉴赏力的高低将直接影响其旅游收获的大小及对旅游资源的感受。知识丰富、阅历深广的人,在旅游中能全面而深刻地认识审美对象,不仅充分感受到眼前景物的美,还可浮想联翩,兴趣盎然。而鉴赏力不强的游客,面对景物或商品,只能说"好看"而已,其感受远没前者那么丰富。

第五章 旅游者的个性

(5)旅游者对自身权益的保护能力。目前我国的旅游市场仍不尽成熟和完善,侵犯旅游者权益的事件时有发生,旅游者投诉也时有发生。因此,为了保证旅游者的权益不受侵害,除依靠政策法令、行政监督、社会舆论的约束监督外,客观上要求旅游者不断提高自我保护的能力。首先要知法、懂法,明白自己的权力权益;其次,应当善于运用有效手段来保护自己的合法权益,当自身利益受到损害时应当采取积极有效的措施来维护自身利益。出现问题时,应懂得利用多种手段与旅游生产者、经营者进行有效的沟通,力争使问题、矛盾得到根本的解决。当矛盾严重升级时,可诉诸法律,寻求有效保护,挽回利益损失,从而有力地维护自己的正当权益和尊严。

二、个性结构对旅游行为的影响

加拿大著名的心理学家伯恩博士在他的《人们玩的游戏》中提出了著名的人格结构的 PAC 分析,认为人的个性由 3 种心理状态构成——父母(ParentState)、成人(AdultState)、儿童(ChildState)状态,简称个性结构的 PAC 分析。

(一)个性结构

伯恩认为,一个人的个性包括 3 个主要组成部分,即儿童自我状态、父母自我状态和成人自我状态,每种自我状态是思维、感情和行为的单独来源。在任何情境里,人们的行为都会受到个性的三种自我状态或其中一个自我状态的支配。其中:父母态(P)——以权威和优越感为标志,通常表现为统治人的、训斥人的和其他权势的作风。讲起话来总是"你应该""你不能""你必须"。成人态(A)——表现出客观和理智,待人接物冷静、尊重别人、谨慎从事,先估计各种可能性,再作决策。讲话风格是"我个人的想法是"。儿童态(C)——像儿童一样冲动,表现为服从和听人摆布,喜怒无常、无主见、感情用事、易激动愤怒。讲话的特点是"我猜想""我不知道"。

1. 儿童自我状态

个体首先形成的自我状态就是儿童自我状态。儿童自我状态由自然产生的情感、思想和行为所构成,也包括个体用以适应情绪所需要的知识。它是一个人感受到挫折、失望、快乐、缺乏能力、无依无靠等情感而形成的个性部分。儿童自我状态支配戏耍性的或自然表述性的行为,也就是支配属于情感和情绪的那一部分个性,包括大部分的要求、需要和欲望。当个人感到需要什么东西时,这是儿童这一自我状态表达了其欲望。儿童自我状态支配了个人的需要、欲望、情感和情绪。此外,儿童自我状态也是好奇心、创造力、想象力、自发性、冲动性及生来对新发现表示向往的源泉。儿童自我状态负责人们完全不受压抑的、表面可笑的、天真烂漫的行为以及自然的言行。

儿童自我状态又可以分为自然的儿童自我状态和顺应的儿童自我状态。自然的儿童自我状态包括天真的儿童自我状态和任性的儿童自我状态,常常表现出想怎么干就怎么干的任性。天真的儿童自我状态具有孩子般的特征:自然、兴奋、敏感、好奇、富于想象力、表情丰富。成年人有时也会表现出孩子气的一面:一个中年妇女脱掉鞋子光着脚在海水中奔跑;白发苍苍的老爷子为了下棋废寝忘食;几个年轻人在海滩上喊叫狂奔——他们表现的是天真的儿童自我。一个人无论年龄有多大,如果能保持一颗童心,适当地表现出天真的儿童自我,会使人感到其亲近和可爱,从而能够增添人格魅力。任性的儿童自我状态的特征是:愤怒的、拒绝的、攻击的、叛逆的。任性的儿童自我最典型的语言是:"不,我就不!""我偏要!"成年后,如果遇到类似的挫折,人们还可能重复童年时的行为,不讲道理地坚持己见。

顺应的儿童自我状态也是儿童自我状态的一部分,在人生最初的缺乏自助能力的阶段,儿童总是要受到来自环境的尤其是来自父母的限制和压抑。由于求生的意愿和对他人赞许的渴望以及对外在世界的恐惧,儿童会在家长的要求下,在经历创伤、接受教训以及训练中学会顺应。顺应的儿童自我的特征是:缺乏自信、害羞、胆怯、退缩、沮丧、服从。顺应的儿童自我的语言有:"我什么都不行。""这是我的过错。""我好像特别笨。""我弄不好这个,求你帮帮我。""好吧,随你怎么样都行。"等等。成年以后,适当地表现出顺应的儿童的自我,能使自己与他人和睦相处。

2. 父母自我状态

个体形成的第二种自我状态就是父母自我状态,通常是个人向自己的父母,或向某些父母辈的人模仿来的,它也是个人的见解与偏见、基本知识以及是非感的主要来源。父母自我状态支配人们有关批评、教诲、指点、教训及道德方面的行为,并为人们立下规矩。父母自我状态以权威和优越感为标志,是一个"照章办事"的行为决策者,当人们居高临下地大声叱责或判断别人的对错时,以及纠正某人的错误或行为举止时,父母自我状态起指导作用。

父母自我状态又可以分为威严的父母自我状态和慈爱的父母自我状态。父母自我状态中记录了父母所灌输的关于宗教、政治、道德、文化、传统、生活方式、性别角色等各方面的规范和准则。这些规则有的是合理的,有的是不合理的,有的甚至是一些偏见,但都已经内化为个体的一部分,构成了威严的父母自我状态的判断准则。当成人与他人进行交往时,会时常不由自主地运用威严的父母自我状态,批评、命令别人,告诉别人如何处世和分清是非。

父母自我状态中也记录了家长的关怀、爱护的抚育性行为,父母对孩子的爱心和温情构成了慈爱的父母自我状态。成人后人们在与他人进行交往时,也会重复童年时期学自父母的一些慈爱的行为,对别人给予同情和安慰。

3. 成人自我状态

个体形成的第三种自我状态就是成人自我状态,它是支配性思维和客观的信息加工的个性部分。成人自我状态掌管理性的、非感情用事的、较客观的行为。当一个成人自我状态起主导作用时，待人接物时比较冷静，处事谨慎，尊重别人。在这种状态支配下的人，说话办事逻辑性强，喜欢探究为什么、怎么样等。为了使具体问题处理得当，成人自我状态还检验寓于父母与儿童两种自我状态中的材料。

成人自我状态的特征是理性的、思考的、客观的,用理智而不是情感或成见来面对问题。成人自我状态同年龄无关,精确地说,它适应当前现实并客观地汇集信息。它是有条理的、适应性强的、明智的。它通过检验现实、估计可能性、公正地计算,并以事实的基础作为判断的方式起作用。

伯恩博士和托马斯·哈里斯为上述3种自我状态提供了一组语言表现和非语言表现,见表5-4。

在一个心理健康的人身上,这3种自我状态处在协调、平衡的关系中,三者都在发挥作用。在不同的情境中,有时是他的儿童自我状态起主导作用,有时是他的成人自我状态起主导作用,而有时是他的父母自我状态在支配着他的行为。哪种自我状态起主导作用,要视当时的具体情况而定。

如果一个人的行为长期由某一种自我状态支配,那么他的人格就出现问题了,也就是说他是一个心理不健康者。一个主要由父母自我状态支配自己行动的人,即常定父母自我状态的人,往往把周围的人都当成孩子看待。常定成人自我状态的人通常被视为惹人生厌的人,他跟周围的人可能相处得很僵甚至格格不入,因为他人格中关心他人的父母自我状态和天真活泼的儿童自我状态的侧面都被抑制了,未能发挥作用。常定儿童自我状态的人一辈子都像个孩子,永远也不想长大。这种人从不独立思考,从不作出自己的决定,从不对自己的行为承担责任。

表5-4 儿童、成人及父母自我状态的表现

状　态	语言表现	语　调	非语言表现
儿童自我状态	孩子的口吻： 我想,我要,我不要,我打算要,我不管,我猜,当我长大时,更大,最多,多好,太好了	激动,热情,高而尖的嗓门,尖声,欢乐,愤怒,悲哀,恐惧	喜悦,大声笑,傻笑,可爱的表情,眼泪,颤抖的嘴唇,噘嘴,发脾气,眼珠滴溜溜地转,耸肩,垂头丧气的眼神,逗趣,咬指甲,撒娇
父母自我状态	按理,应该,绝不,永远不,不！总是,不对,让我告诉你应该怎么做 评论性的语句：太不像话了！你又想干什么！我跟你说过多少遍了！现在总该记住了 好啦好啦,小家伙,宝贝,可怜的东西,可怜的,亲爱的	高声 柔声	皱眉头,指手画脚,摇头,惊愕的样子,跺脚,两手叉腰,搓手哂嘴,叹气,拍拍人的头,死板,装做军校教官的样子

续表

状　态	语言表现	语　调	非语言表现
成人自我状态	为什么,什么,在哪里,什么时候,谁,有多少,怎样,真的,假的,有可能,我以为,依我看,我看出来了,我判断	几乎像电子计算机那样准确无误	直截了当的表情,舒适自如,不很热情,不激动,漠然

人格的三种自我状态必须相互平衡、协调,当它们共同有机地负担起支配行为的职责时,这个人才是正常的、健康的。当然,在日常生活中有的人虽然某一种自我状态占优势,但他也是正常的,比如我们常见有的人较富理性,有的人更具责任感,而有的人更浪漫些。

(二) 自我状态与旅游行为

在一般情况下,旅游的许多主要动机显然来源于儿童自我状态。旅游能给人以许多乐趣,它无须花多少时间便勾起人们的各种想象。儿童自我状态对个人的大部分情绪负责,旅游很容易迎合儿童自我状态。父母自我状态对儿童自我状态所提出的愿望和要求常常持保留态度或提出一系列质疑,很可能对仅仅为了游玩而费时花钱去旅游的打算持反对的意见。如果旅游业能提供一些具有价值并能联络感情、消除疲劳、提高威望等方面的旅游活动项目和内容,便能激发处于父母自我状态中的一些人的旅游动机。因健康的需求而形成的旅游动机,主要来源于成人自我状态。成人自我状态也负责收集同意个人安排外出旅游所需的真实、可靠的信息,负责调解儿童和父母自我形态之间的冲突,它既考虑有关旅游的分歧,也考虑力图作出合理的、客观的决定。成人自我状态需要诸如怎样去旅游地、用多长时间、带多少钱、旅游地食宿设施如何、费用多少等方面的信息,还要得到其他方面的能制定切合实际旅游计划的信息。

总之,人的旅游行为总会受到三种自我状态或其中一种状态的影响。在一般情况下,旅游的许多动机明显地存在于儿童自我状态之中,父母自我状态对是否旅游持保留态度,成人自我状态则对是否旅游起仲裁作用。

(三) 个性结构理论在旅游服务业的应用

了解个性结构中的三种自我状态及其对旅游行为的影响,对于旅游业、旅游工作是十分必要的。从旅游促销角度讲,旅游促销广告宣传表面上在针对游客或潜在游客,但实际上在针对人的三种自我状态做工作。当一个人在考虑去不去旅游、到哪里旅游、花多少钱、旅游多少天、乘什么交通工具、住什么饭店等问题时,其个性的每一种自我状态都会提示不同的看法和不同的满足需要的方式。要想让人们去旅游,就要使游客或潜在的游客内心中的"儿童自我"动心,"父母自我"放心,"成人自我"觉得省心。

儿童自我代表渴望乐趣的愿望,让"儿童自我"动心,就是设法诱导"儿童自我""上钩"。用形象生动的广告宣传,展示旅游目的地的迷人风采,可以激发旅游者的旅游动机,激发起他们对快乐感的追求,使其处于"跃跃欲试"的状态。"儿童自我"动了心之后,游客并不一定能立即下决心作出旅游决策。照章办事的"父母自我"开始质疑,对新鲜、新奇事物抱怀疑态度。这就要求旅游促销广告和有关人员有针对性地设法对游客的"父母自我"进行理性说服,使其明白该项旅游的现实意义和从中可以获得的益处,进而劝说其放弃自己的固有偏见,使其同意"儿童自我"的旅游要求。"儿童自我"和"父母自我"都表示同意作出旅游决策之后,作为仲裁者的"成人自我"要面对现实,要了解行、游、住、食、购、娱等方面的种种具体的问题,因此需要收集和处理与旅游决策相关的各种信息和资料,艰苦的决策工作就开始了。这时需要旅游促销广告和人员有针对性地向"成人自我"讲述有关旅游产品的各种细节,"成人自我"就会觉得省心,帮助"成人自我"放心地同意"儿童自我"的要求,充分考虑"父母自我"的劝告,理智地作出相应的旅游决策。游客内心中的三个"自我"都投了赞成票之后,游客就可以信心十足地下购买决心,使旅游成为现实了。

拓展阅读 5-2

不会玩的人——"儿童自我"缺失:非常负责任,总在办公室工作到很晚,每时每刻都在做事。若家人想去滑雪、旅行或去野餐,他则表现得很不耐烦。

缺乏道德感的人——"父母自我"缺失:缺乏社会控制信息,不知道什么是应该的、什么是不应该的,缺乏社会规范,利用他人满足自己的需要。

古怪的人——"成人自我"缺失:在严肃的场合常做出不严肃的事情,行为古怪,时而像成年人,时而像个孩子,内心中好与坏、对与错冲突纠结。

(资料来源:摘自《我好—你好——改善我们的人际关系》,Thomas A. Harris 著,中国轻工业出版社,2008 年版)

复习思考题

1. 个性是什么?它有哪些特点?
2. 不同气质类型的旅游者具有哪些行为特点?
3. 能力对旅游行为有影响吗?
4. 你喜欢哪种性格的旅游者?
5. 结合个人的生活实际,谈谈你经常处于哪种人格状态。

第六章 旅游者的态度

本章提要

态度是个体对待他人或事物的稳定的心理倾向,由认知、情感和意向三种心理成分构成。态度的形成分为三个阶段,受个体经验、群体、极端事件影响。态度影响人的行为倾向、人际相容度、信息的评价、情绪体验和价值观的表达。社会、群体、人格、态度特征制约态度的改变,通过改变客观事实和提供信息可以改变态度。

人们生活在一定的社会条件下,有着不同的人生经历,因而形成了各不相同的个性、需要、兴趣、爱好以及思维方式。不同的人对同一个人或同一种事物,可能有相同的或不同的态度。态度对人的心理和行为的各个方面都有着深刻的影响。因此,对态度的研究是心理学的一个重要内容。态度有个体态度和群体态度之分,本章主要从个体的角度研究态度,旨在认识旅游者的行为规律,从而进一步引导旅游者的行为。

第一节 态度及其特征

态度是社会心理学及其他相关心理学科的一个重要概念,因为一个人的态度对其行为有很大影响,有时甚至是决定性的,而人的行为是社会科学研究的中心。

一、态度的含义、特征和作用

我们可能都听到过类似的表述:"我想到北京旅游,看看故宫、颐和园、北海,一定能增长见识。""学校的这项规定不合理,应该改改!""儒家思想博大精深,至今仍有许多可取之处。"……以上这些表述虽然内容不同,但都试图说明对某一对象的看法,这就是我们所说的态度。

(一) 态度的含义

态度是个体对待他人或事物的稳定的心理倾向,由认知、情感和意向三种心理成分构成。人们在认识和改造客观世界的过程中,不是被动地去观察、思维和想象,而总是对人对事物抱有某种积极、肯定的或者消极、否定的反应倾向。这种反应倾向是一种内在的心理准备状态,它一旦变得比较持久和稳定时,就成为态度。各种态度的综合形成态度体系,表现出人的社会立场,并成为性格的一部分。

当人们对一种事物持某种态度时,不管这种事物是有形的还是无形的,它都被称为态度的对象。凡是人们了解到与感觉到的事物都可以成为态度所关注的对象,可以是具体的人、事、物,也可以是抽象的概念,如国家、勤奋、社会制度等。人们的态度表现符合一般态度表现的规律。态度作为一种内在的心理倾向,人们通常认为态度总是显露在脸部表情上、谈吐与举动中,如发表肯定或否定等意见,表现出喜欢或厌恶等感情,做出接受或拒绝等行为。事实上,态度一般都会表现于外,有时也深藏于内心,支配着人的行为。如某游客由于了解到旅游对锻炼身体、陶冶情操、丰富阅历具有十分重要的作用,只要时间允许,经济上能承受,一有机会,就外出旅游,显示出对旅游极大的兴趣和积极的态度。

从态度的构成看,它主要包括3种成分,即认知成分、情感成分和意向成分。认知是指个体对某一对象的认识与评价,例如,"北京既是历史悠久的文化古城,又是美丽繁华的现代大都市,让人神往",反映出游客对北京的了解、看法。认知是态度形成的基础,是态度结构中最活跃的因素。情感是个体对客观事物所产生的喜、怒、哀、惧、爱、恶等情绪体验。如"北京太可爱了""北京人的友好让我感动",反映了游客对北京的积极情感。情感是态度中居核心地位的因素,与人的行为紧密相连。意向是个体对客观事物的反应倾向,是行为的一种心理准备状态,我们可以根据态度的意向成分推测人的行为倾向。如某人对北京产生了积极肯定的情绪、情感,一旦条件成熟就可能到北京旅游。意向和人的需要、动机、行为有着密切的关系。

一般来说,态度的3种成分是协调一致、相互作用的。其中,认知成分是态度的基础,没有对态度对象的好恶评价,就不会产生相应的情感,更谈不上对之有什么行为反应,当然也就不会有态度。情感是态度中最核心、最重要的成分,它是构成态度的动力,认知过程总是伴着情感的产生,同时也受情感色彩的影响。例如两个人由于误会而争吵,事后弄清了真相,彼此都认识到应该和好如初,但事实上总觉得别别扭扭。生活中要改变一个人的态度,既要晓之以理,更要动之以情。所以,为旅游者提供令人满意的服务,使其产生积极美好的情绪感受,有助于游客形成良好的旅游态度。意向是态度的外部表现,代表行为倾向,表达一个人有什么样的态度。态度中的认知、情感、意向这三要素间的协调程度越高,态度就越稳定。

(二)态度的特征

态度具有以下 5 个基本特征。

1. 对象性

态度是针对一定客观对象而言的,态度的对象可以是人、事物、活动等,对象不同,态度也不同,离开了具体对象,就不存在态度。主体的态度总是指向特定对象的。因此,人们在谈到态度的时候,都同时指明态度指向的对象,如对爱情的态度、对金钱的态度、对环境污染的态度等,而不会泛指。

2. 社会性

任何人对任何对象的态度都不是与生俱来的,因为人是社会的人。人从一出生开始就处于一定的社会环境——家庭中,以后更经历了学校、各种工作组织和社会团体等环境。人在不同的环境中同各种各样的人相互交往、相互作用,形成了自己的认知能力、评价水平,形成了自己的性格特征、价值偏好,形成了对周围世界的看法、观点、判断,从而形成人的心理倾向,即态度。态度也同样要在社会中不断被修正、改变和完善。总而言之,人的态度不是天生的,离开社会便无所谓态度。

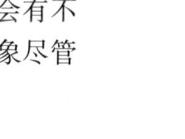

3. 个体性

人的态度固然是在社会中形成和改变的,是社会的产物,但由于态度归根到底是人的一种心理体验、心理倾向,因而即使在同一个社会里,不同的人也总会有不同的态度。同时,由于人们有不同的心理特征和不同个性,因此对相同的对象尽管都持共同的态度,但其表现形式也会各有不同。

4. 稳定性

态度的最终形成是主体自觉自愿地接受某些观点、看法、信念或判断,并对自己的原初态度进行改造,将新的观点或信念纳入自己的观念体系并重新整合的过程。态度一旦形成就会在相当长一段时间里保持不变,有些态度甚至融合为人格的一部分。态度的稳定性会在行为方式上表现出规律性和习惯性。

5. 内隐性

态度是一种内在心理倾向,不能直接被人们所观察,因为它只是行为的意向、行为的心理准备,而不是行为本身。我们只能通过人的行为间接地推断得知人的态度。受个体的修养、个性以及所处的具体环境等主客观多种因素的影响,人并不总是通过外在的行为来如实表露其态度,态度与行为有时甚至是相反的。

6. 系统性

人的每一种态度都指向某一特定对象,因此人对众多对象的认知就会形成众多态度。一个人的所有态度合起来称为"态度群"。由于态度群中各种态度都是后天在社会中习得的,各种态度的构成要素都包括认知、情感、意向,这就使得态度群中各种态度之间是彼此联系、紧密相关的,这也就使得不仅每一种态度的构成要素之间具有系统性,而且使得人们的各种态度之间具有系统性。由于态度具有系统性这一特征,我们可以从某人的一种态度推知其另外一种态度。

(三) 态度的作用

态度对个体具有重要的影响作用,它影响到人活动的许多方面。

1. 影响人的行为倾向

态度是个体内在的一种心理倾向状态,它影响着人对行为对象的选择和行为表现。例如,受中国传统文化影响,一些人对旅游有一种潜在的抵触情绪,认为旅游是"不务正业","父母在不远游",这使得一些人不愿出门旅游。而随着经济的发展和社会的进步,人们逐渐改变了对旅游活动的传统看法,把旅游看成热爱生活、体验人生的有益活动,越来越多的人投身于旅游活动。

此外,态度还影响个体面对挫折时的忍耐力。人的忍耐力即人抵抗挫折的能力。挫折是指当个体从事有目的的活动时遇到障碍或干扰而自感不能克服,使其目标无法实现、动机或需要不能获得满足时的消极情绪。在现实生活中,总难以事事如意,挫折经常伴随着人们,关键是要有正确的态度进行调节,增强忍耐力。比如人们认识到困难的存在,并对成功与失败持有正确态度(如"胜败乃兵家常事"、"失败是成功之母"等),当面临挫折、遭受失败的时候,就不会一蹶不振,而是坚定地挺过难关,作下一步的努力。否则只有灰心丧气、怨天尤人。

2. 态度对人的相容度的影响决定了人们人际关系的状况

一个人对自己、对他人、对集体的态度,常会影响他与群体、与他人的相容程度。当一个人对他人总能抱着诚恳、热情、谦虚、宽容的态度,他与他人、与群体的相容度就高,就能形成一个良好、和谐的人际关系,组织的凝聚力也会因之提高。反之,当一个人对他人总抱着戒心、敌视、冷漠、苛刻等态度时,他与他人、与群体的相容度就低,他就很难获得社交或合群需要的满足,组织的凝聚力也会受到影响。和谐、合作、向上的人际关系是提高组织绩效的心理基础和环境保证,优秀的导游人员应当引导、调节组织成员对他人、对群体、对组织的态度,提高相互间的相容度。

3. 影响对信息的理解和评价

态度一旦形成,便成为个人的习惯性反应或心理定式,人们在现实生活中就会根据这些态度去作出判断,进行各种行为选择。关于态度对人们判断和选择的影响,心理学家兰波特等人曾在加拿大做过相关试验。对象是加拿大英裔和法裔大学生。实验开始时告诉大学生,这次实验的目的是了解大家只凭声音(未曾见过面的人)判断说话者的个性特征的准确性,因此,大家须特别注意倾听说话人的声音与语调。而后让这些大学生听一段录音,所录的是10个人朗诵同一篇文章的声音,5个人用英语念,5个人用法语念(实际上朗诵的只有5个人,每个人用两种语言朗读,被试的大学生不知其真相)。实验结果如下:①同一个人,用英语朗诵比用法语朗诵更能获得较好的评价。同一个人用英语时被判断为个子高、有风度、较聪明、可靠、亲切、有抱负,而幽默感则在用法语时获得较高评价。②法裔学生比英裔学生更高评价用英语朗诵的对象。对这个实验结果的解释是,因为英裔加拿大人的社会背景优于法裔加拿大人,故大学生们对英裔加拿大人的态度也优于对法裔加拿大人的态度。正是这种态度的差别,影响了大学生作出正确的社会性判断。这就说明,一般人很容易根据现成的态度去判断或采取某种行动。

态度对人们判断和选择的影响可以是积极的,因为既然人们对某一事物已经有了鲜明的态度,当相类似事物出现时就可作出迅速的判断和反应。比如在导游实践中,一般认为,我行我素的游客容易因不听指挥而掉队,那么在需要进行集体活动的时候,导游员就会在事前叮嘱这些人,以防患于未然。态度对人们判断和选择的影响也可以是消极的,因为态度成为一种心理定式以后很容易固定化,刻板而无弹性,造成思想认识上的凝滞与僵化,影响人们正确地判断和选择。在旅游服务过程中,游客十分在意自己的出行是否物有所值,比较在乎住宿和三餐质量,但服务人员如果形成一种"吃好住好就行"的态度,就会忽略游客在其他方面的需求,如情感交流、导游讲解、景区评价等,游客的这些需要未能被满足,就可能对旅游产生失望感。

态度不仅影响对当前信息的理解和判断,还会影响信息的存储,即态度具有记忆的过滤效应。心理学家琼斯等对此问题进行了实验研究。他们以两组英国南部的白人大学生为被试,第一组平时所表现出的态度为反对种族歧视,反对黑、白人分校。第二组为种族歧视者,主张黑、白人分校。实验的过程是,让被试个别朗读11篇以反对黑、白人分校为主题的文章,然后请被试将所读过的文章尽可能完整地写出来。实验结果发现,第一组学生,即学习材料、内容与自己态度一致者,成绩明显优于第二组。换言之,与既存的态度相吻合的资料,容易被吸收、被同化、被记忆。人们容易记住那些与他们原有态度一致的信息。

4. 影响情绪体验

态度本身受情绪、情感的影响,已形成的态度又反过来对人的情绪、情感有支配和影响作用。对待同一事物,由于态度不同,不同的人或同一个人会产生不同的情绪、情感体验。在肯定的态度支配下,人容易产生喜欢、愉快、满意等情绪、情感体验;而在否定态度支配下,则容易产生消极的情绪、情感体验。

5. 态度是个体价值观的表达

态度作为一种行为倾向,与个体的价值观有着密切的关系。个体的态度往往是其价值观的反映。例如：看重身份、地位的旅游者通常对五星级宾馆持肯定态度，认为五星级宾馆象征着地位、财富和身份，外出旅游时他会选择入住五星级酒店以显示自身的价值，这就是态度的价值表现功能。

二、态度的形成

态度不是人天生就有的，而是人在后天环境中通过学习逐步获得的。随着环境的变化，个人的态度也会作出相应的调整，形成适应新环境的新态度，以便更好地适应社会。

（一）态度形成的途径

1. 个体的经验

态度是在社会生活经验逐步积累中形成的，直接经验以及与之相关的观念是其重要的源泉。个体的知识、经验、实践的范围和目的，决定了个体形成何种态度。个体所参与的学习、生活、工作、消遣、娱乐等活动形式，使个体学习到了被社会所认可的一系列行为准则、道德规范，通过内化，逐步形成了个体待人接物的种种态度。这是具体态度形成的最重要的途径。经验可分为直接经验和间接经验。如人们通过电视、报纸、宣传资料了解旅游地的大致情况，形成对某地的态度，这是通过间接经验形成的态度；人们也可以在旅游过程中通过自己看、听、感受形成态度，这是通过直接经验形成的态度。需要强调的是，个别经验，尤其是直接经验对态度的形成更为重要。

2. 个体体验极端深刻的事件

极端深刻的事件与日积月累的生活经历一样，可以使个体形成某种态度。唐代诗人元稹在诗中说："曾经沧海难为水，除却巫山不是云。"俗语说："一朝被蛇咬，十年怕井绳。"一个渴望浪漫爱情的人因为失恋而对爱情失去信心，一个唯物的无神论者因突然失去亲人而宁愿相信存在神灵，一位空难幸存者永远不再坐飞机，可见某些极端刺激对人的态度的影响。在实际的旅游活动中，旅游者亲自体验到的事例，特别是在旅游的特殊背景下，如真诚的人际交流、秀丽山水的体验、对旅游地人文的深刻感悟，会给旅游者以特殊的情感体验，给其留下刻骨铭心的印象，使其形成针对特定对象的强烈态度。

3. 群体态度的影响

人是社会人，总是生活在社会群体之中，个体参与的社会群体与社会组织对其态度的形成有着不可忽视的影响。许多人建立了新的态度，是因为他面临一个新环境，加入了一个新群体与新组织。一旦这样，他的态度与行为就要受到此群体的共同行为准则的影响和制约，作为群体成员，必须共同维护和遵守共同的规章制度，采取一致的态度和行为。此时，群体或组织是作为参照系来对个体发生作用的，个体接受对他来说是新的规范，必定要有一个新的态度来对应。这样，态度的形成与发展就会显得轻而易举了。人们的旅游习惯、旅游爱好在很大程度上受其所处的群体的影响,如家庭、朋友圈子、同事、社会文化等。如果父母热爱旅游,孩子会把旅游当成一种生活的必需品;如果朋友们都采取"自助游"的方式出行,你可能也会喜欢这种旅游形式。

社会所给予的奖励或惩罚对人们态度的形成与发展有影响作用,这种影响会反映在个性心理特征上。如果一个人的个性得到了全面和谐的发展,其态度的形成与发展就容易些;反之,则比较困难。个性心理特征影响一个人对周围事物形成自己的态度。例如,智力发展水平高的人,能清楚地判断自己所面临的社会情境,然后作出赞成或反对的意见,建立和维护自己的态度;而智力发展迟缓的人,则缺乏正确的观察和判断,容易受其他人和环境的暗示、感染,产生从众行为,无所谓态度形成,因为其态度不过是其他人态度的翻版。同样,性格外倾的人与性格内倾的人相比,前者态度的形成更容易些,因为他有主见、有判断、有自信。

(二)态度形成的过程

态度的形成过程是个体社会化过程的一个重要方面,也是一个社会规范不断内化的过程,态度的形成是从模仿到学习,从自发到自觉,从感性到理性,不断深化、不断增强的过程。社会心理学家凯尔曼(H. Kelmen)于1961年提出了态度形成或改变的模式,他认为态度的形成或改变经历了服从、同化和内化三个阶段。

1. 服从阶段

人们为了达到某种物质或精神的满足,同时又想避免惩罚,就会表现出服从的行为。服从阶段是态度转变的第一阶段。个体一方面不知不觉地在模仿着他所崇拜的对象,另一方面也受一定外部压力或权威的压力而被迫接受一定的观点,但内心并不一定接受该观点,这是形成或改变态度的开端。例如,一个不喜欢运动健身的学生仅仅是迫于学校的规定而参加晨练。

2. 同化阶段

在此阶段,人们不是被迫而是自愿接受他人的观点、信念、态度和行为,使自己的态度与别人相接近。这个阶段比服从阶段进化了一步,即态度不再是表面改变了,也不是被迫的了,而是自愿接受他人的观点、信念、行为或新的信息。如加入某群体的人,经过一段时间后,认识到作为群体成员只有遵守群体的规范,才能够保证群体的存在和发展,于是他便能够自觉地执行各种规章制度。

3. 内化阶段

在此阶段,人们把新思想、新观点纳入自己的价值体系之内,使之成为自己态度体系中的一个有机的组成部分。一个人的态度只有到了内化阶段,才是最稳固的,而内化在态度的形成过程中也是最持久和最难转变的。例如,交通规则教育首先从服从阶段开始,在逐渐养成习惯之后便会自觉遵守,最终内化成牢固的观念,这时候如违反交通规则便会感到比服从阶段更多的紧张和不自在。

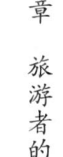

三、态度与行为的关系

(一) 态度与行为一致

长期以来,态度和行为的关系一直是心理学界争论的问题之一。态度是行为的心理准备状态,一旦形成就会导致人们愿意以某种方式去行动,即态度与行为是一致的。早期的经典假设是态度与行为相互一致,态度常常可以作为预期个体未来行为的根据。在实际的工作中,往往将消费者对产品的态度和行为一致作为对市场预测的根据来开发推销产品。但由于个体和社会的复杂性,态度与行为并不总是表现为简单的一一对应关系,态度与行为也常常表现得不一致。

(二) 态度与行为不一致

尽管许多心理学家和大量的研究均证实态度和行为是一致的,但在现实生活中的确存在不少态度和行为不一致的情况。也有人通过研究认为,在一些情况下,态度和行为会出现不一致。早在20世纪30年代初,美国学者R. T. 拉皮尔就在一项著名的研究中对态度与行为相一致的看法提出了异议。在这项研究中,拉皮尔与一对年轻的中国留学生夫妇进行了一次环美旅行。由于当时美国人对东方人普遍持有歧视态度,拉皮尔和同伴们出行前预料很难得到旅馆和饭店的良好接待。但是,在万余公里的行程中,他们光顾了184家饭店和66家汽车旅馆,只有一家拒绝接待。6个月以后,拉皮尔给他们光顾过的旅馆、饭店和一些他们没有光顾过的旅馆和饭店寄去了调查问卷。问卷共有两种:一种只就中国人提问,另一种分别就中国人、德国人、法国人、日本人提出类似的问题(因为拉皮尔担心只就中国人提问会引起怀疑,而得不到确切结果)。两种问卷都包括这样的问题:"你愿意在你那里接待中国人做客吗?"结果如表6-1所示,也就是说,尽管上面那对中国夫妇在实际旅行中受到了很好的接待,但开饭店或旅馆的美国人对中国人依然怀有极大的偏见和歧视。拉皮尔和其他一些研究者依此得出了态度和行为之间有时存在着很大的不一致性的结论。

表6-1 是否愿意接待中国人调查结果统计表

	光顾的旅馆		未光顾的旅馆		光顾的饭店		未光顾的饭店	
回答总数	47		32		81		96	
回答数	22	25	20	12	43	38	51	45
否定的回答	20	23	19	11	40	35	47	41
看情况	1	2	1	1	3	3	4	3
肯定的回答	1	0	0	0	0	0	0	1

注:▓ 表示只对中国人的提问;□ 表示分别就中国人、德国人、法国人和日本人的提问。

拉皮尔的研究引起了人们对态度与行为关系的问题的重视,因此人们更注意研究在什么情况下,以及在什么样的前提下,态度与行为具有相关关系。费希本和艾赞(M. Fishbein&I. Aizen,1974,1975)通过一系列的研究,对态度与行为的关系问题取得了一些新的认识。他们采用自我报告、行为意图提问和五份量表填写等方法调查了62名男女大学生对宗教的态度。他发现被试的宗教态度并非必然与任何一种单一行动保持一致,但是和同类许多不同的行动执行紧密相关。这种由同类几种行动组成的行为叫作多重行动。用它来作为衡量态度的工具,叫作多重行动尺度,它可以看作由许多与特殊态度相关的单一行动的均数,是一般态度的一般行为倾向。既然一般态度与多重行为尺度高度相关,那么了解一般态度就可以预见一般行为倾向,或者通过多重行动的测量也可以推断其一般态度。于是有人设想,拉皮尔的研究如果用多重行动尺度来测量也许就不会发现矛盾。大量的相关研究得出以下几个原则:①一般态度预示一般行为;②特殊态度预示特殊行为;③态度测量与行为之间间隔越小,它们之间的关系就有越多的一致性。

(三)态度与行为不一致的原因

态度和行为不一致的情况,反映出人的心理活动复杂性的一面,认清这一点更具实践意义。因此,有必要着重分析一下态度和行为不一致的原因。

1. 态度构成成分之间的矛盾冲突

构成态度的认知、情感、意向三种成分,彼此之间发生矛盾冲突,从而导致态度与行为的不一致,尤其是认知与情感的矛盾冲突更易导致态度与行为的不一致。拉皮尔的研究证明,为了企业的利益,人的理智会战胜情感。

2. 对同一对象的态度冲突

同一对象总是具有多种属性与特征,当个体对某对象的某种属性持肯定态度而对其另一种属性持否定态度时,就会导致不同的行为。例如,人们对才能卓越而又过分自负的人往往持既钦佩又反感的态度,随之对其会产生有时追随有时远离的行为。这说明态度与行为并不是一一对应的关系。

3. 当时情境

个体行为除了受态度的影响之外,还受其他因素的影响,特别是受当时情境的影响。可以说,态度与行为不一致主要决定于当时的情境。例如,人们往往不愿意与其不喜欢的人坐在一起,但若某个人作长途旅行时,发现车上只有一个座位空着,旁边坐了他所不喜欢的人,于是他不得不在空位上坐下来。这一行为与他的态度是不一致的,但当时的情境迫使他这样做。一个人本来不赞成领导的某个做法,但在开会讨论时,看到同事们都表示赞成,加之害怕领导不高兴,于是也投了赞成票,是情境使他的态度与行为发生不一致。

4. 个体的态度不应以口头表示为标准

由于心理结构的复杂性,个体行为往往受多种态度所制约,口头表示往往不是可靠的态度。若研究指标以口头表示为准,那么研究结果的可靠性就要打折扣。

观察一个人的态度与行为的关系当然亦不能仅仅依据其言论。

第二节　旅游态度与旅游行为

态度和行为虽然不是同一个概念,但有着密切的关系。态度是人们的一种内在心理结构,对一种行为起准备性作用。因此,可以根据个体的态度推测其偏好,进而推测其行为。

态度影响行为,首先态度要形成偏好。旅游偏好是指人们趋向于某一旅游目标的心理倾向。旅游偏好与旅游行为之间的关系比旅游态度与旅游行为之间的关系更为密切。例如,有人喜欢到海滨度假,有人喜欢城市观光,而有人则喜欢到人迹罕至的地方探险。即使是同样喜欢海滨度假的人也存在不同,如有的人偏爱大连,而有的人偏爱海南。

旅游偏好的形成是旅游者复杂的心理过程(见图6-1)。这一过程要经历一系列的心理步骤,并受多种因素的影响。旅游者从周围的环境中获取各种各样的信息,通过整理和分析这些信息,形成由认知、情感和意向组成的旅游态度。旅游态度一旦形成,就会促使旅游者产生旅游偏好,最终导致旅游决策和旅游行为。当然,旅游偏好能否导致旅游行为,还取决于各种社会因素的影响。态度是否能形成偏好,关键取决于态度的复杂性和态度对象的突出属性。

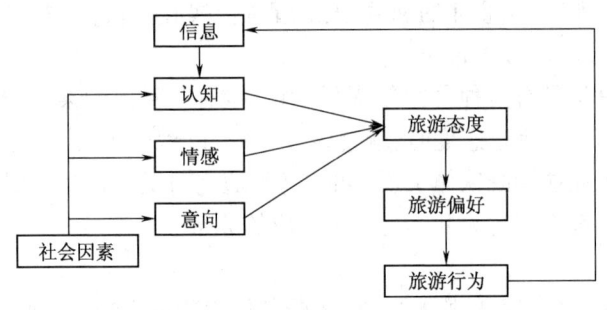

图 6-1　旅游态度与旅游行为之间的关系

一、态度的复杂性

态度的复杂性与个人对态度对象所掌握的信息量和信息种类的多少相关。旅游态度的复杂性与一个人掌握的关于旅游态度对象的信息量和种类有关。人们对旅游态度对象所掌握的信息量和信息种类越多,所形成的旅游态度就越复杂,而越复杂的态度就越难于改变。掌握什么样的信息,能反映出人们的心理和行为倾向。我们可以根据人们对某旅游地、交通工具等的了解情况,推断一个人的旅游偏好。人们总是对喜欢的东西如数家珍,知之甚多。一般说来,一个要旅游的人对航空旅行以及乘坐其他形式的交通工具旅行的态度涉及的信息(如速度、方便程度、节约时间、费用、身份、声望、空中服务、行李携带等信息)越多,其倾向性的态度就越明显,就越发显示出其对某一旅行交通工具的偏爱。

二、态度对象的突出属性

态度对象的突出属性是指态度的对象能满足人们的基本利益,即人们作出旅游决策时最关心的问题。对于一个要旅游的人来说,态度对象的突出属性不是旅游业所提供的自然风光、豪华饭店、文物古迹、娱乐设施,而是由这些自然风光、豪华饭店、文物古迹、娱乐设施所奉献给人们的舒适、凉爽、地位、自信、知识、愉悦等好处。一般说来,某一态度对象的属性越突出,形成的态度的强度就越高,进而倾向性就越大,偏爱就越明显。

但要注意的是,旅游态度对象的突出特点对人的重要程度是因人而异的。对一位旅游者来说,优美的自然风景、众多的娱乐设施可能非常重要,而对另一位旅游者来说,浓郁的文化氛围和舒适的住宿条件则十分重要。之所以存在如此大的差异,是因为这与他们旅游的需要有关,即与他们期望通过旅游所获得的基本利益有关。

三、旅游偏好的形成

一个人对某一旅游目的地的偏好态度的形成,关键取决于这个旅游对象的吸引力。旅游态度对象的吸引力是旅游者的心理特征和旅游态度对象客观属性相互作用的产物,也是旅游者对态度对象的主观评价。旅游态度对象的吸引力越大,人们就越可能形成旅游偏爱。乔纳森·古德里奇(Jonathan Goodrich)通过实验研究,总结出以下计算旅游态度对象吸引力的经验性公式:

吸引力=个体获得利益的相对重要性×个体感觉到旅游目的地提供利益的能力

所以,旅游偏好的形成是个体关于某一旅游对象所提供的各种利益的可能性的信念与每项利益的获得对他相对重要性的综合评价的结果。在旅游态度的形成过程中,旅游者首先要权衡和评价某个旅游对象能在多大程度上满足自己的旅游需要,经过分析和比较,如果认为各种收获可以满足自身的旅游需要,他就会对这个旅游对象产生旅游偏好。

旅游偏好一旦形成,将直接影响人们的决策意向。在现实生活与实际的旅游活动中,与一组特定客体(如旅游目的地)相联系的每种属性或潜在利益对于旅游者具有不同的重要性(即突出程度不同)。当一个人考虑几个可供选择的目的地的取舍时,要估计如果他去那个特定的旅游目的地,可以从中获得多少利益,然后才进行抉择。

第三节　旅游态度的改变

态度是个体适应环境的机能,因此,环境改变会使态度改变。态度是后天学习形成的,所以也是可以改变的。态度决定行为,旅游者的态度决定其旅游行为,我们不仅要知道游客态度的形成过程,使更多的游客喜欢旅游,产生旅游行为,还应该了解游客态度的改变过程,使游客对旅游所提供的具体服务项目和内容形成肯定的态度。

一、影响游客态度改变的因素

游客态度的改变是指游客已有的态度发生了变化。游客态度的改变分为两种:一是一致性的改变,即量变。如某游客由不反对旅游到赞成旅游、由一般喜爱旅游变得非常热爱旅游。二是不一致性的改变,即以性质相反的新态度取代原有的旧态度,也可说是方向性的改变。如某游客由讨厌旅游变为喜爱旅游。影响游客态度改变的因素有以下几个。

(一) 社会环境因素

社会环境作为一种客观因素,对态度的改变起着强有力的作用。社会环境包括社会中的各种事物,如社会制度、国家法律、社会群体、社会交往、社会舆论、风俗习惯等。当社会环境的某些因素发生变化时,受其影响,个体的态度也逐渐会发生某些变化。社会环境变化越大,个体的态度变化也越大,甚至出现不一致性改变。如辛亥革命以后,人们对封建道德、封建婚姻、留长辫子的态度随之发生改变。改革开放以后,人们对西方社会价值观、生活方式有所了解,渐渐接受,直到很多年轻人开始效仿。古人说:"父母在,不远游。"而今人们把旅游当成很平常的事,很多年轻人学习西方人周游世界,从事探险活动,自助游、自驾游也渐成时尚。对于社会上刚出现的新生事物,一些人基于原有的价值观,可能会采取抵制和反对的态度,但只要社会环境的这些新变化有利于社会和个人身心的发展,新生事物迟早会被人们所接受。

(二) 群体因素

许多人建立了新的态度,是因为他面临一个新环境,加入了一个新群体与新组织。一旦这样,他的态度与行为就要受到此群体的共同行为准则的影响和制约,作为群体成员必须共同维护和遵守共同的规章制度,采取一致的态度和行为。一个没有旅游经验的大学生,跟随大学同学外出旅游,会逐渐成为旅游爱好者。当他毕业之后,由于同事、朋友、"驴友"的影响,旅游方式不断变化,他可能加入"自驾车联盟"或者其他旅游组织,以此认识更多的朋友,并得到同伴的认同。此时,群体或组织是作为参照系对个体发生作用的,个体接受对他来说是新的规范,必定要有一个新的态度与此对应。如果个人的态度与所属群体内大多数人的意见一致时,他就会得到有力的支持;否则就会感到来自团体的压力。这说明,个人态度的改变受到个人与群体关系改变的影响。

影响态度的团体因素包括信仰、目标、规范、组织形式等。当个人加入一个或几个团体,与团体建立起一定的关系之后,团体就会对其成员施加影响,促使他们改变某些原有态度,形成符合组织需要的新的态度。团体因素影响力的大小取决于个人与团体的关系。个人与团体关系越密切,在团体中的地位越高,对团体的认同感和归属感越强,团体因素对他的影响力就会越大,其态度就越容易发生变化,从而形成新的符合团体规范的态度;反之,个人与团体的关系越疏远,对团体的规范越轻视,团体因素越难对他施加影响,直到他脱离团体,重新形成新的态度。

(三) 态度系统特征因素

人们在后天习得的各种态度组合交织成一个复杂的态度系统,并形成系统本身的一些稳定的特性,这些特性从许多方面对态度的改变起着制约作用。研究发现,当态度具有下列任何一个特性时,就难以发生改变。

1. 态度形成于幼小时期

在个体成长过程中,形成于幼小时期的态度往往已经内化为个体态度体系的一部分,与个体其他的态度之间存在各种联系,并成为个体适应环境的工具。如果改变这一态度,其他态度也会受到挑战,而且生活会变得陌生和难以把握。例如,一个人从小就认为做人应该诚实,一直坚持以真诚老实为做人做事的准则,并以此标准选择朋友和待人接物。如果新的工作生活情境需要他改变原有态度,那么他的生活就会发生巨大的变化,交友、做人、做事都变得混乱不堪。所以,幼年时期形成的态度不易改变。

2. 态度反映出个人的价值观

价值观是个人关于事物、行为的意义、重要性的总评价和总看法。人的价值观一旦形成,就具有相对稳定性的特点,在特定的时间、地点、条件及环境下,人的价值观是相对稳定和持久的。这是源于人追求规律、简明的本性,以便对行为进行概括,不致陷于变化无常的盲从、盲动之中,以追求更符合社会要求、更有效的行为。如果某个态度涉及个体的价值观,例如做人的基本原则等,改变起来就非常困难。

3. 态度能满足多种需要

能满足个体多种需要的态度具有较大吸引力,不易改变。例如:甲旅游地有优美的自然风光供游人欣赏,还有丰富的娱乐活动让人们充分的放松休息,更有独特的风土人情、美味佳肴让人流连忘返,那么,旅游者就很容易偏爱这里;而如果旅游地仅仅有自然景观或人文景观,只能满足游客的部分需要,那么旅游者"移情别恋"就很容易了。

4. 态度中的认知、情感、意向互相协调,没有矛盾

态度中的认知、情感、意向互相协调一致,态度的稳定性就强;而态度的稳定性

越强,就越不容易改变。如果三者之间出现分歧、不一致,则态度的稳定性较差,也就比较容易改变。比如,某人认为北京是个好地方,名胜古迹很多,去北京旅游会使人增长见识,那他就会对去北京旅游持有积极肯定的态度,一旦有条件他会非常乐意去北京旅游。而另外一个人虽然也认为北京是个好地方,游览名胜古迹会使他增长见识,但他认为北京是个拥挤的城市,他讨厌那里熙熙攘攘的人群、拥堵的交通,因而产生了消极的情绪。在这种情况下,态度的三种成分之间出现了分歧,即使他有条件去北京旅游,他也不一定去,这时他的态度是摇摆不定的。

5. 态度所依据的事实繁多而且复杂

态度形成的因素越复杂,越不容易改变。例如:一个客人对某旅馆的否定态度如果只依据一个事实,如前台接待人员态度冷淡,那么只要证明这个事实是纯偶然因素造成的,客人的态度就容易改变过来;而如果态度是建立在很多事实的基础上的,如前台接待人员态度冷淡、客房卫生条件差、餐厅的饭菜不可口等,那么要其改变态度就比较难。

6. 态度趋向于极端

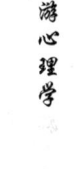

如果态度具有多个上述特性,则强度更大,更难以改变。在社会心理学中,听众使得不可接受的观点显得比实际更为极端被称为对比效应;听众使得可以接受的观点显得比实际更类似自己的观点被称为同化效应。我们把会产生同化效应的观点范围叫作听众的"接受幅度",把会产生对比效应的观点范围称为听众的"拒绝幅度"。接受幅度包括个体认为可以容纳的观点以及可以采纳的观点。拒绝幅度包括个体认为不予考虑的所有观点。由于听众原来的态度不同,即使沟通传递同样的观点,他们也会作出不同的评价和不同的反应。如果听众的态度与沟通者的观点差距较大,不为他们所接受,他们会把与沟通者的观点差距评价得更大;如果听众的态度与沟通者的观点差距较小,他们愿意接受,他们会把与沟通者观点差距上评价得更小。前者发生了对比效应,后者发生了同化效应。

听众的态度越极端,越不容易接受不同的观点;听众的态度越温和,越容易接受不同的观点。所以,持极端态度的听众有较窄的接受幅度和较宽的拒绝幅度;而持温和态度的听众则有较宽的接受幅度和较窄的拒绝幅度。当听众听取倾向于中等程度的观点时,同化和对比效应就会发生,持极端态度的听众认为倾向于中等程度的观点都在他们的拒绝幅度之内,持温和态度的听众认为倾向于中等程度的沟通者观点都在他们接受范围之内。由此可见,极端的态度不易改变。

(四)个体人格差异因素

态度不仅会因态度系统的特性而改变,而且也会因持这种态度者的人格特征而改变。人格作为各种特性的统一体,大致包括性格、气质、意志品质、动机、需要、价值观以及能力等方面的特征。不同的人有着不同的人格特征,人格差异也会对态度改变产生影响。

1. 智力水平

对于比较复杂的问题,智商高的人能够较容易抓住问题的实质,形成自己的判断和想法,对别人的观点加以辨析,从而形成或改变自己的态度,其改变是主动积极的;而智商低的人由于缺乏足够的判断力,容易被别人说服,也容易屈从于团体态度的压力,其态度的改变是被动消极的。但是,说服包括两个过程:理解和服从。智商高的人更能抵御说服以及能更好地理解信息,智商低的人也许更能服从。因为智商低的人理解信息的能力差,这使得说服信息减少了效果,导致智商低的人不容易被说服。

2. 性格特性

一般来说,外倾型和顺从型的人容易信任权威,顺从别人的意见,改变自己的态度;而内倾型及独立型的人比较固执,不肯轻易接受别人的劝告,态度不易改变;理智型的人善于通过认识因素改变自己的态度;意志型的人易于通过明确目的来改变态度;情绪型的人易受情感因素的影响而改变态度。

3. 需要

如果可以满足本人当时最大的需要,逃避最大的惩罚,获得新知识,发挥自己最大的潜力,个体容易接受宣传而转变其态度。个体能否转变其态度要看个体本身的心理状态。个体如果确实迫切要求改变自己的现状,则能改变态度,这就涉及改变态度与其切身利益关系的大小。态度的转变与个体的切身利益关系十分密切时,外在的因素容易转化为其转变态度的动机,从而构成了他的参照结构,最后转变了态度。想象力丰富的人比较喜欢猜测宣传者的意图,对宣传者将会有什么奖励或惩罚十分敏感,他们往往对宣传内容不作客观的评价,容易被说服。

4. 自尊

对自尊和态度改变的关系,人们的意见比较一致。自尊心弱的人比较关心他们个人的不足,对自己比较容易抱否定态度,不大相信自己。所以,一般来说,他们比自尊心强的人更容易被说服。有人认为,自尊心强的人和自尊心弱的人在他们应付威胁他们的信息所采取的方式上有差别。自尊心弱的人对与他们的观点相反的信息非常敏感,由于缺乏自信,所以容易被说服;而自尊心强的人常常否认或压抑这种与自己态度相反的信息,所以不容易说服他们。

二、态度改变的原理

游客的态度究竟是在什么情况下发生改变的?它依赖于哪些外部和内部的条件?其过程如何?要清楚地了解这些问题,必须清楚地了解态度改变的基本过程,从而了解在这个过程中哪些因素在发生作用。1948年,传播学的奠基人、美国政治学家拉斯韦尔提出了沟通研究中的一个著名命题——描述沟通行为的一个方便的方法,是回答下列5个问题:

谁？

说了什么？

通过什么渠道？

对谁？

取得了什么效果？

1958 年，美国著名社会学家布雷多克在他的《"拉斯韦尔"的扩展》一文中，为拉斯韦尔的沟通模式补充了两项因素："在什么情况下"和"为了什么目的"。指出应该考虑劝说的具体环境和劝说者的动机这两项因素在劝说活动中的影响，从而将拉斯韦尔模式所包含的因素扩展为 7 个方面，促使人们更加深入地研究整个劝说活动的诸方面及其影响。这一模式如图 6-2 所示。

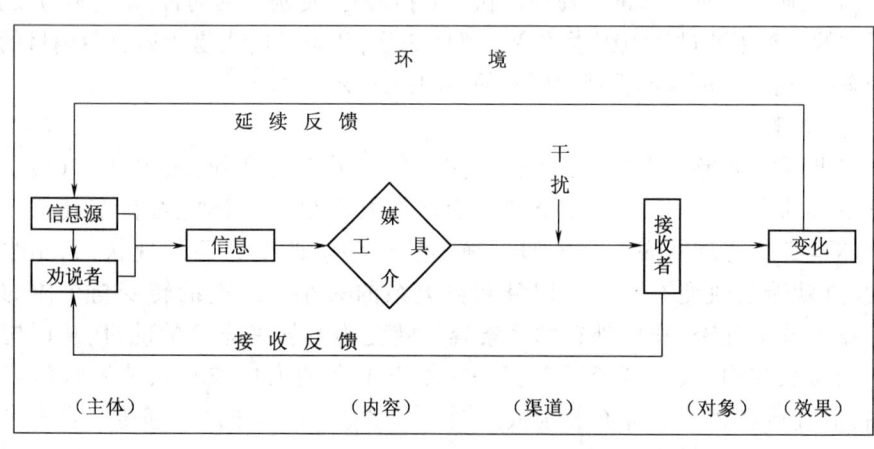

图 6-2　劝说过程的信息传递模式

这个改变态度的模式告诉我们，改变态度的过程实际上是在特定的社会情境中，劝导者（改变别人态度者）有意识地向目标对象（被改变态度者）传递经过考虑设计的信息，希望能够借此改变对方的态度。这一过程要紧紧围绕劝导主体、劝说内容、媒介或方法、被劝说者、环境五大要素进行。

任何态度的改变都是一个人的原有态度与外部一些不同于此的看法（或态度）的差异造成的。这种差异会使人产生压力，引起内心冲突，或称不协调、不平衡、不一致。为缩小这种差异、减少压力，人所采取的方式之一是接受外来影响，改变自己原有的态度；方式之二是采取多种方法去否定或抵制外部影响，以维持原有态度。改变游客态度是一项比较复杂的工作，要有效地改变游客态度，必须把握和运用态度改变过程的基本规律，采取有效的手段方能达到目的。为此，应遵循游客态度改变的基本原理。

三、改变旅游者的态度

个人的态度受主客观因素的影响,通过适当的途径,采取正确的方法,可以有效地改变人们的态度。

(一) 改变客观事实

旅游对象和旅游条件是旅游态度的客观对象,是旅游态度形成的客观前提。虽然旅游态度的产生同时受主观因素的影响,但主要的还是取决于客观对象的状态如何。只有旅游对象和旅游条件具有满足人们需要的功能,才有可能使人们产生积极的旅游态度。例如,某旅游地旅游资源的开发和旅游设施的建设存在很大问题,旅游服务水平极差,旅游价格极不合理,必然使人们产生不良的旅游态度,如果不改变这种事实状况,无论如何也难以使人们改变已经产生的不良态度。所以,改变不利的客观事实,是使人们改变对旅游的不良态度的首要前提。

(二) 传播新知识

态度的形成依赖于对态度对象的认识,以后接受的新知识有可能改变原有的态度,向人们传播旅游的新知识,有利于改变人们对旅游的消极态度。如人们由于误以为某旅游地食宿条件差,对到该地旅游缺乏积极的态度,可以通过向他们传递真实的消息,使其改变旅游态度。又如,由于某旅游地交通不便,人们对到该地旅游态度不积极,在交通条件改善以后,向人们传送这方面的信息,会引起人们态度的变化,来这里旅游的人会随之增多。

传播新知识以有效地改变人们的态度,有以下技术问题需要注意。

1. 沟通者的可信度

新知识越真实可靠,人们对信息和信息来源越信任,改变态度的可能性就越大。为了提高新知识的可信度,一是要由有威信的人传播新知识,二是沟通者不能有利己动机。

(1) 专长和权威。专业名望亦称专业权威性或专家身份。它是由劝说者在所从事的专业领域内的地位、身份、知识经验等因素决定的。研究表明,劝说者的专业名望越高,就越容易使对象迅速地对其劝说作出积极反应。同样劝导人们戒烟,如果由一位普通人来做,人们将不以为然,而如果由一位肺癌专家来做,人们就不得不重视。同样,一位导弹专家对导弹原理的解释自然成为人们认识的根据,因为他在这方面具有比别人更丰富、更深刻的知识和经验。即使他的解释可能存在错误,也不为人怀疑。事实上,人们对具有较高身份的专家的劝说往往会降低批判性,而表现出顺从或者认同;相反,人们对于专业身份较低的劝说者则往往会增加挑剔,而表现出否定、抗拒、贬低等逆反行为。

拓展阅读 6-1

1899年，美国一位心理学家曾做了一次关于权威性的影响的实验。他向听课的大学生介绍说，今天为大家做"实验演示"的是世界著名化学家施密特先生，施密特先生是被特别邀请来美国研究某些物质的物理和化学性能的。然后，这位被介绍的施密特先生开始上台，并用带德国腔的英语向学生讲，他正在研究一种新发现的物质的性能。这种物质的扩散非常快，快到人们刚刚闻到它就立即消失了。因为学生们正在学习心理课中的"感觉"这一章，所以就来给大家做这个实验。接着，他从皮包里拿出一个装有液体的小玻璃管，告诉大家："我一打开试管，该物质立即蒸发出来。它有一种无害的气味，如同我们厨房用的瓦斯一样。一点点样品具有强烈的刺鼻气味，你们很容易闻到。我要求大家一闻到气味，就立即举起手来。"说完，他掏出秒表上了弦，在问完大家还有无问题之后，打开了试管的盖子。结果，学生们一个跟着一个地，从第一排到最后一排全都举起了手。事后，那位心理学家告诉大家：这位"施密特先生"其实为本校德语教研室的一名教员，而所谓的那种带刺鼻气味的物质，不过是普通的蒸馏水。

社会名望是指劝说者所具有的社会地位、社会身份以及社会经历等因素所决定的权威性。事实证明，在一些不涉及专业性的知识内容的问题上，具有较高社会身份的人比社会身份低微的人具有更大的影响和说服力。同样是真理，伟人说出来比一般人说出来影响大，成年人说出来比小孩子说出来更有分量。社会名望的作用并不仅仅在于通过使人们产生畏惧或崇敬的心理情绪，从而提高人们对劝说的信任和重视，而且还在于社会名望常常同信息的可靠性有关，因为人们一般会认为"君子""大人物"的话更可靠。

权威的言行还是造成时尚心理的一个主要原因，人们可因某种一般号召（如探险、运动、节约、衣饰）而自觉模仿，也可无意识地仿效名人的行为，去购买某种服饰和纪念品。许多国家的旅游宣传机构利用名人、权威曾经去旅游过的地方和购买、使用过的商品大作宣传，使得许多人竞相仿效。如果一个地方接待过政府的高级官员、知名人士或举行过重要的国际会议等，这个地方就会成为新闻报道的重点，就可以扩大宣传范围，提高该目的地和接待企业的知名度。名人到过的地方会给人们一种暗示，使人相信此地非同一般，值得一游。

（2）动机或意图。不管沟通者是不是一位专家或是否有权威，影响态度改变的另一个因素是听众对沟通者的意图或动机的信赖程度。在接受劝说的过程中，如果人们感到劝说者不过是出于某种私利或偏见，那么其可信度就会大打折扣。再有名望的文豪，如果是在吹捧他弟弟的作品如何之好，那也会受到人们怀疑；此时，人们主要考虑的是他有无偏私和不公正的可能，他是否能从其维护的看法中得到什么好处。在日常生活中，不少劝说者常会因其动机受到人们怀疑而影响了其劝说效果。我们有时去一些个体商场,会遇到营业员过于主动和热情地向我们推销其商品的情形,此时我们可能会感到营业员的主动和热情后面有一种让我们不能放心的动机。当听众认为沟通者不是故意讲给他听的,也就是说,信息是"偶然"被听见,也会提高信息的可信度。

 拓展阅读 6-2

沃尔斯特等人(1962)研究了"偶然听到"和"通常听到"两种条件下的沟通效果。他们让学生听到说话的人在讨论抽烟和癌症的关系,说话的人认为抽烟和癌症两者之间没有因果关系,并罗列了证据认为两者之间有因果关系是错误的。在"通常"沟通条件下,说话的人知道被试在听,并且实验设计使这一点很明显,在"偶然"沟通条件下,被试相信说话的人并不知道他们在场。数天之后,被试(学生)在教室里接受一次健康调查,调查中的一个问题是他们对"抽烟导致癌症"的观点觉得怎么样。实验前后态度的对比表明,对抽烟的学生来说,在"偶然"的条件下要比在"通常"的条件下对抽烟和癌症的关系怀疑得更厉害。

(3)类似性。某些研究发现,如果信息由一个与听众相似的人来传递,也会成功,不一定要依赖具有专门知识的沟通者。在日常生活中,我们常常可以见到这样的例子。譬如,我们在购物时,尽管广告把商品描写得如何好如何好,卖主也在拼命向我们推销,我们总是不那么相信商品的质量和功能。但若一位站在我们身边的陌生顾客对我们说,他们买了这个商品之后,用起来相当好,我们的态度就会发生很大的转变,会相信这商品真的好,从而会去购买。这就是因为陌生的顾客与我们都是顾客(消费者)的身份。在消费心理学中,许多商人把这一原理运用到广告上去,让信息由消费者熟悉的、类似的人来传递,取得了良好的效果。

传播新知识时,如果表明自己与对方在观点、利益、地位方面有更多的一致或相似,使对方产生"自己人"的感觉,会对改变对方的态度产生更有利的作用。比如,在旅游宣传中,宣传者不以推销商的形象出现,而以潜在游客的旅游顾问的身份去做工作,会对潜在游客的旅游态度和旅游选择产生更大的作用。利用旅游顾问对潜在的游客进行宣传之所以效果好,就是由于潜在游客认为他们都是"自己人"。

一般来说,如果沟通者能具备这样一些特征,例如他说得在行(是一位专家或权威)、说得中肯(没有别有用心的动机)、说得动听或是一位听众所喜欢的人,都会增加改变态度的效果。

2. 传播知识的媒介

以不同的媒介传播新知识,对改变态度的作用是不同的,一般来说,口头传播比印刷物传播更容易收到较好的效果。口头传播可以发挥情绪、情感的作用,是改变态度的一种积极因素。

(1) 单方面说明和双方面说明。通过传播新知识以说服人们改变态度时,提供知识材料的方式有两种:一种是只提出正面的材料;另一种是同时提出正反两方面的材料。例如介绍某一个旅游地,单方面说明只提供该地吸引人的优点,对缺点避而不谈;双方面说明则既说风景优美等优点,也说明该地的不足。究竟哪种方式更好,要根据具体情况而定。选用哪种方式较好,主要取决于三个条件:

首先是听众已有的信息。如果听众不知道反面材料,适于只提供正面材料,这有利于形成并加强听众肯定的态度。若同时也提供反面材料,可能会引起听众对反面材料的兴趣,不利于听众较快地形成肯定态度,或者会削弱对正面材料的肯定态度。如果听众本来就知道反面材料,则应当主动地提供正反两方面的材料,并用充足的证据证明反面材料的错误,这有利于增加正面材料的可信度,使听众形成肯定的态度,并使听众增加对反面材料的"免疫力",增加抵抗反面宣传的能力。

其次是听众的原有态度和智力。当人们和宣传者所提倡的方向保持一致时,并且他们在这方面的知识、经验不足时,单方面宣传比较合适;当人们早已具备比较充分的相关知识、经验而且习惯于思考和比较时,双方面宣传可以向他们提供更多信息,以权衡利弊得失。目前,商业广告几乎是一边倒的单方面宣传,从社会心理学角度看,对一些知识、经验丰富或受教育程度较高的人来说,并不能发生多大作用。但它确实也会使一些人相信,甚至有些商品广告靠言过其实、夸大蒙骗了一些人。智力较高者有独立分析能力,向其同时提供正反两方面的材料,有利于增加其对新知识的信任,从而使其形成较稳固的肯定态度。智力较低者独立分析能力较差,只提供正面材料有利于使其较快地产生肯定的态度。

最后是宣传的任务。如果传播新知识的任务在于使对方尽快地形成肯定态度,解决当务之急,最好只提供正面材料。若同时提供正反两方面的材料,难于使对方立即形成正确的态度。如果传播新知识的目的是使人们形成长期稳定的态度,则应同时提供正反两方面的材料,使对方通过对比,形成对正面材料的稳定态度和信念。

(2) 提供材料的顺序。提供材料的顺序影响态度的形成和改变。心理学对记忆的研究证明,人在识记过程中存在"首因效应"和"近因效应"两种现象,识记材料的中间部分不如首尾部分的材料记忆得清晰牢固、印象深刻。而记忆清晰牢固、印象深刻的材料会对态度的形成和改变产生较大的作用。当报告人需要表达两个对立的观点时,他应当首先阐述他所需宣传的观点,然后批判地分析对立的观点,最后回头讨论自己的观点。这样,就能体现出自己的观点比对方观点的优越。接着,再用未曾讲过的新论据来充实所宣传的观点。报告人采用这种方式就可以做到:把所宣传的观点既提到了报告的开头又放到了报告的末尾;首先分析自己的观点,让"首因效应"规律发生作用;在报告的末尾再次说明自己的观点的特征,用新的论据充实自己的观点,让"近因效应"规律发挥作用。由此可见,合理安排观点和论点的阐述程序可以大大提高说服效果。

（3）明示结论。在传播新知识时,是否要明确提出应有的正确结论？大量证据表明,明确呈现出结论的材料比把结论留给听众自己去作的材料具有更大的说服力。除非对方智力很高,一般情况下,明示结论并加以讨论,常常较能使人改变态度。

（4）利用情感。态度既有理智成分又有情感成分,两者对态度的形成与改变都有作用。说服力可以因其他一些能引起积极情绪的因素而增加,尽管有时这些因素看起来与说服意图毫无关系。例如,詹尼斯等人作了一个饮食对说服效果影响的研究。他们要求被试读几则含有争论性论题的材料,例如有关裁军的,并为其中一些被试在阅读时提供点心和苏打水。结果发现,提供饮料的被试比没有任何饮料的被试更容易受到材料的说服。我们在日常生活中也可以看到凭借"好感"来转变人们的态度的例子。例如：在许多广告中,人们常用照片或图片来引起人们的好感；在某些商店里或商品广告中常伴随着动听柔和的音乐,以激起消费者的愉快情绪,使之与商品之间产生联想,从而形成对商品或商店的积极态度。

根据实验,人们对于以第二人称出现的广告较有好感。如"到我们这里来能使您提高声望。""这么多人都争先恐后到这里来旅游,难道您愿意落后吗？""来此地旅游,您可以少花钱、多游览。"等。这些广告用语使人觉得宣传者以朋友身份在向自己劝说、建议,设身处地为自己着想,不是为了赚钱而推销商品。因此,这样的宣传不易导致人们的厌烦心理,反而使人容易接受。塞浦路斯广播公司专门开辟了"欢迎来塞浦路斯"的特别节目,每天就以这种方式用英、法、德、瑞典和阿拉伯5种语言广播,向旅游者介绍到什么地方玩,有什么游览项目,各地的名胜古迹、地方风味、名酒、工艺品。还向旅游者介绍在塞浦路斯开车、游泳和徒步旅行要注意的事项,等等。播音员柔和的音调里充满了亲切之情,减少了旅游者的陌生感和孤独感,给人以动人的印象。

（5）反复提示。在通过传播新知识改变人们的态度时,向人们反复提示有关材料和观点,可以加深人们的印象,有利于态度的形成和改变。一次性的宣传促销只能是昙花一现,往往达不到最佳的效果,比如在异地宣传了一次,花费了大量人力、精力、财力、物力,但是只是当时鼎沸了一阵,几日、几个月后就渐渐被人淡忘。重复的真正意义是使人们获得积极的熟悉感,从而倾向于认同和选择,但重复中必须有变化的成分参与。心理学家认为,简单的重复会成为单调的刺激,降低人们的注意力与接受程度,因此,要以丰富、变化的广告画面与创意去重复强调同一主题。

当然,反复的效果并不在于人们会容易相信多次反复的消息,而是由于反复的结果使消息扩散到较广的范围,当人们从这些与原来不同的渠道得到相同的消息时,便容易相信,从而引起态度的变化。这种情况也说明,在希望改变人们的态度时,通过多种途径传播信息,会产生较好的效果。

（6）积极倾听。在改变别人的态度时,不仅要向对方传播观点和信息,而且应当让对方有发表自己意见的机会,并且要耐心听取,这样进行面对面的沟通,可以

第六章 旅游者的态度

了解对方改变态度的障碍,以便有的放矢地作好说服转变工作。在交谈中耐心听取对方意见对方会认为你重视他,从而对你产生信任感,容易接受你的意见而改变态度。注意切不可对对方的意见和谈话流露出不重视、不认真听取的意向,使对方认为你对他的意见反感,从感情上把你拒之千里,这样就难以说服对方改变态度。

3. 引导人们参加旅游活动

心理学的研究指出:人们有促使自己的思想和行为一致的倾向。人们在外显行为与态度不一致时,心理上会感到不舒服,个体会设法使态度和外显行为趋于一致。所以,引导人们参与活动,先改变其外显行为,有助于影响其态度的改变。要转变旅游者的态度,还必须引导旅游者积极参与有关的旅游活动。因为实践使他们能够接触更多的信息,认识新事物的本质,体验旅游活动带来的乐趣,只有如此,他们才有可能改变原有的态度。例如:对于一个对体育活动不太积极的人,如果只向他口头说明体育对健身的好处,他是不会相信的。不妨让他亲自体验一下运动的快乐。要改变旅游者的态度也一样。组织一次旅游活动,邀请特定的人来参加,让其亲身体验一下旅游活动所带来的乐趣,他可能会从此改变对旅游活动的态度。又如,让服务员扮演顾客,以体验顾客的心理以及不同的服务态度对顾客的心理作用,从而改变不良服务态度。

4. 逐步提出要求

在改变人们的态度时,如果新态度与原来的态度差别过大,则应逐步提出要求,使之不断缩小差距,最后达到完全改变。否则,一下提出过高要求,不但难以使对方改变原来的态度,反而会使其产生对立情绪,更加坚持原来的态度。心理学家设计了两种逐步提出要求的方法,分别是"登门槛"技术和"留面子"技术。"登门槛"技术即先让对方作出小的改变、小的让步,才会导致大的改变、大的让步;"留面子"技术即让人先拒绝一个大的要求,然后使其接受一个较小的要求,这是消除改变态度过程中对立情绪的有效办法。实验证明,在立即条件下,"登门槛"技术和"留面子"技术在产生服从较小请求方面都具有效力;然而,在延迟条件下,"先大后小"的讨价还价姿态是无用的。也就是说,"留面子"技术更适用于及时提出要求,而"登门槛"技术能用于长期的改变。

拓展阅读 6-3

"登门拜访"方法和直接提一个要求,哪一个能在产生服从方面更成功些?为了解决这个问题,弗里德曼和弗雷泽(Freedman,Fraser,1966)设计了一个实验。这是在一个小城镇里进行的。他们要考察多少居民愿意在他们的前院放置一个又大又难看的"谨慎驾驶"牌子。在直截了当的条件下,一个实验者说自己是一个居民团体派来宣传安全驾驶的,并问被试是否允许在他的前院建一块大牌子。在"登门拜访"条件下,采用了好几种技术。一种技术是,实验者说自己来自一个交通安全组织,要求在被试窗户上放置一块"做一个安全的驾驶员"这样一块小牌子；另一种技术是，实验者要求被试签署一项促进安全驾驶的请愿。在一个实验员"登门拜访"两个星期以后，第二个实验员来到被试家里，要求他们在前院放置一个大的"谨慎驾驶"的牌子。实验者要看看有多少人能服从这后一个请求。结果表明，"登门拜访"技术在影响他人方面是成功的。已经同意服从较小要求的被试，比没有这样做的其他被试更有可能服从一个大的要求。平均说来，被"登门拜访"的被试中有55.7%的人同意后一要求。而在直截了当条件下，只有16.7%的被试同意。弗里德曼和弗里泽认为，使被试同意一个小的请求，会使被试把自己看成一个"同意了一个陌生人的请求，做了值得做的事，是出于正当的理由"的人。因为被试改变了在这种"行动姿态"上的自我概念，所以容易使他服从更大一点的要求。这说明开始提出一个小请求，再提出一个较大的请求，比较容易使人接受。因而要求个体改变态度，不要操之过急。如果要求过高、过大，不但难以改变别人的态度，反而会使其原来的态度坚定起来。分阶段、逐步提出要求，登门拜访，才容易改变别人的态度。

复习思考题

1. 态度包括哪3种成分？
2. 态度是如何形成的？
3. 态度与行为之间存在什么关系？
4. 改变他人的态度应注意哪些方面？
5. 列举一件你成功说服别人的例子，用学过的知识分析你成功说服的原因。

第七章　群体与旅游行为

本章提要

个体按某个特征结合在一起，共同进行活动、相互交往，就形成了群体，群体按照不同标准可以分为多种类型。个体在群体中社会化并满足自己的身心需要，群体要求个体遵守群体规范，群体对个体存在社会助长、社会惰化、从众等心理效应。家庭对个体的旅游行为具有最直接的影响，不同家庭生命周期对旅游活动方式的选择是各不相同的。同一阶层的人，由于价值观念、生活方式的相似，他们在旅游行为方式上表现出共同的倾向性，并与其他阶层的人相区别。文化对人行为的影响不是直接的，它是通过一定的中介因素来对人产生影响的。

个体属于不同的社会群体,其观念、态度和行为都要受到群体的影响。社会群体对个体的旅游行为有什么影响？不同的旅游组织形式对旅游者有什么意义？本章着重就家庭、社会阶层和社会文化如何影响人们的旅游行为进行全面分析,进一步了解旅游行为的规律,明确组织旅游团体的原则。

第一节　群体及其对个体行为的影响

群体是个体的共同体。个体按某个特征结合在一起,共同进行活动,相互交往,就形成了群体。个体通过群体活动参与社会生活,成为社会成员。个体的一生,从生到死都是在不同的群体中度过的,其总是群体的一员,从属于许多群体,如家庭、学校、工作单位和朋友。

一、群体的种类与特征

（一）群体的种类

群体是一个内容广泛的社会范畴,大到不同文化形态的社会,小到社会单元细胞的家庭,凡是人的活动所涉及的人群集合体,均属于群体的范畴。群体有不同的分类,根据群体提出的目的、相互联系的机制、影响群体成员的方式、群体成员之间的交往特点,可以将群体作各种分类。

1. 正式群体与非正式群体

正式群体根据定员编制、章程或其他正式文件而建立,群体成员之间有公事往来,执行任务中的责任有大有小,都有明确分工,如学校的班级、公司、部队。非正式群体是在心理动机方向上一致、观点接近、信念一致、承认权威和个别人的威望的基础上产生的,没有固定的形式,如棋友、"驴友"、亲戚、同乡、老同学、老同事、老领导、老部下等。

正式群体中总是存在着各种非正式群体,非正式群体在一定程度上会影响正式群体,其影响可能是积极的,也可能是消极的。心理学研究指出,在自由和和谐条件下,正式群体内部的非正式群体会促进正式群体的巩固及任务的实现,不仅不会涣散组织,而且会使之更加团结。若非正式群体具有集体主义倾向,就更能促进正式群体的巩固,因为在非正式群体中成员之间互相谅解、亲密接触和友好合作,具有情绪上的一致性并相互依恋,乃是正式群体的价值观念、思想观点和行为动机产生的基本条件。

非正式群体有时也会与正式群体发生矛盾。在正式群体的目标和规范与其成员的个人需要不一致的情况下,在非正式群体具有反社会倾向的情况下,非正式群体会破坏正式群体的目的,成为正式群体发挥作用的障碍。在旅游团队中存在着各种非正式群体,有些人结伴而来,总是互相照应；有些人在交往过程中渐渐感到彼此投缘或利益相同,便结成了小群体。如果导游能与这些非正式群体中的"领袖"建立良好的关系,得到他们的支持,就等于取得了整个团队的支持,便于开展工作。

2. 实属群体和参照群体

根据个体的归属,可将群体划分为实属群体和参照群体。实属群体是指个体实际所归属的群体。比如,就某个学生而言,他所在的班便属于实属群体。参照群体,也称为标准群体或榜样群体。它可以是现实存在的,也可以是想象中的(即个人实际上没有参加的)群体。这种群体的观点、准则、目标和规范会成为一个榜样,成为人们行动的指南,成为人们力图努力达到的目标和标准。个体往往把自己的行为与参照群体的标准进行对照,如不符合这些标准,就改正自己的行为,以适合这些标准。同时,个人也用其参照群体的某种标准与准则评价自己或他人。用美国心理学家米德的话来说,这种群体的标准、目标会成为个人的"内在中心"。

不过,个人所参加的群体并不一定是个人心目中的参照群体,即个人虽然参加了某个群体,却把另一个群体作为自己的参照群体。

(二)群体的特征

组织行为学家认为,群体应具备下列4个特征:各成员之间相互依附,在心理上彼此意识到对方的存在;成员之间在行为上有共同的规范,彼此相互影响;各成员具有群体意识,即"我们同属于一群"是这个群体中的成员之感受;各成员的心理与行为,以实现某种共同的目标为宗旨。

二、群体对个体的意义

人出生在家庭中,在学校接受教育,在工作单位工作,逐渐掌握了群体规则,学会适应社会。人与群体密不可分,人一生都在群体中生活,离不开群体。

(一)群体是个体生活、活动的依附体

人一出生就要依附于自己的家庭,依附于父母,到学龄阶段就进而依附于学校,成年后更要依附于社会从事各种社会活动。群体是个体存在、成长、发展和开展事业的社会依附体,个体任何时候也离不开群体。

(二)群体帮助个体达到各种目标

加入各种群体有助于我们完成单个人不能完成的任务。单个人的能力有限,而在群体中,能综合各人的不同能力和特长,有良好的分工与合作,协调一致,共同努力,把个体的目标综合进群体的目标,以群体活动作为集体力量,顺利完成任务。

(三)群体有助于满足个体的心理需求和社会需求

通过参加群体,个体不但可以感到自己是社会的一分子,而且能确认自己在社会中的地位。个人可以与别人保持联系,获得友情、爱情和支持,无论是职务上的地位,还是心理上的地位,都可以满足个体自尊的需要。人只有属于群体时,才能免于孤独和恐惧,获得安全感。在对付共同的敌人或某种威胁时,群体可以增强个人的力量感。通过在群体中收集资料、沟通信息,在个人生病、疲劳或感到困难时,彼此互相帮助、互相支持、互相鼓励,以克服困难、消除无聊等,个体获得了安全、社交、尊重、自我实现的心理需求。

（四）群体是个体社会化的必要条件

一个人从小就受到家庭的影响,通过家庭间接地接受社会的影响。学校的教育和社会实践直接影响个体的社会化过程,个体逐渐形成自己的态度、价值观念、习惯和行为方式,从而发展成熟起来。群体为了保证成员间的协调一致,提出强制性的要求,或以约定俗成的传统习惯方式规定个体的行为规范,使个体遵从群体的规范。个体为某些群体接纳,这本身就是对个体价值的一种肯定,个体会体会到自身的价值,觉得自己是社会的一分子,具有了某种社会地位。这种社会认同将成为个体自我概念的一部分。一般而言,个体参加的群体的威信越高,其成员资格越有限制,个体的自我概念越受到肯定。群体成员资格有助于建立积极的社会认同。

三、群体与个体的关系

群体与个体不是单方面的适应关系,而是相互要求、相互适应的关系。

（一）个体对群体的要求

个体要求群体能够满足个体成长、发展和活动的需要,如希望家庭满足自己情感、教育的需要;希望社会为个人提供职业、活动和发展所需要的条件,并保障个人的安全和合理的要求不受侵犯;对一般社会团体,则要求能够满足自己的安全感、自尊心、自信心、社会交往等需要。如果群体不能满足个体的要求,个体或者与群体"离心离德""人在曹营心在汉",或者选择离开群体。

（二）群体对个体的要求

1. 成员承担群体义务

各种不同层次的群体都要求其成员承担某种义务,以维持群体的存在,增强群体的团结,保证群体成员的和谐统一,促进群体的发展。如要求个体在群体中扮演需要的角色、承担一定的工作、作出应有的贡献等。不同的群体对个体有不同的义务要求,如社会群体要求成员承担社会义务,社会团体要求成员承担团体义务,家庭则要求成员承担家庭义务。群体要求成员承担义务的意义在于维护群体的利益,保证群体的存在和发展。

2. 群体对个体提出行为规范要求

当一位老人颤巍巍地走上公共汽车,站到一位坐着的年轻人身边时,这位年轻人通常会不由自主地站起来,把座位让给老人。如果年轻人视而不见,旁边的人就会投来鄙夷的目光。年轻人让座就是一种群体规范的表现。群体是众多个体以一定方式维系而组成的,群体一旦形成,就需要有一定的行为准则来统一其成员的信念、价值观和行为,以保障群体目标的实现和群体活动的一致性。这种约束群体成员的行为准则就是群体规范。群体规范从广义上讲包括制度、法律、道德、文化、语言、风俗等,从狭义上讲包括厂规、公约、守则、纪律等,涉及的内容非常广泛,其中既有明确规定的准则条文,也有自发形成、无明文规定的行为模式。群体规范作为联结社会和个人行为的媒介因素之一,像棱镜一样折射着社会对个人的一切影响,直接引导和限制着个人的态度和行为。

群体规范在群体成员的共同活动中一经形成,便具有一种公认的社会力量,它通过不断内化成为人们的心理尺度,而在个体社会化的过程中发挥出积极的作用。群体规范赋予个体行为和外界事物以一定的意义,使个体明白依据一定的价值标准,应该做什么,不应该做什么,当它真正为个体所采纳和接受,内化为个体自觉行动的内在观念时,个体社会化进程便实现了一个质的飞跃,从而完成了由生物人向社会人的转变。

(三) 群体对个体行为的影响

群体具有动力的功能,其每一位成员的心理状况与其他成员息息相关,也与群体本身的特点密切相关。

1. 社会助长

所谓社会助长,是指他人在场可以促进个人行为效率的提高。如果大家一起进行活动或一起比赛,其效果比单独活动会好得多,如赛跑、歌咏比赛,这称为"共同行为者效应"。社会助长也会发生在动物身上,当有同类在场时,蚂蚁能挖出更多的沙子,小鸡会吃更多的谷物。对于性别意识成熟的人来说,异性在场会带来比同性在场更强的助长效应,就是通常说的"男女搭配,干活不累"。

2. 社会干扰

所谓社会干扰,是指他人在场或与他人一起活动所带来的行为效率的降低。如参加考试,老师总站在你旁边,你会由于受到外来刺激的影响而分心,考试成绩自然不佳。篮球运动员在球场座无虚席的情况下会处于高度紧张兴奋状态,这时,他们无防守的投篮命中率会稍差于球场几乎无人时的投篮命中率。

同样是他人在场,为什么有时产生社会助长,而有时则产生社会干扰呢?人们都有一种求成动机,希望把自己的才能与潜力发挥出来,这种动机对一个人的活动将产生巨大的推动作用。当有他人在场时,个体不可避免地会产生被评价意识,希望得到别人积极的评价,实质上产生了求成动机。在这种动机的推动下,个体尽可能要做得更好,以求得到"好""不错""有水平"的评价,从而产生助长作用。但是,当动机过于强烈时,个体会体验到紧张,会汗量增加、呼吸加快、血压升高并且心跳加速。动机越强烈,焦虑紧张的情绪越严重,对心理干扰越大,从而发生了干扰作用。一般来说,从事简单的机械操作或手工操作,有其他人在场会使活动者工作更加出色;如果所从事的活动是学习并需要进行一系列复杂的判断推理的思维活动或精巧的动作,则其他人在场将会发生干扰。

3. 社会惰化

所谓社会惰化,指集体完成一件事,个体所作出的努力比单独完成时更少的现象。有人做过一个"拔河"实验,实验结果表明,一个人单独拔河时出力最大,几个人同时拔河时出力就少些。当与他人共同完成某个任务时,会降低人们参加活动的积极性,加之惰性和依赖性,导致效率下降。俗语说的"一个和尚挑水吃,两个和尚抬水吃,三个和尚没水吃",就是这个道理。

4. 去个性化

去个性化是指一种自我意识下降、自我评价和自我控制能力降低的状态。群体情境会使人失去自我知觉能力,并导致个体丧失自我和自我约束。例如频频发生的英国球迷骚乱,这些人单独出现时通常攻击性较小,但聚集到一起就变得疯狂,做出一些破坏性行为。还有摇滚音乐会上的尖叫、集体破坏公物、宗教信徒集群活动等,会让人们丧失理智,与别人一起疯狂。当然,去个性化并不只有有害的影响,被群体感染的人们会买更多的东西或捐更多的钱。

旅游过程中的旅游者之间存在匿名性的特征,很容易发生去个性化的现象,如观看节目时起哄、用餐时争抢某些食物、上车时争抢好的座位等,而这些人平时都是彬彬有礼的。导游可以通过让客人适当暴露身份而减少去个性化现象的程度,使人们保持一定的自我身份感和自我控制行为,保证团队有序。

5. 风险转移

风险转移指在群体决策中,人们比单独自己决策时更愿意考虑有风险的方案。群体决策不同于个体决策。当较多的人参与讨论与决策时,每个人对结果所承担的责任减轻了,责任的分化就产生了,决策的风险也被分摊了。加之冒险性是一种在文化上被珍视的品德,社会压力驱动个体去遵从被社会珍视的品质,导致集体讨论的结果往往倾向于更加冒险的选择。在旅游过程中,有时需要征求旅游者的意见,大家共同决定是否做某件事或去某个地方,导游员需要把风险转移现象考虑在内,冷静评估,避免盲从。例如,有一次一名导游员带着游客游览九寨沟时,天突降大雨,通往黄龙的道路可能存在泥石流的危险,但游客集体讨论后,坚持冒险去黄龙。导游员没有立即决定,而是与游客分别谈话,个别谈心,把可能的危险讲给人们,得到了大家的理解,游客们放弃了去黄龙游览,从而化解了危险。

6. 从众

从众指个人的观念、行为由于群体的压力、引导而向着与多数人一致的方向变化的过程。个体在群体中常常会感受到群体的某种直接或间接的"压力",特别是个体的行为与群体中其他成员的行为不一致时,这种群体的压力会迫使其放弃和改变原来的意见而采取与大多数人一致的行为。这样,个体为适应群体的要求,往往会在意见、判断和行动上表现出与群体相一致的倾向。

拓展阅读 7-1

美国社会心理学家阿希(S. E. Asch)设计了一个典型的实验,证明在群体压力之下会产生"顺从"（或"从众"）行为。他把9个人编成一个实验组，让他们坐在教室里面看两张卡片，其中一张卡片上画着一条直线X，另一张卡片上画着3条直线A、B、C，让大家比较卡片上3条直线中的哪一条与另一张卡片上的直线X长短相等。

在正常情况下，被试者都能判断出X=B，错误的概率小于1%。但阿希对实验预先作了布置：在9人的实验组中，对8个人都要求他们故意作出一致的错误判断，例如X=C，而第9个人并不知道事先有了布置。实验中，让第9个人最后做判断。他曾组织了许多实验组进行这样的试验。统计分析表明，这第9个人有37%放弃了自己的正确判断，而顺从群体的错误判断。

所谓群体压力，是指当一个人在群体中与多数人的意见或行为不一致时所感受到的心理压力。有时这种压力很大，可以使个人在心理上难以违抗。这种群体压力的心理基础，一般是当事人群体归属、社会交往以及安全、尊重等需要。人们一般都害怕受到所在群体的冷落、孤立、排斥和唾弃。当然，有时人们从众仅仅是因为自己无法独立判断，认为与别人保持一致会犯较少的错误。如高考时选择专业，人们其实都不能准确预测哪个专业更有前景，于是都集中报考几个热门专业。

影响个体从众的因素主要有两个方面，即个体特征和群体特征。个体特征是指个人的因素。例如：

第一，智力水平的高低。一般来说，智力水平低、观察能力和分析判断能力弱、掌握专业知识少的人，比较容易从众；反之，智力水平高、观察能力和分析判断能力强并且掌握专业知识多的人，自信心也较强，不容易从众。

第二，情绪的稳定性。忧心忡忡、焦虑多、情绪不稳定的人，对群体压力的抵抗力弱，容易从众。

第三，"自我映象"。自信心和自尊心强的人、主观任性的人，不容易从众；自尊心弱的人，有悲观情绪、缺乏自信的人，较容易从众。

第四，个性特征。个性上属于独立型的人，群体压力对他的作用小，不易从众；而个性上独立性差的人，在与别人相处时，过于依赖他人、过于看重人际关系、易于接受暗示的人，特别是顺从型性格的人，容易从众。

第五，态度与价值观。对社会评价、社会舆论敏感的人，容易从众。

第六，生活阅历。生活阅历丰富、长期独立处理问题机会多的人，不容易从众；生活阅历浅、缺乏经验的人容易从众。

群体特征是指群体因素，这种因素有很多。例如：

第一，群体的性质。一个能满足个体愿望的群体，个体一般倾向于服从它，易于从众。

第二，群体的成员。群体内多数成员的能力或地位均高于自己，则个人容易放弃自己的见解而从众。

第三,群体的气氛。群体如果对坚持己见者采取不能容忍的态度,而对从众者则给予奖励,个体的从众行为必然会受到强化。

第四,群体的凝聚力。凝聚力强、有严格的规范、个体归属感明显的群体,个体因害怕不从众而被视为越轨,就容易从众。

第五,群体的一致性。若群体一致反对一个人的意见,则此人因感受到群体的巨大压力而容易从众。若群体中有人与该成员意见一致,其就不容易从众。

在旅游群体情境下,个体行为也会不知不觉地受到群体的影响与压力,而在知觉、判断、信仰及行动上表现出与群体中多数人相一致的从众现象,这种现象在旅游团的活动中屡见不鲜。例如,一些旅游者在选择旅游目的地、交通工具、活动项目时所表现出来的无意识趋向(个人从表面到内心都同群体相一致),或表现出违背自己的真实意愿而随声附和、跟从大众的现象(个人表现上和众人一致,但在内心却不接纳)等。当人们处于群体中时,购物行为会发生变化。例如,与别人一起购物时,人们往往购买许多计划外的商品。赢得群体中其他人认可的愿望,会驱动群体成员去购买某种商品,或者他们可能仅仅通过随群体一起收集信息,从而接触到了更多的商品和商店。因此,零售商应当多鼓励集体购物。许多事实表明,人们的行为(不论是外表的举动还是内在的思想)只有同群体的意见和行为相一致时,才会感到心安理得,否则个体在心理上很难违抗。

个体从众行为的产生,主要起因于个体不愿意标新立异,不想因与众不同而感到孤立。可见,从实质上看,从众是一种群体压力下的个体顺应多数人的行为。它对其成员不具有强制的性质,在改变人的行为方面具有积极意义。如果我们站在群体或旅游业的立场上来看,当旅游群体要想达成对某一旅游交通的认同、对某一旅游景点的取舍或对某一旅游活动项目的选择时,旅游团的领队或旅游业的陪同导游、推销人员均可依靠群体的力量来完成。

第二节 不同社会群体的旅游行为

一、家庭与旅游行为

家庭是个体所属的最基本、最重要的群体。家庭对个体的旅游行为具有最直接的影响。据估计,美国人所参加的娱乐活动中,有2/3是以家庭成员为单位的。随着我国人民生活水平的提高,以家庭为单位的出游比例会越来越高,因此有必要研究家庭群体与旅游行为之间的关系。

(一)家庭生命周期与旅游行为

家庭生命周期是人口统计学上的一个概念,指的是家庭从诞生到以后经历的发展变化的不同阶段,直至最后消亡的全过程。而推动这个变化过程的主要因素是家庭成员的年龄、婚姻状况、工作状况和家庭规模。心理学研究认为,家庭生命周期对人们的旅游行为的影响因周期阶段的不同而有差异。美国学者帕特里克·E. 墨菲和威廉·A. 斯特普尔斯所划分的"现代化家庭生命周期"表明,家庭生命周期一般由青年阶段、中年阶段和老年阶段3个主要阶段构成。对每个具体家庭来说,这个顺序并不严格。但对于家庭生命周期中的每一个发展阶段来说,都存在着许多共同的又十分明显的消费行为特点,而这些特点又决定了家庭的旅游消费决策。

1. 青年阶段

青年阶段是传统家庭生命周期的第一个阶段。青年是人一生中精力旺盛、求知欲强、富有浪漫情调的时期,一般为35岁以下。家庭生命周期的青年阶段可以分为两个小的阶段:青年已婚无子女阶段和青年已婚有子女阶段。

(1)青年已婚无子女阶段。这个阶段在传统上称为"蜜月"阶段,历时较短,一般持续不到两年就会因小孩的出世而结束。由于在情感上需要共同体验愉快的经历,没有子女需要照顾,夫妇双方会对旅游感兴趣。随着现代社会的发展和人们生活观念的变化,年轻的夫妇希望将这个阶段保持得长久一些,更多地享受二人世界的美好生活。二人世界时间的延长,为婚后年轻夫妇建立了较雄厚的经济基础,这为家庭旅游提供了物质条件,并会对今后的旅游行为产生重大影响。年轻无子女夫妇的消费欲望强,节俭意识差,他们此时舍得花钱,在短时间内大量积蓄换成了高档家具、名牌服装、房子、汽车等,同时他们容易受社会潮流的影响,精力和体力充沛,会进行象征地位、实力或与众不同的旅游结婚,同时假日旅游也在其生活中占有越来越重要的地位。

(2)青年已婚有子女阶段。这个阶段以子女在6岁以下为限。除了一些选择终生不要小孩的家庭外,已婚青年在几年内就会有孩子。孩子的降临会对家庭生活方式和经济状况产生很大的影响,由于抚养孩子的需要,他们的旅游活动受到限制。家庭要花费相当多的收入用于孩子的吃、穿、玩和教育上,大多数家庭只在附近的公园、动物园进行休闲娱乐,且频率较高、时间较短,一般不超过一天。

当然,现实生活中还存在着一些特殊情况,有些人会转入青年离婚无子女的特殊阶段。在西方社会,青年离婚无子女现象很流行,其中的高薪职业者会把钱花在旅游上。而那些青年离婚有子女的单亲家庭,无论在自由时间的支配上还是在生活费用的开支上,都对旅游带来消极的影响,他们一般不会花大笔钱去旅游。

2. 中年阶段

西方国家将人的中年阶段的年龄范围定为35~65岁,而我国则适宜定为35~60岁。家庭生命周期的中年阶段的情况较为复杂,有中年已婚有子女的、中年已婚无子女的、中年离异有子女的和子女独立的家庭等。一般说来,中年已婚无子女的家庭为数很少,通常经济负担较轻,如果夫妻双方工作稳定并有较丰厚的收入,他们参加旅游的可能性很大。大多数传统的中年阶段家庭是由有青少年子女的已婚者组成的,这种家庭的生活方式或多或少是以孩子为中心的,对子女的教育是全家的主题。此类家庭中,全家出游占有很大的比例,家长会趁节假日带孩子外出旅游,多以博物馆、纪念地、历史文化名城等人文景观为选择对象,而且会考虑比较高档的旅游项目。另外,对于已婚者或离婚者中子女都已独立生活的中年人来说,他们不再为抚养子女而烦恼,经济上较自由,旅游的愿望较迫切,他们往往到较远的地方旅游,喜欢购物且出手大方。

3. 老年阶段

一家之主退休后,家庭生命周期的老年阶段就开始了。这类家庭中,夫妇有更多的闲暇时间供自己支配。如果是那些有积蓄、退休金高、身体条件好的家庭,就会有很强的旅游需要和动机。综合我国居民收入持续增长和人均寿命不断增加的趋势来看,老年人将成为重要的旅游消费者,"银发旅游"极具开发潜力。夫妻双方一方死亡后,另一方的生活方式将会发生较大的变化,其消费行为的特点也会有巨大的变化,他们对医药、保健用品有强烈的需求,而对外出旅游的需求会相对降低。孝敬父母的传统观念会让子女更加关心单身的父母,这些子女可能会陪同父亲或母亲外出旅游。

正如上面所探讨的,不同家庭生命周期对旅游活动方式的选择是各不相同的。具体来说,青年已婚无子女阶段和中年已婚无子女阶段的家庭,在旅游市场上最具潜力和活力。前者一般不喜欢预定的旅游目的地或预定的活动,对他们来说,旅游的乐趣在于亲身体验;后者往往有时间、有自由、有金钱,有实力选择较远的路线和购买商品。当然,家庭生命周期中其他阶段的家庭对旅游的需要和欲望也是有的,可能因为时间、经济等方面的原因,不像已婚无子女的家庭那样潇洒地进行大量的旅游活动,但是,如果推出一些以家庭为中心、以孩子为特色的旅游活动,这些家庭的旅游动机还是可能被激发起来的。

随着社会的发展变迁,我国出现了一些新的家庭类型,并且这些有悖传统的家庭在所有家庭中所占比例呈日趋上升之势,其旅游行为有很大的独特性,足以引起人们的关注。这些新型家庭有:①独身主义者家庭。他们一身轻松、来去自由,是各类旅游活动的积极参加者。②"丁克"家庭。他们拒绝生养孩子,往往夫妻同行,热衷各种旅游活动。③单亲家庭。这种家庭往往因为孩子年幼或经济负担过重,对旅游活动有些疏远。④离异后的单身家庭,即离异但没有子女。这种家庭在旅游方面有较大的随意性,是否参加旅游不取决于时间和金钱,而往往受个人性格、兴趣等的影响。有的人离异后会成为旅游活动的积极参加者,并把旅游视为满足其社交等需要的一种重要途径;有的人离异后却甘愿离群索居,对旅游毫无兴趣。

(二)家庭决策类型

在现代社会中,典型的家庭形态有两类:核心式家庭(包括丈夫、妻子或者再加上其未婚的子女)和延续式家庭(包括丈夫、妻子、子女、祖父母或外祖父母)。其中以核心式家庭最具有代表性。现以核心式家庭为例分析家庭形态是怎样影响旅游决策的。

在核心家庭中，丈夫、妻子和孩子在家庭中的地位和作用的不同，对家庭的旅游决策会产生不同的影响。据美国的一项研究表明，在是否旅游和在旅游中花多少钱的决策中，丈夫和妻子都会主动积极地参与，十分投入地发表自己的见解，并相互讨价还价，相互施加影响，相互说服对方。常常在相互妥协中达成共识，达成双方都满意的决定。在旅游地和住宿条件的选择上，在旅游活动内容、交通工具及是否带孩子旅游的问题上，丈夫和妻子双方中有一方较明显地起主导作用，另一方则给予相当大的影响。过去，在大多数家庭中，似乎丈夫在起决定作用。为什么丈夫能起决定作用，其原因并不十分清楚，但多数人认为是丈夫在家庭中的角色地位和经济地位及传统观念的影响所致。随着社会的发展和人们观念的变化，妇女在政治、经济中的地位越来越高，丈夫对这种决策传统的主导作用逐渐削弱。在家庭形态对旅游决策的影响中，由于孩子很少参加寻找信息和评价信息，故孩子对家庭旅游决策影响不大。但因家长都重视对孩子的教育，旅游对孩子教育的价值又往往是家庭旅游最重要的动机之一，因此，孩子对家庭旅游决策的影响虽不是直接的，但影响是强烈的。比如：孩子的兴趣、需要和所学课程对旅游景点的选择和活动内容的确立都有很大影响；在旅游时间的选择上也会受孩子放假日期的影响；交通工具、住宿地、住宿条件、餐饮食品等选择有时也会因孩子的需要而改变。

罗杰·L. 詹金斯（Roger L. Jenkins）对美国家庭各成员在度假旅游决策过程中所起的作用进行了分析和研究，结果见表7-1。

表7-1 家庭旅游决策方式

家庭旅游决策内容	起主导作用的决策方式
度假旅游目的地	丈夫起主导作用
食宿条件的选择	丈夫起主导作用
是否带孩子一起旅游	共同影响，一方决策
度假旅游时间长短	共同影响，一方决策
度假旅游日期	共同影响，一方决策
家庭度假旅游交通工具的选择	共同影响，一方决策
度假活动内容	共同影响，一方决策
是否去度假旅游	共同影响，共同决策
花多少钱去度假旅游	共同影响，共同决策

表7-1得出了几个重要的结论。有趣的是，在要决定的问题中仅有两个问题，

即食宿和旅游目的地,明显地由一方占支配地位。在大多数的家庭中,丈夫似乎支配着这两项重要的家庭旅游决策,而所有其他的家庭旅游决策,妻子要么与丈夫共同作出决定,要么在丈夫最后作决定时,妻子对其有重大影响。如是否带孩子一起去、度假的实际天数、交通工具、度假活动的形式、在度假地待多久,这些决定通常都由一方作出,但另一方对最后抉择有重大影响。而对度假决策本身(家庭是否度假)和花多少钱这两个问题双方都有很大的影响,最后作出共同决策。当然,这是国外的研究结论,但其中的部分内容可以为我们开展旅游营销活动提供参考和借鉴。

二、社会阶层与旅游行为

社会阶层是一种划分人们在社会上所扮演角色的等级系统。不同社会阶层的人们在生活模式、思维方式、家庭氛围等方面存在较大差异,其旅游行为也会有不同。

(一)社会阶层分析

社会阶层是指社会中的人形成的相对稳定、相对独立的不同层次的社会团体。有史以来,各种社会形态都有一定形式的社会阶层。由于研究者的研究角度不同,在诸多著作中很难找到一个对社会阶层的众所公认的比较满意的定义。不论如何定义,有一点是共同的,每个阶层的成员基本上具有相同的社会地位。他们从事基本相似的职业,他们凭借他们的收入水平倾向于相似的生活方式并有共同的情趣。

当划分一个人的社会阶层时,最重要的因素是收入水平、教育程度、职业及地位声望等。社会阶层是客观存在的,处于同一阶层的人有着相似的生活经历,他们对同一阶层的人怀有认同心理,在行为方式上表现出极大的相似性。

1. 职业

职业是社会阶层划分中普遍使用的一个变量,在许多国家都有关于职业声望排行榜。职业声望在一段时间内相对稳定,且具有跨文化的相似性。大公司的总经理、外科医生、大学教授拥有较高的社会地位,而擦皮鞋、捡垃圾、挖壕沟等工作则属于低层的工作。一般来说,在职业排行榜上位置越高收入也越多。当然也有不少例外,在同一职业内部,收入差距有时也很大。所以,仅凭职业来划分社会阶层往往不够充分,并且不能够很好地预测购买力。

2. 收入

收入决定了哪个阶层最有购买力和市场潜力,因为人们需要金钱来帮助他们获得代表其品位的商品和服务。在20世纪早期,收入几乎是划分社会阶层的唯一指标。但收入并不等同于支出方式,也就不能有效预测消费模式。

3. 受教育程度

在发达国家,人们的职业类型和收入高低与其所受教育程度密切相关。在我国,这种关系也日渐明显。在高度信息化的经济体系中,受教育程度高的人凭借其知识、技能与优质人脉,拥有更好的就业和晋升机会,可能获得较高的社会经济地位。从我国市场营销的角度看,他们不仅改变了市场中的各种活动本身,而且也改变了他们在市场中的地位,所以,他们在消费中的作用绝对不能低估。

此外,怎样的住房,坐落在城市中心区、郊区还是风景秀丽的海岸,邻居是由怎样的人构成以及他们的住房又如何,也是社会地位的重要指标(参见表7-2)。

表7-2 美国社会阶层结构划分

社会阶层	成员	人口比例
上上层	当地名门望族,连续三四代富户,贵族,商人,金融家或高级职员,财富继承者	1.5%
上下层	新进入上等阶层者,暴发户,尚未被上上层接纳者,高级职员,大企业创建人,医生,律师	12.5%
中上层	中等成就的职员,中型企业家,中级经纪人,有地位意识的人,生活在城市里环境较好的区域的人	32%
中下层	普通人中的后上者,非管理人身份的职员,小企业主,蓝领家庭,正在努力并受到尊敬的人	38%
下上层	一般劳动阶层,半熟练工人,收入水平往往同中上和中下两个阶层一样高的人,对生活满意的人	9%
下下层	非熟练工人,失业者,未经同化的种族集团,冷漠者	7%
总 计		100%

我国一些经济学家根据目前我国城镇发展和家庭收入的差距,将我国的城镇居民划分为6层,如表7-3所示。

表7-3 中国社会阶层结构划分

上上层	千万富翁、亿万富翁
上下层	个体私营老板、CEO、体育演艺界明星
中上层	小企业主、包工头、身兼数职的知识分子、外企中上层管理者、国有企业高管
中下层	公务员、专业技术人员、小业主、部分退休者
下上层	濒临倒闭的企业职工、夫妻一方工作的家庭
下下层	夫妻都下岗的家庭、失去劳动能力的人、没收入的单亲家庭

拓展阅读 7-2

"白领"（white collar）是一个外来词汇。西方国家的新技术革命引起经济增长方式的变革、经济结构的调整，带来产业工人的分化和社会结构的调整，从原来依靠获取利润的企业主和依靠劳动获取工资收入的工人队伍中分化出一部分人，不必从事繁重的体力劳动，主要从事技术和基础管理工作。这部分人不再需要穿着深色的工作服，整洁的浅色服装成为其标志，这部分人被称为"白领"。

"白领"的主要特征包括以脑力劳动为主、文化水平高、收入中等水平、有较高的社会声望、流动性强。以工作为中心的快节奏生活、以时尚理性为重的消费方式、注重在学习培训中提高自己、注重休闲娱乐，是"白领"的生活方式特征。

（二）社会阶层的特征及其对人们行为的影响

一般说来，社会阶层具有相似性、约束性、多维性和变动性等特点。相似性是指同一社会阶层的人有相似的态度、活动、兴趣和其他行为模式。约束性指的是各社会阶层的人之间的交往会受到限制和约束。一般来说，在同一社会阶层中人与人之间的交往比较容易进行，所以同一社会阶层的人相互交往的机会较多，外出旅游也是以同一阶层的人结伴而行的居多。属于同一社会阶层的人往往表现出极为相似的行为方式。在考察社会阶层时发现，同一社会阶层成员的行为方式的相似性起源于许多共同的态度与价值观。皮埃尔·马蒂诺（Pierre Martineau）在《社会阶级与消费行为》一文中，列举了美国社会中等阶层和下等阶层之间的主要情况对比，如表 7-4 所示。从表 7-4 中可以看出这两个社会阶层的态度和价值观存在的差别。

表 7-4　美国不同社会阶层的价值观念和行为模式

中等阶层	下等阶层
指向未来	指向现在和过去
思考高瞻远瞩，注意前程	思考限于近期的事物
强调理性化	感情化
有一套严密而完整的世界观	世界观模糊而散漫
思想的弹性大，没有限制	思想的弹性小，限于一隅
喜欢权衡轻重	较少"比较各方再决策"
自信心强，喜欢冒险	强调安全感
思想的内容和方法是抽象的	思想的内容和方法是具体的
关心国家大事	只注意自己周围的事物

中等社会阶层的人的眼界一般比下等社会阶层的人更为开阔,他们感到与国家和整个世界有切身的联系。而且,中等社会阶层的人往往比下等社会阶层的人自信得多,更爱冒险,更愿意经历风险。基于这种世界观,他们更重视对子女的教育,更爱在诸如戏剧、教育与旅游之类不可触摸的东西上花钱。他们鼓励孩子学习很多人文知识,了解外面的世界,希望孩子通过受教育获得好工作、高工资、高社会地位。

　　处于下等社会阶层的人,通常以较为狭隘与惶恐的眼光看待世界。他们可能认为去某个遥远的地方旅游是不必要的,毫无趣味和意义。他们的理想度假方式可能是去某个国内旅游地,或者在附近一些度假景区更好。他们往往视其家庭为城堡,一有钱,就要添置"重武器",把家里塞得满满的,如昂贵的厨房器具、豪华浴缸、高价电视机,用这些东西来象征安全。下等社会阶层家庭中的母亲对子女的保护更为认真,因为在她们眼里世界是个充满威胁的地方。她们对子女说得最多的话,如"不要打架""不要骂人""不要惹事""不要逃学"等,几乎都是禁止性的语言。这些规定有利于孩子们老老实实,平安长大。

　　一个劳动阶层家庭的收入可能与一个中等阶层的家庭相仿甚至更多,但研究结果表明,中等阶层家庭旅行的可能性要大得多。

　　一定社会阶层的成员基本上都把同阶层的其他人视为与他们平等的人,当与这些人一起参加社会活动时,他们不会感到这些人与他们的地位是不相称的;而对较低一层社会阶层的人则认为其是社会地位较低的,他们与这些人一起参加活动的兴趣不大。同时,他们把较高一层社会阶层的人看作较重要的人物,喜欢仿效较高社会阶层人们的生活方式。一些购买者之所以消费某种产品或服务,可能是因为这些产品或服务被同阶层或更高阶层消费者所看重;如果他们认为某些商品是属于较低阶层的消费品,就拒绝购买,唯恐使用这类商品会令自己"掉价"。随着时代的变迁,每个人所属的社会阶层都是可能发生变化的。人们努力向更高的社会阶层攀升,观察较高社会阶层的人的一举一动,模仿他们的言行,而尽可能避免滑入较低社会阶层。

(三) 不同社会阶层的人旅游行为的异同

　　同一社会阶层的人,由于价值观念、生活方式的相似,他们在旅游行为方式上表现出共同的倾向性,并与其他社会阶层的人相区别。

　　上等社会阶层的成员比较重视旅游,把旅游作为生活的基本内容之一。他们比较强调旅游的知识性,要求旅游活动具有审美的内容及高品位的文化娱乐和体育活动,注重旅游活动和交通、食宿、服务要符合自己的身份地位。他们注重成熟感和成就感,强调活得潇洒,经常是时尚消费的引领者。他们举止大方,喜欢文物古迹,喜欢个别交谈或与同行交谈,对著名人物或知名地方很感兴趣。

　　中等社会阶层的人在生活和事业上都是成功者。他们虽然在财富、权力和名望方面不及上等社会阶层,但他们比下等社会阶层的人地位优越,思想开放,更有自信,也比较重视旅游的积极意义。由于受更高社会地位的吸引,对旅游产品和服务不仅要求质量高,而且还注重追求情趣和格调,他们更爱冒险和承担风险,是各类旅游活动的参加者,在所有旅游者中是数量最多的一种人。他们在旅游消费活动中常常表现出自信、开明、体面的一面。在消费形式上,他们注重经历,关注既能够增进自我形象又能留下美好回忆的旅游过程本身。

下等社会阶层的普通劳动者因经济条件所限,一般不可能经常参加旅游消费活动。由于文化教育水平的限制,他们当中的大部分人视野不如上层人士和中层人士开阔,他们会把时间、金钱和精力投入自己的家庭。但一旦决定出游,往往对旅游产品及服务表现出一种急于获得和满足的倾向。他们注重安全、实惠,对价格较为敏感,一般不追求花费较大的旅游产品和远距离的旅游消费,把国内短途旅游观光或到某个旅游点短期度假作为自己理想的旅游方式。下等社会阶层中的最下层,由于生活难以保障,他们几乎没有参加旅游的可能性。

值得注意的是,社会生活本身是复杂的,同一社会阶层中常常有不同的所得水准。也就是说,同一社会阶层中又可以分为上层、中层和下层。上等阶层中的下层与中等阶层的上层、中等阶层的下层与下等阶层的上层的价值观念和行为往往十分相近。因此,不同的旅游产品和服务会被不同所得水准的人所享用,同一旅游产品和服务会被来自不同的社会阶层的旅游者所接受。

拓展阅读 7-3

美国公布的2006年《世界财富报告》显示,全球范围内资产超过百万美元的"高净资产个人"约有950万人,他们2006年的总资产达到37.2万亿美元。如此巨大的奢侈品市场,令爱马仕、阿玛尼等奢侈品生产商趋之若鹜,几大奢侈品牌集团急速扩张。

奢侈品逐渐走向大众化。在美国等西方国家,消费者随处可以买到顶级设计师的作品。即便是卢浮宫这件庞大的"奢侈品",也在阿拉伯联合酋长国首都建立了分馆。如今这个时代,还有什么是真正独一无二的奢侈品呢?

与此同时,新一代在奢侈品上的消费超过父母辈。统计数据显示,20世纪六七十年代出生的"X一代"在奢侈品上的消费,比20世纪五六十年代出生的"婴儿潮"一代,每年多1.6万美元。新一代奢侈品消费者已经厌倦了普通意义上的奢侈品,他们不再渴望路易·威登的新款皮包或者一款定制的宾利车,也不愿意争相订购巴黎宝石商的最新作品,也无所谓一场摇滚明星演出的邀请。他们追求的不是一闪而逝的璀璨夺目,而是周到、别致、意外、幽默乃至秘密。

富豪们去度假,是要去享受更大的安静。现年58岁的巴兹·道在俄亥俄州辛辛那提经营家族生意。他在科罗拉多州韦尔拥有第二处房产,还计划在海边购置第三处房产。他从广受欢迎的度假胜地哥斯达黎加、墨西哥、巴拿马开始寻找。

"但我们想要的是欠发达、游客不多的环境。"他说,"当我开始在尼加拉瓜寻找时,妻子认为我彻底疯了。"经过一番考察后,道夫妇决定在尼加拉瓜南圣胡安湾畔购买两栋毗邻的两居室。和巴兹·道一样,富豪们购置度假房产,不再选择已然人头攒动的地中海和加勒比海岸,他们更喜欢尼加拉瓜、摩洛哥、海湾地区、乌拉圭这些相对安静的地方。美国居住研究公司"弗兰克爵士"负责人尼克·巴恩斯说:"在奢侈品市场,出于排他心理,(富豪们)愿意去更低调的地方,即航班少、航线更长的地方。"

富豪们的"独特"品位使那些"更特别的地方"房价飞涨。乌拉圭海滨小镇何塞—伊格纳西奥看起来不像一处度假胜地,镇上只有3家宾馆、几家商店,还有一家很早就打烊的酒吧。然而圣诞节期间,这里一栋别墅一个月的租金达到5万美元。对于巴兹·道来说,尼加拉瓜的房产买得很值,"自我(2004年)买了以后,房价已经翻番"。每年2月,道一家来这里居住数周,其余时间就把房子租出去,"出租率达到80%以上"。

三、文化与旅游行为

旅游行为本身属于一种文化现象。从旅游者如何产生、旅游者到哪里旅游、怎样旅游、为什么旅游,到旅游给旅游者带来各方面的利益等,都与文化密切相关。

(一) 文化的含义

文化是通过社会传播的习俗、知识、有形物质以及行为模式的总称,它涵盖包括一群人的思想、价值观、习俗和人工制品(如DVD、漫画书、家具等)。人们身处其中的文化,可以看作一个巨大的非个人的参考群体,其积累的共有的意义、仪式、规范及传统调节着人们的言行。

人们习惯于从纵、横两个角度来描述,故有所谓古代文化、现代文化、东方文化、西方文化等说法,这是指总体上的社会文化或者整个社会文化系统。东方文化重视人与人的关系,研究人与人之间关系怎样达到和谐;西方文化重视人与物的关系,研究人怎样征服自然、改造自然。一个人的行为,除了受整体社会文化大背景的影响之外,更直接地受其所属的地域、民族、宗教、职业、年龄等的影响,也就是亚文化。亚文化是对社会文化的细分,是从群体差异的角度来考察文化现象。通常根据国家、地区、民族、职业、年龄、宗教信仰等的不同将社会成员划分为不同的群体,每一群体自身所特有的文化特征即为亚文化。所以,亚文化总是与某一群体密切联系的,通常又分为民族亚文化、地区亚文化、宗教亚文化、职业亚文化、年龄亚文化等。

(二) 文化的特征

1. 文化的影响是无形的

文化对人们的影响极其自然,甚至不易被觉察,但却是根深蒂固的,体现在人们日常生活的各个方面。印度的父母习惯于为子女安排婚姻,中国的父母会为子女出钱买房、找工作、照顾下一代,美国的父母认为子女应当自己决定婚姻大事;中国人会问朋友的年龄、薪水,而美国人却认为这样不礼貌;中国人在乎其他人对自己的看法,美国人更关注如何与众不同。对于这些,身处本国文化的人们司空见惯,只有与不同文化对比时,才知道本国文化与别国文化的不同。

2. 文化满足需要

文化通过提供"实践经验",为人们在解决问题的各个阶段确定了顺序和方向,进而满足个体心理和社会需要。例如,关于什么时候就餐,什么食物适合于早餐或中餐、晚餐,以及怎样接待参加宴会的宾客等,文化都提供了规范和准绳。文化以价值观、语言、风俗等形式深深植根于人们内心,给人的各种行为提供了规则。在熟悉的文化环境,人们可以预期行为的结果,并获得相应的心理满足。例如,在尊崇孝道的国度,人们孝顺父母会感到十分欣慰,并能得到周围人的认可。

只要文化中的信念、价值和习惯能满足人们的需要,那么它就将延续下去。但是当某一特定的规范不能再充分地满足社会成员的需要时,它将得到修正或被取代,以便使最终的规范更符合现代社会的需要和愿望。文化就这样逐步地但间断地向前深化,以适应全社会的需要。

3. 文化是习得的

文化意识并非天生就具有,它不同于人的生理特征,如性别、头发、肤色等。有些学者把生活在美国的亚裔称作"香蕉人",黄皮白心,他们长着亚洲人的面孔,却有着美国人的心理行为习惯。人从幼年时期就开始从社会环境中获得构成社会文化的一系列信念、价值、习惯、语言、风俗等,渐渐形成了特定的文化意识。所以文化是习得的,是社会实践经验的一部分。

第七章 群体与旅游行为

4. 文化的民族性

文化首先是民族的,然后才是世界的。文化是在民族的繁衍、发展过程中是以民族的语言和文字所表现的。文化本身所体现的就是民族的性格、民族的传统和民族的生活方式。我国传统文化的核心是"仁",由此表现出来的民族性格是追求正义、渴望和平、讲求和谐、主张谦恭、顾全大局,由此表现出来的消费方式是讲传统、重规范、求适度、重形式。这与西方文化背景之下的强调个性、重视个人价值,以及追求新奇、与众不同形成较大的反差。

5. 文化是发展的

文化一经形成便以风俗习惯、思想观念、行为方式、特定风格、节日活动等表现出来并稳定下来,如中国的传统礼节、传统节日、建筑风格以及中国人的就餐方式等等已有数千年的悠久历史。但文化不是一成不变的,文化在发挥满足社会需要的作用时,为了最符合社会的利益,同时为了继续发挥作用,它就必须有所变化,而不能永远停留在原来的水平上。

不同时代人们的观念、习俗、语言存在明显差异。例如:在中国,年轻人结婚不再穿旗袍,而穿婚纱;很多中国人每天喝咖啡,而外国人却喜欢上了中国的茶;春节团聚的观念有所淡化,而情人节、父亲节、母亲节却受到越来越多年轻人的追捧;等等。当今世界,随着经济的发展、交通通信的发达、人们观念的不断更新,文化的内涵及其表现方式也在不断地发展变化。同时世界各民族的文化也相互借鉴,特别是最近几个世纪以来,东西方文化出现相互融合发展的趋势。

《中国大百科全书·人文地理学》中指出:"旅游与文化有着不可分割的关系,而旅游本身就是一种大规模的文化交流,从原始文化到现代文化都可以成为吸引旅游的因素。游客不仅汲取游览地的文化,同时也把所在国的文化带到游览地,使地区间文化差别日益缩小。"

人类各种形式的旅游活动,归结起来,不外有关物质性和精神性的两大类活动,虽然有的旅游者着眼于物质享受,有的旅游者侧重于精神文化的追求,但两者并不可能截然分开。在一个旅游活动过程中,物质和精神活动总是相互依存、相互补充的,因此在旅游者所进行的一切活动中,无论是物质的还是精神的,都是一种社会文化活动。而社会(旅游业)为广大旅游者提供的各种条件和服务,也无不与社会文化相联系。

拓展阅读7-4

据研究者统计,美国人面对面谈话时,听的一方有60%~70%的时间看着说话者,而说话者有40%的时间看着对方,平均而言,双方的目光对视3~4秒钟便会移开。而在另外一些文化中,目光直视对方往往会被视为挑衅、不尊重、不顺从,而目光低垂则表示恭敬、顺从或诚意,如阿拉伯国家。

(三)文化对旅游行为的影响

文化对人的行为的影响不是直接的,它是通过一定的中介因素来对人产生影响的。不同历史时期、不同地域文化,造就某个群体及其成员相应的价值观、审美观、宗教信仰、风俗习惯以及时尚特征等。它们构成人的心理活动的背景,进而影响到人的具体行为。

1. 价值观对旅游行为的影响

价值观是指个人关于事物、行为的意义、重要性的总的评价和总的看法。每个人对各种事物和行为的意义及其重要性都会有所评价和判断,所有这些判断和评价的主次、轻重和排列顺序,就构成了个人的价值观体系。例如:有的人认为世界是有神存在的,把听从神的旨意和侍奉神作为最重要的事;有的人认为钱是最重要的东西,把挣钱作为最重要的事。价值观是在一定的文化环境下形成的,是支配人行为的基本准则,当然也会影响人对旅游的基本态度。例如,中国传统文化主张"节欲""怡情养性",所谓"父母在,不远游,游必有方",孝子"不登高,不临危",视旅游和休闲活动为游手好闲、不务正业,有"玩物丧志"之嫌。即使是踏上旅途的人们,也常常会有一种不安感,总想在旅游过程中做点"正经事",或者走马观花地从一个旅游地赶到下一个旅游地,以为到过的地方越多收获越大,以此来减轻心中的负疚与不安。受此影响,中国有史以来除了追求"读万卷书,行万里路"的知识分子,大部分人往往认为旅游没什么价值。甚至在今天,也仍然有人把旅游看成有闲阶级的无事生非,宁可把时间花在饮酒打牌上,也不愿出门走走看看。与此不同的是,西方人一贯主张"生命在于运动",崇尚探险,对旅游抱有积极肯定的态度。西方年轻人很小就开始与同伴旅行,了解外面的世界,学习多国语言和文化,这种传统一直保留至今。

此外,在旅游形式上,中国人多以"游览""观光"为中心,追求"中庸""平和""天人合一"。西方人则强调个性,喜欢体验感官刺激,体现人对自然的征服力,故旅游中不以"游览""观光"为满足,而强调参与性、刺激性、冒险性,所以探险、攀岩、漂流、潜水、滑雪、蹦极等活动项目在西方早已盛行,只是最近几年才流传至我国。

价值观对人的行为有着全方位的指导作用,人的出行目的也会受价值观的影响。中国文化的价值观体系中"忠、孝、义"被人们看重,而耻于谈"利",这也决定了中国人出游的目的与西方人的不同。正如沈祖祥先生在其所著《旅游心理学》中所言,"无论是徐福东渡,还是郑和下西洋,都以发展文化、加强合作和联系为主要目的,而不似哥伦布发现新大陆、麦哲伦远航那样,以掠夺财富为主要目的"。

2. 审美观对旅游行为的影响

文化使人形成不同的审美观,从而影响其旅游行为。不同时期、不同地域、不同民族的文化,各自形成其群体不同的审美标准,从而赋予人不同的行为特点。对于遥远和未知的旅游地,人们知之甚少,容易把美好的期待投射到未知的地方,从而美化了这些地方。凡是自身文化体系中不具备的东西,往往被赋予一定的美感。住在大城市的人看惯了高楼大厦和熙熙攘攘的人群,向往寂静的山林和偏僻的小镇;而偏僻山区的居民则对崎岖山道和古树幽泉熟视无睹,希望看看大都市的繁华。此外,旅游者自身的文化水平、知识结构也影响到对旅游景区景点美的认知和判断。同样到泰山旅游,一些文学造诣较深、对书法擅长或感兴趣者往往对泰山石刻兴趣浓厚、流连忘返,而一些文化层次较低的游客则对此视而不见。这说明不同文化层次的人对游览对象有不同的认识和评价。经过长期观察和数据分析,对于不同地域的游客,其旅游偏好具有很大不同,参见表7-5。

表7-5　不同客源国游客旅游偏好

项目	东方旅游者	西方旅游者
价值取向	集体主义,保守的,团队出游	个体主义,积极地,喜爱散客旅游
与当地居民交往	不太渴望,交往较少	非常渴望,交往很多
旅游者特征	旗子+队伍+相机+遮阳帽	自由+休闲+牛仔裤

续表

项目	东方旅游者	西方旅游者
旅游影响因素	旅游价格、景点和文化吸引物	目的地居民好客程度、景点、距离
逗留时间	较短,7~12 天	较长,10~20 天
出境游目的	观光游览,增加知识	休闲度假,追求新奇
获得资讯渠道	旅游商,亲友介绍,广告	导游书籍,亲友介绍,互联网
景点偏爱	人工景点,自然景观	自然景观,历史文物
目的地饮食	倾向母国口味	喜欢尝试当地特色食品
购物、摄影	兴趣大,留影多,留作纪念	兴趣少,留影少

3. 宗教信仰对旅游行为的影响

宗教信仰属于文化的一部分,并影响人的旅游行为。基于某种宗教信仰而从事旅游活动古往今来就是一部分人的旅游动机之一。我国早在东晋时期就有法显西访印度探寻佛经,唐朝更有玄奘取经的壮举。我国有 56 个民族,各个民族,尤其是除汉族以外的少数民族都有其自身的宗教信仰,每到一些特殊日子,都会有大批的人出于自身宗教信仰的目的而外出旅游。众所周知,沙特阿拉伯这个缺山少水的沙漠之国正是由于圣城麦加的存在而吸引了全世界无数的游人,因为到麦加朝圣是所有穆斯林终生的心愿。对于旅游者而言,不管他自身是否怀有某种宗教信仰,宗教圣地都是一种很独特的旅游目的地。"自古名山僧占多"的说法在我国几乎是家喻户晓,仅此足见山岳风景与宗教的缘分。

4. 风俗习惯对旅游行为的影响

风俗习惯是在一定区域内群体成员约定俗成、自觉遵守的行为标准或习惯。它本身是文化的标志,具有亚文化的特点,同时又是在一定的文化背景下形成的。春节是中国最重要的节日,人们习惯于全家团圆,共享节日的快乐,没有外出旅游的习惯。所以,比起"五一""国庆"等节假日,春节的休假时间并不短,但长期以来,春节一直被视为旅游淡季,这种状况直到最近几年才开始有所改观。即使在春节外出旅游,也多是一家全体出动,仍不偏离春节"合家团聚"的主题。在西方国家的圣诞节,人们停止工作,举家欢聚,通常也不外出旅游。世界上每一个国家都有各自的风俗习惯,使得不同国家的人对日常交往、饮食起居等有不同的要求。事实上,不同的风俗习惯可以作为旅游吸引物,旅游者把体验旅游地当地的风土民俗当成是十分有趣和有意义的活动。

拓展阅读 7-5

2001 年,西班牙裔占据了加利福尼亚州总人口的 32.5%,并且每年仍持续增长。他们是重度的牛奶饮用者,比其他任何人口细分市场都要花更多的钱在牛奶上。然而,最初对于"喝过牛奶了吗?"这则广告的消费者测试显示,当广告被直接翻译成西班牙语时,说西班牙语的家庭并不觉得这个广告很有趣。正如加州乳品加工协会的执行长杰夫·曼宁(Jef Manning)解释的那样:"我们发现,在西班牙裔家庭中,没有牛奶或米饭并不是什么很有趣的事:将牛奶喝完了意味着你的家庭很失败。"除此之外,"喝过牛奶了吗?"直译成西班牙语后,大意是"你泌乳了吗?"因此,加州乳品加工协会和它的西班牙广告代理安妮塔·圣地亚哥广告公司(Anita Santiago Advertising),创造了一系列将牛奶看作神圣要素的广告,他们通常使用"家庭,爱,牛奶"这样的标语。当推广活动一定要使用"喝过牛奶了吗?"这个标语时,它将不被翻译。品牌知名度在西班牙裔人群中逐渐提高,2002年时,加州乳品加工协会测试了它的第一个西班牙语电视广告,该广告以一个神秘的西班牙人物"哭泣的女人"(La llorona)为主角。西班牙裔消费者为商业广告能了解他们的文化并特别以他们为目标而感到非常兴奋。

(资料来源:摘自《营销管理》,菲利普·科特勒,凯文·莱恩·凯勒著,王永贵等译,中国人民大学出版社,第14版)

认识各国风俗习惯的差异,一方面提醒旅游者在出门旅游中要注意"出门问禁""入乡随俗";更重要的一方面是,要求旅游服务部门在旅游接待中要认识到,不同旅游者由于文化的差异,对旅游服务的各个方面,如景点的安排、房间的布置、饮食、馈赠礼品的选择等存在差异,应向旅游者提供有针对性的个性化服务,让旅游者满意而来,高兴而归。例如:西方人忌"13",认为这是一个不吉利的数字,所以他们在出游时回避这个数字的日子,进住饭店时回避这个数字的楼层和房间。日本人也忌讳"13",但不是忌讳这个数字本身,而是忌讳加起来等于 13 的"4"和"9"这两个数字。在日语语音里,4 似"死"音,9 似"苦"音。因此,在为日本客人提供服务时要尽量避免"4"和"9"。

5. 时尚对旅游行为的影响

时尚又称流行,指社会上相当多的人在较短的时间内,由于追求某种行为方式,使这种行为方式在整个社会中到处可见,继而使人们相互之间发生了连锁性感染,从而成为一种社会风气。根据社会心理学的解释,时尚是社会物质生产和文明程度发展到一定时期的产物。可见,时尚是文化的标志。时尚的出现总与一定社会时期的文化背景密切联系着。时尚对个人行为有两个方面的影响:一是向人提供一种可供仿效的行为方式。这主要针对那些以时尚为美、以追求时尚为荣的人。二是给人造成一种心理强制,诱发从众行为的产生。也就是个人一旦意识到了时尚的存在,如果不追求时尚,内心会感到紧张和不安;如果遵从了时尚则会获得心理上的安全感,而安全感是人最基本的心理需要。可见,个人要想不受时尚的影响是很困难的。海滨度假是西方社会的时尚行为,如果某个欧洲人在假期过后没有把皮肤晒黑,会被认为是老土。所以,一些饭店提供把客人皮肤晒黑的服务。近几年,旅游渐渐成为我国年轻人的一种时尚行为,如果你哪里都没有去过,会被认为孤陋寡闻、落后于时代。

早在1890年,美国的凡勃伦在其《有闲阶级论》一书中就曾经指出,"炫耀消费"和"炫耀闲暇"是领导时尚的重要依据。在其提出此说法的若干年后,旅游热的兴起以无可辩驳的事实证明了这种说法的正确性。旅游是一种闲暇消费,并且很自然地率先出现于有钱并且有闲暇时间的阶层,进而在发达国家率先流行。旅游如今在我国也日益成为大众化的行为,但我们仍然不妨说旅游是一种时尚,并且是一种流行面日益扩大的时尚。

拓展阅读 7-6

一位美国人到中国人家里做客。客人与主人一家可以毫无困难地用英文沟通。当大家围坐在餐桌旁吃饭时,美国客人笑着对男主人说:"你的妻子很漂亮。""不,不,她不漂亮。"男主人说。美国客人看了一眼男主人,看了一眼女主人,微笑着再次说:"我是说你的妻子很漂亮。""我知道你在说什么,但我的妻子一点也不漂亮。"美国客人耸肩说道:"也许我们的审美观不同。"过了一会儿美国客人又说:"你的孩子很聪明。""不,不,他其实很笨的。"男主人说。美国客人睁大了眼睛,看看男主人,又看看孩子,简直不敢相信自己的耳朵。告辞时,美国客人说:"谢谢你们的邀请,谢谢你们精心准备的丰盛的晚餐,我们度过了一个愉快的夜晚。"主人回答道:"哪里哪里,今天晚上也没有准备什么菜,没让你们吃好,也没让你们玩好。"其实主人一家早在一周前就开始忙碌了。美国客人带着不理解离开了。

美国人不理解中国人怎么会当着家人的面贬低自己的妻子和孩子。如果同样的场景发生在美国,那女主人和孩子无论如何不会放过男主人的。而在中国家庭,男主人的做法无可厚非,如果他不自谦,反而会让男主人、女主人和孩子无所适从。中国人的礼貌原则是"夫礼者,自卑而尊人",需要贬己尊人。

(摘自《跨文化沟通心理学》,严文华著,上海社会科学院出版社,2008年版)

复习思考题

1. 群体有哪些类型?人可以离开群体吗?
2. 群体对个体的行为会产生哪些影响?
3. 你曾经从众吗?为什么?
4. 中国存在社会阶层吗?你如何看待不同社会阶层的人的旅游行为?

第八章　旅游服务心理

本章提要

> 旅游产品是旅游企业经营者为旅游者提供的用以满足其在旅游活动中的物质、精神综合需要的全部的服务总和，具有无形性、独特性和双重性。旅游服务具有直接性、综合性、时间性、应变性、情绪性和艺术性。在旅游服务中，由于旅游服务人员的特定角色和客人的特殊性，使得旅游客我交往具有以下特点：短暂性、公务性、不对等性和个体与群体的兼顾性。旅游服务应遵循"双胜原则"。

　　旅游活动的开展需要一定的客观条件,如多种类型的旅游资源、丰富而有特色的旅游商品、良好的饭店和现代化的交通工具等旅游设施。不具备一定的客观条件,旅游活动便无法进行。但是,良好的旅游条件只有通过旅游服务人员的服务才能发挥积极的作用。因此,旅游条件能够产生什么样的作用,旅游活动能取得什么效果,关键在于旅游服务人员的工作状态,在于他们创造什么样的服务水平。旅游服务主要包括导游服务、饭店服务、旅游商品销售服务和旅游交通服务。旅游服务人员为了提供使旅游者满意的高水平旅游服务,必须了解旅游服务的特征以及旅游服务中的客我交往原则,并以此为依据开展自己的工作。

第一节　旅游服务的特征

旅游行为是一种特殊的消费行为,旅游者消费的旅游产品是一种充满新鲜感、幸福感的旅游体验,不是看得见摸得着的实物。也就是说,旅游产品实际上是旅游企业经营者为旅游者提供的用以满足其在旅游活动中的物质、精神综合需要的全部的服务总和。这一点是旅游产品与其他产品的最大不同。所以,在考察旅游服务的特征之前,要先来看看旅游产品的特征。

一、旅游产品的特征

服务在很多情况下是无形无质的,如优雅的环境、甜美的微笑、及时的帮助、礼貌的言语等等,服务人员的一举一动都会影响服务效果,也都是服务本身,而游客身处其中,却并不觉得享受到了服务。因而,以提供服务为主要内容的旅游产品也具有不可感知的特征,其营销环节也带有独特之处。

(一) 旅游产品的无形性

刘纯在其《旅游心理学》一书中指出,旅游产品是以看不见摸不着的服务的形式表现出来的,具有不可感知性、不可分离性、不可贮存性、差异性和缺乏所有权5个基本特征。旅游服务常常不是能拿在手里的东西,而是美好的体验。旅客乘坐飞机,从一个地方被运送到另一个地方,而此时手里除了握有机票和登机牌之外,不再拥有任何东西,同时航空公司也没有把任何东西的所有权转让给旅客;游客在景区游览,景区景色宜人,游客流连忘返、愉悦身心,而他们走出景区时,却不能带走什么。作为旅游产品的旅游服务,除了功能服务之外,还有心理服务,所以它是无形的,不能用一般的商品的外在质量和内在标准进行统一的评定和衡量,也不像一般概念上的旅游产品那样,在购买后一旦发现质量问题还可以实行包退、包换、包修的"三包"政策。"良言一句三冬暖,恶语伤人六月寒",细致周到、充满人情味的讲解和服务,会为游客带来愉悦的心情和美好的回忆。旅游者在整个旅游过程中,吃、住、行、游、购、娱的各个环节,无一例外都在接受旅游接待人员的服务,而这种服务的质量直接影响游客的心理感受,但又常常看不见摸不着。从旅游者的角度出发,旅游服务过程也就是旅游者购买"经历"产品的过程。

(二) 旅游产品营销的独特性

旅游产品与一般概念上的旅游产品虽然一样都存在着一个要销售的问题,但二者的销售有很大的不同。一般概念上的旅游产品的出售是在旅游者选中了产品之后再付款的,而旅游服务这一产品则是在旅游者先付款购买后才接受服务的。尤为复杂的是,旅游工作者和旅游企业可以单独制作和生产一般概念上的旅游产品,却不可以单独制作和生产旅游服务产品,旅游服务产品必须是在旅游者的直接参与下才被生产出来。也就是说,旅游者不仅是旅游服务产品的购买者和消费者,也是旅游服务产品的生产者和制作者之一。同样价格标准的饭菜,环境幽雅、餐具卫生与环境脏乱、餐具不干净,就餐的人会有完全不同的感受。加上作为旅游产品的旅游服务直接作用于旅游者身上,而不同的旅游者对旅游服务的要求又不同,这就要求作为旅游产品的旅游服务在销售策略上必须采取积极主动的态度,并关注和满足旅游者的个性需求,而不是"守株待兔"。服务稍有不慎,旅游者就会不愉快,就会认为旅游产品不合格,旅游服务也将因无法销售出去而宣告失败。因此,吴正平先生把旅游服务这一产品形象化地称为"经历"的产品。如导游员在为客人讲解,客人所经历的并不是"提供"服务,而是"接受"服务。构成游客经历的是"听取"导游员的讲解,这一分析可谓把握住了作为旅游产品的旅游服务的本质和关键。

(三)旅游产品的双重性

旅游产品包括两个无法分割的部分:高效率地帮助旅游者解决在食、宿、行、购、游、娱等方面所遇到的种种实际问题或具体问题,如舒适的客车、安静的酒店、美味的食品、优美的景致、便捷的交通等,称为功能性产品;而旅游服务人员富于爱心和善解人意,为游客带来的好心情,使其获得各种愉快的感受叫作服务性产品。吴正平先生认为,功能服务为"实",心理服务为"虚"。旅游服务只有真正做到"虚""实"结合,才是富于人情味的服务,才是真正能够让旅游者感到满意的优质服务。

日本学者前田勇总结了服务的两种不同的使用方法,提出了双重服务的概念:一方面,服务可以理解为提供某些方便的活动本身;另一方面,不把提供某些方便的活动本身而只把提供的做法理解为服务。前者可称为"机能性服务",这方面的服务是根据客观上的事情来认定的;后者可称为"情绪性服务",这方面的服务是根据每个人的主观判断来认定的,能否感觉到服务则因人而异。比如服务人员面带微笑为客人送上一杯饮料,"为客人送饮料"可看作"机能性服务",而"面带微笑"可看作"情绪性服务"。在不同的行业中,机能性服务和情绪性服务所占的比重不同,旅游行业情绪性服务所占的比重较高。

结合上面的论述,我们对旅游服务的概念作以下界定:旅游服务是旅游者在旅游过程中购买、消费、享受和使用的作为"经历"的旅游产品。其中,旅游者是旅游服务的中心,是活的灵魂,而包括宾馆、饭店、娱乐、交通、导游、翻译等在内的旅游服务、旅游服务人员,因其结合变成了一种供旅游者购买的产品。

二、旅游服务的特征

服务是一种特殊的劳动方式,它以劳动的直接形式,即劳动本身来满足人们的某种需要。旅游服务是旅游业最重要的产品,它不同于一般的服务,它是以一定的设施、设备和产品为依托,以服务人员的活劳动在使用价值方面满足客人物质和心理的需求。服务质量是旅游业的生命线,它直接关系到旅游企业的声誉和经济效益。服务质量的高低取决于客人满足程度的高低。与其他行业的服务相比,旅游服务具有以下特征。

(一) 直接性

旅游服务这种旅游业的特殊产品表现为活的劳动形式,它是所有旅游产品的主要表现形式,并像一条主线,将所有的旅游产品组合于旅游目的地。在其他行业中,虽然也有现场的指导和示范,或者也逐步地增加了售后服务的内容,但几乎无法比旅游服务人员为消费者提供的帮助更为直接和提供服务时更为亲密。这种"直接"和"亲密"的功能在顾客的成功消费中的作用是巨大的。高级和正规的酒店是不可能只为客人提供房间和一般用品而要求客人自己去清理房间的。无论旅游者接触到的是哪种类型的旅游资源或旅游设施,都需有旅游从业人员提供的直接服务方能显现其使用价值。在商品经济条件下,一般物质产品从生产到消费并不是直接的,产品一般必须通过中间环节,即商业这个流通环节才能实现。产品质量不仅有检测的过程,而且消费者对不满意的产品还有退换的权利。旅游服务则不同,旅游生产者和旅游消费者之间是直接的、面对面进行的,旅游者通过享受直接的旅游服务实现旅游消费,没办法退换。在其他行业中,生产过程是消费者无法观察的,而在旅游业的产品生产过程中,许多生产活动都是在客人在场的情况下进行操作和表现的,是在客人的直接监督下从事生产活动的。现在,就连过去一直被认为绝对不可让客人观察的餐饮产品的生产,也从后台走到了前台,并且成为餐饮中的高档消费形式。这个直接性特点对旅游服务提出了很高的要求,因为它直接影响着旅游者的旅游体验。

(二) 综合性

社会上其他服务行业的业务范围一般来说都比较单一,而旅游服务却具有综合性特点。旅游服务涉及的范围比较广泛,包括从向潜在的游客提供旅游趋向或设施、设备的咨询和广告信息,到游客作出旅游决定之后,为游客筹划线路、办理签证、购买机票和车票、订房、准备有关资料等事宜,然后是具体消费服务和售后服务。从服务领域上看,包括旅行社、饭店和交通等服务。旅游实际上等同于旅游者离开家到异地生活一段时间,在这段时间内,吃、住、行、游、购、娱诸消费样样齐全且环环相扣,这就需要各种不同的服务环节紧密连接、合理衔接。旅游服务必须具有完整性、系统性和科学性,不能有任何哪怕是细微的疏忽和大意,否则会造成整个旅游服务的失败。在旅游界有一个公认的定理:"100-1=0",这说明在旅游服务整个过程的若干环节中,不能有一个环节出问题,只有这样才会取得优质服务的效果。

随着社会的发展、科学技术的进步和人们生活质量的提高,一般性的旅游服务已满足不了旅游者的愿望。旅游服务作为一种观念、传统、手段和途径，必然要受到这种不满足的冲击而需努力与之适应。为此，旅游业服务人员在为旅游者提供旅游服务时要以客观、全面和发展的观点看待和适应旅游服务。

（三）时间性

首先，旅游服务具有不可贮存性，只要没有提供给旅游者，它就没有价值。其他行业中虽然也存在着库存积压和商品价值损耗直至完全报废的可能，但是，旅游业的产品具有更为特殊的时间性价值。例如，一间客房如果当天没有完成销售，其当天的价值就永远消失了，第二天的销售只能产生第二天的价值。当然，我们必须说明，其他产品在库存状态时也是没有实现其价值的，如果永远无法实现销售，那么它的价值也是逐渐消失的。时间价值性是所有商品的属性，只是旅游产品在此方面表现得更为特殊罢了。

其次，服务时机是使服务发挥最大功效、使客人感到心理满足的重要条件。在实际服务过程中，客人对某项具体服务的需求有一个时间点或时间段，在这一时间点或时间段内，服务人员能提供客人所需的服务，客人会感受到服务的及时、周到和细致并产生愉快的心情；如果服务时机超前，客人会产生厌烦情绪，而如果服务时机滞后，客人又会产生被怠慢、被冷落等感觉。许多服务都具有边生产边消费的特点，它是一个时间段内的总体劳动。旅游服务不像物质产品那样必须等到生产好后才能交付使用，它是根据旅游需求的随机提出而即时提供的劳动。旅游服务带有时间上的紧迫性，必须马上完成，如果拖延，客人可能就不再需要了。如果客人提出的服务委托没有达到预期效果，其劳动价值也无法体现。

（四）应变性

旅游者来自不同的国家和地区，他们的年龄、性别、职业各不相同，每位旅游者都有着不同的兴趣、爱好和习惯，并且表现出不同的旅游需求和动机，但是他们有一个共同的要求，那就是得到优质的服务。因此，旅游服务人员必须根据旅游者的心理、需求和具体环境，积极主动地进行服务。旅游者的需求是多方面的，环境的变化也是随时的，而提供服务的准确性往往是有限的，面对这种千变万化的情况，当旅游者提出或表示出要求时，服务人员应该马上作出反应，使客人感到满意，使旅游过程圆满成功。比如，对残疾人的接待要细心周到，活动安排要尽量适合他们的身体条件和特殊需求；对儿童可多讲故事，不宜给他们吃零食，更不可单独把他们带走；对宗教人士则要充分尊重其信仰，对其所信仰的宗教不宜随意评论。又如：一个服务员频频询问客人有什么需要，性格外向的旅游者会认为服务人员热情、主动，性格内向的旅游者则可能认为他琐碎、啰唆；缺乏旅游经验的客人希望得到较多的帮助和指点，而常出门旅游的客人则可能对服务人员老是不离左右感到不以为然；等等。

此外，旅游者对旅游服务需求的提出有时是非常突然的，而旅游业为应付这些需求的准备却往往有限。特别是每个国家或地区的生产力发展水平不同,提供旅游服务的条件也会有很大的差异。客观现实中还可能会突发与服务环境、条件不协调的变化,而服务人员在意想不到的困难面前却因没有做好准备有可能导致旅游者的不满。服务业若想改变此种被动的局面,就应当在应变能力上下些工夫。比如,当旅游服务过程中出现意外情况时,服务人员要站在旅游者的角度,以自己的实际行动表现出力求解决问题的重视态度,并随时向客人通报实情与事情变化的可能性分析,征求客人的意见,这种尽心竭力的服务方式可以换来客人的信任与谅解。当事情发展到无法挽回的地步时,服务人员可提出新的建议或替代方案来转移客人的消费趋向。但新的方案必须与被替代的消费项目等价,使旅游者感到自己的权益未受侵犯。服务人员应学会随时肯定客人的正确、无辜与明智,以激发客人与自己一道解决问题的主动性和积极性。旅游服务的应变能力的高低能显示出旅游服务人员的业务水平的高低。

(五) 情绪性

旅游服务作为旅游业产品的重要组成部分,其质量并非完全依赖有形物体,也不能用一个可视的尺度去衡量,它蕴涵在服务人员的动作和思维哲理之中,反映在游客头脑里。旅游者的旅游消费中精神享受的成分占主要地位,所以当旅游者要求得到旅游服务时,不仅为谋求服务特有的活动功能,更想得到精神上的满足,其中包括自我欣赏性的自尊和社会认可性的他人尊重,因此,旅游者对旅游服务明确提出了态度方面的要求。所以,旅游服务质量体现在旅游服务人员的感激、赞誉、赏识、理解、满意、鼓励、喜欢的面部表情里;体现在服务人员表达个人心声、传递企业职业道德和经营作风的言谈话语里;体现在服务人员对服务工作的热忱、对顾客的尊重和依恋之情的身段动作及超前意识里;体现在游客的内心感受之中。所以,旅游服务具有明显的情绪性特征。

(六) 艺术性

旅游是一种享受性的消费活动,服务质量对旅游者的情绪会产生很大影响,除前期服务所创造的环境外,还要求服务过程中显示出艺术魅力,特别是服务人员通过接待语言和劳动操作两个方面给人以美的享受。

语言交流是旅游者接触旅游服务的最初阶段。服务语言得体,为旅游者所接受或信赖,是贯穿全部服务过程的重要内容。生动的语言、和蔼的语气、亲切的表情、得体的手势,都能使旅游者感到满意。有些旅游服务项目对从业人员技能技巧的基本功训练已成为职业工作的必需,其中有许多劳动操作的熟练技巧甚至可达到近乎艺术表演的程度,那种干练、利索、敏捷、轻盈的动作能使人产生音乐节奏和舞蹈造型般的和谐美感,而粗心大意、手忙脚乱、不知所措、笨嘴拙舌等生疏服务的最好结局也顶多是旅游者无可奈何的忍耐或放弃消费要求。

旅游活动不同于日常生活,在旅游活动中,旅游者不仅要得到物质上的满足,还要获得精神上的审美和愉悦享受。所以,旅游服务也就不同于一般性的服务,不仅要具有实用性,而且要具有艺术性。每一位旅游从业人员,从一般服务人员到管理人员,都要衣着整齐,仪态大方,彬彬有礼,给客人一种亲切感和真诚感;态度要十分友好和谦恭,动作要干净利索、规范化而又富有节奏感。在同一时空扮演不同的角色,表现出高超的语言艺术,这就需要旅游从业人员有艺术家的修养和素质。旅游者接受这样的旅游服务,自然会产生美的感受。在这个意义上,旅游业又是一种创造美的艺术的事业。

拓展阅读 8-1

在互联网时代,旅游服务也呈现出许多新的变化。首先,基于大数据指导的旅游产品服务完善。通过与百度、阿里、携程等大数据公司合作,获取旅游游客信息,包括游客的年龄、性别、客源地、兴趣偏好、住宿及餐饮偏好、游客反馈等信息,基于大数据,旅游企业可及时更新产品销售策略增加产品销售种类、提高企业效益。其次,基于移动支付手段的旅游服务增加。根据国务院办公厅《关于进一步促进旅游投资和消费的若干意见》,支持有条件的旅游企业进行互联网金融探索,打造在线旅游企业第三方支付平台,拓宽移动支付在旅游业的普及应用。基于移动支付手段的旅游服务内容包括:推动旅游景区、旅游企业、酒店、餐馆及其他旅游服务商提供微信、支付宝等移动支付服务,优化旅游游客的消费体验,提高游客在的消费额。最后,基于O2O模式的旅游服务广泛发展。游前,游客浏览旅游资讯网、微信号、马蜂窝、百度旅游等,并通过携程、去哪儿、大众点评等网站在线支付、购买门票。游中,游客通过触摸屏了解景点资讯、路线等,在通过交通导航到达景点之后,游客扫描二维码即可进入景区,并通过手机App语音讲解景点,通过智慧体验馆深度体验当地的旅游文化、旅游特色。游后,游客通过微博、微信马蜂窝等网站对旅游进行点评、游记分享,从而对整体旅游形象、品牌形成二次传播。

(吴必虎:全域旅游视野下旅游+的系统应用,2015)

第二节 旅游服务中的客我交往

旅游活动中的人际交往大致可以分为3种:第一种是服务人员与客人之间的交往,称之为"客我交往",这是旅游服务中人际交往最典型、最有价值的;第二种是客人之间的交往,在通常情况下此类交往发生频率较低;第三种是员工之间的交往。在此我们主要探讨第一种情况。

一、旅游服务中的客我交往概述

作为旅游工作中最典型、最具有价值的人际交往,客我交往每时每刻都在发生,它既是服务的过程,又是服务的结果。

(一) 客我交往的含义

所谓客我交往,是指旅游服务人员与客人之间为了沟通思想、交流感情、表达意愿、解决在旅游活动中共同关心的某些问题而相互施加影响的各种过程。它是旅游服务存在的条件和方式,没有客我交往也就没有旅游服务。客我交往的形式分为直接交往和间接交往两种。直接交往是运用语言、面部表情、身体语言等交际手段所进行的面对面的接触。间接交往是借助书面语言、大众传播媒介或通信技术手段所形成的接触。旅游服务中两种交往形式同时存在,以直接交往为主,它是影响服务效果的主要因素。

(二) 客我交往的特点

在旅游服务中,旅游服务人员的特定角色和客人的特殊性使得旅游服务不同于一般的服务,具有以下特点。

1. 短暂性

随着旅游交通的迅猛发展以及人们时间观念的增强,形成了旅游中的客我交往频率高、时间短的活跃局面,短暂性的特点愈加突出。客人在一个目的地逗留的时间不会很长,一般只有一两天,因而客我之间接触的时间也相应短暂,客我之间相互熟悉了解的机会也随之减少。这一特点要求旅游服务人员应注意给客人留下良好的第一印象。

2. 公务性

在一般情况下,旅游服务人员与客人的接触应只限于客人需要服务的时间和地点,否则就是一种打扰客人的违规行为。客我之间的接触只限于公务而不应涉及个人关系,由于客我交往的短暂性,更不可能了解客人的全部情况。客我之间若发生公务以外的往来,一般是不可取的。

3. 不对等性

客我之间的交往通常是一种不对等的交往。所谓不对等的交往,是指在这种交往过程中,只有客人对服务人员下达指令,提出要求,发号施令,而不存在相反过程的可能。不对等交往也表现为服务人员必须服从和满足客人的意愿。因此,客我之间的不对等主要体现为客人的金钱与地位为一方面,主人的知识与服务为另一方面,是这两方面关系的不对等。那些传统观念较深的服务人员,常常不能正确理解和处理这种不对等关系而陷于自卑或产生逆反心理,给旅游企业的管理和服务质量造成消极影响。

4. 个体与群体的兼顾性

在旅游活动中,一般情况下,旅游服务人员接待的是一些个性相异、具有不同旅游动机和消费行为的旅游者个人,因此,在交往过程中,服务人员依据每个旅游者个体的个性消费特征向他们提供服务,就成为交往的主要方面。但旅游活动的复杂与特殊性使得一些同一社会阶层、同一文化、相同或相似职业的人聚集在一起组成同质性旅游团,在旅游消费过程中便出现从众、模仿、暗示、对比等群体消费特征。因此,旅游服务人员在客我交往中必须注意个体与群体的兼顾。

(三) 客我交往的心理分析

客我交往的形式分为直接交往和间接交往两种。直接交往可以理解为运用人类自然交际手段(语言、面部表情、身体语言),面对面的接触。间接交往是借助书面语言、大众传播媒介或通信技术手段所形成的接触。直接交往的优点是反馈迅速而清楚,间接交往的反馈联系则比较困难。

直接交往必须具备一定条件才有可能:交往双方的一方想发出某种信息,另一方想收到这种信息;交往双方期望获得一定的效果;交往双方都有意或无意地力争达到相互了解。交往过程也是双方各自支配着对方反应的过程。

旅游服务中两种交往形式同时存在,以直接交往为主,它是影响服务效果的主要因素。关于怎样通过客我交往使客人对旅游服务产生良好的回应,南开大学甘朝有、齐善鸿二人合著的《旅游心理学》一书中对客我交往心理状态的假设很有参考价值,在此加以转述。

此假设将人的心理状态划分为两个维度,即积极性和情绪性,并设定可测量人的积极性和情绪性的单位,取单个人的积极性和情绪性的平均值作为读数的起点(即零点)。参见图 8-1。

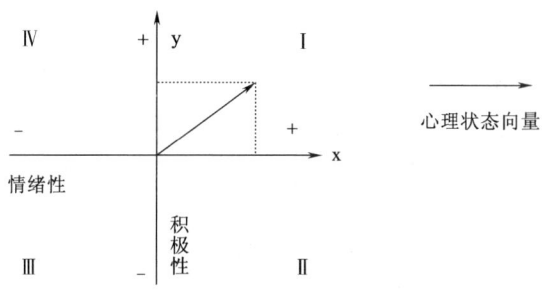

图 8-1 心理状态图

图 8-1 中,x 轴代表情绪性,y 轴代表积极性。每个人情绪性和积极性的不同数值都能在图上找到,并合成一个交叉点,这个点表示人的心理状态。

从图 8-1 中可以看出,坐标系所划分出的 4 个自然区域恰好可以把人的心理状态分为 4 种类型。

Ⅰ 区表示该人的情绪很好,积极性很高。在这种状态下人显得轻松愉快,活跃好动,容易接纳他人,易于接近。

Ⅱ 区表明该人情绪很好,但积极性不高。这时候人一般比较沉静,自得其乐,有种沉浸其中的感觉。

Ⅲ区表明此人情绪不好,积极性也不高。这时人看起来意志消沉、心灰意懒,有种暴风雨过后还没缓过劲来的感觉。

Ⅳ区的人情绪不好而积极性却很高。此类人可能刚刚遭遇挫折,内在冲突、焦虑、愤懑无从发泄,此时他最易寻衅滋事,与他人发生冲突。

从客我交往角度看,只有客我双方心理状态向量的合力落在Ⅰ区才是最佳效果。就是说服务员必须永远把自己的心理状态点调整到Ⅰ区,然后视客人的情况采取相应的服务行为,以期双方的交往产生好的结果。

一般而言,心理状态处于Ⅰ区的客人最易于交往,其和同样心理状态处于Ⅰ区的服务人员交往的结果一定是好的。如果客人的心理状态处在Ⅱ区,即客人情绪不错,但积极性不高,此时服务人员就大有用武之地了,要想办法感染他、影响他,把客人的积极性提高,从而促进消费。如果客人心理状态处在Ⅲ区,难度是最大的。这种客人情绪和积极性都处于低潮,作为服务人员要想把这两方面全面扭转过来,通常是办不到的。这种情况下要首先设法调动客人的情绪,再调动其积极性,这个顺序必须遵守。客人心理状态处于Ⅳ区是最危险的,这类客人情绪很坏,但积极性很高,属于气急败坏的寻衅滋事者。他们可能装了一肚子火在伺机发泄,正在寻找攻击目标和替罪羊。此时的策略是,服务人员应根据经验迅速判断出这类"危险"的客人,提供迅速而谨慎的服务,不要过分殷勤,试图引导其多消费,应以避免冲突为最佳选择,不求有功,但求无过。

旅游心理学

拓展阅读 8-2

在有关知道对方喜欢自己对人际吸引影响的研究中,巴克曼(Backman,1959)等人让陌生的被试组成一个小组。他们对每个被试讲,对他们所作的个性测验表明,小组里有几个特别的人会喜欢他们。事实上,这些信息是假的,分配也与小组成员的个性无关。作为非正式的讨论小组,小组成员聚在一起共 6 次。每次讨论结束时主试告诉被试说,有可能解散小组而分成两个小组。主试要求被试指出,他喜欢与哪一个成员组成两人小组。结果表明,第一次讨论后被试选择主试说会喜欢他们的成员组成两人小组,但最后一次讨论之后就没有这个现象。显然,第一次讨论后,那些被试感到对他有好感的成员对自己也有着吸引力。而后来,来自小组成员的反馈信息替代了主试所提供的信息,这两人小组就不再存在了。这个实验说明,在人们相互作用过程中,确实存在着"喜欢的回报"原则。

(摘自《社会心理学》,俞国良著,北京师范大学出版社,2007 年版)

二、双胜原则与客我交往

客我交往是旅游服务中最具价值的交往关系,交往双方在不断的互动过程中应该本着哪些基本原则、实现哪些最终目的,直接影响着交往双方如何扮演自己的角色,并决定了整个服务的过程和结果。旅游心理学中的双胜原则的宗旨是:旅游工作者应该让自己与自己的服务对象双方都成为胜利者。以"双胜"为目标——这是旅游工作者在旅游人际交往中必须坚持的一项基本原则。

(一)"双胜"的含义

"双胜"不是指战争中的胜利或失败,而是人际交往中彼此都满意的结局。作为一名旅游服务人员必须懂得:你永远不可能"战胜"客人。如果你觉得你已经"战胜"了客人,那不是胜利而是失败。你不能让客人成为失败者,但是你自己也不能成为失败者。处理客我关系的原则应当是双胜原则,即让双方都成为胜利者的原则。所谓"双胜",就是让你得到你想得到的东西,我也得到我想得到的东西。至于你应该得到什么,我应该得到什么,要由双方所扮演的社会角色来决定。当你我想得到的并不是同一个东西时,争取一个"双胜"结局是完全有可能的。

人与人交往有4种不同的结局:

第一种结局是"我胜你败"——"我得意,你受气";

第二种结局是"你胜我败"——"你得意,我受气";

第三种结局是"两败俱伤"——"我有气,你有气";

第四种结局是"双胜无败"——"我满意,你满意"。

实际上,人与人相处的最终结局并不存在所谓"我胜你败"或者"你胜我败"的情况,要么是"双胜",要么是"双败"。如果出现了"一胜一败"的局面,失败的一方可能有3种选择:或者屈服于胜利的一方,但口是心非,阳奉阴违;或者对胜利的一方怀恨在心,伺机报复;或者在感情上疏远胜利的一方,再不与之往来。无论"失败者"作出哪一种选择都不能给"胜利者"带来真正的胜利,最终仍然会导致"两败俱伤"的结局。

显然,只有"双胜无败"才是最好的结局。旅游工作者在与客人和合作者的交往中以"双胜无败"为目标,就是要使彼此的交往有一个"双方都是胜利者"的结局,一个"只有胜利者,没有失败者"的结局。

(二)旅游服务中的双胜原则

就旅游工作者在工作和日常生活中某一次与人交往的结局来看,我们可以对"双胜"作这样的理解:

第一,双方都得到了自己想要得到的东西,这就是"双胜"。

第二,虽然并没有得到自己想要得到的一切,但双方都得到了自己最想得到的东西,这也是"双胜"。

第三,即使没有得到自己最想得到的东西,只要双方都得到了自己应该得到的东西,都觉得合情合理,这也是"双胜"。

第四,"尊重"是旅游工作者、客人和合作者都想得到也都应该得到的。因此,只要双方都得到了应有的尊重,即使未能解决某些具体问题,也应该说是有了一个符合"双胜"要求的结局。

为了实现优质服务,旅游企业提出了"客人总是对的"这样一个口号,要求旅游服务人员无论在客人"对"的情况下还是在客人"不对"的情况下,都要把"对"让给客人,这样,客人胜利了,服务人员也因为成功地扮演了自己的社会角色而成了胜利者,这就是符合"双胜"的结局。

无论是在与客人的交往中还是在与合作者的交往中,都要清醒地意识到,在这种特定的角色关系中,对方应该得到的是什么,自己应该得到的是什么。我们在不同的场合扮演着不同的角色,什么时候应该得到什么,什么时候应该付出什么,必须心中有数。社会是一个旋转舞台,"双胜"是一种综合平衡。要在与客人和合作者的交往中争取一个双方都"有所得"的结局,旅游工作者就必须考虑到对方想要得到和应该得到什么,而不能只考虑自己想要得到和应该得到什么;在彼此有分歧、有矛盾时,也一定要克制那种让自己"大赢特赢"、让对方"一无所获"的冲动;即使对方真的不对,也要给对方"留面子",不能让对方觉得"丢脸"。例如,证明自己说的句句都对,对方说的句句都错;或者因为自己"要面子"而死不认错;或者"得理不让人",完全不顾及别人的脸面,都是不符合双胜原则的。

(三) 按双胜原则处理客我关系

按照双胜原则去处理客我关系,首先意味着一定要把"分清是非"和"争输赢"加以区别,本着"客人至上"的宗旨,实现"客人总是对的"。如果在客我之间真的出现了大是大非问题,那当然必须弄清楚是非,但分清是非并不意味着要同客人争输赢,也不意味着要迫使客人向自己认错。其次,应该摆正客人与服务人员各自的位置,扮演好自己的角色。

1. 坚持"客人永远是对的"的思想

所谓"客人总是对的"并不是一个判断,而是一种工作要求,其实质就是告诉服务人员不要去和客人争输赢。在旅游工作者与客人之间出现是非问题时,可能是旅游工作者不对,也可能客人不对,不能武断地判定谁是谁非。"客人总是对的"这句话可以粗浅地理解为:即使真的是客人不对,也绝不要说客人"不对",而要把"对"让给客人。

"客人总是对的"这句话最早是由美国"世界旅馆之父"埃尔斯沃思·密尔顿·斯塔特勒提出来的。斯塔特勒在年轻时曾当领班,他遇到过这样一件事:有一天,他看到一位客人怒气冲冲地从餐厅出来直奔服务台,叫值班员评一评服务员同他孰是孰非。值班员有点为难,因为他根本不知道发生了什么事,不知他们为何而争吵。而那位余气未消的客人却认定为什么吵架并不重要,而是就吵架这件事来说谁对谁错。值班员怀疑客人多喝了酒,于是就回答客人说:"因为我认识那位服务员比认识你早得多,也了解得多,平时他很少与人争吵,今天大吵,肯定你有什么事惹恼了他。"客人听到这一番话,马上回到房间收拾了东西,结清账后愤怒地离开了旅馆。斯塔特勒把此事记录下来,并加上自己的感想,这就是流传至今的服务座右铭——"客人总是对的"。

"客人总是对的"作为一句口号由国外传到我国,很多人接受不了。客人对的时候,我们当然不能说他们"不对";客人不对的时候,我们也不能说他们"不对",这样岂不是完全不分是非了吗?客人也是人,人非圣贤,孰能无过?怎能说"客人总是对的"?既然"客人总是对的",那就意味着"服务人员总是错的"。难道服务人员与客人有分歧,"有理"的总是客人,"没理"的总是服务人员吗?服务人员想不通是有道理的。如果把"客人总是对的"这句话当成对客观存在的事实所作的一种判断,那就会怎么也想不通。必须指出的是,"客人总是对的"这句话并不是对客观存在的事实所作的判断,它只是对服务人员应该如何去为客人服务提出了一种要求。

首先,"分清是非"不等于"争输赢"。

对于客我之间的是非问题,首先要看它是"大是大非"还是"小是小非"。如果是"小是小非",那就不要去和客人计较。对于旅游工作者来说,为了一点小事情去和客人计较,惹得客人不高兴,是得不偿失的。在这种情况下,把"对"让给客人是对的。如果遇到必须分清的"大是大非",那就一定要记住:"分清是非"并不等于"争输赢"。"分清是非"与"争输赢"的区别在于:"分清是非"只是要弄清楚"什么是对的,什么是错的","争输赢"则是一定要争一个"谁是对的,谁是错的"。为了不使"分清是非"变成"争输赢",我们就要善于既不明确地去说客人"不对",又在事实上把是非分清。例如,某一项规定是所有的客人都必须遵守的,有一位客人却硬是不肯按规定办事,这当然是不对的。然而,作为旅游工作者,应该做的是想方设法使这位客人也能像其他客人一样按规定办事,而不是想方设法去迫使这位客人"认错"。只要这位客人也能像其他客人一样按规定办事了,那就说明"该不该按规定办事"这一"是非"已经分清了,就完全没有必要再去批评他原来不肯按规定办事是如何的"不对"。当一个人想要改变自己的行为时,"下台阶"的办法是很多的,并不是非要认错不可。如果在事实上是非已经分清,我们还非要对客人说"是你不对,而不是我不对",一定要争一个"我对,你不对"的结局,那就是把"分清是非"变成了"争输赢",就违背了以"双胜无败"为目标的原则。

其次,客人是来"花钱买享受"的,不是来接受批评的。

当然,客人完全有可能犯错误,但是,客人是来接受服务的,不是来"接受批评"的。"客人总是对的"是因为客人总是认为自己是对的。客人不喜欢我们说他们"不对",更不喜欢我们逼着他们承认自己"不对",有的客人甚至会认为,说他们"不对"就是对他们的贬低。我们的工作是满足客人的需要,而不是批评或者纠正客人的错误。"客人总是对的"这句话向服务人员提出的要求是,作为服务人员应该记住,不要说客人"不对",即使事实上客人是不对的,你也不要说客人"不对"。

第八章 旅游服务心理

如果服务人员批评客人，说客人"不对"，客人就会认为这是把"花钱买享受"变成了"花钱买气受"。所以服务人员不应该批评客人，任何时候都不能说客人"不对"。即使完全是客人的错误，也应该接受客人的责备并且表示自己的歉意，保全客人的面子，帮助客人摆脱窘境。绝不能与客人去比高低、争胜负，指责客人的错误，显示自己的正确。

最后，让客人明白自己的问题，并不一定要他承认自己"不对"。

当客人的所作所为有不当之处时，不明说客人"不对"并不等于完全不分是非。在事实上把是非分清，也并不是一定要在口头上挑明客人"不对"。例如，对于"逃账"的客人，服务人员是应该把钱追回来的。把钱追回来了，那就意味着是非已经在事实上分清了，并不是一定要指责客人"逃账"。如果发现某一位客人有严重的违法乱纪问题，应该送交公安部门处理，已经不能当作"客人"来接待了，那就完全是另外一回事。

2. 工作中的服务人员应扮演"提供服务者"的角色

在旅游服务人员与客人的交往中，客人处于"消费者的位置"，扮演"接受服务者"的角色；而旅游服务人员处于"工作者"的位置，扮演"提供服务者"的角色。当客人得到了优质服务而成为"胜利者"的时候，服务人员也因为成功地扮演了自己的角色而成为"胜利者"。客人赢得了服务，而服务者赢得了客人。反过来说，如果客人因为没有得到良好的服务而成为"失败者"，那么服务人员也因为没有扮演好自己的角色也同样是"失败者"。在为客人服务的时候，服务人员所要达到的直接目标就是扮演好自己的角色，只要成功地扮演了自己所承担的角色，为这种扮演所付出的代价是会理所当然地得到补偿的。

第一，正确认识客我之间的"平等"和"不平等"。

我们说人与人应该是平等的，这个平等有多方面的含义。从心理学角度来看，人与人之间的平等主要是指互相尊重。从这个意义上说，服务人员与客人是平等的。因为服务人员与客人应该互相尊重，客人不应该瞧不起服务人员，服务人员也不应该怠慢客人。

在服务过程中，服务人员不可能与客人"平起平坐"，经常是客人对服务人员呼来喝去，服务人员则无条件地忙前忙后。"客人坐着我站着，客人吃着我干着，客人玩着我看着"。这不表示客人与服务人员"不平等"，而是因为服务人员和客人扮演着不同的社会角色。客人有权利要求服务人员为自己提供服务，而服务人员有义务按照客人的要求去为他们提供服务。只要客人的要求是正当的、合理的，服务人员就无权拒绝客人的要求。从这个意义上说，服务人员是不可能与客人"平起平坐"的。例如，小王是餐厅服务员，当理发员老张来餐厅用餐时，小王应该恭恭敬敬地为老张服务，不能与老张"平起平坐"；同样，当小王到老张的理发店去理发时，老张也应该恭恭敬敬地为小王服务，不能与小王"平起平坐"。不能"平起平坐"的原因是双方扮演着不同的社会角色。明白了这一点，服务人员就不会心理不平衡了。从服务人员与客人应该互相尊重这个意义上说,服务人员与客人是平等的。如果把这个"平等"理解为服务人员可以与客人"平起平坐",那就错了。

第二,不要把自己和自己所扮演的"社会角色"混为一谈。

要处理好自己与社会角色的双重关系,服务人员既要有"角色意识",又要有"超角色意识"。所谓"角色意识",就是在与客人交往中,自始至终都要清楚地意识到彼此之间所扮演的角色,自己的一言一行都要与自己扮演"服务者"的这一角色相称。所谓"超角色意识",就是把角色与作为角色扮演者的人区别开来。在社会生活的大舞台上,每个人都要扮演多种多样的角色,但无论扮演什么角色,作为一个人,他还是他。他在接受服务时,并不高人一等;在为别人服务时,也并不低人一等。

其实,我们每个人在生活中会扮演许多不同的角色。在孩子面前,你是父亲或母亲,你要慈爱、坚强;在父母面前,你是孩子,你要懂事、孝顺;在工作岗位上,你是一名员工,你要遵守规章制度、完成岗位要求;出门旅游时,你是消费者,可以按照你的需要享受相应的服务。在整个社会体系中,我们的角色在变化,但我们还是自己。人们在社会生活中扮演着不同的社会角色,就有着不同的权利与义务,虽然人与人应该是平等的,但这并不意味着人们无论在什么情况下都能够与他人"平起平坐"。当服务人员为客人提供服务的时候,当管理人员向员工发号施令的时候,双方就不可能"平起平坐"。

当人们扮演的不同的社会角色进行交往时,一方是"客人",另一方是"服务员",或一方是"上级",另一方是"下级",往往不能"平起平坐"。但这并不意味着扮演这些角色的人有高低贵贱之分。在前面那个例子里,小王和老张这两个人,谁也不比谁"低一等",谁也不比谁"高一等",他们毫无疑问应该是平等的。但是当他们"进入角色"以后,"餐厅服务员"与"客人"是不能"平起平坐"的,"理发员"与"顾客"也是不能"平起平坐"的。作为一名服务人员,绝不能因为自己扮演了服务者的角色就认为自己是生活中的弱者,就因此而感到自卑,也不能为了表明自己不是弱者,就故意用傲慢的、生硬的态度去对待自己的服务对象。有的服务人员之所以在"平等"与"不平等"的问题上想不通,主要原因是把自己与客人的"人"与"社会角色"这种双重关系混为一谈了。有些人只看到人与人之间的"平等",把"角色"当成了普通的人,于是故意和客人"争平等"。他们一有机会就要在客人面前显示一下"我比你行",用冰冷的或粗暴的态度对待客人,总想通过"气一气顾客""治一治顾客"来维护自己的尊严,强迫顾客"尊重"自己。还有些人只看到角色与角色之间的"不平等",把自然的人等同于社会的人,把客、我之间的角色关系误解成"强者和弱者"的关系,并把自己当然地置于"弱者"的位置上,总认为干服务工作"没出息""低人一等",自卑自贱。

三、为客人提供优质服务

(一) 七个字母

无论是旅游功能服务还是旅游心理服务,国际上都有一个相对统一的理解和规范化的标准。旅游服务这一概念的国际含义,可以用构成英语 service(服务)这一词的每一个字母所代表的含义来理解,其中每一个字母所代表的含义都是旅游者对于旅游服务的一种要求。

第一个字母 s,即 smile(微笑),其含义是服务人员要对每一位宾客提供微笑服务。

第二个字母 e,即 excellent(出色),其含义是服务人员要将每一项细微的服务工作都做得很出色。

第三个字母 r,即 ready(准备好),其含义是服务人员要随时准备好为宾客提供服务。

第四个字母 v,即 viewing(看待),其含义是服务人员要把每一位宾客都看做是需要提供特殊服务的贵宾。

第五个字母 i,即 inviting(邀请),其含义是服务人员在每一项服务结束时都要邀请宾客下次再来光临。

第六个字母 c,即 creating(创造),其含义是每一位服务人员都要精心创造出能使宾客享受其热情服务的气氛。

第七个字母 e,即 eye(眼光),其含义是每一位服务人员都要用热情友好的眼光去关注宾客,预测宾客的需求,并及时提供服务,使客人时刻感受到服务人员在关心自己。

(二) 十把金钥匙

国际旅游界对旅游服务的统一要求,除了上面提到的七个字母以外,许多著名旅游企业都把"十把金钥匙"作为服务程序的灵魂和指导。

第一把金钥匙:顾客就是上帝。因为旅游服务是一种产品,你想把它出售给旅游者,就必须服务好,让旅游者感到满意,他们才会付钱。

第二把金钥匙:微笑。微笑是一种国际上都能够理解的世界性的通用语言。

第三把金钥匙:真诚、诚实和友好。要求服务人员一定要尽力为顾客服务,一定要用友好的语言与顾客沟通。

第四把金钥匙:提供快速敏捷的服务,因为顾客普遍缺乏耐心。

第五把金钥匙:服务人员至少要经常使用两句具有魔术般魅力的用语。当顾客向你走来时,你要说:"我能帮助您吗(May l help you)?"当顾客向你道谢时,你要说:"不用谢(You are welcome)。"

第六把金钥匙:要佩戴好你的胸牌,目的是便于顾客与你联系。

第七把金钥匙:每一位服务人员都要以自己经过修饰的容貌为骄傲。这样就要求每一位员工都要注意个人清洁卫生,修饰得体,既不能过于招摇过市,也不能毫不讲究。

第八把金钥匙:要有与他人互相合作的团队精神。

第九把金钥匙:在顾客问候你之前,先用尊称向顾客问候。

第十把金钥匙:每一位服务人员都要熟悉自己的工作,熟悉自己的企业和有关的信息。

由此可见,旅游服务的七个字母的含义和旅游服务的十把金钥匙,是旅游服务的核心和灵魂。作为一种产品的旅游服务对旅游者来说,是一种高消费、高服务的产品,因此必须满足旅游者的心理需要。

(三)增强应变能力

为了让每个旅游者都得到其所满意的服务,服务人员必须根据每位客人的需要、兴趣、性格等个性特点,确定合适的服务方式,提供适宜的个性化服务内容。以下我们就几种不同的客人个性特点及相应的服务策略作简单介绍。

1. 交际型客人

交际型客人热情、健谈,有时甚至过于热情,他们也许会请服务人员外出或一起用餐。在为此类客人服务时,应保持冷静与幽默,根据饭店的规章制度,策略性地答复客人的要求,必要时可请求领导的帮助。

2. 急躁型客人

急躁型客人常常不管服务人员多么繁忙,坚持要求立即提供服务。如果客人的要求是偶然的,服务人员可尽量提前为他服务。由于满足此类客人的要求对其他客人来说是不公平的,因此,服务人员要设法走捷径,尽快把他们安顿下来,但还应该注意服务质量,注意亲切、迅速。

3. 闲聊型客人

对于此类喋喋不休的客人,服务人员要关心、体谅,注意礼貌。在适当的时候,向他们表示歉意,因为其他客人也需要得到服务。

4. 抱怨型客人

抱怨型客人即使知道自己做错了事,也总是把责任推给旅游企业。当此类客人抱怨时,服务人员应注意倾听,表示歉意,然后设法使问题得到解决。注意对此类客人要热情,绝不能与之争辩。

5. 易变型客人

客人在作出选择前,不断地改变主意。接待此类客人时,应注意保持耐心与礼貌,应给客人充足时间作决定,还应根据客人的特点提供带有指导意义的建议。

6. 胆怯型客人

应注意观察胆怯型客人的要求,否则很难了解他们真正的想法,因为他们不轻易表示自己的不满。服务人员应尽力向此类客人提供最好的服务,态度要积极、主动。

7. 要求型客人
应设法了解此类客人的真正需求,提供给他们急需的东西,在接待服务中要能忍耐,有礼貌,绝不能发脾气。

8. 吵闹型客人
吵闹型客人常在公众场所大叫、大嚷,希望引起别人的注意,成为中心人物。服务人员应设法立即制止,以免影响他人。在与此类客人打交道时,应尊重他们,小声地与他们讲话,尽量避免冲突。

9. 敌意型客人
敌意客人似乎对一切都怀有敌意,很难使他们高兴。与此类客人打交道时,服务人员应注意容忍,要热情地为他们提供最好的服务,设法缓和局势,取悦客人。

10. 友善型客人
从表情上可以发现,友善型客人很乐意来饭店住宿,对饭店某些服务不周到的小缺点能予以谅解。大部分客人均属于此类型。服务人员应为他们提供最好的服务。

11. 特殊型客人
特殊型客人的喜好与大部分客人有明显的区别。例如,对于客房的色调喜欢强烈的对比色等。他们的全部要求很难满足。接待此类客人时,应耐心、礼貌,尽可能满足他们的一部分要求。如果对此类客人的要求处理比较恰当,下次他们还会光临。

12. 斤斤计较型客人
此类客人把旅游产品如房价、菜价与其估计成本相比较,时常抱怨产品价格太贵。服务人员应以良好的服务态度和有效的销售技巧,向他们说明产品的特点,介绍构成成本的因素。对此类客人应该耐心,但不能随意降价。

13. 儿童
儿童也是客人,服务时既要耐心又要小心。儿童过分吵闹会影响其他客人,所以,必要时应礼貌地提醒他们的父母。服务人员应避免与客人的孩子嬉闹、玩耍,以免影响正常的工作秩序,或引起孩子父母的不满。

(四) 使用优美的语言
从事旅游职业的服务人员必须讲究说话的艺术。运用语言艺术和技巧的总要求是:用词准确、语言简练、表达清楚、语调温和、亲切自然、优美动听,给客人以舒适感。根据以上基本要求,旅游服务人员重点要注意以下几个方面。

1. 要说好第一句话
当第一次和客人接触时,主动热情地说好第一句话,使服务工作一开始就在良好气氛中进行,能给客人留下愉快、亲切的感觉,赢得客人的好感,为此后提供优质服务打下良好基础。这是提高服务语言技巧的第一个环节。具体要求是:

(1)在称呼上要因人而异。对客人的称呼要尊重对方的习俗。目前一些源于西方国家的称呼语已基本上发展成世界通用的称呼,即对男子称"先生",对女子称"女士"或"夫人"、"小姐"。对来自国外的客人,在以上称呼之前还可以冠以姓名、职称、职务。对医生、教授、律师、法官以及拥有博士学位的人士,可以单独称他们的职务、学位,也可在职务、学位前加姓氏或职务,学位后加"先生"。

(2)问候要亲切。如对刚进店的客人可以说:"先生,欢迎光临。"平时服务人员应根据不同时间、场合、对象随时向客人问候,如"早上好""辛苦了"等。

(3)表情要自然大方,给客人以亲切、诚挚的感觉。切忌故意做作,扭捏作态,使客人感到虚伪。

(4)简明扼要,要有同情心。如客人前来投诉,在了解客人的遭遇后要说:"先生,对您的遭遇我很同情,我很乐意帮助您。"然后解决具体问题。最为重要的是服务人员必须始终认清这样的道理:语言是用于交流思想的,必须以让对方理解为原则。

2. 用词造句要准确

讲究语言技巧,用词选句很重要。意思基本相同的一句话,用词不当或增减、变动个别的字、词,含义就会发生变化,使客人形成不同的印象或感受。以下不妨比较几组句子:"还要什么""我还能为您做点什么";"不是这儿,这座有人订了""请原谅,这座有人订了,您还喜欢哪个座儿";"先生,您吃什么饭""先生,您想用点什么"。显然,每组句子表达的意思虽然相同,但每组句子中,后者比前者听起来让客人感觉舒适。至于同客人交谈、处理投诉、征求意见等,就更要注意用词造句的准确。只有这样,才能正确了解客人的需求和意图,提供优质服务,同时也能训练和培养自己的逻辑思维和语言表达能力,提高服务质量和工作效率。

3. 要正确运用语音语调

语音语调是语言艺术技巧的重要组成部分,也是准确表达语意和交流思想感情的重要条件。同一句话,语音语调不同,所表达的情感就可能不同。正确运用语音语调,要注意做到:

(1)语音语调适度,高低起伏得当。如服务人员打扫房间前征求客人的意见,如果用两个降调说:"先生,对不起,我可以清扫房吗?"客人会感到亲切、有礼貌。如果用两个升调说,那就带有命令、质问的意思了。

(2)要多用请求、建议的语气,不能用命令、训诫式的语气说话。如服务人员未听懂客人的话,应该说:"先生,对不起,请您重复一遍好吗?"如果改用升调,则是:"您说什么呀!我不懂,请您重复一遍!"。两种语音语调,效果大不一样。

(3)任何时候都不应该用简单的否定和回绝的语气说话,如"不行""没有""不可能"等。即使必须如此,也要改用其他词汇,说得婉转温和或给予必要的解释,提出适当的建议。

(4)应避免用过高或过低的音调说话,避免用含鼻音的单字,如"嗯""唔""啊"等。

4. 发挥表情的作用

心理学研究成果表明,当人的视觉和听觉同时进行工作时,听觉收到的信息与视觉看到的映象是相互作用的。旅游服务人员在使用服务语言时,一定要与面部表情相配合,以加强服务语言的感染力。

(1)要坚持微笑服务。它表示客人是受欢迎、受尊重的,服务人员乐意为他们服务。

(2)两眼要注视客人。眼睛是心灵的窗口,在面部表情中起主导作用。服务人员在与客人打招呼、交谈时,两眼应注视客人,切不可东张西望,因为这会给客人留下不礼貌、受轻视的感觉。

(3)面部表情要根据说话的内容而变化。如遇客人投诉,应表示同情;当客人遇有喜庆事时,应表示高兴和祝贺;当客人生病和遭遇意外时,则应以劝慰的表情和语言对待并为客人排忧解愁。

5. 善于运用动作的力量

动作与语言的表达力和感染力之间的关系是极为密切的。优雅得体的动作,会增强语言的感染力量。如导游人员在给客人现场讲解时,辅以手势、动作和表情,就可以增强语言的生动性,尽管它们不是导游讲解的主体,但可直接影响导游讲解的效果。旅游服务中,手势有三种类型:一是交谈礼貌手势;二是指示方向手势;三是业务操作手势。具体运用时必须根据需要灵活掌握。例如,给客人指引方向时,一般用掌心向上,四指并拢,拇指自然伸展的手形来表示。又如,在和客人交谈或提供服务时,手势不可太多,幅度不宜过大,否则,容易造成客人的反感或引起误会,影响服务质量和工作效率。此外,使用手势要尊重客人的风俗习惯,因为不同的地区、不同的民族,其手势的运用与含义是不同的。服务人员事先最好了解客人的风俗习惯与忌讳,以防引起误会。

总之,手势、动作是多种多样的,一般情况下服务人员要多用语言,只有必要时才用手势、动作加以配合。

(五)调整好情绪

为客人提供服务,首先应当让客人觉得你和蔼可亲,使客人获得更多的亲切感。面对面的服务增加了客人表达自己的意愿、情感、态度的机会,从一定意义上满足了客人的交往需要。这种人与人之间的温情与互动,是任何先进的机器永远无法代替的。那么,亲切感从何而来呢?也就是,我们会感到谁可亲可近呢?我们觉得家人亲切、朋友亲切、老乡亲切,因为他们或者爱我们,或者喜欢我们,给我们安全感,能与我们很好地沟通交流。同样,如果服务人员能够"喜欢"客人,那么面带微笑、和蔼可亲、耐心细致、想人所想就不困难了。其实,"客人就是上帝"的道理每位服务人员都知道,但真正困难的是理解其中的含义。简单说来,客人是饭店、餐馆、旅行社的"衣食父母",你能不"爱"他们吗?心中有了对客人的"爱",亲切就自然而然产生了。

其次，要用自己良好的服务感染客人，带给客人积极的情绪体验。我们的客人喜欢什么样的服务人员呢？换句话说，你自己喜欢和什么样的人待在一起？和那些精神饱满、心情愉快的人待在一起，我们也容易感到愉快；和那些无精打采、烦躁不安、愁眉苦脸、长吁短叹的人待在一起，我们也容易心情不佳。当一个人和别人在一起的时候，他的情绪状态如何就不再纯粹是他"个人的事情"了，他的喜怒哀乐会通过感染别人而产生一种"社会效果"。人与人之间这种情绪感染的作用有时候是很强大的，甚至是不可抗拒的。有道是"将心比心"，想一想自己喜欢和什么样的人待在一起，就不难理解旅游服务人员应该怎样去为客人服务了。

服务人员的不高兴很可能并不是冲着客人来的，但是客人不可能知道你的不高兴究竟是因为什么。客人只会想一个问题："为什么你一见了我就这样不高兴？"客人的结论只能是你不欢迎他，不愿意为他服务。正如科夫曼所说："我们的客人是异常敏感和脆弱的。"

人们在情绪发生变化的时候，一般是在想那些引起这种变化的人和事，而很少想到"我的情绪发生了什么样的变化"和"这种变化会对周围的人产生什么样的影响"。例如，一个觉得自己被别人欺骗了的人，满脑子想的都是"这家伙，我怎么早没有把他看穿"；一个"倒了霉"的人，满脑子想的都是"真倒霉，怎么倒霉的事全让我赶上了"。这虽然似乎是一件"很自然"的事，但要成为一名能够为客人提供心理服务的旅游工作者，就必须对自己的"情绪变化"及其"社会影响"有高度的自觉性，或者说有高度的敏感性，绝不能陷在自己的情绪里而忘掉自己的职责。

俗话说："出门看天色，进门看脸色。"只要能让客人看到你是高高兴兴地在迎接他，即使你别的什么事情都没有做，你已经为客人提供了心理服务。相反，如果让客人看到你一脸的不高兴，即使你什么话也没说，客人也已经被你得罪了。作为一名旅游服务人员，你要让客人高高兴兴，你自己首先就要高高兴兴。"高高兴兴地去为客人服务"应该是旅游企业对服务人员的一个最起码的要求。"没有高高兴兴的服务人员，就不会有高高兴兴的客人"。

最后，让客人对他自己更加满意，使客人获得更多的自豪感。作为一名旅游服务人员，你要让客人对你满意，你就应该用巧妙的方式去让客人对他自己更加满意。"你让他对自己满意，他就会对你满意"，这已经是许多旅游服务人员的经验之谈。

一个人对自己是否满意，这并非与他人无关。如果一个人经常从别人那里得到对自己"这个人"的肯定性反应，他就会感到自豪；如果他得到的都是否定性反应，他就难免要感到自卑。服务人员应学会欣赏客人，对于客人优雅得体的衣着、睿智幽默的谈吐、见多识广的眼界、扶老携幼的美德等用充满欣赏的眼光看待，或者适当赞赏，会令客人产生自豪感，对服务人员的满意感也会同时产生。遇到有虚荣心的客人，作为旅游服务人员，我们所要做的事情也只是为他们提供服务，而不是去"纠正"他们的虚荣心。

客人有某种短处或由于缺乏经验而"出洋相"是完全可能的，千万不要趁别人陷入窘境的时候来显示自己的"高明",这时的客人最敏感,容易怀恨在心,可能再也不会光顾你的店了。如果你能帮助他"巧渡难关",在众人面前保住他的"脸面",他一定会发自内心地感激你,因为你保护了他的自尊心。

(六) 摆正与客人的关系

可以说,在人与人的交往中,人们是互相起着"作用"的。你要从我对你的反应里看到你的"自我形象",我也要从你对我的反应里看到我的"自我形象"。

我们知道,并不是每一面镜子都能准确地反映人的真实形象的,所以"镜子里的自我"与"真实的自我"往往并不一致。在现实生活中,有的人把"镜子里的自我"看得比他"真实的自我"还重要。不管他"真实的自我"美还是不美,只要"镜子里的自我"是"美"的就行了;也不管他自己到底是行还是不行,只要人家说他"行",他就心满意足了。如果他从某一面"镜子"里看到了一个并不如别人所夸得那么"好",也不如他自己所想象的那么"棒"的"自我",他可能不会从自己身上来找原因,而会怪这面"镜子"不好,恨不得把它"砸碎"。显然,这是一种虚荣心很强的人。我们自己当然不应该是这样的人,但是我们不能保证我们的客人当中没有这样的人。更重要的是,即使是没有虚荣心的人,也总是希望能从"镜子"里看到一个美好的自我形象的。谁都愿意在别人面前表现自己的长处,而不愿意在别人面前暴露自己的短处。想通了这些关于"镜子"的道理以后,我们在为客人服务时,就应该自觉地去做一面能够为客人"扬其长,隐其短"的"好镜子",绝不要做一面为客人"扬其短,隐其长"的"坏镜子"。这里所说的长处是广义的,是多种多样的:长得漂亮是长处,会打扮也是长处;见多识广是长处,能说会道也是长处;大名鼎鼎是长处,甘于默默无闻也是长处;多才多艺是长处,朴实无华也是长处……一般说来,只要客人自己觉得是长处的,那就是长处。旅游服务人员为客人提供心理服务的一个重要方面,就是去发现和赞美客人的长处。如果客人想"表现"自己的长处,那就应该创造条件,使他们能够大大方方、痛痛快快地来表现自己的长处。需要注意的只是不要让这种"表现"使其他客人受到伤害。"隐客人之短"可能比"扬客人之长"更为重要,因为一旦客人出于某种原因而出了"丑",你和你的同事为他所做的一切好事都会因此而化为乌有。很可能他什么都不记得了,只知道他今天竟然当众出丑!作为服务人员,一定要记住,绝不能对客人的短处表现出你的"兴趣",更不能去嘲笑客人的短处。还应该记住,即使你没有这样做,某些客人也可能会起疑心。因此,一定不要在客人面前指指点点,也不要在客人背后说说笑笑。

复习思考题

1. 旅游产品和旅游服务具有哪些特殊性?
2. 为什么客我交往应遵循双胜原则?

第九章　导游服务心理

本章提要

导游人员是旅行社接待工作的主体，导游工作也是旅游接待工作的关键。导游员应具有善于调节自己的情绪、情绪波动性小、应激能力强的情绪特点，自觉、果断、自制、坚忍的意志品质，感受性和灵敏性适中、忍耐性和可塑性强的气质特点，较强的观察力、注意力、判断力、记忆力、思维力、想象力和表达力等能力品质。旅游者拥有好奇、求知、补偿和解脱等多重审美心理，导游员在迎客阶段、游览阶段、送客阶段的服务策略应有所不同。

　　导游员常被称为"非官方的友好大使""友谊的建筑师"，肩负着联结旅游者、旅游景点、酒店、交通服务部门和旅行社的任务。导游员是旅行社的代表，由旅行社组团的旅游消费活动主要通过导游员的工作来实现。所以，导游员善于了解旅游者的心理需求，采用恰当的导游服务手段，运用高超的导游艺术，为游客提供有针对性的导游服务，对于提高旅行社的旅游产品质量就显得尤为重要。基于导游服务是旅行社服务的主体与支柱，在这一章，我们着重探讨导游服务心理。

第一节 导游员的心理品质

世界各国旅游业对导游员都有严格的要求。日本导游专家大道寺正于认为"优秀的导游最重要的是他的人品和人格",并指出,导游员的基本条件是健康、整洁、礼貌、感情、笑容、毅力、胆大、勤奋、开朗、谦虚,具体条件是掌握丰富的知识、灵活地运用经验、理解游客的心理、掌握讲话的技巧。

在我国,导游员不仅是旅行社的从业人员,也是国家或地区的代表。导游员除应具备较高的政治素质、健康的身体素质并精通导游业务外,还必须努力发展和培养自己良好的心理素质。换句话说,特殊的工作性质要求导游员的情感过程、意志品质、知识结构以及气质特点、能力结构等个性特征均具有较好的适应性。导游人员的心理状态就像无声的语言,时刻影响着旅游者的心理,其心理品质直接影响旅游者的消费行为。有关导游员的知识结构,其他相关导游业务的课程已经涉及,这里重点讲述导游员的情感、意志等心理过程的品质以及对导游员气质、能力、性格的特殊要求。

一、导游员的情感品质

导游工作面临的客观事物是复杂多变的,因而导游员的情感体验也不同。旅游者的不同个性特征、旅游者的需要、旅游商品和服务质量的矛盾等都会引起导游员不同的态度,使其产生不同的情感体验。良好的情感品质有助于导游员产生积极的情感,进而带来积极的行为,强烈而持久的积极情感可以推动导游员进行有益于旅游者的各种活动。

(一)导游员情感的产生

导游员在旅游活动中要接触各种各样的人以及社会现象,会遇到顺与逆、荣与辱、美与丑等情形。人非草木,孰能无情?导游员对这些客观存在必然会产生这样或那样的态度,并以种种不同的形式表现出来。例如,秀丽的景致使导游员感到愉快,某些不正之风会使导游员感到厌恶,如果误车、误机,导游员会焦虑,和某些人相处会感到高兴,和某些人相处会感到烦恼……这些带有特殊色彩的态度体验就是情绪与情感。喜、怒、哀、乐、忧、爱、憎等都是情绪与情感不同的表现形式。

1. 导游员的情绪与情感是个体的主观体验

导游员的情绪与情感是由旅游活动中的客观存在引起的。例如,当导游员陪团乘坐某种交通工具时,交通部门的服务质量会间接地影响到导游员完成工作任务的需要,伴随着这种需要的满足与否,导游员可能产生高兴、喜悦、满意等情绪与情感,或产生生气、不满、愤怒等情绪与情感。但并非所有客观存在的事物都会使导游员产生情绪与情感,只有与自身需要相关的客观存在事物才会使导游员产生情绪与情感。

由于情绪与情感是随着人的需要产生而产生、变化而变化的,它最终反映着客观事物与人的需要之间的关系。换句话说,作为个体的主观意识体验,导游员在旅游活动中的需要是否得到了满足,则主要取决于导游员个体的自我感受。例如,同样一件事作用于两个导游员,一个感到无所谓,另一个却有点受不了。这反映了两个人对客观存在自我感受,即主观体验是不一样的。同样因为个性的差异,导游员对于同一种客观存在也会表现出不同的评价与判断,因而也会有不同的情绪与情感。例如,陪团中少数人提出无理要求,使旅行受阻,有的导游员会产生不满、苦恼等情绪,甚至不能自制,而有的导游员却不急不躁,泰然处之。主观体验与人的气质、性格等有关,既有先天的自然属性,又有后天的社会属性,因而具有稳定性的特点。

2. 诱发导游员情绪的因素

导游员情绪的变化既与不断变化的客观环境条件有关,也与其自身的性格特征、认识问题的方式有关。

(1) 与客观存在相关的因素。首先,工作环境能否适宜于人,是引起人最基本、最原始情绪的主要因素。良好的旅游环境,如交通、饭店、餐饮、娱乐、景区等环节的优质服务,使导游员所期望的愿望和所追求的结果得以实现,工作顺利完成,他便会得到愉悦的情绪体验。其次,导游员所在的旅行社或某个部门的工作环境更为重要,它长久和直接地影响着导游员的情绪体验。旅游行业的不正当竞争,带来了许多对导游员不利的因素,如没有劳动保障、带团需要先交人头费、只有让客人买东西才能不赔本等,这些现象给导游员带来巨大的精神压力,直接影响导游员的情绪状态。

(2) 与主观自身相关的因素。第一,对客我关系的理解或者说工作态度,影响导游员看问题的方式,并影响其情绪。我国旅游业的服务宗旨是:游客总是对的。价值规律以及旅游服务的有偿性,使得带给游客满意的心理体验成为服务的一部分,允许游客做错了而坚持说自己是对的,导游员正确认识与游客之间矛盾的性质、双方的关系、地位等显得格外重要。当发生矛盾时,如果能够较好地认识上述关系,正确处理全局与局部的关系,把维护自己的尊严、得失与游客的自尊、利益统一起来,求同存异,继续使旅行愉快地进行下去,导游员便能够保持良好的情绪。导游员对矛盾的正确理解,实际上是对主观与客观关系的正确理解。这种对矛盾的理解程度还包括对地方陪同、司机、宾馆服务员以及在陪同旅游团过程中遇到的各种各样的人产生的矛盾。

第二,对经常的变化和不断的重复的适应程度。陪团是一种连续的过程,客人川流不息不断变化,导游员总是处于一个陌生的环境里,陪团又是一种不断重复的过程,接待内容、景点、解说词等千篇一律。旅游景点、导游员与游客的关系似乎像军队里的一句老话:"铁打的营盘流水的兵"。对于导游员来说,最大限度地适应这种过程,则是保持良好情绪的基本保证。

第三,对问题处理的灵活程度。情绪体验总是有对象的,它也与个性有着密切的联系。导游员在工作中会遇到许多问题和挫折,当矛盾影响到预定实现的目的和需要时,其往往会产生消极情绪。但客观事物对人们产生影响的程度是不一样的。一般来说,客观条件造成的障碍会导致人们产生消极的情绪,人为造成的障碍会导致人们产生极度愤怒的情绪。然而,采取灵活的处理方法和态度,就会抑制愤怒的情绪体验,而不至于不能自拔。

第四,身体状况的承受程度。导游工作既是脑力劳动,又是体力劳动。导游员要早起晚睡,白天要爬山、涉水、钻洞,晚上又要安排夜生活和考虑明天的活动。对于全程陪同来说,南北的气候差异、饮食习惯习俗的不同等都会给导游员体力上增加负担。如果长期身体不适应,紧张状态日积月累,便会引起导游员的不良情绪。

第五,导游员的情绪品质等个性因素。每个人都有喜怒哀乐,但表现却有很大不同,有的人容易着急发火,有的人却总是心平气和;有的人总是闷闷不乐,有的人却总是愉快乐观。这方面的内容将在后面详细讲述。

(二)积极的情感倾向

情感被认为是人类的社会性情感,同人的社会性需要相联系,调节着人的社会行为。不同的情感体验会导致不同的导游行为,也就是说或导致积极的行为,或导致消极的行为。人的情感的起因和指向反映了情感的倾向性。积极的情感有利于激发导游员的工作热情和奉献精神,并在繁荣旅游事业、为旅游者服务的实践活动中充分体现出来。丰富的情感是心理活动向深度和广度发展的必要条件,强烈而持久的积极情感可以推动导游员进行有益于旅游者的各种活动。

人们通常把情感分为道德感、美感和理智感。

1. 道德感

道德感是为衡量人的言论、行动、思想、意图是否符合道德需要而产生的情感。导游员应该为自己的祖国自豪,并维护祖国的尊严,应具有对违反公共道德行为的憎恨感,对旅游事业的义务感、责任感和荣誉感,以及对旅游者的友谊感等。主要包括以下四个方面的内容:

第一,强烈的爱国主义情感。爱国主义情感是导游道德标准和规范的基础。树立起爱国主义情感,才能有正确的集体主义情感、荣誉感、责任感、尊严感、友谊感,并踏踏实实做好导游工作。同时,强烈的爱国主义情感也是赢得游客的基础。国外有一句名言:没有祖国的人像是无根之树。只有热爱自己祖国的人,才会热爱自己的事业,因而也会负责任,也才能照顾好他人。有的导游员鄙薄自己的祖国,表现出很不负责任的言行,实际上,游客对于这样的导游员是非常不信任和不放心的。

第二,强烈的集体主义情感。热爱自己所处的集体,维护旅行社的信誉,是导游员道德感的重要内容,也是得到游客信赖的基础。游客认为,使导游员感到自豪的旅行社,是有实力、值得信赖的旅行社,因为它具有魅力和向心力;对自己旅行社感到自豪,并维护旅行社荣誉的导游员,是值得信赖的导游员,因为他具有很强的责任心。

第三,强烈的同情感、友谊感。宾客至上,信誉第一,文明礼貌,优质服务,这是对导游员职业道德的基本要求。而这一要求是建立在强烈的同情感之上的。游客来到异国他乡,离开导游员将寸步难行,多付出一份爱心,为他们排忧解难,这是提供优质服务的前提。友谊可以超越国界,是人类共有的财富。导游员与游客建立适度的友谊,亦属于道德感的范畴。

第四,强烈的事业感。事业感包括钻研业务、提高技能和能力、团结协作、顾全大局、遵纪守法、廉洁奉公等内容。具有事业感,是各行各业道德标准和规范的共同要求。由于导游员的工作特点,具有事业感显得格外重要。例如,导游员工作独立性、分散性强,长期独立分析、处理问题,他既可能为企业带来信誉,也可能有损企业的信誉。实践证明:只有具有强烈的事业心,才会有强烈的工作责任心和努力进取的上进心。

此外,导游员应具备的人道主义、责任感、尊重人、爱心等品质属于人类共同的道德感范畴。导游员的责任感和荣誉感具体反映在对旅游者的尊重和体贴上,这种高级情感的深刻与稳定是导游员努力提高业务知识和服务质量的内在动力。导游员接待来自世界各地的游客,必须了解在世界上较为通行或被大多数人所认可的道德规范。由于社会制度、历史背景、民族文化等的不同,不同国家和民族都有着有区别于他国和民族的道德标准和规范。例如,许多宗教国家和民族有着自己独特的生活习俗和行为准则,如果违犯了这种习俗和行为准则,他们便认为是不道德的。因此,导游员在工作中的行为不仅要符合我国社会主义社会形成的道德标准和规范,而且要尊重别国和民族的道德规范。

2. 美感

美感是人根据自己的审美标准对客观事物、人的行为予以评价时产生的情感体验。在旅游活动中,美是客观存在的,它包括两个方面的内容:一是自然景观、人文景观以及艺术美。例如,秀丽的桂林山水、雄伟的泰山、北京的万里长城、西安的秦兵马俑以及各种艺术品等,或隽秀,或壮阔,或传神,带给人愉快的情感体验。二是在旅游活动中的人的高尚品德和模范行为美。例如,善良、诚实、勇敢、热情、有同情心等品质和行为,都是美的。导游员应具有的美感主要体现在以下几个方面:

首先,学会欣赏美,学会与游客产生共鸣。在陪团过程中,秀丽的山川、名胜古迹、艺术珍品等以及人的高尚的情操,都会引起导游员愉悦的心理感受。美感可以使人振奋精神,焕发活力,这是导游员连续不断陪团而保持精力旺盛的主要动力之一,也是游客孜孜以求的体验。美感具有普适性的特征,对于桂林山水,所有的人都会感到赏心悦目;对于高尚的品格,所有正直的人都会产生敬佩之心。只有导游员自己有较强的审美能力,能够感受到客观事物美的魅力,才能把美的信息传递给游客。导游员不仅应学会欣赏美,还应引导游客欣赏美,并与之产生共鸣。

其次,导游员应注重用自身的言行体现美。导游员正确的美感倾向将通过他的衣着、举止谈吐、表情、态度等仪表风度给旅游者留下良好的第一印象。导游员的精神面貌应健康、振作,服饰应舒适、端庄,举止谈吐应亲切、文雅。人的仪表美是心灵美的自然流露,内在美与外在美应协调统一。因此,导游员应该注重道德规范和品德的修养,注重丰富自己的内心世界,提高思想素质。

最后,应尊重客人的审美观。美感是因衡量客观事物是否符合个人美的需要而产生的情感。美感与道德感一样,也受社会生活条件的制约,在不同的社会发展阶段、不同的社会制度、不同的文化背景以及不同的阶级中,人的审美标准及美的需要是不同的,因而对各种事物的美的体验也不同。有的客人穿着奇装异服、有的喜欢浓妆艳抹、有的喜欢讲些粗俗的笑话等,在没有干扰正常的旅游活动情况下,导游员应尊重他们的审美习惯,不能笑话他们。

3. 理智感

理智感是人在对客观事物的认识过程中和智力活动过程中产生的情感体验,它与人的求知欲、认识兴趣、解决问题的需要等相联系,理智感体现着人对自己努力活动的过程与结果的态度,例如好奇心、求知欲、怀疑感、自豪感、焦虑、自慰、自责、内疚、幸福感、厌恶、反感、鄙视、憎恨等等,都属于理智感的范畴。

导游员的理智感有许多特点,也通过各种形式表现出来。例如:一位新导游员初参加工作时,经常会去找老导游员,询问自己应该怎样做、应注意什么问题等,对新的或还未曾认识的事物表现出很强的求知欲、好奇心和新鲜感;经过努力,联系旅游团终于成功,导游员会从内心里产生喜悦感;某一次做陪同或对外联络工作没做好,或心里没把握,会产生出内疚感或者不安感;在处理不可预料的事件中会产生犹豫感;对旅游活动中的矛盾现象会产生怀疑感等。

导游员正确的理智感倾向应该是具有强烈的探索旅游科学、钻研导游业务的求知欲,表现为热爱真理、厌弃偏见和迷信。在为游客的讲解过程中,导游员应力求言之有理、言之有据、言之有趣,做到讲解生动、正确、引人入胜,但这不是一日之功,需要广泛阅读各类书籍,熟记大量人物、年代、数据,还要有钻研精神。如果导游员业务不熟练,随便编一些数据、故事欺骗客人,有时会被认真的客人揭穿。

道德感、美感和理智感这三种高级的社会情感是在人们认识世界和改造世界的、实践活动中交叉发展的,是人从事学习、工作和劳动的动力。如果导游员的情感没有正确的目的倾向,而是分散在偶然的客体上,就可能因为同旅游者之间发生的小矛盾而无原则地发怒,甚至爆发消极的激情,影响导游服务质量。

在导游过程中,导游员健康积极的情感会通过鲜明的面部表情、动作和声音等情绪反应而自然流露出来,以此表达自己对旅游者的友爱和关心,有效地感染旅游者,促进他们强烈的心理体验,从而引发旅游者积极肯定的情绪,产生良好的导游效果。

(三) 导游员应有的情绪特点

情感在人的心理活动和行为表现中的反映程度有所不同,有的人比较稳定持久,而有的人则短暂易变。由于职业的特殊性,导游员的情绪有以下特点。

1. 情绪波动性小

情绪与个性有直接联系。从情绪所支配的倾向看,情绪会表现出明显的强弱两极,如大喜大怒。一般来说,受教育程度较高的人理智思考能力较强,个人修养较高,情绪表现也较为平稳。长期而丰富的工作经历使导游员大多见多识广、宠辱不惊,特别是长期从事外事工作的导游员,因为个性对情绪的调节作用和工作需要,情绪强弱两极性表现不十分明显。例如,某游客因故大吵大闹,扬言要投诉,但导游员却能克制自己,控制自己的情绪不使事态扩大,从而使旅行继续进行。

2. 善于调节情绪

凡能满足导游工作的需要,或者能促进这种需要得到满足时,导游员就会产生肯定的情绪体验;相反,则会产生否定的情绪体验。由于个性的作用和旅游环境的逐步改善,导游员两种完全对立的情绪虽然时有发生,但并不明显。一般来说,发生了问题后,导游员迫于欲使旅行继续进行的需要,往往主动调节自己的心理活动,情绪很快可以"复苏"。道德修养和外事纪律是控制消极情绪的基础。道德修养高的导游员在潜意识中可以控制自己的行为,以使其符合社会道德的规范,因而遇事就能控制自己,有理有礼有节,而不会因激情的产生而导致不良后果。外事无小事,内外有别,适时用外事纪律和法制观念来约束自己,这是导游员控制激情所遵循的一条重要原则。同时,在工作和生活中,无论对外还是对内,矛盾总会产生,求同存异是导游员控制激情的另外一条重要原则。上述两条原则也是个体道德修养的组成部分,坚持上述两条原则,也有助于使个体保持心理上的平衡,从而抑制不良情绪。

3. 应激能力强

连续不间断的陪团会造成导游员身心高度紧张。一位导游员因为和游客发生争执,并且不断摩擦升级,便一气之下不辞而别。积极的情绪可以驱使人采取积极的行为,消极的情绪则可以降低人的思维能力,甚至促使人采取极端行为。长期处于应激状态,会损害人的生物化学保护机制,容易使人情绪失控,甚至引起疾病。因此,导游员在工作中应学会把握自己的情绪,准确判断应激状态,并合理调节。

随着我国旅游业的发展,来华的游客会越来越多,不可预料的事件也将会不断发生。因此,提高应激能力便成为导游员所具备的基本能力之一。有丰富阅历的导游员临阵不慌,能够迅速作出准确判断,积极采取有效措施,以化险为夷。有高度责任感的导游员,每遇突变总会产生一种积极的态度,自觉地控制和调节情绪,以保持适中的应激能力;相反,过度应激,情绪失控,惊慌失措,会使自己陷入进退维谷之中。一般来说,身体健康、思维敏捷的导游员遇到突变会急中生智,调动一切有利因素;相反,身体虚弱、反应迟缓的导游员则可能惊慌失措,甚至产生幻觉,使事态变得更为复杂化。

二、导游员的意志品质

意志是人为了达到一定的目的,自觉地组织自己的行动,并与克服困难相联系的心理过程。人的意志表现在行动开始之前善于作出决定,并选择恰当的行动方式;在行动开始之后能顽强克服行动过程中的种种困难,把行动坚持到底。

导游工作受多种因素的制约,随机性很强,在我国旅游市场还不完善的情况下,导游员会遇到许多困难和问题,许多时候必须单兵作战,独立解决问题和克服困难。因此,导游员的意志品质如何非常重要。

(一)意志的自觉性

意志的自觉性是指人在行动中有明确的目的性,积极、主动地组织自己的行动,有计划、百折不挠地实现既定的目的。

在导游员的旅游工作生涯中,大多是在正常地陪团旅行。陪团导游过程中,工作又多又杂,事无巨细,有一事考虑不周,游客可能就会有意见,甚至会出问题。这不仅要求导游员克服心理上的孤独和不愉快,而且要求导游员有强健的体力,并克服生理上的疲劳。积极的意志行动要求较高的智力水平和体力紧张,并要求忍受行动或行动环境带来的种种不愉快的体验。有的导游员可能很少做家务活,而在陪同旅行中,却可能什么杂事都要干。这就要求导游员付出很大的意志努力,去克服原有的一切不良习惯和原有的消极品质,如懈怠、保守、不良习惯等。游客来自不同的国度文化、习俗等的不同以及个性的差异往往会使游客对导游员正确的意志行动产生误解。导游员因矛盾或处理矛盾不当而意志行动夭折,这种情况也是常常发生的。有的导游员采取不负责任的态度,甚至甩手了之,这是意志品质不良的表现。意志品质良好的导游员往往能够排除各种干扰,坚定地去实现自己预定的目的。在正常的情况下,能长期采取正确的行动,这需要更大的意志努力。

导游员意志的自觉性表现为能不受外界影响独立支配自己的行动,排除各种干扰和诱惑,与影响行动的消极因素与错误观点作斗争。在工作中,不依赖、不推诿、不避重就轻,自觉遵守组织纪律,独立完成导游工作任务。

(二)意志的果断性

意志的果断性是指善于明辨是非、当机立断、毫不犹豫地作出决定的能力。具有果断品质的人,善于对客观问题进行分析、判断,迅速而正确地作出决定。

导游工作复杂而烦琐,经常要与各种不同类型的旅游者打交道,同时还要与旅游交通部门、旅馆、风景游览区等沟通,各种矛盾在所难免。因此,明辨真伪,当机立断,迅速而合理地处理问题,一旦条件许可便毫不犹豫地采取行动,以满足旅游者的各种特殊要求,是导游意志品质的重要方面。此外,导游意志的果断性还表现在一旦情况发生变化时能立即停止或改变已经执行的决定。旅游工作随机性很强,一个旅行团是一个松散的集体,这就要求导游员必须见机行事,当机立断。一味按原计划办事,顽固不变,这不是意志坚强的表现,而是呆板。意志品质良好的导游员在工作中灵活机动,应该改变时就改变,不应改变则坚持到底。相反,不具备意志果断性的导游员遇事往往举棋不定,徒然在犹豫不决中浪费时间。

(三) 意志的坚忍性

当一个人对自己行动的目的、意义以及社会价值有深刻认识时,其行为往往更有毅力,这就是意志的坚忍性。它表现为一个人能够不畏艰险、不怕挫折、锲而不舍、勇往直前。

导游工作与其他形式的工作相比,没有规律性的固定工作时间,是非常繁重的劳动。导游员不仅必须跋山涉水地为旅游者解说、服务,同时还要不辞劳苦地为旅游者的生活提供服务。更重要的是,导游员需要始终如一地保持主动、热情、耐心而周到的服务态度和良好的服务质量,如果没有充沛的精力与坚忍的意志是难以做到的。此外,导游员在旅游活动中会遇到各种各样的困难,意志行动本身就是克服困难的过程。能否克服困难、将意志行动坚持到底取决于个性的品质,如勤奋与懒惰、进取与保守等。缺乏坚韧毅力的导游员尽管也愿意为旅游者提供满意周到的服务,但往往遇到困难就放弃,虎头蛇尾,有始无终。

(四) 意志的自制性

意志的自制性就是善于控制和支配自己行动的能力。一个有自制性的人善于自己去执行已作出的决定,善于抑制行动过程中可能出现的消极情绪和冲动行为。

旅游者的需要、气质、性格各不相同,行为表现千差万别。面对一些不易解决的问题或旅游者提出的不合理的要求,导游员需要较强的自制力和忍耐性,以平静、耐心的态度向旅游者解释,以期得到旅游者的谅解和赞同。如果不能克制自己的不耐烦情绪,甚至与旅游者争吵,必然会激化矛盾,使旅游者对整个旅游活动安排产生偏见。因此,导游员应该有较强的自制力,在紧急情况下沉着冷静,不感情用事,自觉调节和控制自己的言论和行动,心平气和、热情耐心,有时甚至需要忍耐和克制生理上和精神上的痛苦来为旅游者服务。有的导游员情绪不佳时,便不去做可做可不做的工作了,甚至将必须做的工作也打了折扣。调查发现,有的导游员情绪不佳时,甚至连导游词都缩减了一半。

在业务工作中,导游员需要不断充实自己的相关知识,如与导游业务直接相关的有我国历史、文化、地理、民族、民俗、宗教信仰、园林、饮食、风物特产情况等,世界旅游业情况,与自己工作对口的主要客源国的概况、历史、文化、民族、礼仪、习俗、禁忌等。与导游业务间接相关的知识范围则更为广泛,也可以说,文、史、哲所涉及的知识内容都应是导游员所涉猎的。学习提高的过程也能反映出导游员的自制力水平。对于已经可以胜任工作的导游员来说,继续选择某一个目标来提高自己,是一种自我约束,而且是一种艰苦的过程,是需要坚强的意志努力实现的。

三、旅游职业对导游员气质的要求

气质是人的稳定的、典型的心理特征,是一个人在其各种心理活动和外部动作的进程中所表现出的某些关于速度、强度、稳定性、灵活性等方面的心理特征的综合特征,又俗称脾气、秉性和性情。人的气质具有先天自然的属性,相对稳定,而且人与人之间存在差异。气质类型的划分及特点见本书第五章。

(一)不同气质类型导游员的行为表现

在导游员陪团时,我们常看到这样一种情形:有的导游员活泼好动,反应敏捷,快言快语,高兴时为游客服务一路小跑,人家说他的腿"不值钱";有的导游员精力充沛,动作坚强有力,为游客办事效率极高;有的导游员总是慢腾腾的,"火烧眉毛不着急",偶尔也着急,然而游客甚至不知道他在着急,但办事却非常稳当;有的导游员解说词讲得非常细致,令游客回味,他从不发火,可是如果发一次火,却令所有的人望而生畏。这就是导游员的气质,或说是导游员气质的典型表现。

1. 胆汁质类型

胆汁质类型的人是兴奋型的人,这种人热情果断,精力充沛,感情易变,性情急躁,但激情不能持久。

在游览过程中,胆汁质的导游员精力旺盛,不怕疲劳,具有很强的坚韧性。为游客办理各种手续,与有关部门联系工作,喜欢迅速而不拖泥带水,但不灵活,爱钻牛角尖,有时认准一件事,别的导游员说这样不行,但他们非试试不可。他们喜欢让别人按自己的意愿办事,经常毫不迟疑地对游客大声宣布,今天的活动将如何安排,请务必遵守。热情高涨时,可以为游客跑前跑后。他们表达能力很强,容易对游客产生强烈的吸引力,但情绪不稳定,容易被激怒而与别人发生争执,甚至火冒三丈。尤其遇有车、船误点,宾馆餐饮差,旅行安排不得不临时变动等情况时,他们的脾气甚至比游客还大。

在工作中,他们认为有希望的事情,会坚持不懈地去努力,直到成功或失败才肯罢休。但不能灵活运用旅行社赋予他的权限,有时可能会因为一点意外的事而丧失联系团队时机。有时他们像大梦初醒一样,马上去给某地发一个传真,使人莫名其妙。这种情形的产生往往不是经过反复思考的结果,而是意志不能抑制情绪而造成的。联系团队成功时,他们高兴得手舞足蹈,恨不能告诉所有的人。他们的举动并不是为了显示自己,而是情绪所致,控制不住。他们掌握技能很快,可以很快把有关情况用电传、传真等发出去,但又经常出错。

在日常工作与生活中,他们喜欢争论,对看不惯的事情直言不讳。他们朋友多,但肯定有少数人和他们相处不融洽。因为最怕在众人面前丢面子,如果别人要当众指出他们的差错,他们会不顾一切争论到底,他们宁可将错就错,绝不认"输"。

2. 多血质类型

多血质类型的人,活泼好动,不甘寂寞,外倾型明显,但可塑性大,易见异思迁。

在陪团中,他们活泼、爱玩、好动,不容易疲劳,有时甚至比游客还精神十足。他们的言语很流利,解说词背得很快,讲起来也会有声有色,能够感染别人。他们善于交往,属于我们通常讲的那种"自来熟"的人,和游客很快就会熟悉,好像一路都有他的朋友。如果与别人发生什么矛盾,他们会马上流露出不快,但不良情绪能很快消失,能像没发生一样恢复工作状态。对于新景点或没有去过的地方,他们的情绪特别高涨,若景点重复多次,他们就感到特别没意思。他们善于处理问题,应付突发事件的能力强,也善于陪同人数多的团,因热情、开朗、机敏得到游客的极大赞赏。

多血质类型的导游员兴趣广泛,工作之外还有许多爱好。他们动作迅速,语言准确,并且表现出很大的灵活性,但持久性和专注性差。这种人多半在单位中是文体骨干、活跃分子。他们的朋友非常多,但深交的却不多,喜欢帮同事办事,有求必应。喜怒哀乐在他们脸上会表现得淋漓尽致,情绪来得快,走得也快。他们会经常乱"放炮",无论是工作还是生活,他们都加以评论,而事后并不负责任。如果注意调节自己的情绪,他们会表现出极强的社交能力。

3. 黏液质类型

黏液质类型的人,感受性低而耐受性高,反应慢,缺乏生气,但稳定、踏实、自制力强,不尚空谈。

他们解说时永远有板有眼、不慌不忙,给人的印象是从不着急。他们动作节奏较慢,旅行团中的年轻游客可能会感到着急,而老人却感到正合适。他们对导游的各种技能掌握很慢,但一旦掌握了,会表现得非常出色,并且会保持得很久。他们不善于主动与游客交往,但如果陪团时间较长,他们可能与个别游客交往得很深。他们和游客、服务员、司机等会相处得很好,即使发生问题,总是从客观上原谅别人。游客有困难,他们会真心实意去帮助。有时对于游客提出的无理要求,他们也能容忍。他们不容易感到累,但遇到意外事件,处理起来不仅慢,而且不灵活。

在日常生活中,他们给人以安静、稳重的印象。领导交代的事他们会踏踏实实地去做,很少提反对意见。他们对于陪同什么团、何时陪同、走什么样的线路一般不提异议,守时守纪,照章办事,但因反应慢,不够灵活,有时会错过做业务的最佳时机。这种气质的老导游员业务功底扎实,知识丰富,其中的英文导游员往往掌握的词汇量大,而且把握单词含义准确,甚至对多义词中那些极少用的含义都有所了解。他们与同事能友好相处,因为他们不争强好胜,也不爱议论无关话题。他们的朋友不多,但有深入交往的朋友。他们表面比较冷漠,容易给别人造成误解,其实他们是"茶壶里煮饺子——心里有数"。

4. 抑郁质类型

抑郁质类型的人反应慢而不灵活，细致敏感，容易激动，也容易消沉，常常信心不足，显得孤僻，内倾倾向十分明显。

在导游工作中，他们会非常认真细致地安排旅程，甚至落实到每一个细节，从不马虎。他们感情细腻，对于游客的情绪，能够很敏感地察觉到，但往往不能全面地观察事物。如果旅行中发生问题，他们往往以自己的想象来进行推理，容易陷入焦虑状态，一旦感情失控，甚至采取极端的形式。解说时，他们认真地照本宣科，很少使用幽默和身体语言。他们很少主动与游客攀谈，沉默寡言，能够始终如一，很少喜形于色，也很少怒形于色。游客对他们会很放心，但如果与其发生矛盾，游客会有点畏惧。如果工作时间稍长，他们往往会感到很疲劳，而且恢复期较长。因为从不爱指手画脚，而喜欢更多地听别人安排，他们与地陪、司机、服务员等都容易相处。如果发生意外事件，他们连细节问题可能都会考虑到，但却又往往因不善于考虑全局或不果断而处理不好。实际上，当意外事件发生时，他们就对自己能否处理好缺乏信心。

日常生活中，他们喜欢一个安静的工作环境，经常独自看书，很少与别人说说笑笑，更不和别人打打闹闹。工作上有成绩，他们会暗中自乐，工作上不顺心，他们也会暗中生气。他们不在领导面前显功，但如果有成绩领导没表扬，或者表扬程度不够，他们会敏感地察觉到，并且耿耿于怀，甚至认为领导对自己有偏见。如果领导批评他们，轻了会默默接受，如果太重，超过了其承受能力，感情一旦爆发，就会闹到不可收拾的地步。他们的知心朋友很少，如果是个新导游员，来旅行社很长时间，或许还会有不少人不认识，但他们会和同事们平和相处，领导也认为他们好管理。

以上是导游员的气质在日常工作和生活中的典型表现。但由于人的气质具有混合型的特点，我们不可以轻易对某人下结论，一个人属于哪种类型，而应进行综合分析。

(二) 适宜从事导游工作的人的气质特点

在旅游服务工作中，对导游员的气质有特殊的要求，主要有以下3点。

1. 感受性、灵敏性高低适宜

感受性是指外界刺激达到多大强度时才能引起人的反应。灵敏性是指人的心理反应的速度和动作的敏捷程度。

在旅游活动中，导游员的服务工作处在一个经常变换的活动空间，需要与各种类型的游客发生频繁的人际交往。面对不断变化的环境与各种类型的游客，如果旅游服务人员感受性过高，稍有刺激就引起心理反应，势必会造成精力分散，注意力不集中，影响服务工作。相反，如果感受性太低，对周围发生的一切现象熟视无睹，看不到游客的要求和变化，容易怠慢旅客，导致主客之间发生矛盾，破坏导游员在游客心目中的形象,使旅客对服务工作及整个旅游业产生不满。为此,导游员的感受性也不能过低。而为了保证导游员能处在一个热情饱满而有序的工作状态之中,面对复杂多变的游客还必须具有一定程度的灵敏性。如果灵敏性太低,反应速度就会太慢,易延误服务时机,使客人感到受冷落。如果服务员过于灵敏,反应速度过快,又会使旅客对服务员产生不稳重或过急的感觉。因此,旅游服务人员的灵敏性不宜过低也不宜过高,应保持正常的灵敏性。

2. 忍耐性强并善于维持情绪兴奋

在导游服务工作中,导游员所从事的工作与一般工作不同,客人总是处在不断变化之中,然而服务工作内容基本上是长年不变的。按照单一性与复杂性需要平衡的理论,持久的、重复性高的单一性工作必然会使人产生厌倦,渐渐失去工作热情,不愿再继续承受这种工作。然而一批批新游客的期望不变,游客带着好奇心和高昂的热情,希望看到导游员出色的讲解的和优质的服务。这就要求导游员必须具有克服巨大心理压力的本领,掌握调整情绪兴奋性的本领,每每用激情感染游客。

旅游企业的规范和职业角色要求导游员善于克制情绪,忍耐客人大大小小的要求甚至无理取闹,冷静果断又耐心细致地处理各种突发事件,不受不良情绪的干扰。所以,忍耐性强也是从事导游工作的优势之一。我们很少看到导游员在游客面前高兴起来手舞足蹈、生起气来暴跳如雷的情形,而大多是稳重和彬彬有礼的。尤其在发生问题时,导游员大多有较强的自制能力,这既是涉外工作礼貌礼仪的要求所致,又是长期从事旅游工作所养成的习惯。

3. 可塑性强

可塑性是指服务人员对服务环境中出现的各种情况及其变化的适应程度。众所周知,旅游服务工作没有固定模式,总是因人因事而异。旅游工作的性质、任务和特点要求导游员必须不停地"动",要考虑日程安排,又要解说、翻译,而且还要照顾到每一位游客。尤其在导游员单独外出全陪时,人员、环境不断变换,导游员不仅要勤快,而且要灵活、反应快,并能进行广泛的人际交往,以适应工作的需要。长期的工作实践,能使导游员具有很强的适应能力。服务人员若没有较强的可塑性就很难适应不同客人的需要。

四、导游员的性格

性格是指一个人在个体生活中所形成的、稳定的对现实的态度以及与之相适应的习惯化了的行为方式。虽然各种不同性格的人都有可能做好服务工作,但具有谅解、支持、友谊、团结、诚实、谦虚、热情等良好性格特征的服务人员,能够与游客建立和谐的人际关系,保持最佳的服务状态,使游客感到亲切,乐意接受服务。如果服务人员对人冷淡、刻薄、嫉妒、高傲,就容易导致人际关系紧张,使工作热情降低,使客人产生不满。

(一)导游员的性格要求

在实际的旅游服务工作岗位上,具体工作不同,其性格要求亦有差异。客房服务员应具有缄默孤独、有恒负责、自律严谨等性格特征。餐厅服务员应具有热情外向、顺从、敏感、安详、沉着、自信、当机立断等性格特征。从事保管工作的服务员应具有负责、自律、严谨、现实、合乎成规、心平气和等性格特征。一般来说,人们都喜欢与精神饱满、开朗大方的人打交道。大多数人对导游员的形象有一个大致的期待:外向、亲和、见多识广、热情。此外,导游员还应具有乐群外向、有恒负责、冒险敢为、自立、当机立断等性格特征。当然,最好的导游员应该是这些个性特征的综合,充满魅力,使游客乐于接近。以下要求仅供参考。

1. 热情真诚

导游员的热情表现在充满激情的讲解和宾至如归的服务中。只有对讲解的内容和旅游者都充满激情,才会讲解得生动、幽默、引人入胜,使游客兴味盎然、如坐春风。这种激情不仅使旅游者的旅游经历更加精彩,而且能使导游员和游客从身心疲惫的状态中振作起来。

热情和真诚是不容易装出来的,游客可以分辨出来。当导游员对他的游客充满热情的时候,他的真诚也会感染游客,在游客心目中留下"此人可以信赖""我想接近这个人"的印象。游客本能地接近并相信热情真诚的导游员,乐于与诚实开朗的导游员相处。热情和真诚是构成晕轮效应的特征之一,会给导游员罩上一层可爱的晕轮,使游客更加喜欢导游员的一言一行。

2. 亲切随和

导游员负责接待来自四面八方的陌生人并为他们提供全程服务。在游客心目中,导游员既是提供讲解的服务人员,也是他们在陌生地方的引路人。他们希望导游有求必应、无所不知。当导游员给人以亲切、开朗、舒服的感觉时,会在很短的时间内与游客建立起良好的关系,游客更愿意向这样的导游员寻求帮助。导游员的工作对象性格各异,要做一个随和、合群的人,才利于和各种人打交道。

3. 乐观自信

在旅游活动中随时会遇到各种问题和困难,如交通拥堵、气候恶劣等,导游员作为游客的主心骨,要用乐观的态度去面对困难,积极应对,冷静处理,而不是愁眉苦脸,唉声叹气。如果遇到困难时导游员气馁放弃,会使游客更加心烦意乱、不知所措。导游员的乐观会感染游客,使大家心情舒畅。

在工作中导游员要对自己充满信心。自信使导游员能够果敢、有效地履行自己的职责,能灵活地为游客讲解,成功地解决各种问题。同时导游员的自信也能使游客感到可以信赖,可以依靠,能给游客以安全感。

4. 幽默开朗

幽默是人际关系的润滑剂,能变紧张为轻松,化干戈为玉帛。幽默会使人的威望提高,增加吸引力,拓宽人际关系;幽默可以缓和紧张而严肃的气氛,给人轻松而愉快的感觉;幽默能表达某些不便明确说明的意思,增强语言的委婉和含蓄;幽默有助于摆脱尴尬境地,由"山重水复疑无路",进入"柳暗花明又一村"。有幽默感的人能够活跃气氛,让人们觉得轻松自在,彼此更有默契,从而拉近彼此的心理距离。由于人们喜欢通过旅游放松身心,所以游客通常都欣赏那些为旅游带来欢笑的导游员。幽默能让旅游中不可避免的小故障变得好笑,而不会让人觉得烦心或不悦。

我国的一些导游专家曾经为导游员规定了10个方面的条件和10个方面的修养,但国际上的导游专家看了,都异口同声地要求增加一条,那就是"导游员一定要幽默"。可见,幽默开朗的导游员格外受游客的欢迎和欣赏。当然,幽默也要恰当合适,如果"幽默的话说得不好,很容易变成友谊的致命伤"。无论用哪种方法都应注意,不要拿人取笑。如果企图拿一些老实巴交的人、有生理缺陷的人、犯了错误的人、调皮捣蛋的人开心,那就容易造成彼此间的对立,伤害对方的感情,对本来可能是正常的人际关系带来消极的影响。还有就是切忌格调低下,不能使用脏话、粗话、色情话引人发笑,这些都与幽默背道而驰的。

5. 守信自律

导游员与旅游者之间建立良好人际关系的前提是信任,而信任的基础是导游员言而有信、行为自律。导游员要求游客做到的事,自己首先应该做到。如果导游员带队时经常迟到、不按时间出发或集合、随意更改行程,会使游客感到权利被侵犯了,自然不愿配合导游员的工作,导致关系僵化,正常的工作无法开展。旅游者出门旅游的时间有限,他们又为此付出了经济代价,所以很在乎导游员的时间观念。

说到做到需要很强的自律性,也体现出一个人的综合修养。比如带团期间不酗酒、不在车内抽烟、不乱丢垃圾等,看似是小事,却反映出一个人的修养。对于缺乏自律的导游员,游客往往不容易信任他。

(二)塑造良好的性格

为了塑造良好的性格,导游员应不断加强个人的心理素质修养,保持乐观的心境,磨炼独立、果敢的意志品质,努力提高文化水平,加强职业道德修养,苦练业务本领。性格可以分为两部分,一部分是你如何看待生活中的各类问题,另一部分是你如何做事情。要想得对,必须多学习;要做得对,必须多练习。应努力学习别人的长处,诚心接受别人的帮助,同时积极参加社会实践,在工作中检验自我修养的结果。

美国科学家富兰克林年轻时发现自己的性格上存在某些缺陷,他下决心改变自己的不良习性,使自己全面发展。于是,他为自己制定了"美德分类表",实际上是性格自我完善的总体要求,共13条:

(1) 节制欲望。在吃饭和喝酒上要节制。
(2) 自我控制。对待别人要能克制忍让,不可怀有仇恨。
(3) 沉默寡言。少说废话。
(4) 有条不紊。所有物品都要井然有序,所有事情都要按时去做。
(5) 信心坚定。信守诺言,出色地完成自己所承诺的任务。
(6) 节约开支。把钱用在对别人都有益的事情上,不要乱花一分钱。
(7) 勤奋努力。永远要抓紧时间做有益的事,不要浪费时间。
(8) 忠诚老实。不要说有害于别人的谎话,要表里一致。
(9) 待人公正。不以不端的行为或办事不诚去伤害别人。
(10) 保持清洁。保持身体、衣服及房间的清洁卫生。
(11) 心胸开阔。不要为令人不愉快的区区小事而心烦意乱、悲观失望。
(12) 谨言慎行。要使自己的言行符合每一条道德准则。
(13) 谦虚有礼。

当然,富兰克林的标准未必全部适用于导游员,但其中的部分内容值得学习借鉴。特别是这13条标准清晰准确,十分有利于执行。在旅游服务工作中,如果导游员具有独立、适应、有责任心和恒心的性格特征,一般说来其抱负水平高,对自己要求高,工作效率自然高。相反,依赖性强、缺乏自信、不善自律、孤僻冷漠的人,不可能创造性地做好服务工作。如果只凭小聪明,没有好的性格品质,工作绝不会出现高效率。

五、导游员的能力品质

能力是人顺利完成某种活动所需具备的、最基本的心理特征,是个性心理特征的一个重要方面。例如,作家的文字表达能力、科学家的抽象思考能力、画家的视觉记忆力、运动员的肢体协调能力、音乐家的音高辨别能力等,都是他们顺利完成所从事的相应活动所必需的最基本的心理特征。

导游员的工作大体包括向导和讲解、照顾和代办、商品推销、安全保障、协调联系等几个方面。完成如此具有复杂性和特殊性的工作,导游员除了应具备丰富的相关知识和熟练的业务技能外,还要具备导游服务所需要的较强的观察能力、注意能力、协调组织能力、判断能力、记忆能力、思维能力、想象能力和表达能力等心理品质,其中观察能力、协调组织能力、注意能力和表达能力尤显重要。

(一) 敏锐的观察力

在旅游活动中,游客来自四面八方,彼此并不熟悉,他们的性格特征、情绪变化、内心需求、身体状况有时显得比较隐蔽。如果导游员没有敏锐的观察力,不善于捕捉游客发出的各种信息,旅客偶然表现出来的真实自我往往悄然隐去。相反,如果导游员具有敏锐的观察力,就可以很快了解游客的心理特征与心理需求,实现优质服务。特别是迅速观察到某些旅游者负面的激情爆发的征兆,从而及时采取措施防患于未然。

观察能力是指发现事物典型特征的能力,主要表现在对游客和各种事件的评价方面。而这些评价主要来自导游员用自己的经验去体察游客的感受,包括具有某些担心或偏见的游客的观点,从而预见事态的发展。体察游客的内心世界,了解事件、事态的发生发展变化趋势并非易事,首先要克服个人固有的偏见,以较为开放的心态看待游客的表现;还要对游客关心,对工作感兴趣。导游员自身对服务工作兴趣的强弱、注意力的稳定程度和当时的心境都会影响观察效果。兴趣是最有效的自我激励,它可以激励一个人积极地去获取知识。兴趣范围大,观察范围就广;注意力稳定,观察问题易集中。心情舒畅,有利于各种感官正常发挥作用,保证观察能取得良好的效果。

(二) 良好的记忆力

在导游工作中,服务工作本身和服务对象方面的内容十分复杂多样。行程安排、讲解内容、游客情况、突发事件、客人的特殊要求等导游员都要记在心里,以便随时协调整个团队的工作。良好的记忆力是顺利完成工作的基础,而丢三落四是导游员工作的大忌。如果导游员能尽快记住游客的容貌和名字,不仅便于工作,而且很容易赢得游客的信任。

如何增强记忆力呢?心理学研究认为:第一,要明确记忆目标。就是说明白自己要记什么,有选择地记忆。第二,要精力集中,通过理解加深记忆。理解是对记忆的内容进行深度加工,提取记忆内容中的关键信息,有利于记忆的长久保持。第三,灵活运用各种记忆方法。例如,及时复习以加深记忆痕迹,利用新旧材料的联系进行记忆,抓住材料的特点进行比较帮助记忆等。

(三) 稳定而灵活的注意力

注意是指人的心理活动在一定事物上的指向和集中。当人做某一事情时,需要把注意力集中在这件事情上,"全神贯注""侧耳倾听""冥思苦想",才能保证人们感知的形象清晰而完整,记忆效果良好,思考的问题得以解决。如果一个人同时兼顾几件事情,每件事情都要注意到,就需要他有较好的注意广度与灵活的转移注意力的能力,"眼观六路""耳听八方""眼疾手快",才能照顾好多件事情。

游览过程中,景区里往往地广人多,导游员需要照顾好至少十几、二十几个游客,而游客的心理和行为复杂多变,导游员既要照顾好游客,又要完成讲解、向导、组织等工作,注意力必须相对集中稳定并适时灵活转移,克服过分集中或分散的弱点。导游员如果注意力不集中或不善于分配注意力,要同时照顾好多位游客是很困难的。如果注意力过度分散,工作时表现为心不在焉,致使在对待客人时漫不经心,客人就会感到被忽视。

作为旅游服务人员,要想培养稳定而灵活的注意力,首先要有强烈的事业心和责任感,这样才能把最关心的问题摆到注意中心的位置上来。其次要有良好的意志品质,能在日复一日的工作中养成因时、因地、因事的改变而灵活分配自身注意力的良好习惯。最后要有熟练的业务技能,占用较少的注意力,这是灵活分配自身注意力、增强应变能力和提高服务效率的基础。很难想象,一名连导游词都背不下来的导游员能自如地照顾好每位游客。

(四)较强的人际交往能力

在旅游服务工作中,导游员与游客以及餐饮、住宿、景区的工作人员之间交往频繁。人际交往是主客之间解决问题的关键,是实现服务工作的主要途径。对于导游员来说,交际能力是搞好服务工作必备的能力。人际交往水平的高低、质量的优劣不仅取决于良好的交往意愿,也受交往能力的影响与制约。人际交往能力的培养非一日之功,但掌握一些交往技巧对于顺利进行导游服务十分必要。例如,建立良好的第一印象。旅游服务工作中,主客之间的接触时间是短暂的,在短时间的交往中,很难通过"日久见人心"来达到情感相融的目的。如何形成较好的第一印象呢?外表、业务能力、个人素质等都很重要。衣着整洁、举止大方、业务熟练、热情有礼的导游员会给游客留下积极的印象,游客愿意接受他的建议、服从他的领导。

再比如,导游员应有简捷、流畅的语言表达能力。在旅游服务过程中,要想达到良好的交际效果,导游员的语言所要表达的内容一定要言简意赅、准确连贯、有理有据。发音要清晰,语气要柔和,速度要适中,用词要准确,必要时要辅以表情和动作。

最后,导游员应善于处理各种矛盾。在处理各种矛盾时,作为导游员首先要认清自己的角色,多站在游客的角度考虑问题,客观地考虑游客的利益,适当地作一些必要的让步。在此基础上,再弄清旅客的动机,本着为游客提供满意服务的原则,善意地加以疏导。同时,在处理矛盾的问题上,应注意最大限度地控制自己的情绪,允许游客自由提问、畅所欲言,创造轻松和谐的氛围,这样与游客的矛盾便比较容易被化解。

(五)熟练的业务能力

导游员对自己的业务范围、知识、工作程序和工作的熟练程度直接影响着服务工作的质量和水平。因此,旅游服务人员业务实施能力的强弱是服务工作的关键。旅游服务工作也是一项民间外交工作,是一项政策性很强的工作,尤其是对不同国家、不同地区、不同民族的政策要十分清楚、明白,要认真掌握,坚决执行。一是熟知我国的相关方针、政策及国情等,以及历史、文化、风土人情等业务性内容;二是熟知游客所在国的国情、文化等内容。导游必须具备掌握政策的能力,才能做到知己知彼,正确处理问题。尤其在与游客交谈中,或遇到特殊问题时,掌握政策才能坚持原则,做到既尊重游客的合法权益,又有效地保护国家、集体和自己的合法权益。否则,就容易出问题,会给我国外交工作和旅游工作带来不应有的损失。

能力是具有复杂结构的各种心理品质的总和,因此,导游员的能力是一种综合的整体,诸方面是相互联系、紧密结合在一起而发挥作用的。但对每一种具体的能力的要求主要取决于具体活动的要求。导游员应该是一个对答如流、口若悬河的演说家;是一个极富感染力的演员,一个地道的表演明星;是一支"旅行军"的统帅,既指挥若定,又有大将风度;也应是一支"旅行军"的参谋长,使整个活动按自己的意志有条不紊地进行;还应是一个上知天文、下知地理的博学家;更应是游客最好的朋友和值得信任的人。

第二节 导游服务心理

旅行社作为现代旅游业的三大支柱之一,把食、住、行、游、娱、购等众多环节有机地串联起来,向旅游者提供旅游活动中的各个环节所需要的各种服务。目前,旅行社服务客人的方式主要是通过导游员的沟通来实现的,通常服务的对象为不同性质的客人,他们的经历、经济地位、生活水平和生活习惯、文化教养、兴趣爱好、个性特征等各不相同,对周围事物也会产生不同的心理感受。这就需要运用心理学的基本原理去研究游客心理活动的特点及其基本规律。

一、游客在旅行中的主要心理

游客从决定随旅行团旅游时,就开始广泛搜集关于旅游地的各类信息,情绪的兴奋性渐渐增强,心中充满了对未来旅行的各种期待,而这些期待和兴奋的情绪以及各种先入为主的信息,都会对整个旅行产生影响。

(一)游客从离开家到抵达目的地的心理

决定出游的人会对旅游地充满期待,情绪逐渐变得较为兴奋,并渴望尽快到达目的地。经过长途跋涉到达目的地后,游客既有兴奋、好奇、惊讶、欲探索新事物的迫切心情,又有因人地生疏、不懂当地的风俗习惯或语言不同而产生的茫然、苦恼和不安,甚至有些恐惧感。这时的客人最急需解决的是尽快消除陌生茫然的心理状态,适应新的环境。领队或全陪若能适时提供全面真实的旅游目的地的相关信息,同时又能真挚、热情、友好地接待和周到细致地关心客人,必将有助于客人消除茫然感和不安恐惧,体验到亲切和安全,并建立起对旅游服务人员的信任感。在客人出发去下一个旅游地点途中,全程导游员应向客人全面概括地介绍下一个旅游地点的情况,激发客人先睹为快的强烈兴趣,同时又要注意不要让客人形成过高的心理预期,为地方导游员进一步介绍和导游做好心理上的铺垫。

(二)游客在旅游行程中的几种主要心理

1. 好奇心理

游客在出发前已经对旅游目的地产生了种种美好的想象,好奇心理和验证想象的激动交织在一起,形成无比兴奋的心情。当游客真正面对引人入胜的自然景色、文物古迹、现代建筑与娱乐设施,接触到该地的语言、民情习俗、不同的民族和文化的时候,一般都具有先睹为快的强烈兴趣,而后才想知道根由。

此时,行程安排的关键就应因势利导,导游员要满足游客的心理需要,简要介绍后就让游客尽情观赏,适当解答一些问题。若导游员不了解游客共同的心理,只顾热情地讲解,可能吃力不讨好、事倍功半,甚至引起游客讨厌的情绪。

2. 求知心理

随着人们生活和文化水平的提高,具有求知心理需求的游客越来越多,他们不仅希望导游员在行程安排上可以信赖、在生活上提供帮助,而且希望在旅行过程中能够增长知识。一般游客对行程安排中的种种新异旅游项目,如黄土高原的窑洞、西双版纳的竹楼、山区的尖底背篓、西藏的碉房及少数民族特殊的服饰和风俗都会产生莫大的兴趣,对旅游景点的人物传奇、神话故事、古今诗文、匾额楹联、碑刻等也感兴趣,渴望详尽地了解、知晓。

3. 补偿和解脱心理

补偿是指游客在日常生活的某一方面的需要无法获得满足而产生挫折感时,就通过接触一些日常生活接触不到的事物,做一些在日常生活中想做而没有条件做的事情使自己得到在日常生活中无法得到的满足。深究人们日常生活中什么样的需求无法满足时,吴正平在他的《旅游心理学》一书中提到:一般来说,人们在日常生活中缺少的恰恰就是这三种最重要的满足感。不管游客自己是不是这样说的,也不管他们是否已清醒地意识到这一点,事实上所有的游客都希望在旅行中能获得更多的新鲜感、亲切感和自豪感。

除了补偿心理,游客愿意出来旅行的另一个心理因素是寻求解脱,主要是指从日常生活所造成的精神紧张中解脱出来。对现代人来说,精神紧张需要加以分析,不能一概而论。有起消极作用的精神紧张,也有起积极作用的精神紧张;有难以承受的精神紧张,也有可以承受的精神紧张。当人们感到起消极作用的精神紧张已经难以承受的时候,游客就会向往一种完全不使人感到紧张的旅行生活。

4. 多重审美心理

现代社会的激烈竞争使人容易产生焦虑、受挫、苦闷、忧郁、失望、冷漠等不良情绪和心态,具有迫切需要防卫、逃避、自我调节的心理趋势,试图通过旅行活动寻求一种情感的净化和精神、心理上的放松、满足感。尽管游客外出旅行的动机不可能相同,但无疑都是为了追求美好的东西,从一定意义上说游客的旅行活动是一种寻求美、发现美、享受美的综合审美实践,游客既想欣赏旅游地的自然风光美,又想体验文化艺术和社会生活美,还想品尝美食和美酒,这些通常是交织在一起的。

(三)旅行后期心理

游客即将结束旅游行程回到家乡和亲友身边时,往往会出现暂时的焦虑、紧张、茫然和担心,在一定程度上产生不知所措的心理。这种心理与游客刚来时的心理状态有所不同,它主要因为游客即将结束旅行而回归日常生活,开始思念和牵挂亲友、同事或牵挂即将要完成的工作;考虑所需购买何种类型、多少价格的馈赠品和纪念品,特别是境外游客会担心行李转运、超重及关税、出境前货币兑换等问题。在情绪上更多的是焦虑和茫然而非恐惧导致的紧张,在发生的时间上不十分明显,国内游客的表现通常不会像境外游客那样明显,短途游客不如长线游客明显。而即将去另一地区旅游的游客,则又进入了我们前面谈到过的从开始旅行到结束旅行的各个阶段的心理周期,他们经常会凭借自己的记忆与经历对导游人员的导游技巧进行比较评价,从而成为情绪的干扰因素。

这一阶段在行程安排上要给游客留有足够的时间去处理自己的事务,对于游客临离开旅游地前所提出的要求,如购物、交谈、访友等,在有条件的情况下应尽可能给予满足,避免给游客带来遗憾。

二、导游服务策略

(一)迎客阶段的服务策略

迎客是导游工作的开端,一个导游员能否给旅游者留下良好的第一印象,直接关系到以后各阶段旅游活动效果的好坏。做好迎客工作应注意以下两个方面的问题。

1. 接待前的心理预测

所谓"不打无准备之仗",就是要求指战员在作战前有周密的考虑和各方面充分的准备。作为导游员在接受导游任务后,也应该认真进行必要的准备,以避免工作中的盲目性或出现不该出现的差错。在旅游者尚未抵达之前,导游员可以从接待对象的姓名、国籍、身份、年龄、性别上对他们进行心理预测,了解不同旅游者的心理特点,如年老者和年轻人在生理和心理上的差别、不同职业和身份者在兴趣和活动要求上的差异等。在此基础上,导游员可着手制订接待计划、安排游览项目、联系车辆等。如果导游员在接待前没有对游客进行必要的了解和心理预测,毫无准备地仓促上阵,往往会措手不及,甚至造成失误。

2. 创造良好的第一印象

旅游者置身于一个陌生世界,不论其国籍、民族、年龄、性别、职业、地位如何,都会有举目无亲之感。想了解一切,往往语言不通;想结交朋友,又不懂当地的风土人情;好奇、兴奋、惊讶又有几分忐忑。在此情况之下导游员便成为最受欢迎的人。而导游员给旅游者留下的第一印象常常会左右旅游者在以后旅游活动中的判断与认识。美好的第一印象,将为导游员以后工作的顺利展开铺平道路。因此,导游员从机场、车站第一次接触旅游者起就必须注意自己的形象要自然大方,态度要热情友好、充满自信,办事要稳重干练。不仅要注意外表的形象和态度对旅游者心

理的影响,并且要以周密的工作安排、良好的工作效率给旅游者留下美好的第一印象。这是导游服务工作成功的良好开端,也可为以后接待服务工作中能圆满处理遇到的问题奠定一定的感情基础。

(二)游览阶段的服务策略

游览阶段是导游工作的主要阶段。旅游者在这一阶段要实现游览目的,心情会格外兴奋、激动,求知欲望强烈,旅游者的不同个性表现得十分充分,心理活动十分活跃。导游员既是旅游者游览活动的组织者又是讲解者,应充分发挥自己的主导作用,采取灵活多变的导游手法,使旅游者圆满地实现旅游目的。

1. 了解旅游者初到一地认识活动的特点

旅游者在游览活动中的感知、思维活动是非常活跃的。他们在到达某地之前,可能已从亲朋好友那里听说一些关于旅游地的情况,也可能从媒体上看过相关的资料,这一切都可能唤起他们有关旅游地的想象。一旦亲临其境,他们便急于了解当地的情况以印证自己的想象。例如,他们会观察当地的市容、市貌,了解当地的风俗民情、物价水平、气候条件等。随着旅游活动的不断深入,他们会在大量感性认识的基础上,通过分析、综合、抽象概括、比较等思维活动,对旅游地作出一个大致的带有主观色彩的评价。所以,初到一地时,旅游者一般希望导游能安排一个游览市容的机会。导游人员根据旅游者初到一地的感知、思维活动的特点,在组织他们游览市容时应当先作简明扼要的说明,再让他们尽情地饱览景色、景物。这样,旅游者就会首先在头脑中描绘出一幅该地的风貌图。在这个过程中,只需在关键、重要的地方作些精练的、画龙点睛式的说明,不适宜作冗长的介绍。

2. 带着旅游者的意愿去导游

由于旅游者来游览的动机和目的的不同以及个性上的差异,他们对游览的要求也有所区别,不尽一致。这表现在游览兴趣不同上。如南方农村的一幢幢高高的碉楼可能很容易引起一个建筑行业旅行团成员的注意,却不一定能引起一个医师旅行团成员的注意。一般来说,当旅游者对某种事物感兴趣时,他们就会好奇地注视着它,然后望着导游员,同时会露出新奇、疑惑不解的神情,希望导游员能及时讲解,以消除他们的疑团。导游员此时应满足他们的心理要求,顺着他们的意愿去讲解,切忌不顾旅游者的意愿呆板地背诵预先准备的导游词。此外,导游员还要采取措施巩固旅游者的兴趣,使他们乘兴而来,尽兴而归。要做到这一点,一是尽量避免重复内容,走回头路,要不断提供新鲜、奇特的事物形象,助长游客的游兴。二是注意运用日常事物吸引旅游者。如外国旅游者对当地居民的生活方式、风土人情很感兴趣,导游员就要善于从司空见惯的当地居民的生活中发掘出旅游者感兴趣的内容,有意识地介绍给旅游者。三是掌握游览的节奏,有张有弛。如果游览活动过于紧张,让人喘不过气来,就达不到预定的游览效果。

3. 善于引导旅游者的有意注意

在导游中,应当根据不同的情况,有意识地创设一些情境,主动地向旅游者提出一定的问题和要求,以引导旅游者的有意注意。这就是平常所说的"吊胃口""造悬念"的导游手法。这样做可以使旅游者由被动听讲解变成主动探索追求;可以激起他们了解某事究竟的强烈愿望;同时也可以使讲解过程生动活泼,加深导游员与旅游者之间的感情。

4. 正确使用导游语言,激发旅游者的再造想象

旅游者在观赏自然景色时,常常产生丰富的无意想象。所谓无意想象是一种没有特定目的、不自觉的想象。如看到洞中的岩石千姿百态,旅游者会不自觉地将它们想象成某些奇草异兽,这种无意想象会增加他们的游兴。导游服务的关键不仅在于充分依靠和发挥旅游资源本身固有的作用以调动游客的无意想象,更重要的是借助语言去组织激发游客的再造想象,以加深游客对事物的认识与理解。再造想象是根据语言或文字的描述以及图样的示意在人的头脑中形成相应的新形象的心理过程。这种想象可以帮助旅游者再现我国古代很多美丽的神话故事、民间传说、历史典故,使本来普普通通的一山一石、一草一木引人入胜,令旅游者触景生情。例如,旅游者坐船游览广西桂林的漓江时,船到了一个叫"出米洞"的地方。其实这只是个普通的山洞,这时导游向旅游者讲述了一个民间传说:"相传古代有位神仙看到人间遭灾,便推动石磨,米就从这个洞里流出……谁要接到米,吃了就会长寿。"听了这个故事,旅游者的情绪顿时活跃起来,有几位年迈的老太太信以为真,还急着去找袋装米……导游的语言让旅游者通过联想、移情、欣赏等心理活动使外界的景观变成旅游者美的享受。

(三) 送客阶段的服务策略

旅游者结束旅游,并不代表服务就此结束。在某种意义上,如在完善企业形象、招徕更多游客等方面,送客阶段的服务同迎客阶段和游览阶段的服务相比显得更为重要。一方面,如果本次旅游双方合作愉快,即将面临的分别,会让双方彼此留恋,难舍难分;另一方面,如果某方面让旅游者不满意,送客阶段则是弥补的好机会,导游可以抓住最后的机会,以实际行动感化和安慰那些对服务不满意的客人,转变他们对企业或服务人员的不良印象。送客阶段时间是短暂的,在较短的时间内如何使服务起到补正作用,以进一步完善企业形象,强化游客的后续行为呢?概括起来主要有以下3种对策。

1. 对客人说好最后一席话

为了消除旅游者的不良感受,说好最后一席话是十分重要的。这些话要把服务员对旅游者的歉意和欢迎再次光临之情表达得淋漓尽致,要把服务员对旅游者的诚挚祝愿说得感人肺腑,以唤起将要离去的客人对该企业服务人员的"留恋之情"。

2. 送别旅游者时的灵活性

为了消除旅游者的不良感受,进一步创造好的形象,在送别旅游者时要灵活采

用送别形式。常规的做法是,对老弱病残和行李较多的旅游者,服务员可帮助提拿物品或代为托运物品;对有特殊情况的旅游者可以送到车站、码头或机场;对一般的旅游者可送至门口热情话别,让他们带着"服务余热"踏上新的旅途。

3. 认真做好善后工作

旅游者离去之际,常有一些"遗留问题"需要服务人员协调处理。服务人员若能本着尽职尽责的精神和一丝不苟的工作态度,按原则和旅游者的要求处理好这些问题,旅游者就会对接待服务工作产生尽善尽美之感,并且还能把这种美好的感受传递给他们的亲朋好友,为企业扩大社会影响,带来更多的客源。

三、游客差异的心理分析

游客往往来自各个不同地方,有不同的文化背景与习俗,他们之间存在着诸多差异,这就决定了客人在与旅行社接触的过程中存在着较大的心理需求的差异。这里大致分为以下几种。

(一)旅行目的不同的客人

对以观光游览为目的的客人,在行程安排上应以游览地的数量为重点;对以商务旅行为目的的客人,在行程的安排上应注重各个环节的有效衔接,切忌出现使他们长时间等待的现象;参加会议的客人,在游览行程的安排上要注重见缝插针,灵活机动,特别是对专业会议团体要留出一些专业交流的时间和空间;对以休闲度假为目的客人,在行程安排上应注重张扬个性、纵情逍遥,不必作过多的预先安排,让客人做主;对以探亲访友、回归故里为目的的客人,在行程统一安排上不宜过多,应多留一些自由时间。由此可见,客人的旅行目的不同对行程安排的要求也不同。

(二)年龄、性别、职业和社会地位不同的客人

年长的客人,容易怀旧和睹物思情,喜欢游风景名胜、观赏古迹或古董,喜欢见老朋友;年轻的客人,动作迅速,喜欢新事物、喜欢探险猎奇、喜欢快节奏活动安排、喜欢彰显自己的个性,他们往往对就业和恋爱婚姻方式比较感兴趣;女性客人,喜欢感受,对接待条件的要求通常比对景点的要求更高;社会地位较高的客人,对于自己与他人比较后产生的差异性更敏感,他们更关心与其他人比较后产生的优越感。

(三)国籍、文化背景不同的客人

来自不同国家的客人又有具体行为上的差异,如英国人矜持而有绅士风度,德国人严谨而有纪律性,美国人开朗而富有幽默感,日本人有礼而守规矩,俄罗斯客人热情豪爽而重礼节,韩国人新潮而富有动感,新加坡人温和而富有人情味等。旅行社在旅游行程和活动内容的安排上应通过学习了解客人不同的文化背景、风俗习惯及个性特征掌握客人的心理特征,提供有针对性的服务,这样才能提高服务的效果。

复习思考题

1. 你认为合格的导游员应具备哪些特点？你适合吗？
2. 游客在旅游的不同阶段心理特点相同吗？
3. 如何做好导游工作？

第九章 导游服务心理

第十章 旅游购物心理

本章提要

旅游购物在旅游者的旅游经历中产生积极心理意义。旅游者购物的主要动机包括求新、求名、求实和求廉。旅游商品的设计注重纪念性、艺术性和实用性，具有本国风格、民族风格和地方风格，实现系列化、多样化和配套化。可以醒目的橱窗和柜台陈列吸引旅客的注意，以文字说明和口头语言向游客进行商品介绍，利用景物的间接渲染激发游客的购买欲望，运用模仿和从众心理激发游客的购买欲望，创造方便游客购买的条件，为游客提供参观了解旅游商品生产过程的机会等方式促进销售。

购物是旅游活动的六大要素之一，是参观游览活动的重要补充。旅游者不仅希望看到美丽的风景，而且还希望在旅游地买到称心如意的旅游商品，特别是旅游纪念品。制作精美、质量上乘的旅游商品，对旅游者来说有着很强的吸引力，既丰富了旅游活动的内容，又可以让亲朋好友分享快乐，还可以引发对旅游的美好回忆和向往。对旅游目的地和旅游企业来讲，购物则是发展旅游事业、增加旅游收入的一条重要途径。因此，为了搞好旅游商品的生产和销售，旅游商品生产企业和旅游接待服务人员应当对旅游者的购物心理进行认真的研究。

第一节　旅游购物的心理意义

旅游购物在旅游者的旅游经历中产生的积极心理意义，主要有以下几个方面。

一、增强潜在旅游者的旅游动机

旅游购物作为旅游活动的组成部分，是影响潜在旅游者旅游动机的重要因素。旅游商品生产供给得好，可以增加旅游目的地的旅游特色，从而增加对旅游者的吸引力，成为使人们产生和强化旅游动机的积极因素。旅游动机的产生和强化意味着旅游客源的增加，这无疑是推动旅游业发展的重要因素。世界上凡是重视旅游业发展的国家，都非常重视旅游商品的开发，尤其是旅游资源比较贫乏的国家和地区，总会想方设法以充足的旅游商品、便宜的价格、优质的服务去吸引旅游者。制作精美、质量优良的旅游商品，一般都具有浓郁的民族特色和地方特色，对旅游者有着很强的吸引力。我国各地都拥有一些富有地方特色的旅游商品，这些商品集中反映了中华文化的精华，把名山大川的美景凝聚于方寸之间，具有极大的吸引力。例如，我国香港特别行政区，由于旅游资源有限，其在努力开发旅游资源的同时，大力发展旅游商品，增加了旅游特色。因大力进行旅游商品的开发，香港以自由港的优势使各国货物竞相进入，香港市场成为国际时尚商品的展销中心之一，这些旅游商品不仅数量多、品种齐，而且外观包装精美、质量好、价格低，因而吸引了大批旅游者赴香港旅游，目的就是购物，因此香港以"购物天堂"享誉世界，在香港可以买到世界各地的商品，如衣服鞋帽、视听产品、家庭用品、摄影器材、钟表、珠宝、古董、家具甚至意想不到的物品，2006年中国内地访港旅游人次达1 359万人次。新加坡亦有类似的情况。瑞士军刀是闻名世界的旅游商品，对促进瑞士旅游业的发展起到了相当大的作用。意大利的威尼斯以盛产帆船模型闻名于世，为促进其旅游业的发展也立下了汗马功劳。中国的丝绸、瓷器、文房四宝、中药材等商品也深受一些海外旅游者的欢迎。

二、丰富旅游内容

购买旅游商品是旅游者的普遍愿望，旅游商品供应得好，游客能够买到称心如意的商品，就会更加愉快和满意。由于有物可购，旅游活动内容更加丰富多彩，从而使旅游活动的节奏和旅游者的情绪得到积极的调整，有利于旅游者在整个活动过程中增加愉快和满意的感受。有的旅游者由于买不到更多的旅游商品而抱怨，他们虽然省下了钱，却非常不满意。这证明了旅游商品对增加旅游者积极心理的意义。

例如，上海市近年来进一步发展了商业，建成了南京路步行街、淮海中路和四川北路商业街，使都市观光旅游越来越显示出迷人的魅力。旅游者认为，到上海观光购物是一大乐事,甚至认定上海一些专卖店的商品"款式、质量都肯定领先全国",过一段时间就会再来看看。

如果旅游商品不能满足游客的需要,游客有钱花不出去,还会让游客产生不满情绪。据调查,外国人在中国内地过夜的人均花费都超过1 200美元,其中购物的比重相当大。

三、引起回忆,激发重游动机

旅游相对于日常生活来说,是一种令人兴奋的活动,会使游客留下美好的印象,但随着时间的推移,这种印象必然会日渐淡漠,旅游的愉快情景被淡忘。旅游者购买了旅游商品,尤其是旅游纪念品,把它放在自己的家里,可以时常观赏,通过这些纪念品,不断引发对旅游的美好回忆和向往,这有利于人们产生重新外出旅游的动机。

四、义务宣传,激发旅游动机

旅游者在旅游地购买具有特色的商品,无论是自用、观赏还是向亲友展示或馈赠,实际上是对旅游地的一种很好的宣传,对于提高旅游地的吸引力有积极的作用。如果主人向客人展示所购旅游商品,在客人观看商品时,还有可能听到主人对旅游经历的回忆和追述,从而引起客人对该地旅游活动的向往。这种羡慕和向往的心理效果,是影响人们旅游态度和旅游动机的积极心理成分,有的人可能因此而成为该旅游地的新游客。

第二节 旅游者购物的主要动机

旅游者购物动机主要有两种:一种是生物性(生理性)动机;另一种是社会性(心理性)动机。旅游者购物一方面为满足旅行生活的基本需求,另一方面也是为了心理上的满足。其具体购物动机主要有以下几种。

一、求新心理

求新即求新奇,是指追求商品新颖、奇特与应时。明末清初的戏曲理论家李渔说"物惟求新",指出了购物的基本动机。"喜新厌旧"是消费领域中的一个主要心理现象,当然,某些特殊的商品(如文物、古董、珍藏的艺术品)除外,但这些商品"物以稀为贵",仍符合人们求新奇的动机。这种求新奇的动机也是人们好奇心的表现。在旅游购物中,好奇心起到一种导向作用。人们在旅游地看到一些平时在家看不到的东西时,就产生好奇感,就会激发购买欲。人们为满足好奇心而外出旅游,而旅游购物也是满足人们的好奇心的一种方式。旅游者在日常生活中很少因为某种商品的新奇而购买,但在旅游中却因新奇而产生购买的动机欲望,以致产生购买行为。买到新奇旅游商品是旅游活动的一个组成部分,也是旅游活动的一个目的,是旅游活动成功的一个标志。

二、求名心理

求名是一种为显示自己地位、名望、威信而购买商品的动机。求名动机的游客往往不太重视商品的效用与价格,而重视商品的威望、象征意义与纪念意义,并常常在感情冲动下决定购买。它表现在以下两个方面。

(一)纪念性购买

纪念性购买一般指向那些具有代表性和象征性的旅游商品,以作为到某地旅游的纪念或凭证。以后据此回忆其旅游经历,同时向亲友、熟人、同事显示曾到过该景点旅游的经历,从而获得他们的尊敬与羡慕,显示自己的能力、名誉与地位。比如,在西安购买兵马俑复制品,到苏州购买刺绣工艺品,到广东肇庆购买端砚,等等。

(二)馈赠性购买

馈赠性购买是为了作为礼物赠送友人,以表达感情和礼貌。在中国,这是一种风俗习惯,无论长幼之间、亲戚之间还是朋友之间、同事之间,甚至邻里之间,人们旅游归来后都要送给对方一些在旅游地购买的商品。在日本,远游归乡如没有礼物相赠,被认为是不礼貌的。馈赠商品可以增进彼此的友谊,也可以提高自己的声望,甚至还能满足一些人的炫耀心理。

三、求实心理

求实是一种注意商品实用价值的心理,其核心是讲究实惠、耐用。有些旅游者久已慕名某地生产的实用工艺品、衣装、文化用品等,借旅游之便前往购买。绝大多数人的消费有两重性:外部消费讲究美观并注重与环境适应;内部消费注重实用、实惠。在实用动机的支配下所产生的购买行为主要与旅游者的个性特点有关,而其对商品的外观并不十分注意。旅游者,尤其是中低经济收入的旅游者在旅游过程中,在购买所需日用品时,特别注意商品的质量、效能与用途,要求商品经济实惠、经久耐用、使用方便。

四、求廉心理

求廉是希望商品价格低廉,价廉物美。众所周知,相同或相似的商品在不同国家、不同地区、不同城市往往有不同的价格。如果旅游地某种商品的价格明显低于旅游者本地的价格,人们一般就会在旅游地购买该种商品。比如,因为上海的羊毛衫质量好而价格低,所以北方人到上海旅游或出差,就会买一件或几件羊毛衫带回家。还有的外国旅游者在中国廉价买到的古玩、工艺品等,在其本国可能是几倍甚

至几十倍的价格,所以外国旅游者到中国旅游一般喜欢买一些古玩、工艺品带回国去。

第三节 旅游商品销售应遵循的心理规律

旅游商品是指旅游者采购的其所需要的商品,这些商品如何能吸引和迎合旅游者的心理?也就是说如何对旅游商品进行开发才能满足旅游者的需要?商品的推广和宣传有很多方式,广告心理学对这方面有专门的阐述,这里只从旅游商品的设计、包装和陈列等方面如何遵循人的心理规律,以发挥最大的效能进行简要的讨论。

一、设计心理

旅游者对旅游商品的需求与对一般商品的需求既有相同的一面,也有不同的一面,旅游商品的性质、种类也有别于其他商品,如没有特色的、一般常见的、粗笨的商品(成套家具、粮油等)就不能作为旅游商品。旅游商品的设计者要充分考虑旅游者差异心理需求和旅游商品的性质、种类,广泛进行市场调查和旅游者心理分析,了解各类旅游者的购物需求,才能使旅游商品畅销。为此,设计人员在设计旅游商品时应做到以下3点。

(一)具有纪念性、艺术性和实用性

纪念性、艺术性和实用性是旅游商品的性质,三者的有机结合可以说是区别于一般商品的本质特点。旅游是一种异地、异时、异常的消费活动,会受到时空的制约;旅游还是一种经历,是一种心理体验,是一种精神享受。旅游者为了使自己在异地、异时的愉快经历、体验和感受能在日后重温、回忆,就需要有一种象征物来替代,拍照、摄像、购买纪念品都是极好的方法。因此,旅游者迫切希望旅游商品具有纪念性、艺术性和实用性。把旅游商品设计得美观大方、款式新颖、工艺精巧,才会得到旅游者的认同。

(二)具有本国风格、民族风格和地方风格

本国风格、民族风格和地方风格是旅游商品本质特点的另一种表现,也就是说,旅游商品要具备"三风"。有特才有异,新异刺激物具有巨大的吸引力,它能自然引起人的无意注意和直观兴趣。旅游商品设计者要就地选题,就地取材,运用当地自然风光、历史传说或典型建筑来设计旅游商品的造型和图案,体现当地文化传统、当地的游览主题,突出民族特色和地方特色。我国的许多工艺品、少数民族服饰等都极富特色,受到广泛的欢迎。比如,无锡中华绣品厂力求使产品在题材、构图、色彩等方面都符合当地特色。其以无锡风光为素材,运用巧妙的艺术构思,把著名的风景名胜再现在刺绣艺术上,如绣有古运河图案的旅游包、绒线绣"寄畅

园"等,既反映了我国传统的刺绣工艺,又具有无锡地方特色。它既可作为礼物馈赠又可留作旅游纪念。产品有特色才会有象征意义,而如果旅游商品与当地游览景点的主题无关,失去特色,它就不会有生命力。

(三)系列化、多样化和配套化

系列化、多样化和配套化要求旅游商品品种多、花色繁、规格全,既不单调又便于挑选,满足各种个性心理类型的旅游者的需求。旅游者大多有购物需求,但高收入、高消费者毕竟只占少数,大多数旅游者希望购买一些价格适中的旅游商品作为纪念。所以,旅游商品应尽可能多样化,有高档昂贵的东西,也要有中、低档廉价的东西。

商品包装是商品本身的附属,它主要起着物理性的保护作用,通过包装使商品不致散失、溢出、挥发、腐蚀、污损或破坏,便于保管与运输。

在旅游商品包装策略上,有的采用"再使用包装"或称"双重用途包装",是指原包装产品使用完毕后,容器可作其他用途。这种包装策略一方面可迎合消费者的心理,另一方面使刻有商标的容器发挥广告的作用。有的采用"附赠品包装",即在容器内除商品外,附赠一些小物品或旅游风景图片等;有的衬衫衣袋内附赠彩色手帕一条,或附有赠品券等。这些做法都很能吸引购买者的注意和兴趣,调动了购买者的积极情绪。

旅游商品包装还应满足各种类型旅游者的需要。男性旅游者希望包装设计风格刚劲有力,有科学性和实用性;女性旅游者喜欢构图精巧、线条柔和、色彩艳丽、突出艺术性与流行性的包装;老年旅游者要求包装风格古朴,突出传统性和习惯性;少年儿童喜爱新奇、色彩鲜明、具有知识性和趣味性的包装。

二、陈列心理

商品陈列指以商品为主体,通过布景道具的装饰,配以灯光、色彩和文字说明,运用美学的基本原理,艺术地对商品进行宣传。商品陈列属于广告范畴,是宣传推广的重要手段。通过商品陈列的直观形象可以帮助消费者认识某种产品,激发购买欲望。商品陈列的方式有橱窗陈列、柜台陈列、悬挂陈列、就地陈列、货架陈列等。

商品陈列要根据消费者的心理需要来安排。人的心理活动经常是感、知觉引起的,人们通过感、知觉去认识和反映周围的事物。因此,必须利用感、知觉的特点设计和布置商品陈列,从而满足消费者的心理需求。

(一)商品陈列的视觉利用

整齐、美观、一目了然的陈列给旅游者以好的印象。展出商品的安排、背景和装潢的布置、粗细线条的处理、深浅颜色的搭配要互相调和,给人以整体感。用灯光来显示商品色彩、形状,以吸引消费者的注意力。摆放时要合理利用空间,注意摆得精致、宽阔、充实、美观、大方、新颖,同时注意视线角度,高低适中。商品陈列摆放方法主要有:①分门别类地放在专柜里。②组合配套,按商品功能是否接近与有联系来摆放。③顺应客人逛商店时的行走习惯摆放。据研究,国外客人大多按顺时针方向走动,因此,商品摆放区域构成的主道与支道要按顺时针方向设计。而国内客人逛商店时会下意识地靠右行走,沿逆时针方向流动,因此在摆放商品时可把购买次数多、销量大以及男性用品按逆时针方向摆放在靠近通道入口处,吸引客人购买。④挑选性强的或妇女用品、儿童用品,应放在离通道口较远的地方。⑤把促销商品摆在货架外部显眼处,把非促销商品摆在货架后部不显眼处。⑥根据商品的实用价值摆放。应季节变化和传统节日的来临,把那些适应时节、能满足人们生活需要的商品摆在显眼处。

(二) 商品陈列的嗅觉利用

商品的陈列与整个商场的环境要给人以清新的感觉。要保持橱窗、柜台以及商品清洁,没有异味,如油漆味、霉味、酸臭味等,注意空气的调节,喷洒有香味的洁净剂,使消费者对商品陈列既有视觉的享受又有嗅觉的享受。

(三) 商品陈列的触觉利用

有的商品在柜上陈列或就地陈列,可让消费者用手触摸。这就要保持物品的光滑度、清洁度。消费者通过触觉的感受,利用已有的知识、经验鉴别物品的质量,并引起一定的情绪体验,这对购买与否会产生重要影响,因而在商品陈列上要充分利用触觉的效能。

商品陈列时还应对某些具有特色的或新产品适当地运用一些美观的文字说明广告,以引起消费者的注意,帮助消费者进行思维上的分析和比较,这也是促进购买行为的一种手段。

三、销售心理

购买旅游商品是旅游活动的重要内容之一,搞好旅游购物活动是提高旅游效果的重要因素。这不仅需要设计和生产符合旅游者心理的旅游商品,还需要良好的销售服务。

旅游商品销售服务的目的在于使购买者得到称心如意的旅游商品,使卖者扩大销售,增加经济效益。实现这一目的的关键在于有效激发游客的购买欲望。游客购买旅游商品,有的是慕名而来,事先有一定的购买计划(如旅游商品的经营者,购买回去进行销售);而以旅游为主要目的的游客,有的事先也有一定的购买计划和购买对象,但大多数只是在旅游中有购买旅游商品的意向,而没有具体的购买目标,他们根据纪念心理和实际需要,在旅游中随时发现满意的商品随时购买。因此,就游客购买旅游商品的特点来讲,大量的是即兴购买,因而会较多地受到种种随机条件的影响。所以,在旅游商品销售中,应当掌握和运用人们这一心理特点,注意创造必要的条件,引起游客的兴趣,激发购买欲望并使之成为购买行为。

为了激发和强化游客的购买欲望,旅游商品的销售部门和销售服务人员可以采取以下措施。

(一) 以醒目的橱窗和柜台陈列吸引游客的注意

旅游商品被游客选择作为购买对象,首先要以被游客注意到为前提。已经有具体购买计划的游客,进入商店后有意注意会非常活跃,主动寻找所要购买的商品。只有购买意向而无具体购买目标的游客,则要靠商品引起无意注意。只有能够引起他们注意的商品,才有可能使他们购买。因此,销售服务人员应当使商品的陈列有利于引起游客的注意。首先,要利用橱窗向游客展示主要商品的内容及其精美的形象,以引起游客注意。展示的方式既可以是物也可以是较好的图片。此外,柜台陈列要注意同类商品相对集中,突出醒目,使游客容易发现,同时方便游客购买。

(二) 以文字说明和口头语言向游客进行商品介绍

游客注意到商品的存在和初步看到商品的精美形象后,可能就会对某些商品产生一定的兴趣,希望对这些商品作进一步的了解。根据这种心理状态,销售服务人员应当为他们提供方便。首先,商品旁应设立标签或简短说明,包括商品名称、特点、产地、价格,使游客可以自行观看。此外,应当以口头方式向游客介绍商品的高超工艺、丰富的文化含意、各种实用效能及特有的纪念意义等。通过介绍,帮助游客了解商品,增加对商品的兴趣,这对激发购买欲望和促成购买行为往往能起重要的作用。例如,一位外国游客在商店里看到一件工艺品,一匹马上骑着一只戴官帽的猴子,他很感兴趣,但不明其义。营业员注意到他的表情,就主动向他介绍,说明这件工艺品的寓意是"马上封侯",是一种吉祥如意的象征。这位游客由于营业员的介绍,增加了对商品的理解,感到很有意思,便愉快地购买了这件工艺品。

(三) 利用景物的间接渲染激发游客的购买欲望

利用景物对商品进行渲染,创造诱人的意境,引起游客的美好联想,可以激发游客的购买欲望。例如,我国精美的地毯、景泰蓝等工艺品是多数外国游客感兴趣的,若单独摆设陈列难以表现整体的形象美,如果利用这些商品布置一个房间,则会创造一种诱人的意境,引起游客产生美好的联想,想象自己的家庭摆设这些工艺品的美好景象,这对他们购买这些商品将会产生特殊的心理激发作用。此外,利用文房四宝布置一个学习的环境,利用模特展示民族服装等,都能增加商品的魅力。如果由于某些商品的特点或商店条件的限制不便于采取这些方式,则可利用实际场景的彩色照片间接展示,亦可取得较好的效果。

(四) 运用模仿和从众心理激发游客的购买欲望

人们往往有模仿名人和比自己地位优越的人的心理倾向。也有与和自己身份、地位相同的人采取一致行为的心理倾向,前者为模仿心理,后者为从众

第十章 旅游购物心理

心理。在旅游商品销售服务中运用这种心理,对激发游客的购买欲望会产生积极作用。例如,选择游客中较有影响的人作为重点,首先促其购买,以带动其他游客。这样做的效果,既可以增加其他人的兴趣,降低其他人对商品的风险知觉而增加安全感,解除对商品的怀疑和购买的犹豫心理,又可以造成游客间行为和地位高低的差异,以荣誉感、自尊心促成购买行为的产生。选择有影响的人物要注意其个性特征,应当选择那些性格爽快、行为果断的游客,以能尽快成交而发挥带动作用。因为游客时间紧迫,往往不可能重来选购,成交过慢就会失去更多人购买的机会。利用模仿和从众心理推动旅游商品的销售,对团体旅游者具有特别重要的作用,应当加以重视。此外,对不同性格类型的游客,要有不同的服务方式。但是,无论对何种性格类型的游客,都要做到服务热情周到,这是影响其购买心理的基本因素。

(五)创造方便游客购买的条件

创造方便游客购买的条件,对增强和实现游客的购买欲望、扩大商品销售有重要作用。游客在旅游活动过程中,常常由于不便于携带或时间的限制而产生心理阻力,影响对旅游商品的购买。因此,改进服务,创造方便游客购买的条件,可以大大增强游客的购买欲望,扩大购买的数量。例如,采取交款订购、送货上门、代办邮购和运输等服务方式,就可以解除游客时间短和携带麻烦的顾虑,增加购买的可能和购买数量。又如,使用信用卡,游客购物时付费可以不必带现金,不必折算兑换,不必找零点数,不必顾虑囊中无钱,见到心爱之物,卡一刷,物就到手,这样既省时又方便,特别容易激发起游客的购买欲望。

(六)为游客提供参观旅游商品生产过程的机会

为游客提供参观旅游商品生产过程的机会,有利于增加游客对商品工艺价值的了解和产生良好的商品形象,从而引起兴趣,激发购买欲望。例如,组织游客参观工艺美术工厂,或使某些工艺美术品在商店内现场制作,如刺绣、雕刻、绘画、书法等。现场参观可以促使游客现场购买,不仅可以增加商品的销售数量,而且可以增加游客购买活动的情感因素,使游客更加满意、愉快。

运用以上措施搞好旅游商品销售服务,首先要求销售服务人员具有真诚为游客服务的愿望和责任感,同时要了解游客的心理和熟知商品性能,只有具备这样的条件,才能达到使游客满意和扩大商品销售的目的。

复习思考题

1. 旅游者为什么需要购物?
2. 旅游商品与日常其他商品有哪些不同?
3. 旅游商品在设计、陈列、销售等方面要注意什么?

第十一章 饭店服务心理

本章提要

客人对饭店服务的要求包括安静、方便、干净、安全、尊重、价格合理等。为满足客人在前厅对尊重、快捷、方便的需要,应创造优美的环境、重视员工的仪表、培养员工的语言能力、提高员工的服务技能、提供周到的服务。客房是饭店的主体部分,要了解宾客在客房活动的规律和心理特点,有针对性地采取主动、有效的措施,提高客房服务质量,为客人提供亲切、舒适、周到的服务。餐厅应加强卫生管理,提供快捷服务,宣传饮食文化,并了解客人的需求。

饭店是旅游业的重要组成部分,是旅游者在旅游过程中的生活场所。良好的饭店服务,不仅能为游客提供舒适的食宿环境,还影响着来自四面八方的人对旅游地的评价。宾客来自不同的国家、地区,他们之间存在着民族、性别、年龄、职业、爱好、性格、收入等差异,消费心理活动不尽一致,行为表现非常复杂。服务人员在工作中想要了解和掌握宾客的心理活动,单靠实践经验的积累显然是不够的。学习饭店服务心理学,从理论上探讨宾客心理活动规律,掌握宾客消费心理,就可以取得工作的主动权,赢得全体宾客的满意,收到事半功倍的效果。

第一节 住店客人的需要

旅游者住进饭店后,即成为饭店的客人,其主导的需要是有个临时的家,解决吃饭、睡觉、洗澡、休息等基本问题,这是旅游者到饭店来的最主要的动机。饭店的客人在这一动机的支配下,具有哪些具体的生理和心理需要呢?饭店接待的客人除少数是常住客人外,一般客人逗留的时间比较短。客人的年龄、性别、职业、国籍、种族、宗教等情况各不相同,其需要也比较复杂。我们这里仅讨论住店客人最普遍的、最基本的需要。

一、客人对饭店服务的心理要求

旅游者的心理活动随着时间、地点、旅游活动的不同阶段及客观事实等不断发生着变化,在入住饭店时的需要与景区旅游时肯定不同。旅游者到达饭店,他们首先需要些什么,我们的哪些服务可以满足他们的这些需要,而这些需要的满足将在旅游者的心理上产生什么样的反应,这些问题都是需要深入探讨的。一般来讲,客人对饭店的心理需求主要有以下几个方面。

(一)安静

旅游者经过旅途的劳顿,投宿饭店后,多数人希望有一个安静舒适的环境,好好休息一下,消除疲劳,以便有充沛的精力参加游览活动,因此他们希望饭店能提供休息好的各种条件,如安静的环境、适宜的温度、干净整洁的床铺、良好的卫生设施、没有蚊虫干扰等。

(二)方便

旅游者外出旅游,饭店就是他们临时的家,他们希望饭店能像自己的家一样方便。如前厅能快速方便地办理住、离店手续,能为他们提供诸如订票、订餐、交通、通信等多方面的系列化的方便服务;客房备有常用的生活、文化用品,代客洗衣、缝补,代煎中药等。总之,方便是旅游者在入住饭店时最基本的需求。旅游饭店若满足了旅游者要求方便的正常心理需求,会使旅游者在心理上产生安慰感,激发愉快、舒适的情绪体验,消除旅途的疲劳和对新"家"的种种不安心理,从而产生踏实感。

(三)干净

旅游者来到饭店要使用各种各样的设备,他们十分关心下榻的饭店是否清洁卫生。因为它不仅使旅游者在心理上有一种安全感,而且也使旅游者在生理上产生舒适感。无论是高档的五星级饭店还是经济型的饭店,其内外环境的清洁卫生都是旅游者十分关心和重视的。美国康奈尔大学旅游管理学院的学生曾花了一年的时间调查了 30 000 名旅客,其中有 60%的人把清洁卫生列为住宿饭店的第一需要因素。如果饭店住宿和饮食条件不够清洁卫生,将导致旅游者心理上的反感,客人将从懊丧、厌恶、愤怒直到要求立即离开这一不清洁卫生的场所,更换饭店。他们不希望外出旅游期间在异地他乡染上疾病,希望整个旅途都心情愉快、身体健康。

(四) 安全

安全是旅游者非常敏感的问题,也是旅游者要求满足的最主要的需求之一。饭店里的游客同其他人群一样需要安全和保护,免遭人身及财物的损害。这种安全需求对于在旅途之中、身处异国他乡的游客来说尤为突出。因此,作为游客家外之"家"的饭店必须是一个安全的场所。饭店应有防盗、防火的设施和措施,要加强服务人员在安全服务方面的基本技能,重视对旅游者财物的管理保护,使游客感到保险、放心,以满足客人对安全的期望。

(五) 尊重

旅游者来自不同的国家、不同的民族,都希望受到尊重,期望进入一个充满友谊、令人愉快的环境氛围之中,希望饭店所有人员尊重自己的习俗和宗教信仰,尊重自己的人格,尊重自己对客房的使用权,尊重自己的意愿,不因外表、社会和经济地位的差异受到冷遇。旅游者对此类需求不仅强烈而且敏感,如果服务人员无视客人的权利,不尊重客人的习惯,或厚此薄彼,客人会产生极大的愤怒和不满,甚至投诉饭店。

(六) 价格合理

要求公平合理的服务价格也是旅游者对饭店的基本要求。旅游者外出旅游是一种消费,他们会计算住店价格与所享受的服务是否匹配,如能让他们吃得好、睡得香、玩得愉快,价钱高些也可以接受。若付了钱却不能如愿以偿,他们必然会产生不愉快或失望的情绪,进而会提出投诉。饭店在制定价格时一定要合情合理,要研究游客的消费心理,不能盲目提价,否则会使游客认为价格不公道,从而大大影响饭店的声誉,使饭店陷入被动境地。

二、饭店服务的心理策略

饭店服务要根据客人对饭店服务的心理要求采取科学的心理策略,以达到让旅游者满意的目的。具体心理策略如下。

(一) 创造良好的休息环境

中国有句俗话:"人困则多怒",说的是睡眠不好的人特别容易发脾气,睡眠不好导致不良的心境。饭店是旅游者休息的场所,旅游者几乎无一例外地要求饭店有一个清新、优雅、美观、安静的环境。因此,饭店地理位置的选择就显得非常重要。饭店不应处在喧闹的工厂、机场附近(机场宾馆例外)。同时,还要求饭店内部有良好的工作秩序和纪律,如接待服务人员在工作中要做到"三轻"(走路轻、说话轻、操作轻），客房要有较好的隔音门窗及墙壁等。

（二）提供舒适方便的食宿条件

饭店的设施虽然由于规模和星级的不同不可能一致，但是在尽可能使客人感到舒适方便上应是一致的。所以，饭店服务要保证客房设备齐全、性能良好、温度适宜、空气新鲜；餐厅供应的饭菜花色品种齐全，质量可靠；各种服务项目齐全，如购物、健身、娱乐场所以及提供通信、复印、兑换货币等；外出交通要非常方便。此外，不少星级饭店还有医务所和临时病房，有经验的医生24小时服务，为旅游者及时就诊提供方便。

（三）严把清洁卫生关

旅游者尤为关心下榻的旅游饭店是否清洁卫生，因为这不仅对旅游者的身体健康、心境舒畅具有生理和心理意义，而且也是旅游者精神和审美的需要。无论是高档的五星级饭店还是一般的饭店，其内外环境的清洁卫生都是旅游者十分关心和重视的。因此，服务人员应当一丝不苟，严格按照操作规程，认真搞好饭店卫生，确保地面无污垢、窗台无落尘、墙角无蜘蛛网、桌面无水渍、卫生间无异味，特别是与客人接触的用具如水杯、脸盆、被褥、抽水马桶等要严格消毒。另外，为防止病从口入，餐厅提供的食品不论生食、熟食都应是卫生、安全的。

（四）做好安全保卫工作

饭店不仅要以干净舒适的设施和热情好客的态度、娴熟的服务技巧来满足客人的各种需求，而且还要极其重视客人的另一最基本需求——安全。

首先，饭店要保证客人的人身安全。服务人员应当提高警惕，防止意外事故的发生。其次，要保障客人的财产安全。服务人员要配合保安人员防止不法分子进入客房偷窃客人的物品；在收拾房间时不能乱动客人的物品，除丢在废纸篓里面的东西外，不能随便扔掉客人的东西。再次，保障客人心理上的安全感。饭店要营造一种轻松愉悦的氛围，如果服务人员表情严肃、态度生硬，会造成客人心理紧张。最后，饭店要有防盗和消防设施设备，并且安装要合理、牢固，否则会使客人时时感到不安全的威胁。

（五）满足客人求尊重的心理

满足客人求尊重的心理，要注意以下几个方面。

1. 对客人要使用尊称、使用礼貌用语

对客人要称呼"先生""太太""小姐"等尊称；对知道其学位、军衔、职位的客人可以其职衔作为尊称，如"×博士""×经理"等，以满足他们的自尊心。当客人从前台到客房时，服务人员应在楼层电梯口迎接，并微笑地问好，表示欢迎。当客人要乘坐电梯时，服务人员应帮忙按电梯钮，以表示对客人的尊敬。

2. 尊重客人对房间的使用权

饭店服务要特别尊重客人对客房使用的权利。因为客房是客人付了租金的，

是他们临时的"家",他们入住之后就是客房的主人。因此,服务人员无论要进房间做什么事,一定要得到客人的允许后才能进入。但是一些饭店的服务人员没有重视客人这方面的心理需求。他们认为自己是工作人员,是管理这些房间的,要进房间搞卫生,用不着谁允许,开门进去就是了,而这正是客人最恼火的。

3. 尊重客人的喜好、生活习惯和习俗

由于旅游者来自不同的国家和地区,其民族、年龄、性别、身份、职务各不相同,因此他们的生活习惯也各异。服务人员应当尊重他们的生活习惯和习俗。如有的客人睡得很晚,起床也很晚,服务人员不能因为要打扫卫生而去吵醒他们;基督教徒正在祈祷时,伊斯兰教徒过"斋月"时,也都不能被打扰。在服务过程中,工作人员还需要处处尊重客人的习俗,如西方人忌讳"13",不喜欢住第13层楼或第13号房;港澳地区的商人忌讳"324"号房,因为"324"是"生意死"的广东话谐音,如果安排他们住"328"号房间他们会十分高兴。另外,印度教徒不吃牛肉,伊斯兰教徒不吃猪肉,海员就餐忌讳将鱼翻身,港澳客人办婚宴或寿宴时忌讳打碎东西等。如果不熟悉相关的知识,没有尊重他们的习俗,客人就会反感,甚至会出现更严重的问题。

4. 尊重有生理缺陷的客人

一般有生理缺陷的人都有很强的自卑感,怕被人看不起。他们对嘲弄自己、喜欢评头论足的人十分反感,甚至会采取报复行为。如果服务人员十分尊重他们,细心照顾,处处提供方便,他们一定会十分感激。如在安排房间时,尽量安排低层、安静的客房给他们;在引领和安排座位时,应当带他们到易于隐蔽他们缺陷的位置就座,使其他客人不易看到他们的缺陷;在用餐时,服务人员要细心照顾、热心帮助他们,使他们吃好饭。如有一位断了双手的外国游客随团到一个餐厅用餐,服务员见到这位游客手不方便,就用汤匙喂他吃饭。这位客人感动得流下热泪,周围的旅游者都被服务员的精神所感动,禁不住热烈鼓起掌来,以表达他们的敬意。

5. 尊重有过失的客人

客人在饭店食宿时,难免有时会不小心将饭店的设备损坏,如搞坏了电视机、打碎了餐具、吸烟时烧坏了床单等。在向主管汇报后,需要索赔的应当礼貌地向客人提出。碰到这种情况,服务人员应当委婉而不失礼貌地提出来,注意不要伤害客人的自尊心。

6. 尊重来访的客人

不少外籍华人、华侨、港澳台同胞回国或回内地探亲旅游住在饭店期间,会有很多亲朋好友到饭店探望。服务人员对他们也应当热情招待,礼貌地要求他们办好来访手续,在征得住客同意后,带他们进入住客房间。然后,应当及时给来访者送茶,并适当增加椅子,以示热情欢迎。如果对来访的客人不尊重,住客就会反感,会认为这是对他的不尊重。

(六) 制定公平合理的服务价格

价格公平合理是指收费标准和服务质量要相称，收费高的就应该比收费低的提供更高质量的服务和更好的服务设施，否则客人会认为价格不合理，自己受了欺骗。如旅游餐饮中，各接待单位都有一定标准。如果餐饮质量明显较差，就会使客人感到他们的利益受到侵犯，有吃亏的感觉，会引起客人强烈不满甚至投诉。公平合理是相对的，也是通过比较产生的。若在不同地区、不同饭店之间，同样的服务，收费标准不同，会使客人通过比较得出该地区或该饭店服务收费是否合理的结论。因此，应本着按质论价、优质优价的原则收费，以取信于客人。

第二节　前厅服务心理

前厅是饭店的门面和窗口，是客人最先接触与最后告别的地方。前厅服务是饭店服务的源头和终点，为旅游者提供最基本的支持服务，是饭店服务的中心。

一、客人在前厅的一般心理需求

（一）尊重

尊重的需要是宾客在前厅非常重要的一种心理需求。客人进入饭店后，期望自己是最受欢迎的人，期望得到服务员热情的接待服务，期望服务人员能认真解答其所提的问题，耐心倾听他们的意见，并有针对性地提供他们所需要的服务。不论客人以前的社会角色是怎样的，当他一进入饭店，与饭店服务人员的社会角色就变为接待与被接待、服务与被服务的关系，而心理角色则体现为尊重与被尊重的关系。

（二）快捷

客人入住饭店后希望能得到方便和舒适，希望能节省时间，减少麻烦。在办理登记入住、行李搬运、外币兑换等手续的时候，他们希望得到快捷有效的服务，争取在有限的时间内尽快完成预计要办的事情。客人离店时的心理要求也是如此，希望结账手续能准确、快捷，以便迅速离开。

（三）求知

旅游者外出旅游是一种探新求异的活动，离开惯常环境来到一个陌生的地方，他们对一切都充满了好奇心理。他们渴望了解当地的社会文化、旅游景点、交通设施、经济状况等各种情况。因此，一方面，酒店前台要摆放相关的资料，以备客人咨询翻阅。另一方面，饭店应加强对前厅服务人员的培训，扩大服务人员的知识面，提高其服务技能。这样，在接待客人的时候，他们既能向客人介绍本饭店的情况，如房间分类、等级、价格以及饭店能提供的其他服务项目等，也能回答客人提出的其他方面的问题,如当地特产、风景名胜、购物中心等,满足客人求知的心理需求。

(四)方便

正如前面所介绍的那样,方便是客人在饭店里最基本的心理需要,也是饭店追求的目标。任何客人都需要下榻的饭店为他们提供各种方便。宾客在前厅期望能快速并方便地办理入住、离店手续,期望前厅人员能为他们提供叫早、订票、通信、商务、交通等多方面的方便服务。比如,沈阳空港来登饭店利用是民航系统酒店这一优势,为客人提供"登机一条龙服务"。客人只需把机票和相关证件放到总台,酒店直接给客人办理乘机手续,而且针对客人喜欢坐在飞机靠窗户的位置的习惯,把登记牌上的座位号都安排在飞机靠窗户处。客人只需提前20分钟到达候机楼即可。这一具有个性化服务的开展收到了良好的社会效益,很多客人来到酒店入住,就是想享受这一服务,因为他们觉得这样既能节省宝贵的时间,又能得到充分的休息,这使酒店入住率明显上升。

二、前厅服务心理对策

针对宾客对酒店前厅服务的心理需求,前厅工作人员要主动关注和了解客人的心理活动,提高对客人的接待、送别等服务质量,给客人留下良好的第一印象和最后印象。

(一)创造优美的环境

前厅的环境是一种对宾客的"静态服务",从布局到装饰,都构成一种对宾客产生心理影响的接待氛围。尽管它在时间上很短,但作为记忆表象能使客人长久不忘。在前厅环境方面应该做到以下几点。

1. 布局合理

如停车场与前厅之间的距离合适,大堂容量设计合理,提供各种服务项目的地点适宜,电梯的位置合适,等等。

2. 环境优美

前厅环境给客人的第一印象应该是美观、整洁、清新而富有特色的和谐美。前厅的布局应创造出一定特色的意境,陈设要具有一定的观赏性,前厅的整体要突出统一的和谐美,并要具有强烈的吸引力。如海南凯莱度假酒店就洋溢着浓郁的热带海滨度假休闲气氛。酒店大堂是开放式的,远处是一望无际的蓝色大海和点缀其间的几座小岛;近处是摇曳的椰子树和绿色草坪;大堂地板选用的是淡绿色的天然石砖;大堂四壁悬挂的是描绘自然山水和民俗风情的木刻画。这一切在酒店敞开式门窗的映衬下,营造出一幅典型的南国热带风情画。

3. 标志醒目

前厅为客人提供的各种服务项目如邮电、通信、外币兑换等都应该有醒目的标志牌,使客人进入大厅一目了然,以满足客人方便、快捷的心理需求。

总之，饭店前厅的环境设计既要有时代感，又要有地方民族特色，要以满足客人的心理需要为设计的出发点。一般情况下，前厅要光线柔和，空间宽敞，色彩和谐高雅，环境绿化、景物点缀、服务设施的设立要和整个环境浑然一体，烘托出一种安定、亲切、整洁、舒适、高雅的氛围，使客人一进饭店就能产生轻松舒适、高贵典雅的感受。

(二) 重视员工的仪表

前厅接待人员的仪表美与环境美应和谐统一。仪表仪容是指前厅人员的容貌、着装、服饰以及表现出的神态，是人的精神面貌的外在体现，是给客人留下良好印象的重要条件。容貌方面，前厅工作人员一般应五官端正，面容姣好，身材挺拔；服装方面，要富有特色，美观实用，着装色彩搭配要协调；服饰方面，佩戴装饰品应注重雅致协调，起到画龙点睛的效果，不要太多，也不应怪异；表情方面，要面带微笑，亲切自然，给宾客留下值得信赖、感到亲切的印象。

(三) 提高员工的语言技巧

语言是人们沟通信息、交流思想感情的媒介。前厅服务人员必须掌握一些基本的交谈原则和技巧，遵守交谈的基本礼仪，做到语言美。在与客人交谈的时候，态度要热情诚恳，措辞要准确得体，语言要文雅谦恭，发音要标准清晰，语调要清晰悦耳。同时，前厅员工要尽量多了解不同国家、民族的风俗礼仪，熟练运用礼貌用语。在接待中应杜绝蔑视语、烦躁语、斗气语、否定语。在服务中要有欢迎声、问候声、致谢声、道歉声、告别声，体现出前厅员工的良好素质和优美语言。

(四) 提高员工的服务技能

技能是指通过练习而巩固下来的接近自动化、完美化的动作方式。前厅的服务项目繁多，除了服务人员仪表、语言外，还必须有娴熟的服务技能密切配合，才能给客人提供周到快捷的服务。前厅员工平时要多学多练，熟练掌握本岗位的服务技能。如迎宾人员为客人打开车门时动作不仅熟练麻利，而且优美；行李员运送物品不仅平稳快速，而且采取相应的保护性措施；前台员工不仅能娴熟地验证、登记、分配住房，而且也掌握了熟练的客流统计、财务计算技能和解答、征询技能等。熟练的服务技能可以节省接待工作的时间，解除旅客心理上的焦虑，再加上仪表、语言上的彬彬有礼，使宾客对接待工作感到方便、亲切和舒适。

(五) 提供周到的服务

周到的服务一方面体现在前厅"软件"建设方面，要求服务人员不仅要有娴熟的服务技能，而且还要善于察言观色，从客人的表情、神态中了解客人的需要，尊重客人的心理需求。另一方面，周到的服务也体现在前厅"硬件"建设方面，要充分运用现代技术，不断改善饭店前厅的服务设施。如增加电脑、复印、打字、上网、手机充电等服务设施和项目，使住店客人的各种需要都能恰到好处地得到满足，充分体现前厅服务的主动周到。里兹·卡顿酒店的黄金标准中写道:"所有员工必须了解客人的需求,这样我们方能把客人期望的产品及服务提供给他们。"这就是世界上最先进的服务。

三、前厅服务中应注意的问题

(一)调节好自己的情绪

"出门看天气,进门看脸色"是外出客人心理的生动写照。旅游者们离开了日常生活环境,来到一个陌生的地方,许多人都感到心中无数。他们不知道能否遇到一些能亲切对待他们、真诚关心他们的工作人员,因此心中不免会有一些担心和疑虑。而当客人走进酒店的时候,他们首先看到的是前厅工作人员的脸色。因此,作为酒店工作人员,必须调整好自己的情绪状态,为客人提供优质的服务。

人的情绪状态主要在7种不同的状态之间转变,心理学家曾用7种不同的颜色来代表这7种不同的情绪状态,排列起来形成一个"情绪谱"。

"红色"情绪——非常兴奋。
"橙色"情绪——快乐。
"黄色"情绪——明快、愉快。
"绿色"情绪——安静、沉着。
"蓝色"情绪——忧郁、悲伤。
"紫色"情绪——焦虑、不满。
"黑色"情绪——沮丧、颓废。

一般来说,酒店工作人员在与客人接触的时候,应该以"情绪谱"上的"黄色"情绪作为自己情绪状态的"基调",给客人一个情绪饱满、工作熟练、态度和善的良好形象;在遇到问题和麻烦的时候,应使自己处于"绿色"情绪状态,冷静地对待客人,沉着地处理问题,避免忙中出错,或因急躁而冲撞了客人。"蓝色"、"紫色"和"黑色"情绪显然都是在工作中不应有的、消极的情绪状态。

总之,在服务过程中,饭店工作人员的情绪可以有所变化,但饭店员工要敏感地觉察到自己情绪的变化,及时地调整自己的情绪,使"情绪谱"向上变化不超过"橙色",向下变化不超过"绿色"。要时刻向客人传递快乐、亲切的信息,让客人感到饭店中的温馨气氛,在饭店里有一个愉快的经历。因为,只有快乐的员工才会有满意的顾客。

(二)服务在客人开口之前

服务在客人开口之前,讲的是饭店服务人员工作的主动性和超前意识。我们一致强调酒店业要增强服务意识,但仅仅有服务意识是不够的,还需要有很明确的为客人提供"双重服务"的意识,即不仅为客人提供优质的"功能服务",而且要为客人提供优质的"心理服务"。这就要求服务人员不仅要"会做事",而且要"会待人"。"会做事"是指能够快捷而又圆满地为客人解决实际问题;"会待人"是指能够让客人在与自己的交往中感到轻松、亲切和自豪。

"会待人"首先必须"会了解人",就是要了解客人的心理,了解客人的需求,从而主动地做好服务工作。大家在生活中可能都知道,"要我做"和"我要做"的工作效果是截然不同的。同样的道理,在饭店工作中,当客人提出要求后得到的服务与客人未曾开口就得到的服务,其产生的效果与影响也是有天壤之别的。曾有一位客人对某酒店的总经理说过这样的话:我之所以喜欢到你们酒店来,就是感觉到你们的服务员特别有眼色,特别能理解客人的心理。当我在大厅迎接客人时,一往前台的方向走,服务员就知道我要用电话,马上电话就拿出来了;当我拿着手机,边打电话边往总台走的时候,服务员就知道我要记电话号码,马上就拿出了纸和笔。这种感觉特别舒服,服务员总是能在我们开口之前就做好服务。

(三) 抓住工作中的"真实瞬间"

对于一个酒店的印象,客人常常并不是经过前思后想,而是在一瞬间就对服务的好坏作出判断。这样的瞬间被一些专家称为服务工作中的"真实瞬间"。饭店服务人员要有"表现能力",要能抓住服务工作中的每一个"真实瞬间"来表现自己对客人的谦恭和殷勤,使客人感觉到自己的热情和周到。

人们常说:"路遥知马力,日久见人心",但在饭店服务工作中,不能希望客人对服务人员"日久见人心",而应该是"瞬间见人心"。这就要求服务人员要善解人意,能够通过察言观色,正确地判断客人的处境和心情,并能根据客人的处境和心情作出适当的反应。

例如,前台服务员小张正在接待一位陪同客户的李经理,李经理要为他的客户安排房间。当小张报出客房价格的时候,李经理的眉头皱了一下,面有难色。看到客人瞬间的表情,小张马上说:"我刚才给您报的是面海的房间,我们这里也有面山的房间,环境也很好。"接着,她对李经理的客户笑着说:"看来先生是李经理的重要客户,所以安排在我们这家全市最好的酒店里。从先生的身份证上可以看出,您也来自海滨城市,所以平常经常看大海吧。我建议您住一下我们这里的山景房,看看美丽的山景,您看怎样?"客人露出了笑脸,"好,好,这个建议很不错。"看到客户满意的表情,李经理的脸上更露出了满意、轻松的笑容。其实,李经理知道,这家酒店的面山房的价格比面海房要便宜 40 元。

通过这个案例,可以看出,小张看到李经理的眉头皱起,马上就了解了他因房间价格高而为难的心理,于是抓住"真实瞬间",不失时机地向他推销了优惠的面山房。不仅如此,她还对李经理的客户提供了恰到好处的服务,使他们都感到服务员时时处处为自己着想,站在他们的角度提供服务。从此之后,不仅李经理常来这家酒店,那位客人也成为这家酒店的回头客。

第三节 客房服务心理

客房是饭店的主体部分,是饭店向客人提供住宿、休息的主要设施,是客人在饭店里逗留时间最长的地方。客房对于客人来说,不仅是消除身体疲劳的栖身之地,也是其进行社交、商务等活动的主要场所。他们需要在饭店的一切基本需要能在客房生活期间得到满足,并得到热情周到的服务。客房服务不仅范围广泛,内容繁多,如整理床上卧具、清扫房间、传递口信、洗烫衣物等,而且客人的要求也各不相同。因此,要了解宾客在客房活动的规律和心理特点,有针对性地采取主动、有效的措施,提高客房服务质量,为客人提供亲切、舒适、周到的服务。

一、客人对客房服务的心理需求

(一) 整洁

整洁、卫生的客房环境是客人对客房的第一心理需求。对于客人来说,他们在饭店停留时间较长的地方,也是其真正拥有的空间就是客房。而饭店的客流量非常大,客房内的设施和用品使用率也非常高。因此,客人对客房内直接与身体接触的各种用具特别敏感和小心,如被褥、口杯、浴缸、毛巾等,他们希望所有这些用具能彻底消毒,保证清洁卫生。

(二) 安全

客人入住饭店,期望饭店是他们心中的"家外之家",有在家一样的安全感。安全感是愉快感、舒适感和满足感的基础。客人外出的安全需要是他们的基本需要。客人住进饭店后,希望自己的人身与财产得到安全保障,希望不发生意外的事故。因此,客房要配备齐全可靠的安全设施,服务人员要具备全面的安全常识。只有一切都安全,客人才能安心。

(三) 舒适

人们外出,饭店的客房就是他们临时的"家",他们希望在客房就像在家一样舒适方便。一般说来,客房的布置要亲切自然,尊重人的隐私权,融合"家居设计"的成分;房间里的空气、温度要清新、适宜,卧具要柔软,灯光要柔和。同时还要配备一些常用的生活、文化用具,使客人感到方便自如,如现代客房应安装电脑接口以方便客人上网。在物品的配备和摆放方面也要充分考虑客人的求舒适心理,如床上的卧具由硬沉的毛毯改为松软的丝绵被,铺床的方法由西式改为中式,遥控器放在触手可及的地方,电吹风摆在取用顺手的地方等。这样客人就能享受到客房的舒适方便,找到家的感觉。

（四）环保

如今的世界已进入"环保时代""绿色时代"，人们的环保意识也日益增强。客人们希望他们入住的客房是环保的"绿色"客房，希望饭店的建筑和环境符合环保要求。例如，他们关注床上卧具是否为全棉制品，房间的家具是不是不会引起过敏反应的木制品，沐浴液、洗发水等是不是不刺激皮肤的产品等。因此，饭店要加强客房的环境布置和环保建设，在客房里要呈现"绿色"，突出环保。

（五）安静

客房环境的安静是保证客人休息好的基本条件，也是衡量客房服务质量的标准之一。因为有些客人的休息时间往往不受生活节律的限制，白天也可能在房间内休息，或者在客房工作或接待亲友。因此，对客房的安静要求不仅仅只限于夜间，白天也要保证客房的安静环境。即使无客人休息或工作，客房内外环境的宁静也会使人感到轻松愉快。

二、客房服务心理对策

客房服务接触面广，琐碎细微，操作标准化要求高，客人需求随机性大，作业协作性强。服务质量能否达到标准，将直接关系到客人的住店生活是否舒适、满意，直接影响饭店声誉和经济效益。因此，客房部的员工必须具有高度的责任心和良好的工作态度，了解客人心理，为客人提供标准化、个性化的服务，使客人产生"宾至如归"感。

（一）规范服务标准

客房服务人员要严格按照一定的程序和规范，严格按照标准进行客房的清扫和整理工作。整理床铺要整洁，清扫卫生要彻底；茶具、浴缸、洗脸台等要清理擦洗，并严格消毒；卫生间的物品要及时更换；等等。只有这样，才能为客人提供良好的休息、生活环境，使客人放心。

（二）营造"绿色"环境

客房"绿色"环境的营造表现在两方面：一方面是饭店管理要突出环保，如房间摆放绿色植物，客房地面用天然石料，使用可再生的洗衣袋、方便盒，避免可造成污染的塑料制品等。另一方面是加强客人的环保意识。通过客房内的卡片宣传，服务人员的亲切交谈，使客人支持饭店的环保行动，加入饭店"绿色"环境的建设中。如许多酒店经过宣传，将被单、毛巾等由"一天一洗"改为"一客一洗"，节约了大量能源，也受到客人的欢迎。通过营造"绿色"环境，不但使客人感觉到舒适放心，也使他们意识到保护环境就要从身边做起。

（三）提供优质服务

1. 主动热情

主动服务就是服务于客人开口之前。服务人员的主动能使客人获得尊重的心理感受。客房的主动服务主要包括主动迎送、主动问好、主动引路、主动打招呼、主动介绍服务项目、主动照顾老弱病残的客人、主动征求客人意见等。

热情是一种掌握着人的整个身心、决定一个人思想行为基本方向的、强烈、稳固而又深刻的情绪状态。服务人员的热情能帮助客人消除陌生感、拘谨感和紧张感。因此,客房服务人员要精神饱满,面带微笑,热情地为客人服务。

有一天,天津喜来登大酒店住进了一位来自澳大利亚的客人。他外出时,将一件掉了一个纽扣的衣服放在房间里。当他晚上回到房间时,发现纽扣已被钉好,衣服整齐地摆在那里。原来值班服务员整理房间时发现客人衬衣少了一个纽扣,便主动找来了针和线,选了一个相同的纽扣钉上了。这位客人非常感动,他说:"我的这个纽扣丢失已久,没想到,住进贵店的第二天,服务小姐就主动给钉上了,你们的服务真是无微不至啊!"

2. 亲切有礼

客房服务人员亲切的态度,能消除客人的陌生感,缩短服务人员与客人之间的心理距离。服务人员在表情上要自然流露出亲切的微笑,在表达上要使用亲切得体的语言。

有礼,是指服务人员要讲礼貌,懂礼节,要尊重客人。例如:称呼客人时,要使用尊称;与客人讲话时,要使用礼貌用语;进入房间时,要先征得客人的同意;操作时,要轻盈利落,避免干扰客人;等等。

应该引起重视的是,在接待服务中必须用语规范。由于民族风俗的不同,如果用语不规范,极易触犯客人的隐私或忌讳,导致客人投诉。另外,在接待外宾时要使用规范的外语,而不能一律用中文,这样就可以避免外宾不熟悉中文而引起的误解。这就要求服务人员要强化外语培训,提高外语会话能力,以便顺利地与客人沟通。

3. 耐心周到

针对客人的各种要求,客房服务人员要耐心对待,不烦不躁。要做到在工作繁忙时不急躁,对爱挑剔的客人不厌烦,耐心听取客人的意见,细心观察客人的需求。

周到是指对客人的服务要细致入微,根据客人的需要、兴趣、爱好等个性特点,准确及时地提供服务。

(四) 加强超常服务

超常服务是在为客人提供核心服务的基础上提供的一种额外超值服务。它超出了一般饭店客房功能服务的范畴,增加了核心服务的价值,使本饭店的服务产品区别于其他饭店,并且新颖独特,给客人带来超值的心理享受。如客房提供照顾小孩服务、商务秘书服务、客房用餐服务,以及雨天准备雨伞、发放鞋套等。这些服务都能在细微之处见真情,给客人带来意外的惊喜,真正体现服务至上的原则。

三、客房服务应注意的问题

(一) 关注每一个细节

酒店要为客人创造一个清洁、美观、舒适、方便、安全的住房环境,客房服务人员需要为客人提供亲切、周到、热心、超值、温馨的服务,这就要求员工了解客人心理,关注每一个细节。在饭店服务中,如果把细节视为"小节"而不予重视,那就大错特错了。因为对细节的忽视会给客人生活上带来不便,并造成心理上的不愉快。而注重细节,于细微处体现服务人员对客人的关心体贴,客人才会感到在酒店消费物超所值,才能为饭店带来良好的口碑,带来更多的回头客。

饭店服务无小事,成功的服务往往源于注重每一个细节。因为越是一些细小的环节,越能体现饭店服务的特色,也越能让客人感到舒适亲切。例如,一位客人下榻威海卫大厦,晚上就寝时感觉枕头有点低,就将枕头从中间折起。第二天,服务员整理床铺时发现了枕头中间深深的印痕,细心的服务员马上为其准备了一个备用枕头,放在床头。晚上,这位客人回到房间的时候,看到服务员特意准备的枕头,他会心地笑了。

(二) 于无声处见真情

与前厅、餐饮工作不同,客房服务人员的许多工作不是与客人面对面的交流,而是在客人的背后进行的。如通常在客人离开房间后才开始清扫,在客人回房前,将干洗的衣服送到等。越是这样,服务人员越应该树立强烈的服务意识,通过自己无声的、细致的服务,表现出对客人的尊重和关心,与客人进行情感上的交流,用温暖架起一座心桥。

(三) 营造家一般的亲切感

客房是客人的"家外之家",也是客人在酒店中停留时间最长的地方。正像在自己家中一样,客人希望能得到家人的关心,能吃到可口的食品,也能在这个家中得到很好的放松。因此就要求服务员要为客人提供亲人一般的服务,营造家一样的氛围,使客人的需求得到最大的满足,感受到家的亲切。如一位老华侨出于身体原因,每天的早餐只能吃方便面,并且方便面必须用刚刚烧开的水来泡。老华侨年事已高,并且喜欢热闹,非常希望服务员经常和他聊天。所以对于老华侨的早餐,客房服务员并没有只是简单地在他房间里放一个烧水器,而是形成了一个不成文的规定:每天定时来为老华侨泡方便面,为他准备早餐。所以,不论是谁值班,每天清晨6点,客房的服务员总会准时地提着刚刚烧开的热水,来到老华侨的房间,为他泡面,和他聊天。老华侨非常高兴,一直在酒店常住,因为他每次看到提着水进来的服务员,就像见到家中为自己泡面的女儿。在这家酒店里,他能感觉服务的重要性。

第四节 餐厅服务心理

一、客人对餐厅服务的心理需求

(一) 卫生

客人到餐厅用餐十分注意餐厅的饮食卫生,这不仅关系客人的身体健康,还会影响客人的心情。餐厅的卫生包括食品的卫生、环境的卫生、餐具的卫生和服务人员的卫生。

(二) 快捷

客人来到餐厅,一般都不希望等待,希望餐厅快速上菜。有的客人饥肠辘辘,每一分钟的等待都不能忍受;有的客人还有其他事情要做,如赶车等,就希望迅速吃饭;有的客人感觉等待无所事事,浪费时间,心情烦躁。所以,快捷的餐厅服务可以减少很多客人的抱怨。

(三) 公平

客人依据自身的生活经验,对每种食品的价格都有一定的预估与期待,如果用餐价格和服务水平与客人自己的估计相差太大,客人就会感到受骗上当。近几年,黄金周期间许多饭店餐馆,特别是旅游区的餐馆,私自哄抬物价,给旅游者留下了恶劣的印象。价格公平合理是客人对用餐服务的要求之一。

(四) 尊重

俗话说:"宁可喝顺气稀饭,绝不吃受气的鱼。"服务人员的冷言冷语或懒惰应付会使客人心情郁闷甚至气愤,美味佳肴的味道也会大打折扣。

(五) 求美

随着人们生活水平的提高,追求美、享受美也成为人们的心理需求。所以客人在餐厅进餐时就不仅限于解决吃饱问题,他们对美的需求也是显而易见的。比如,客人对餐厅的环境形象、服务员的外貌、菜肴的色香味、员工的服饰以及盛菜肴的器皿等都有不同的追求和看法。

(六) 求知

人们在品尝美味的同时也希望了解有关餐饮方面的文化。心理学的研究表明:凡是新奇的事物,总会引人注目,激起人们的兴趣,引发人们的求知欲望。求知、求新奇也是客人到饭店进餐的需求之一。

二、餐厅服务心理对策

(一) 树立优美形象

1. 餐厅的形象美

餐厅的形象是人们视觉、听觉、嗅觉各方面感觉综合的结果。

(1) 美好的视觉形象。餐厅的外观要美,门面要醒目,要有独特的建筑外形和醒目的标志;餐厅的内部应清洁美观、整齐和谐,要给人高雅舒适的感觉。只有这样才能营造一种舒适、洁净的用餐环境,吸引客人前来就餐。比如世界上最大的快餐乐园麦当劳取"M"作为标志,颜色采用金黄色,像两扇打开的金黄色拱门。它象征着欢乐和美味,象征着麦当劳的"Q,S,C,V",即"品质,服务,清洁,价值"。它像磁铁一样不断地将顾客吸引进这座欢乐之门。

(2) 优美的听觉形象。优美的听觉形象能制造良好的用餐气氛,使客人感到愉悦、舒心。优美的听觉形象一方面来源于服务人员亲切、礼貌的语言,另一方面来源于美妙的音乐。现代心理学的研究表明,音乐对人们的情绪、身心具有特殊的调节机制。优美的听觉形象可以促进食欲,调节人的心境,使人感到轻松愉快。

(3) 良好的嗅觉和温度环境。餐厅中要注意空气的调节,保持通风,以保持餐厅良好的嗅觉形象。同时还要采用空调、换气扇等手段来保持空气清新和温度适宜。

2. 员工的形象美

餐厅员工应注重自己的仪容仪表,在客人面前树立良好的形象。餐厅员工要精神饱满,科学着装,注意头部和手部的卫生和美观;员工服饰要美观大方、洁净明快;服务操作应规范得体、姿态优美。

3. 产品的形象美

中国饮食以色、香、味、形、声、器驰名中外。因此,创造中国饮食产品的形象美也至关重要。菜肴不仅要外形美观,还要美味可口,使客人从视觉、嗅觉和味觉上都能得到美的享受和心理上的满足。同时,餐具的形象也非常重要,精美的菜肴应和精美的餐具配合协调,相映成趣。比如南京某酒店,每到周末的晚上,餐厅内便座无虚席。服务人员用盆景和鲜花将大厅隔成一个个独立的、不受干扰的空间。热恋中的男女,一边听着萨克斯曲子,一边在摇曳的烛光下交谈。厨师推着手推车来到每个座位前为大家制作一道特别的菜品。车上有一个直径约30厘米的高温玻璃器皿,里面是活蹦乱跳的基围虾。客人点菜后,厨师先用玫瑰料酒将虾炝一下,倒入白酒,然后点上火,当众翻炒,这就是这里周末的特色菜——"火焰烹虾"。因为味道美、环境好、产品好,再加上安排了各种抽签猜奖活动、舞池和卡拉OK,餐厅的气氛非常活跃,很受年轻人欢迎。

4. 企业的社会形象美

企业是社会和社区的一个组成部分。所有的企业都应积极寻求企业与自然、社会和文化的和谐发展,并要将社会价值反映到企业战略发展和日常行为中,实现经济效益和社会效益的统一。餐饮企业也不例外,应该在经营中兼顾社会的利益,履行社会责任,树立良好的社会形象。

(二)加强卫生管理

餐厅的清洁卫生直接影响客人的就餐心理,应得到充分的重视。

1. 环境卫生

餐厅环境应保持卫生清洁。地面应清洁无垢,墙壁、门窗、服务台等应光洁,物品摆放要井然有序,室内应空气清新,无蚊蝇等。

2. 食品卫生

食品卫生最重要,要严防病从口入。餐厅提供的食品不论生食、熟食,从原料采购、产品加工到成品储存都应该是卫生、安全的,以确保客人用餐安全。

3. 餐具卫生

餐具是否卫生也是客人就餐时非常关注的方面。对于使用过的餐具,餐厅必使用专门的消毒设备消毒,以确保餐具卫生。

(三)提供快捷服务

为满足客人就餐时要求快捷的心理需求,可采取以下一些服务策略:

(1)备有快餐食品为那些急于就餐的人们提供迅速的服务。

(2)客人坐定后,先上茶水以安定客人。

(3)反应迅速,及时安排客人就座并递上菜单,让客人点菜。

(4)客人用餐结束,账单应及时送到并及时结账。比如,麦当劳公司的员工从进入麦当劳的第一天起,就开始练习如何更好地为顾客服务,使顾客百分之百地满意。麦当劳全体员工实行快速、准确和友善的服务,使顾客等候不超过2分钟。按麦当劳的标准,服务员必须遵照柜台服务六步曲进行服务,在顾客点完所有食品后,服务员要在1分钟之内将食品送至顾客手中。同时餐厅还专门为小朋友准备了漂亮的高脚椅和精美的小礼物。餐厅也为顾客举办各种庆祝活动,为小朋友过欢乐生日会和安排免费店内参观,为团体提供订餐及免费送餐服务。顾客在清洁、愉快的环境里享受快捷的服务和营养丰富的美食,把这些因素综合起来,令人感到"物有所值"。

(四)宣传饮食文化

品尝美味佳肴,了解饮食文化,是许多客人就餐时的心理需求。针对客人的这种心理,餐厅厨师要不断进行产品创新,推出有特色的菜品,进行造型设计。服务人员要及时介绍宣传,向客人介绍菜品的名称由来、寓意典故、营养价值、特色用途等。不但使客人一饱口福,而且一饱眼福、耳福,既品尝了美味,又获得了知识。

(五)了解客人的需求

餐厅的服务人员应认真观察、了解客人的需求,在餐厅服务的每个环节都注重对客人的尊重,如微笑迎送客人、恰当领座、尊重客人的饮食习俗等。如几位海员正在一家餐厅吃饭,服务员注意到他们在吃完鱼的一面后,迟迟不动筷子吃另一面,于是就像为其他客人服务一样,拿起公筷将盘子里的鱼翻了过来。没想到,几位客人面露怒色,愤然离去。服务员很惊讶,不知道自己做错了什么。原来,海员在吃鱼的时候通常是不翻过吃另一面的。服务员不了解客人的饮食习惯,使客人感觉自己没有受到尊重,所以发生了不快。

复习思考题

1. 住店客人的心理需求主要有哪些?
2. 前厅的服务应注意哪些环节?
3. 客房服务应注意客人哪些心理需求?
4. 客人用餐时有哪些共同的心理特点?

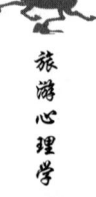

第十二章 个体差异与管理

本章提要

个体是组成组织的成员。个体的行为影响组织的行为,所以认识个体是了解群体或者组织行为的基础。本章通过介绍影响组织成员行为的主要个人因素,包括能力、气质和性格,使读者关注影响人的行为的个人特点,体会人与人的差异,从而提高旅游管理人员预测、引导和控制员工行为的能力,掌握从个人的角度分析组织成员行为的原理。

第一节 能力差异与管理

一、能力的定义与分类

(一)能力的定义

体育比赛中,每个运动员都希望自己能战胜对手,取得好成绩,但总是有成功有失败。在课堂教学中,教师总希望把课上好,但教学效果总有好坏之分。从以上可看出,人们在活动中表现出来的能力有所不同。能力,就是指顺利、有效地完成某种活动所必须具备的心理条件与个性心理特征。

能力总是和人的活动联系在一起的,并通过活动表现出来,并且能力总是与具体的活动相联系,离开了具体的活动或任务的抽象的能力是不存在的。例如,从事音乐活动必备的能力包括节奏感、乐感、记忆力、音乐的想象力、音乐的感染力等;从事绘画活动需要的能力包括视觉辨别能力、观察力、准确估计空间比例的能力等。缺乏这些能力特征,就会降低相关活动的效率,甚至无法完成相关活动。要注意的是,只有能直接影响人的活动效率、使活动顺利进行的心理特征才是能力。人的气质、性格等心理特征虽然也对顺利完成某种活动产生一定影响,但它们不是直接影响活动效率的基本条件,唯有能力是影响某种活动完成的最直接、最基本的个性心理因素。能力越强,活动就越顺利,活动的效率也就越好。当然,人要顺利完成某种活动,仅凭一种单独的能力是不行的,需要多种能力的结合。在活动中各种能力达到完美的结合,就称为"才能"。

能力与知识是不同的。知识是人类社会实践经验的概括总结,是人脑中的经验系统。人类在尼罗河沿岸丈量土地时,总结出一些定理和公式,对这些经验的概括便形成了几何知识系统;而对丈量中出现的问题如何分析、概括,怎样严密推论思考以及如何灵活运用定理、公式,对这一系列思维加工程序的概括,就是能力。知识和能力是相互促进、相互影响的。知识的掌握离不开能力,而能力的发展又会促进知识的掌握和应用。反过来亦是如此,能力的发展离不开知识的掌握。能力的形成和发展,比知识的掌握要慢一些。

能力也不同于技能。技能是一种通过练习而巩固了的自动化的活动方式,以"规范动作"表现出来,具有可测性;能力作为人的个性心理特征,可以通过活动表现出来,但不表现在固定的"规范动作"上,具有难测性。能力可促进技能的掌握和熟练;反过来,技能,特别是熟练的技能,又可以推动能力的进一步发展。

(二)能力的分类

按照不同的标准,能力可以分为以下几个大类。

1. 一般能力和特殊能力

按能力的结构,可以把能力分为一般能力与特殊能力。一般能力又称基本能力,是指人在各种活动中所必须具备的能力,例如注意力、观察力、记忆力、想象力等,也就是通常所说的智能或者智力。而特殊能力是指在人的某种专业活动中表现出来并保证这种专业活动获得高效率的能力,例如数学、音乐、绘画、戏剧、文学等方面的能力。一般能力和特殊能力是彼此有机地联系着的,一般能力为特殊能力的发展创造了有利的内部条件,特殊能力的发展也积极地影响一般能力的发展。某种一般能力的某一方面特别发展后,就可能成为某种特殊能力的组成部分,因此,特殊能力也可以看作一般能力的特殊化和具体表现。

2. 认知能力、操作能力和社会交往能力

按能力所涉及的领域来划分,可以把能力分为认知能力、操作能力和社会交往能力。认知能力是指接收、加工、储存和应用信息的能力,是人们成功完成活动最重要的心理条件,知觉、记忆、注意、思维和想象的能力都被认为是认知能力。操作能力是指支配肢体完成某种活动的能力,例如操纵、制作、动作的能力,劳动、艺术表现、体育运动、实验操作能力等。社会交往能力是指人们在社会交往活动中所表现出来的能力,组织管理、人际敏感性等都是社会交往能力。

3. 模仿能力和创造能力

按照创造程度的不同,可以把能力分为模仿能力和创造能力。模仿能力是指仿效他人的言行举止而做出的与之相类似的行为活动的能力。例如,儿童模仿父母的说话、表情,成年人学画、习字时的临摹等。美国心理学家班都拉(A. Bandura)认为,模仿是人们彼此之间相互影响的重要方式,是实现个体行为社会化的基本历程之一。创造能力是指产生新思想、发现和创造新事物的能力,它是成功地完成某种创造性活动所必需的条件。模仿能力和创造能力相互联系、相互渗透。模仿可以说是创造的前提和基础,创造是模仿的发展。把能力划分为模仿能力和创造能力是相对的,模仿能力中包含创造能力的成分,创造能力中包含模仿能力的成分,这两种能力相互渗透着。

二、影响能力发展的因素

(一)遗传的因素

遗传的因素主要是指与生俱来的解剖生理特点,它包括感觉器官、运动器官以及脑和神经系统的特点。它是能力形成和发展的自然前提和物质基础。没有这个基础,任何能力都无从产生,也不可能发展。比如,先天失明的人没法成为画家,早期脑损伤的人,智力发展会受到严重阻碍。

(二)环境和教育

环境和教育条件包括个体的产前环境、营养状况、所处的社会环境以及教育水平等。母亲怀孕期间服药、患病、大量吸烟、遭受过多的辐射、营养不良等,都会造成染色体受损或影响胎儿细胞数量,使胎儿发育受到影响,甚至直接影响出生后婴儿的智力发展。社会环境作为外在条件,能激励和推动、压抑和扼杀人的能力的发展。而个体能朝什么方向发展,发展水平的高低、速度的快慢,主要取决于后天的环境和教育条件。在教育条件中,学校教育在学生能力发展中起着主导作用。学校教育是有计划、有组织、有目的地对学生施加影响,因此,不但可以使学生掌握知识和技能,而且能在学习和训练的同时促进其能力的发展。

(三)社会实践

在人的能力发展过程中,具有决定性意义的因素是社会实践,只有实践活动才能影响能力的形成与发展。许多关于劳动、体育、科研等实践活动影响能力形成的研究充分证明了这一点。油漆工在长期的工作中,辨别漆色的能力得到充分的发

展,他们可以分辨的颜色达四五百种。同样,人的自学能力是在学习活动中形成与发展的,人的组织能力也是在长期的社会实践中逐渐形成的。人的各种能力,脱离了具体的实践活动是无从提高和发展的。

三、能力的差异

现实生活中,不同的人能力是有差别的。有的人记忆力超群,过目成诵;有的人想象力丰富,别出心裁;有的人艺术细胞丰富,能歌善舞。能力的差异主要分为以下几种:

第一,能力发展水平的差异,即量的差异。人的能力发展有高有低,有智力超常者,也有智力低下者。但是研究发现,在全世界的人口中,智力水平基本呈常态分布,即智力极低或智力极高的人很少,绝大多数的人属于中等智力。标准的常态分布曲线两侧是完全对称的,但是,智力分布曲线的两侧并不是完全对称的。智力曲线的一端范围较大,即智力低下的人比智力高的人为数略多。这是因为人类智力除按正常的变异规律分布外,还有许多疾病可以损害人的大脑,导致智力低下。

斯坦福大学心理学家推孟(L. M. Terman)和梅里尔(M. A. Merrill)对2 904个2~18岁的儿童进行测验,根据测得的智商分布情况,列出一张智力分级表,见表12-1。

表12-1 智力分级表

智 商	级 别	占比(%)
139以上	非常优秀	1
120~139	优秀	11
110~119	中上	18
90~109	中智	46
80~89	中下	15
70~79	临界	6
70以下	智力迟钝	3

第二,能力类型的差异,即质的差异。这主要表现在知觉方面、记忆方面和思维方面。在知觉方面,人们的能力有分析型、综合型和分析综合型。综合型的知觉具有概括性和整体性,但是分析方面较弱;分析型的知觉具有较强的分析,对细节感知很清晰,但对整体的感知较差;分析综合型的知觉则具有上述两种类型的特点。在记忆方面,根据人们记忆材料的方法,视觉识记的效果较好,称为视觉型;听觉识记效果较好的,称为听觉型;对运动觉识记的效果好,称为运动型;混合型,即运用多种表象识记的效果较好。人类最普遍的是几种记忆类型相结合的混合记忆类型。思维方面,有逻辑思维型和形象思维型。

第三，能力发展早晚的差异。这是指个体能力发展的年龄阶段的差异。有些人在童年时期就表现出某些方面的优异能力，也有些人是属于大器晚成者。如我国唐初时的王勃，10岁能赋，少年时写了著名的《滕王阁序》，因"落霞与孤鹜齐飞，秋水共长天一色"的名句而流传千古。明末夏完淳，9岁善诗文。奥地利古典音乐家莫扎特，据说3岁就发现了三度音程，经他的父亲的指点，立刻就能谱制小步舞曲，那时他还不会拿笔。

美国心理学家李曼（H. C. Lehman）从20世纪30年代开始一直从事人的创造发明研究。他对大量的科学家、艺术家和文学家等的年龄与成就的关系进行了研究，结果发现，25~40岁是成才的最佳年龄。他的研究还表明，从事不同学科的人最佳创造年龄是不同的。参见表12-2。

表12-2　各学科成才最佳年龄表

学　　科	最佳创造年龄	学　　科	最佳创造年龄
化学	26~36	声乐	30~34
数学	30~34	歌剧	35~39
物理学	30~34	诗歌	25~29
实用发明	30~34	小说	30~34
医学	30~39	哲学	35~39
植物学	30~34	绘画	32~36
心理学	30~39	雕刻	35~39
生理学	35~39		

四、能力差异与组织管理

任何实践活动都需要相应的能力，不同的工作有不同的能力要求，因此管理者在安排人们的各项活动时，必须考虑工作对人的能力的要求，同时也要考虑到个体差异的不同。

（一）量才录用，招聘合适人才

企业竞争的根本是人才的竞争。在管理中，并不是要把最优秀的人才都聚集在企业里，而是要把最合适的人才招聘到企业中，按照本企业岗位对任职人员的要求，寻找适合组织能力标准的人才。

不同的工作要求员工运用不同的心理能力。例如：会计人员需要较好的算术能力和数字敏感性；管理人员需要较强的人际沟通能力、表达能力、组织能力等；飞行员需要有很强的空间视知觉能力。对于需要进行信息加工的工作来说，较高的智力水平和言语能力是成功完成此项工作的必要保证。研究发现，无论什么工作，在言语、算术、空间和知觉能力方面的测验分数,都是工作熟练性的有效预测指标。因此,企业管理人员进行选拔、提升以及其他人事决策时,会使用心理能力测验来提供帮助。

只有当员工的心理能力和体质能力与工作相匹配、达到工作本身的能力要求时,个体的能力和潜能才能更好地发挥,工作绩效才会比较高,同时员工对工作才能更满意。如果员工缺乏必需的能力,就会常常完不成任务,无论其态度多么积极或动机水平多么高。例如在人员任用过程中,让一个没有创造力和想象力的个体去做广告策划,结果可想而知,无论他怎样努力,都不能想出新鲜的创意。那么,如果员工的能力远远超过了工作要求,结果会怎么样呢?结果同样不理想:工作绩效可能不存在问题,但是员工的才能得不到施展和发挥,工作满意度会降低,而组织可能也会缺乏效力。

不同层次的人员需要不同的能力。例如,作为管理者,需要具备业务能力、决策能力、人际交往能力。但处在不同层次上的管理者,对上述三者的能力要求的侧重点是不同的。高层管理者更应注重决策、计划、组织等能力的发展,基层管理者更应侧重业务、技术、事务性能力的发展,同时他们都应当兼顾到人际交往能力的发展。

由于能力的发展具有水平、类型、发展早晚的差异,招聘时不仅要考虑候选人过去的工作经历、面试的表现,还要对其潜能进行预测,看其日后能否为组织的发展贡献力量。

拓展阅读 12-1

霍华德·加德纳(1983,1999)提出了一个超越 IQ 测验定义的智力理论(见表 12-3),确定了很多种涵盖人类经验范围的智力,每一种能力依据某一个社会对它的需要、奖赏以及它对社会的作用,在不同的人类社会中的价值有所不同。例如,与美国等个性化的社会相比,中国、日本这样的群体社会更强调合作行为和公众生活,因而人际间智力更为重要。

他的理论认为,应该对个体在许多生活情景下的行为进行观察和评价,并将传统的智力测验视为生活的一个很小的缩影。

表 12-3 加德纳的智力理论

智力	中心成分	对应职业
逻辑-数学	洞悉能力和灵敏性、逻辑和数字模式、把握较为复杂的推理	科学家,数学家
语言	对词的声音、节律和意义的敏感性,对不同语言功能的敏感性	诗人,新闻记者
自然主义	对种属不同的敏感性,与生物敏锐交往的能力	生物主义者,环保主义者

续表

智力	中心成分	对应职业
音乐	产生和欣赏节奏、音高和颤音的能力,对不同音乐表达形式的欣赏	作曲家,乐器演奏家
空间	准确认知视觉-空间世界的能力,对空间进行操作转换的能力	航海家,雕刻家
身体运动	控制身体运动和有技巧地运用物体的能力	舞蹈家,运动员
人际间(社交)	对其他人的情绪、气质、动机和期望的辨别和恰当反应的能力	心理治疗师,推销员
内心的(自知)	对自己情绪的感知、区分,并以此指导行为的能力,对自己的理论、弱点、期望和智力的了解	详细、准确的自我认知

近年来,研究者开始探讨另外一种智力——情绪智力,它与加德纳的人际间智力和自我认知能力的概念相关,包括四个主要成分:准确和适当地知觉、评价和表达情感的能力;运用情感促进思考的能力;理解和分析情感、有效地运用情感知识的能力;调节情绪,以促进情感和智力发展的能力。情绪智力也可以简单理解为认识自己情绪和控制自己情绪的能力,以及理解他人情绪和控制他人情绪的能力。

(二)员工的能力要互补

人们之间的能力是有类型差异的,这种差异不仅是客观的,而且是普遍的。这就需要我们在安排人员岗位的时候利用好这种差异。一个组织中,有不同能力特点的人需要相互配合,才能相得益彰。组建团队时应该注意不同能力的人互相搭配形成互补效应。既要有"运筹于帷幄之中,决胜于千里之外"、指挥有效、控制有方的帅才,又要有能够率部下冲锋陷阵的将才、泥瓦匠式的协调人才,还要有各种一技之长的专门人才,并且需要这些人才的能力形成有效的"合力",才能保证组织的战斗力。

(三)有效加强员工的能力培训是管理的重要内容

在知识经济时代,知识更新的速度十分迅速,进行员工培训是管理中的重要内容。而仅仅进行知识培训对于增强企业的竞争力是远远不够的。还需要加强能力培训,使员工学到的知识转化为可以为企业创造财富的能力。一般来说,可以通过提高员工的科学文化知识水平、鼓励员工追求更高层次的学位等来提高其读写能力、观察能力、思维能力、分析能力等一般能力;通过专业知识教育、专业技能教育等来提高员工的业务能力、技术能力、事务性工作能力等特殊能力。只有有效地加强员工的能力培训,才能使组织的人员素质不断提高,使人力资源成为组织持续发展的源泉。

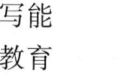

第二节 气质、性格的差异与管理

一、气质和性格概述

(一) 气质

气质是一个人生下来就具有的与别人不同的生理上的稳定的心理特征,是人脑的机能,与高级神经活动的类型关系特别密切,它决定了人的心理活动动力方面的自然属性,决定了心理活动进行的速度、强度、耐受性等特点。这些特点只反映了一个人情感与活动的外部表现形式,不涉及情绪和活动的动机和内容,会体现在人的所有活动中。气质在很大程度上是由遗传因素决定的。刚出生的婴儿,有的大声啼哭,四肢动作很多;有的则很安静,哭声较小。这就是气质最早、最真实的流露。对具有相同遗传特性的同卵双生儿的研究证明,同卵双生儿的气质比遗传特性不完全相同的异卵双生儿相似很多,而且即使在长时期内将他们置于不同的生活和教育条件下抚养,他们的气质也未表现出显著差别。可见,气质具有天赋性和相对稳定性。在相对稳定性的基础上,人的气质是可以改变的,只是这种改变较为缓慢、困难,不易被觉察。

根据人类高级神经活动的强度、平衡性和灵活性的特征,气质一般被分为四种:胆汁质(兴奋型)、多血质(活泼型)、黏液质(安静型)和抑郁质(抑制型)。

(二) 性格

性格是表现人对现实的态度和行为方式的个性心理特征。性格是人在社会实践活动中,在与客观环境相互作用的过程中形成的比较稳定而独特的心理特征,有时也被称为"人格"。当客观事物作用于个体时,人往往会对它抱有一定的态度,并采取与这种态度相应的行为方式。个体对客体的态度和行为方式通过不断重复得以保存和巩固下来,就构成了个人特有的、稳定的态度和习惯化了的行为方式。这种主体对客体的态度体系和行为方式标志着性格的本质特点。性格体现在人对现实的态度和行为方式之中。例如:有的人宽以待人,对人热情、真诚;有的人对人尖刻、虚伪;有的人严于律己,谦虚谨慎;有的人则怯懦退缩。性格是个性中具有核心意义的心理特征,对其他个性心理特征起支配的作用。人的性格主要是后天获得的一定的思想意识及行为习惯的表现,是客观的社会关系的反映。因此,性格是一个人本质特征的体现。在性格中占主导地位的是思想与道德品质,它最突出、最鲜明地表现了人与人之间的差异,最集中地体现了个人的精神面貌。性格总是为一个人所特有,而与别人有所不同。即使具有同一性格特征,不同的人也会有不同的表现。例如,同是鲁莽,张飞表现得"粗中有细",李逵则表现为"横冲直撞",不考虑行为的后果。

性格的稳定性和独特性为我们根据人的性格特征去预测其行为提供了可能性。

(三) 性格与气质的区别和联系

1. 性格与气质的区别

首先,性格是指人在现实态度和行为方式中所表现出来的个性心理特征。它主要是在后天的生活环境中形成的,社会生活条件不同,人的性格特点亦有明显的区别。气质是表现在人的心理过程和行为活动的速度、强度、灵活性方面的动力特征,主要是由神经活动类型特点决定的,具有先天性。在不同的生活条件下,人的气质可能表现出相同的特点。其次,气质具有较强的稳定性,不易改变,即使有变化也相当缓慢。性格虽然也具有稳定性,但在社会生活的影响下,通过个体的主观努力,较易发生变化。最后,气质类型无好坏之分,而性格则有好坏优劣之别。因为性格特征具有社会评价意义,可以用一定的道德标准和价值观进行评价。

2. 性格与气质的联系

首先,气质使性格带有某种独特的色彩。例如,一个胆汁质的人和一个黏液质的人均有勤劳和热爱劳动的性格特点,前者在工作过程中表现为精力充沛、动作迅速,后者则表现为踏实肯干、沉稳细致。其次,气质可以影响性格的形成和发展的速度。例如,黏液质和抑郁质的人比胆汁质和多血质的人更易形成自制力、忍耐等性格特点;而胆汁质和多血质的人则比黏液质和抑郁质的人更易形成果敢、坚强的性格特点。最后,性格对气质也产生一定影响,在一定程度上掩盖和改造气质,使之服务于生活实践。

二、性格的类型

性格的分类是基于一定的规则,把一群人或者某一群具有相似性格的人归为一类,划分成类型。由于性格表现的极端复杂性,在心理学中至今还没有一个公认的、有充分根据的性格分类原则。心理学家们曾以各自的标准和原则对性格类型进行了分类。有代表性的观点如下。

(一) 机能类型学说

机能类型学说是英国心理学家培因和法国心理学家李波提出来的。他们根据理智、情绪、意志在性格结构中占优势的情况把人的性格划分成理智型、情绪型和意志型。属理智型的人,依伦理思考而行事,以理智来衡量一切并支配自己的行动;属情绪型的人,情绪体验深刻,不善于思考,言行举止受情绪左右;属意志型的人,活动目标明确,行为积极主动。除上述典型的类型外,还有一些中间的类型,如理智-意志型等。

(二) 向性说

向性说是由瑞士心理学家荣格提出的。这是按照人的心理活动倾向于外部或内部来划分性格的一种分类学说。凡是心理活动倾向于外部的叫作外倾型性格，心理活动倾向于内部的叫作内倾型性格。外倾型性格的人对外部事物特别关心，思想开朗、活跃，情绪、情感丰富且外露，善于交际；内倾型性格的人则较为沉静，善于思考，富于理智，反应缓慢，处事谨慎，应变能力较差，不善交际。大部分人兼有外倾型与内倾型的特点而属混合型。同时，荣格把心理活动的功能分成了4种：思维、感情、感觉和直觉。思维是评价事物的正确与否；感情是评价事物是否可以接受；感觉是确定事物是否存在；而直觉是对过去或者未来的预感。这样就把人分成了8种类型，每种类型的人具有不同的特点。例如同是思维型的人，外倾思维型的人喜欢分析外界事物，客观冷静，固执，情感压抑；而内倾思维型的人离群，独立，待人冷漠，倔强偏执，情感压抑。同样是感觉型，外倾感觉型的人表现为活泼而有魅力，对客观事物感觉敏锐，精明求实；而内倾感觉型的人则表现为对事物具有深刻的主观感受，喜欢通过艺术形象表现自我，安静、沉稳。

以荣格的理论为基础的迈尔斯-布里格斯行为风格测验（Myers-Briggs Type Indicator, MBTI），是最广泛使用的人格框架之一。行为风格是指人们在过去的生活和工作中逐渐形成的稳定的行为方式和倾向。风格没有好坏之分，但是每种行为风格都有其优点也有其不足，各种不同行为风格的人适合从事不同类型的工作。这一人格测验包括100道题目，用以了解个体在一些具体情境中会出现的感觉和进行的活动。根据个体的回答，可以区分外向的或内向的、感觉的或直觉的、思维的或情感的、感知的或判断的。它的应用非常广泛，在现实的职业咨询、团队建设、冲突管理和管理风格分析等方面非常盛行。

在迈尔斯-布里格斯行为风格测验中，外倾的或内倾的（E 或 I）纬度是描述人们倾向于将注意力集中在外部世界还是内部世界。外倾型的人较多关注外部世界的人和事，偏好通过交谈的方式沟通，喜欢通过实践和讨论来学习，兴趣广泛，喜好社交和表达。内倾型的人喜欢反思，不太愿意与外界交流，兴趣不广但是深刻，喜好独处。

感觉的或直觉的（S 或 N）纬度描述人们是如何接收信息的。感觉型的人倾向于使用五官获取真实存在的信息，他们相信经验，有敏锐的观察力，注重具体细节，比较实际。直觉型的人往往依赖不太显而易见的直觉来获取信息，他们喜欢寻求事情的可能性和关联性，富有想象力，倾向于看到事物的整体全局和抽象性的东西，比较有创造性。

思维的或情感的（T 或 F）纬度反映人们处理信息、作出决策的方式。思维型的人处理信息和作决策时依赖的是逻辑的因果关系，他们擅长客观分析和逻辑思维，不以感情为转移，理智公正。情感型的人喜欢权衡事物对自己和他人的价值和重要性，在决策中容易将自己置于问题情景之中，过多考虑感情因素，具有同情心，更多考虑人的因素。

感知的或判断的（P 或 J）纬度用来反映我们对待外部世界的方式。判断型的人喜欢用判断的方式来对待外部世界,喜欢有条理有秩序的生活,有目的性,喜欢作决策,实践计划时以目标为本。感知型的人喜欢用感知的功能对待外部世界,他们以灵活好奇的方式生活,容易冲动,不介意突发事件,对事情的变化持开放的态度,注重过程而非目标,常常在最后一分钟的压力下完成工作。

这4个纬度都是两极性的连续体,每个人在每个纬度上都处于连续体的某一点,大多数人只是在两种对立的风格中相对来讲更偏向其中的一种。根据这4个纬度和8种行为风格,可以将人大致划分成16种类型,每个人都归为16种行为风格类型中的一种。16种人格类型在人群中分布是不平均的。

(三)场独立和场依存

场独立和场依存是威·特金提出的一种观点。场独立性的人更多地利用内在参照信息;场依存性的人更多地利用外在参照信息。场依存性的人表现为社会敏感性高,倾向于使用外在的社会参照框架,更关心别人提供的社会线索,对他人感兴趣,善于与人相处,但是经常不加批判地接受别人的意见,应激能力差。而场独立性的人一般人际关系自主,具有掌握社会环境的能力,在困难中不惊慌,能发挥自己的力量,自信,自尊心较强,但是对社会的敏感性差,喜欢非人际环境。

(四)文化-社会类型学说

文化-社会类型学说是按社会生活方式来划分性格类型的一种学说。德国哲学家斯普兰格根据人们生活方式的6种形式,相应的把性格划分为6种类型。这6种类型分别是:①经济型。经济型的人以经济的观点看待一切事物,从实际的效果来判断事物的价值,追求实惠,以获得财产、追求利润为生活目的。②理论型。理论型的人能冷静而客观地观察事物,力图把握事物的本质,根据自己的知识体系来判断事物的价值,但遇到实际问题时无法处理,以追求真理为生活目的。③审美型。审美型的人不大关心实际生活,而是从美的角度来判断事物的价值,珍视美的享受与创造,喜欢艺术活动。④宗教型。宗教型的人相信宗教,有感于圣人相救之恩,坚信永存的绝对生命,重视宗教活动。⑤权力型。权力型的人重视权力,并竭尽全力去获得权力,喜欢指挥别人或命令别人,又称为政治型。⑥社会型。社会型的人重视爱,以爱他人为最高的价值,乐于助人,有志于增进他人或社会的福利。斯普兰格认为,纯粹某种类型的人是没有的,多数人属混合型。

三、性格的特质理论

在现代人格心理学中,人格特质理论将特质定义为个体所具有的神经特性,具有支配个人行为的能力,使得个人在变化的环境中出现一致的反应。第一个特质理论的提出者是美国心理学家奥尔波特(G. W. Allport)。他和同事对描述人格特征的17 953个形容词进行了研究,提出了特质的概念,并将特质定义为:具有使许多刺激在机能上等值,并发动等值形式的(意义恒定的)适应和表现行为的神经心

理结构。有代表性的特质理论有卡特尔的16因素理论、艾森克的人格理论、大五人格理论等。

(一) 卡特尔的16因素理论

16因素理论是美国伊利诺依州立大学人格及能力测验研究所的卡特尔教授提出的,并编制了卡特尔16PF测验。该理论建立在大量描述人格特质的词汇基础上,经过系统观察、科学实验以及因素分析等归纳出16种人格因素。卡特尔认为这16种人格因素是人类潜在的、稳定的人格特征,每个人身上都具备这16种特质,只是在不同的人身上表现出程度上的差异。这16种人格特性因素在任何一个人身上组合,就构成了其不同于其他人的独特人格。它们分别为:(A)乐群性、(B)聪慧性、(C)情绪稳定性、(E)恃强性、(F)兴奋性、(G)有恒性、(H)敢为性、(I)敏感性、(L)怀疑性、(M)幻想性、(N)世故性、(O)忧虑性、(Q1)激进性、(Q2)独立性、(Q3)自律性、(Q4)紧张性。研究发现,这16种人格因素是个体行为稳定而持久的原因。通过权衡这些人格特质与情景的关系可以预测在具体情景中个人的行为。

(二) 艾森克的人格理论

H.J.艾森克从特质理论出发,以因素分析方法和传统的实验心理学方法相结合,提出了神经质、外倾—内倾以及精神质三维特征的人格理论。

艾森克认为,外倾—内倾概念与大脑皮层的兴奋过程和抑制过程有关。外倾的人不容易受周围环境的影响,难以形成条件反射,个性上具有情绪冲动和难以克制的特点,好交际、善交际、渴望刺激、冒险、粗心大意、爱发脾气。内倾的人容易受环境影响,容易形成条件反射,在人格上具有情绪稳定、好静、不爱社交、冷淡、不喜欢刺激、深思熟虑、喜欢有秩序的工作的特点。

艾森克对情绪性、自强度、焦虑(包括驱力)等进行研究后,发现它们都是统一的。他把这一维度称为神经质。在他的用语中,神经质与精神疾病并无必然的关系。艾森克指出情绪性(神经质)不稳定的人喜怒无常,容易激动;情绪性(神经质)稳定的人反应缓慢而且轻微,并且很容易恢复平静。他又进一步指出,情绪性(神经质)与植物性神经系统特别是交感神经系统的机能相联系。

艾森克认为精神质独立于神经质。它代表一种倔强固执、粗暴强横和铁石心肠的特点,并非暗指精神病。研究表明,精神质也可以用维度来表示,从正常范围过渡到极度不正常的一端。它在所有人的身上都存在,只是程度不同而已。得高分者表现为孤独、不关心他人、心肠冷酷、缺乏情感和移情作用、对旁人有敌意、攻击性强等特点。得低分者表现为温柔、善感等特点。如果个体的精神质表现出明显程度,则易导致行为异常。艾森克认为,精神质与神经质维度一起可以表示各种神经症和各种精神病。

艾森克认为,有关外倾—内倾和神经质两个维度的实验研究,几乎完全同意在人格测量描述系统中这两个因素处于醒目和稳定的地位。他又将外倾—内倾和神经质作为两个互相垂直的人格维度,且以外倾—内倾为纬,以神经质为经(表现为情绪稳定的一端和情绪不稳定的一端),绘制成人格结构图(见图12-1)。

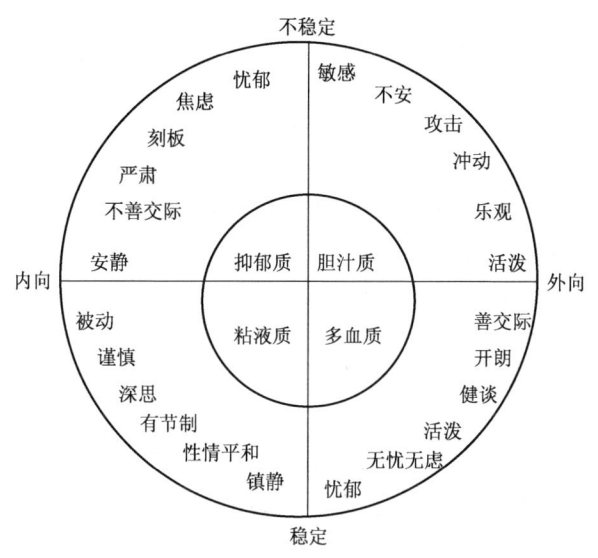

图12-1 艾森克的二维模型

艾森克以外倾—内倾、神经质与精神质三种人格维度为基础,于1975年制定了艾森克人格问卷(EPQ)。它是由艾森克早期编制的若干人格量表形成的。EPQ是一种自陈量表,有成人(共90个项目)和少年(共81个项目)两种形式,各包括4个量表:E——外倾—内倾、N——神经质、P——精神质、L——说谎或自身隐蔽(即效度量表)。由于该问卷具有较高的信度和效度,用其所测得的结果可同时得到多种实验心理学研究的印证,因此它亦是验证人格维度的理论根据。

(三)大五人格理论

20世纪80年代末以来,人格研究者们在人格描述模式上达成比较一致的共识,提出了人格五因素模式。这5个人格纬度是所有人格因素的最基础纬度。这5种人格特质是外倾性、随和性、责任心、情绪稳定性和经验开放性,被称为"大五人格"(OCEAN),也被称为人格的海洋,可以通过NEO问卷来测定。NEO问卷是美国心理学家科斯特(Costa)和麦克瑞(McCrae)于1985年根据"大五"因素模型而设计编制的,是现有的测量大五个性因素的最有影响的问卷之一。NEO问卷在1988年又经过了修订,共有18个维度,每个维度下编有若干项目,共有181个项目。

- 外倾性(extraversion):描述一个人善于社交的、善于言谈的、武断自信方面的个性维度。
- 随和性(agreeableness):描述一个人脾气随和、合作且信任方面的个性维度。
- 责任心(conscientiousness):描述一个人有责任感、可靠的、持久的、成就倾向的个性维度。
- 情绪稳定性(emotional stability):描述一个人平和、热情、安全(正向),以及紧张、焦虑、失望和不安全(负向)方面的个性维度。
- 经验的开放性(openness to experience):描述一个人幻想、聪慧及艺术的敏感性方面的个性维度。

科斯特(1984)认为,外倾性和开放性是与职业密切相关的两个重要因素。例如,根据五因素模式,社会和事业方面的兴趣均与外倾性有关。外倾者应该较偏好社会和事业方面的职业,且以较高外倾者表现为佳。再如,调查行业、艺术兴趣与经验开放性呈正相关,对经验高度开放者应比此特质倾向低者偏好艺术与调查行业(例如记者、自由作家),且表现也较佳。由于艺术与调查性行业需要具有好奇心、创造力与独立思考能力的人,也适合对经验保持高度开放的人。

研究和实践也一致表明,高责任心者倾向于被评为优秀员工,个体在责任心层面上量的差异可用于预测他的工作成绩和表现。外倾性可以预测管理和销售职位的人的工作绩效。研究也发现,团队成员在责任心、宜人性、外倾性和情绪稳定性等特质上的平均得分越高,整个团队的绩效越高。

情绪稳定性也与工作绩效相关的行为有关。极端地说,一个患有精神病的人不可能在一个组织中很好地工作。然而,某种程度的焦虑可能使人工作效率更高,这种情绪激励员工做得更加优秀。安德鲁·格罗夫的书《只有偏执狂才能生存:如何去识别挑战我们每个公司和职业的危机》就是在给英特尔员工灌输这种焦虑意识,确保员工行为和组织更为优秀。

四、气质和性格的测量

气质和性格表现在个体的心理活动和行为方式中,所以可以通过对人的行为特征的观察和了解来评定一个人的气质和性格。由于气质和性格的复杂性,有时个体的行为表现又会"掩盖"真实的气质和性格特征,因此,对气质和性格的测量应该综合运用多种方法,多方面收集资料,然后从中综合概括出一个人的气质、性格特征和类型。

(一)气质的测量

最常用的气质评定法有问卷法和作业测定法。

1. 问卷法

用问卷法评定一个人的气质类型,是把有关气质的问题排列起来,要求被试或熟悉被试的人来回答。前者叫作自我评定,后者叫作他人评定。回答方式一般有两种:两择一式的(回答"是"或"不是")及三择一式的(在前面两种回答上加上"不知道"或"不肯定")。这种方法实施简便,评分确定,容易得到数量化的结果,因此经常被研究者和实践者所采用。

有代表性的气质问卷有 3 种:塞斯顿气质量表、斯特里劳(J. Strelau)气质调查表、内曼和科尔施太特(Neyman & Kelstedi)的向性调查表。

2. 作业测验法

作业测验法就是在一定的条件下让被试完成某种简单作业,从被试完成作业的质和量方面来评定其气质的一种方法。代表性的气质作业测验法有内田—克列别林(Kraepelin, E)测算法和检查表法。

拓展阅读 12-2

气质测量表

指导语:请认真阅读下列各题,对于每一题,你认为非常符合自己情况的记"+2",比较符合的记"+1",拿不准的记"0",比较不符合的记"-1",完全不符合的记"-2"。

1. 做事力求稳妥,一般不做无把握的事。
2. 遇到可气的事就怒不可遏,想把心里话全说出来才痛快。
3. 宁可一个人干事,不愿很多人在一起。
4. 到一个新环境很快就能适应。
5. 厌恶那些强烈的刺激,如尖叫、噪声、危险镜头等。
6. 和别人争吵时总是先发制人,喜欢挑衅别人。
7. 喜欢安静的环境。
8. 善于和别人交往。
9. 是那种善于克制自己感情的人。
10. 生活有规律,很少违反作息制度。
11. 在多数情况下,情绪是乐观的。
12. 碰到陌生人觉着很拘束。
13. 遇到令人气愤的事,能很好地自我克制。
14. 做事总是有旺盛的精力。
15. 遇到事情总是举棋不定,优柔寡断。
16. 在人群中从不觉得过分拘束。
17. 情绪高昂时,觉得干什么都有趣,情绪低落时,又觉得干什么都没意思。
18. 当注意力集中于一事物时,别的事很难使我分心。

19. 理解问题总比别人快。
20. 碰到问题总有一种极度恐怖感。
21. 对学习、工作怀有很高热情。
22. 能够长时间做枯燥单调的工作。
23. 符合兴趣的事情,干起来劲头十足,否则,就不想干。
24. 一点小事就能引起情绪波动。
25. 讨厌那种需要耐心细致的工作。
26. 与人交往不卑不亢。
27. 喜欢参加热闹的活动。
28. 爱看感情细腻、描写人物内心活动的文艺作品。
29. 工作学习时间长了,常感到厌倦。
30. 不喜欢长时间谈论一个问题。
31. 愿意侃侃而谈,不愿窃窃私语。
32. 别人总是说我闷闷不乐。
33. 理解问题常比别人慢些。
34. 疲倦时只要短暂休息就能精神抖擞,重新投入工作。
35. 心里有话,宁愿自己想,不愿自己说出来。
36. 认准一个目标,就希望尽快实现,不达目的,誓不罢休。
37. 学习或工作同样一段时间后,常比别人更疲倦。
38. 做事有些莽撞,不考虑后果。
39. 老师或他人讲授新知识、技术时总希望他讲得慢些,多重复几遍。
40. 能够很快忘记那些不愉快的事情。
41. 做作业或完成一项工作总比别人花时间多。
42. 喜欢运动量大的剧烈体育活动,或者参加文艺活动。
43. 不能很快地把注意力从一件事情上转移到另一件事情上去。
44. 接受一个任务后,就希望把它迅速解决。
45. 认为墨守成规比冒险强些。
46. 能够同时注意几件事物。
47. 当我烦恼时,别人很难使我高兴起来。
48. 爱看情节起伏跌宕、激动人心的小说。
49. 对工作认真严谨,始终一贯。
50. 和周围人的关系总是相处不好。
51. 喜欢复习学过的知识,重复做熟练的工作。
52. 喜欢做变化大、花样多的工作。
53. 小时候会背的诗歌,我似乎比别人记得清楚。
54. 别人说我"出语伤人",可我并不觉得这样。

55. 在体育活动中,常因反应慢而落后。
56. 反应敏捷,头脑机智。
57. 喜欢有条理而不甚麻烦的工作。
58. 兴奋的事常使我失眠。
59. 老师讲新概念,常常听不懂,但弄懂以后就很难忘记。
60. 假如工作枯燥,马上就会情绪低落。

计分方法:

胆汁质:2,6,9,14,17,21,27,31,36,38,42,48,50,54,58。
多血质:4,8,11,16,19,23,25,29,34,40,44,46,52,56,60。
黏液质:1,7,10,13,18,22,26,30,33,39,43,45,49,55,57。
抑郁质:3,5,12,15,20,24,28,32,35,37,41,47,51,53,59。

在回答问题时,很符合自己的情况记2分,较符合记1分,一般(即符合又不符合)记0分,较不符合记-1分,很不符合记-2分,并把各个类型得分分别计算出来。

A. 如果某一项或两项的得分超过20,则为典型的该气质。

B. 如果某一项或两项的得分在20分以下、10分以上,其他各项分数较低,则为该项一般气质。

C. 若各项得分均在10分以下,但某项或几项得分较其余几项为高(相差5分以上),则为略倾向于该气质(或几项的混合),例如略偏黏液质型,多血质-胆汁混合型。其余类推,一般来说,正分值越高,表明该气质越明显;反之,分值越低,表明越不具备该项气质特征。

(二) 性格测量

性格的测量方法主要有自陈量表法、投射测验法、评定量表法和行为观察法等。

1. 自陈量表法

自陈量表又称自陈问卷,是测量性格最常用的方法。自陈量表法通常以让被试填写问卷的形式进行。问卷都是事先编制好的,由一系列问题或条目组成,要求被试报告自己在给定情境中可能有的行为、情绪感受和想法。这种问卷都有指定的回答方式,如"是—否""同意—不同意",或用一定的评分尺度评定某一情形在多大程度适合于自己,记分也就比较简单、容易、明确。其基本假设是:只有被试自己最了解自己。

常见的测验包括我们前面提到的卡特尔16PF、MBTI、大五人格测验,还有艾森克人格问卷、MMPI、加州人格问卷(CPI)和A型行为类型问卷等,这些测验的信度和效度都比较高,应用较为广泛。

MMPI测验是由美国明尼苏达大学的哈萨维(Hathaway)教授和心理治疗家麦

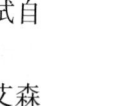

金利(Mckinley)于1940年初编制的。该量表是采用经验效标法,对后来的个性测量和研究产生了巨大的影响,并得到了广泛的应用,现已有100多种不同文字的译本。MMPI量表最初用于区别正常人与异常人患不同类型精神病的程度,现在,该量表已在许多国家广泛用于正常人的个性评定。MMPI量表的优点是题目覆盖面广,既可用于测量个性,也可用于编制新量表及进行各种研究工作。但是,MMPI量表多用病理上的词语,题目数量较多,在用来解释正常人性格时,需要相当的训练;此外,该测验的分数容易受不同文化背景的影响,对测验结果的解释应考虑跨文化背景因素。

MMPI量表由两部分组成:①问卷。问卷采用是非法,总共有566道题,其中有16道题是重复的,用以检验被试反应的一致性和回答是否认真,例如,"我喜欢看机械方面的杂志"和"我的日常生活中,充满着使我感兴趣的事"等。②答卷。为了用计算机或模板处理结果,答案全部填写在统一答卷中,题目的形式为是否式。例如,题目1,是,否。

MMPI量表有10个临床子量表,分别测疑病、抑郁、癔症、男子气或女子气、妄想狂等10种个性特质,还有4个与效度有关的量表,以考察被试的态度。MMPI个性量表的评定结果通过电脑处理后,计算出衡量个性特征的18个指标,并用K分数校正后,画出个性曲线。

2. 投射测验法

投射测验法是向被试提供一些意义不明确的刺激情境,让被试在没有控制的情况下,对多种含义模糊的刺激,不受限制地、自由地作出反应。其基本假设是:人们在日常生活中常常把自己的心理特征(如个性、好恶、欲望、观念、情绪等)不自觉地反应于外界事物或者他人身上。依据被试的反应方式可将投射测验分成下面3类:联想法、构造法和表达法。联想法要求被试根据刺激报告出自己自由联想到的内容;构造法要求被试根据所看到的图片刺激自由编出一段有关图中人或物的故事;表达法通常让被试用非言语方式自由表现,借此分析其人格。表达方法有让被试画画、捏泥塑、用玩具或图片构造一些情境,或扮演一个社会角色。

罗夏墨迹测验和主题统觉测验(TAT)是较为成熟的投射测验。

罗夏墨迹测验简称RIT,是瑞士精神病学家罗夏克于1921年创立的。罗夏克是首次提出并应用人格评估投射技术的人。测验时,请被试对一些经过标准化的墨迹图进行自由联想,报告自己看到的和想到的。在对测验解释的过程中,罗夏克墨迹测验关心的是受测者对图形知觉过程的途径、理由及内容,从而推知测试者的人格结构。

主题统觉测验是由H. A. 默里于1935年为性格研究而编制的一种测量工具。全套测验共有30张内容隐晦的黑白图片,另有空白卡片一张,图片的内容以人物或景物为主。测验进行时,主测者按顺序逐一出示图片,要求被测对每一张图片都根据自己的想象和体验,讲述一个内容生动、丰富的故事。在被测讲故事的过程中,会不自觉地根据自己潜意识中的欲望、情绪、动机或冲突来组织一个逻辑上连贯的故事。

3. 评定量表法

所谓评定是指由评定人通过观察来给被评定人的某种行为或特质确定一个分数。评定量表一般包括一组用以描绘个体的特质或特征的词或句子,要求评定人在一个多重类别的连续体上对被评定人的行为和特质作出评价和判断。评定量表法是观察法与测验法的结合。

4. 行为观察法

行为观察法可以说是了解一个人的人格特性的最简单易行的方法。这种方法可以是在自然情境中观察被试的自发行为,也可以在实验室的人为设计情境中观察被试的诱发行为。在观察过程中,观察者可以与被观察者进行直接的接触,也可以在被观察者毫无觉察的情况下进行。比如,招募雇员的人事主管常常要同求职者面谈,目的就是在交谈过程中考察、了解求职者的基本情况,包括其主要的人格特征。

行为观察法的主要优点是简便易行,但这种方法对观察内容的控制程度小,不一定总能得到想要得到的内容。而且,观察者的经验、技巧和偏见会对观察结果和解释产生影响。

五、气质差异与组织管理

气质不能决定一个人活动能力和智力发展的高低,也不决定一个人的社会成就。因为气质的特点只影响智力活动的方式,而不能预先决定智力的发展。具有任何一种气质的人,其智力和社会成就都可以发展到相当高的水平。据研究,俄国的4位著名作家就是4种不同气质的代表:普希金具有明显的胆汁质特征,赫尔岑具有多血质特征,克雷洛夫属于黏液质,而果戈理则属于抑郁质。他们气质类型不同,但在文学创作上都表现出卓越的才能。气质只是属于人的各种心理品质的动力特征,它只影响智力活动的方式而不能预先决定智力发展的水平。

气质不能决定人的价值观,不能决定人的个性倾向性的性质,它仅使个性带有一定的动力色彩。因此,具有不同价值观、理想、信念的人可能具有相同的气质特征;具有相同价值观、理想、信念的人也可能具有不同的气质特征。

气质对实践活动虽然不起决定影响,但它对活动的方式具有一定的意义。气质不能影响活动的内容和方向,但影响活动的效率。例如,研究表明:神经系统强型的人较弱型的人识记材料的数量多、难度小。要求反应灵活的工作,胆汁质和多血质的人较为适宜;要求持久、细致的工作,黏液质、抑郁质的人较为适宜。有些特殊工作,如飞行员、宇航员,要求身心高度紧张,有极其灵敏的反应,对人的气质就有特定的要求。并且当气质与良好的个性品质,尤其是与道德品质、动机、信念、价值观等结合在一起时,其特有的价值就会表现出来。例如,胆汁质类型的员工在优秀组织文化的指引下,会强化其自身的热情、积极、朝气蓬勃、有进取心的心理特征。

气质与职业活动的关系表现在两个方面：一方面，要使个人的气质特征适应于职业活动的客观要求；另一方面，在选拔人才和安排工作时应考虑个人的气质特点。参见表12-4。

表12-4 气质类型的行为特征与适宜的职业

气质类型	行为特征	适宜的工作
多血质	活泼好动，敏捷，反应迅速，喜欢与人交往，注意力易转移，兴趣易变换，具有外倾性	社交工作、推销员、采购员、外交工作、管理人员、律师、新闻记者、演员、侦探等需要有表达力、活动力、组织力的工作
黏液质	安静，稳重，反应缓慢，沉默寡言，情绪不易外露，注意稳定但难转移，善于忍耐，具有内倾性	自然科学研究、教育、医生、财务会计等安静、独处、有条不紊的工作以及思辨力较强的工作
胆汁质	直率，热情，精力旺盛，情绪易冲动，心境变化剧烈，具有外倾性	社交工作、政治工作、经济工作、军事工作、地质勘探工作、推销、节目主持人、演说家等
抑郁质	孤僻，行动迟缓，情绪体验深刻，善于觉察别人不易觉察的细节，具有内倾性	研究工作、会计、化验员、雕刻、刺绣、机要秘书、检查员、打字员等不需要过多与人打交道而需较强分析与观察力、需要耐心细致的工作

首先，要根据人的气质特征来调动人的积极性，合理用人。管理工作纷繁复杂，每项工作都有自己的特点，每个人也都有自己的气质特征。所以，要尽量使人的气质特点与工作特点相互协调配合，才能使每个人各尽所能、各得其所，从而有利于工作。一般情况下，多血质的人可以做一些社交工作。胆汁质的人可以委任以突击性、开拓性工作，黏液质的人可以做一些从事核算和监督的管理工作，抑郁质的人可以做一些研究工作。

其次，根据人的气质特征来合理调整组织结构，增加团体战斗力。人的气质特征有积极的一面，也有消极的一面，合理调整不同气质的人员，组成一个领导班子、一个班组、一个集体，形成气质"互补"的组合，就可以相互克服气质的消极影响，发挥气质的积极作用，从而达到增强凝聚力、战斗力的目的。例如：一个领导班子要作出一个重大的决策，需要有果断、机智、冷静、细心创新、激情等不同气质类型的心理品质，但是，很少有人同时具备上述品质，这就要求气质互补的团体的组合。

最后，根据人的气质特征来做好人员管理工作。不同气质的人，对挫折、压力、批评、惩罚的容忍程度不同，对思想感情接受的程度不同。多血质的人豁达大度、反应灵活、接受能力强，对他们的教育可采用批评和劝导相结合的方式；胆汁质的人积极主动、生气勃勃、容忍力也强，培养教育他们，既要开展有说服力的严厉批评，提高他们的自制力，又不能激怒他们，激化矛盾；黏液质的人沉着、坚毅、冷静，情绪反应较慢，对待他们要耐心说服开导，要用事实说话；抑郁质的人，情感深刻、脆弱、孤僻、冷漠，对待这样的人，不可在公开场合批评他们、训斥他们，而应在关怀中激励、在照顾中促进、在情感中引导，使他们自觉接受别人的批评或建议。对症下药，针对不同员工的特点，采用不用的管理方式，这一点在组织管理中具有重要意义。

拓展阅读 12-3

胜任特征模型

美国心理学家麦克利兰（McClelland,1973）受美国新闻署（USIA）委托，首次采用行为事件访谈（Behavioral Events Interview, BEI）方法调查了 50 名 USIA 官员。结果发现，带来优秀绩效的胜任特征（competency）并非以往人们熟知的那些管理技能，而是跨文化的人际敏感性、政治判断力和对他人的积极期待等潜在的个性特征。根据这一结果，他在《美国心理学家》（American Psychologist）杂志上发表文章，提出应"为胜任而非为智力进行测验"（testing for competence rather than for "intelligence"）。提出用胜任力取代传统的智力测量，强调从第一手材料入手，直接发掘那些能真正影响工作业绩的个人条件和行为特征，为提高组织绩效和促进个人事业成功做出实质性的贡献。胜任特征（competency）研究为人力资源管理的各项工作提供了新的切入点和视角，为实现人力资源的合理配置和提高企业经营绩效提供了新的理论依据和管理方法，因而引起了国内外学者和实际工作者的充分重视。

比较著名的模型包括冰山模型和洋葱模型。冰山模型认为胜任特征指"能将某一工作（或组织、文化）中有卓越成就者与表现平平者区分开来的个人的潜在特征，它可以是动机、特质、自我形象、态度或价值观、某领域知识、认知或行为技能——任何可以被可靠测量或计数的并能显著区分优秀与一般绩效的个体特征"。这些特征可以分为两部分。"冰山以上部分"包括基本知识、基本技能，是外在表现，是容易了解与测量的部分，相对而言也比较容易通过培训来改变和发展。而"冰山以下部分"包括社会角色、自我形象、特质和动机，是人内在的、难以测量的部分。它们不太容易通过外界的影响而得到改变，但对人员的行为与表现起着关键性的作用。

美国学者 R. 博亚特兹（Richard Boyatzis）对麦克利兰的素质理论进行了深入和广泛的研究，提出了"素质洋葱模型"。该模型把胜任素质由内到外概括为层层包裹的结构，最核心的是动机，然后向外依次展开为个性、自我形象与价值观、社会角色、态度、知识、技能。越外层的素质越易于培养和评价，越内层的素质越难以评价和习得。

六、性格差异与组织管理

人们越来越注意到人与人之间性格的差异。在组织管理中应该注意以下问题:

首先,人事管理中的选人、用人要注意性格和岗位匹配的合理性,做到性格和岗位要求相匹配。不同的岗位对人的性格也有不同的要求。性格和气质相比,有更多的社会性,有一定的好坏之分,但是对于岗位来说,更多的不是好坏之分,而是合适与否,应尽量发挥个体性格中较为积极的一面,而避免消极的一面。如果一个人的性格与某个岗位的要求恰好相吻合,其工作起来就会轻松自如。例如对于协作要求高、与同事配合较多的岗位就不能安排独立性过强的个体。

霍兰德提出了性格—工作匹配理论,当工作环境与性格类型协调匹配时,个体会产生更高的工作满意度和更少的离职可能性。认为只有个体的性格类型与工作相匹配,才可以拥有更高业绩水平和更满意的员工。他认为存在着6种性格类型和6种与之相对应的环境模式,分别是现实型(R)、研究型(I)、艺术型(A)、社会型(S)、企业型(E)和常规型(C)。各种类型具有各自的主要特征。参见图12-2和表12-5。

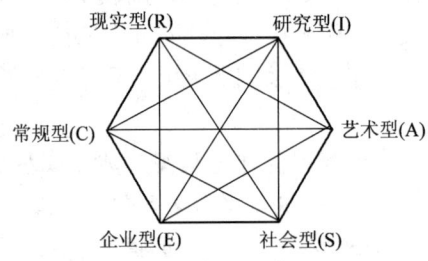

图 12-2　霍兰德的性格—工作匹配理论

表 12-5　霍兰德的性格—工作匹配理论

类型	特　点	适合的职业
现实型	遵守规则、实际、安定,喜欢需要基本技能的具体活动	机械、农林、机电、维修等
研究型	内省、理性、创造,喜欢独立分析与解决抽象问题	数学、物理、化学、生物、天文、生理学等
艺术型	想象、直觉、冲动、无序,喜欢用艺术形式来表现自己的思想与情感	绘画、音乐、写作、表演等
社会型	助人、合作、责任感、同情心,喜欢并善于社会交往,乐善好施	心理咨询、教育、法律、宗教和社会服务等

续表

类型	特　点	适合的职业
企业型	支配、自信、精力旺盛，喜欢指挥、劝导别人接受自己的意见	工商与行政管理、市场营销、保险业等
常规型	有条理、稳定、顺从、有序，喜欢程序化的条理性工作	秘书、档案、会计、出纳、总务、数据录入等

其次，在组建团队时，也要注意团队成员性格搭配的合理性。对于团队成员能力的配合，其合理性不言而喻。团队成员性格的搭配性也同样重要。在一个团队里，每个团队成员都不可避免地要和不同性格的团队成员打交道。团队成员中，有的性格直爽，有的含蓄沉稳……所以在组建团队时，要考虑性格的互补性。每种性格的人都可以在团队里发挥自己独特的作用。要对不同性格类型的员工进行科学的团队组合，发挥他们各自的性格特长，克服他们各自性格中的消极方面，使之形成优势互补，通过有效的团队文化建设来推动组织的持续发展。

再次，应该根据组织成员的性格的差异化进行管理，即针对不同性格的人运用不同的管理方式。对于理智型的人，可以主动向其提供信息，晓之以理，让其自己通过判断思考改变思想认识；对于情绪型的人，应在"晓之以理"的基础上，更注意用典型的事例，"动之以情"以感化他，使其改变态度；对于独立型的人，要允许他独立思考，勿急勿躁，"以柔克刚"，切忌施以压力。

最后，注重培养良好的职业性格。职业性格是各行各业的人们做好本职工作的心理动力。要结合各行各业的管理，研究对各行各业的管理有关的职业性格，培养人们良好的职业性格以推动组织效能的提高。例如：要用个体心理特征的性格规律性，培养导游员的热情、亲切随和、乐观自信、幽默开朗等性格；培养前台服务人员的热情、耐心、细致等特点。

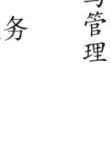

复习思考题

1. 如何结合个体的气质、能力、性格，合理实施管理？
2. 你了解自己的个性特点吗？你适合从事什么样的工作？

第十三章 激 励

本章提要

激励是提升员工的工作积极性的重要手段。本章重点介绍了激励的基本理论,包括传统的激励理论和现代的激励理论,也包括内容型激励理论和过程型激励理论;并阐述了如何运用有关激励的理论,通过不同的激励方式,满足员工的不同需要,提升员工的工作积极性。

第一节 激励概述

一、工作动机和需要

动机是行为管理中的一个重要概念。在组织中总可以看到这样的现象:不同的人对待工作的态度不同,努力程度也不同,当然取得的绩效也就不同。因此,并不能直接从一个人的能力、天赋来判断其对组织的价值,还必须看其工作动机水平。而激励起每一个员工的工作动机,则成了组织管理者要做的首要工作之一。

工作动机是激发与工作绩效有关的行为,并决定这些行为的形式、方向、强度和持续时间的内部和外部力量,是工作行为的原动力。工作动机是一种过程,表现为个体为了实现目标而付出的努力强度、方向和坚持性。工作的努力程度实际上反映了工作动机的强度。而一个人的努力程度可以从他的工作绩效中反映出来。但是,只有努力的方向朝着组织的目标,才能取得组织认可的绩效。

工作动机本身是不能被直接观察到的,但它可以根据个体的外部行为表现加以推断。在进行推断的时候,我们有必要对动机进行分类,以便更好地了解员工多样化的工作动机,提高员工的动机水平,从而更好地完成组织目标。麦克莱伦认为,人的工作动机可以分为3类:成就动机、亲和动机和权利动机。阿特金森认为,人在竞争时会产生两种心理倾向:追求成就的动机和回避失败的动机。也有学者把动机划分为内源性动机和外源性动机。外源性动机是指人为了获得物质或社会报酬或避免惩罚而完成某种行为。威胁、最后期限、命令也是外源性动机,只不过是一种负性外源性动机。内源性动机是个体内部产生的,将个体与任务或者工作本身联系在一起,如工作中的成就感、成功感、挑战感等。根据是否意识到自己活动的目的,可以把动机划分为有意识动机和无意识动机。有意识动机是能够意识到自己活动目的的动机;无意识动机是没有意识到或者没有清楚意识到的动机,例如绩效考核的时候,如果和某位下属关系较好,对他考评时就会不自觉地评分更高、评语更好;如果认为某位下属差一些,对他考评时就会评价低一些。

需要是指当缺乏或期待某种结果时产生的心理状态,包括对食物、水、空气等物质需要及对归属、爱等的社会需要。当需要未能满足时,就会产生一种驱动人采取行动满足需要的压力,这种压力只有在达到目标、满足需要时才会缓解或消除。从上述意义上说,激励员工动机就是要设法使他们看到需要与组织目标之间的关系,使他们处于一种紧张状态,他们在这种压力下所付出的努力不仅满足个人需要,同时也通过完成一定工作绩效而实现组织目标。

二、激励的定义

激励下属的思想,古已有之。中国古代著名的军事家孙武就要求将帅一定要爱护士兵,通过爱护士兵这一方式来打胜仗。他在《地形篇》中分析道:"视卒如婴儿,故可以与之处深溪;视卒如爱子,故可以与之俱死。"孙武认为,将帅们如能像对待自己的爱子一样对待士卒,就能取得士卒的信任,使之甘愿追随自己赴汤蹈火,这样的军队就无往而不胜。

激励既是一种因素,又是一种过程。从静态上看,激励是指能够激发人们长期努力工作的内在动力因素,是激发行为、指明方向和强调坚持某种行为的力量,即激励等于激励因素;从动态上看,激励是指通过不断满足员工的需要,来调动其积极性的管理方法。这时激励则是启动、激发、指导和维持某种行为的内在心理过程,也就是说,激励是一种机制。人们的行为可以用不同方式来调整,例如强制方式、督促方式等,激励也是其中的一种。动机是人们行为的动因,由于动机的改变而导致的行为改变,是人们自觉自愿的改变,这是激励方式与其他行为调整方式的区别所在。

人力资源是现代企业的战略性资源,也是企业发展的最关键的因素,而激励是人力资源管理的重要内容。激励的核心作用是调动员工工作的积极性。只有充分调动了员工的工作积极性,才能取得理想的工作绩效,保证组织目标的实现。

第二节 激励的理论

激励是现代管理的核心。如何提高员工的工作积极性是每个组织最关心的。关于激励有两种基本的理论:一类是内容型激励理论,关注的是激发动机的因素,解决用什么因素激励人、调动人的积极性的问题;另外一类就是过程型激励理论,研究动机的形成、行为目标的选择以及行为的改造和修正,解决怎样用激励因素调动人的积极性的问题。

一、内容型激励理论

(一) 需要层次理论

需要层次理论是由马斯洛提出的。他通过对成功者个性因素和优秀品质的研究,得出了心理健康标准,并提出了这一激励理论。马斯洛最先将人类的需要分为5个层次,按低级到高级排列,分为生理需要、安全需要、爱和归属需要、尊重需要和自我实现需要。在现代组织中,安全需要主要表现为渴望安全而稳定的职业,有医疗保险、劳动保护、避免失业、疾病和其他各种危险,能享受退休养老保障等。爱和归属的需要则表现为希望与同事和睦相处,关系融洽,希望得到别人的认同、接受和支持,并为成为该群的一员而感到自豪。尊重需要则表现为希望别人对自己的工作、人品、能力和才干给予承认,以满足自己的荣誉感,希望自己在同事中有较高的地位和威望,以满足自己的优越感。自我实现的需要表现为个人成长、从事与自己能力相称的工作、发挥自己的潜能、成为自己想要成为的那种人。

马斯洛认为,需要的产生和发展遵循着逐层递增律。低一层的需要满足以后,才会出现高一层的需要。人的基本需要得到满足后,就会激发人去追求新的更高层次的需要。一个人在同一时期内可能同时存在几种需要,任何一种需要都不会因为新的需要出现而消失,只是对行为影响的程度发生了变化。人在特定时期总是被一种或几种重要的需要所激励。人的行为受一系列不断变化着的重要需要所控制。

马斯洛的需要层次论揭示了需要—激励—行为的关系,强调了人的内在需要是激励的主要诱因,强调了人的不同层次的需要对动机的激发和影响。它对激励员工实践的指导意义在于:首先作为管理人员,应该注意研究和掌握员工的需要结构和内容,把握其共性,也要了解员工与员工之间需要的差异。满足员工需要的激励措施应该因人而异。另外,要注意引导员工高层次的需要,提供相应的教育和培训条件,因为员工一旦具有了符合组织目标和利益的远大理想和职业期待,又相应地提高了业务水平,便可迸发出巨大和持久的活力。

(二) X 理论和 Y 理论

道格拉斯·麦格雷戈在总结、归纳了马斯洛、阿基里斯等人的观点的基础上,提出了与 X 理论相反的 Y 理论。他认为,Y 理论的主旨是强调个人目标和组织目标的融合,并认为它能创造出理想的条件,使组织成员在为企业的成功而贡献自己力量的同时,也能更好地实现其个人目标。

在介绍 Y 理论的假设之前,我们先看看 X 理论的假设:

(1)一般人的本性是不喜欢工作,而且只要他们能够做到,就设法逃避工作。

(2)对绝大多数的人必须用强迫、控制、指挥并用处罚、威胁等手段,使他们作出适当的努力去实现组织的目标。

(3)一般的人宁愿受人指挥,不愿承担责任,相对地缺乏进取心,而把个人的安全看得最重要。

而 Y 理论的假设是:

(1)运用脑力和体力从事工作,正如游戏或休息一样是自然的,一般人并不是天性不喜欢工作的。

(2)外力的控制和处罚的威胁都不是促使人们为组织目标作出努力的唯一手段,人们对自己参与和承诺的目标能实现自我指挥和自我控制。

(3)承担目标的程度与获得成就的报酬多少直接相关。

(4)在适当的条件下,一般的人不仅可以学会接受任务,而且也可以学会寻求承担组织任务。

(5)在现代工业制度的条件下,一般人的指挥、潜能只是部分地得到了发挥。

不同理论假设下的管理者会采取不同的激励措施。支持 X 理论的管理者将会采取"胡萝卜加大棒"的激励措施,通过奖励和惩罚提高员工的工作积极性。而根据 Y 理论,管理者的任务是发挥员工的潜能,使他们在为实现组织目标而贡献力量时可以达到自己的目标。管理者将会采取分权与授权、员工的参与管理、鼓励员工对自己的工作成绩作出评价等满足员工需要的方式来促进生产效率的提高。

(三) 双因素理论

双因素理论又称"激励—保健因素"理论,是美国的行为科学家赫茨伯格(F. Herzberg)于 1959 年提出的。他注意到员工的态度会影响工作绩效,因此,他对美国匹兹堡地区的 200 名工程师、会计师进行了调查访问:在工作中,哪些事项是让他们感到满意的和不满意的,并估计这种情绪持续多长时间。赫茨伯格以对这个问题的回答为材料,发现使员工感到满意的因素都是属于工作本身或工作内

容方面的;使员工感到不满意的因素都是属于工作环境或工作关系方面的。他把前者叫作激励因素,后者叫作保健因素。参见表 13-1。

表 13-1　激励与保健因素

激励因素	保健因素
• 成就	• 监督
• 认可	• 公司政策
• 工作本身	• 与主管关系
• 责任	• 工作条件
• 进步	• 薪水
• 成长	• 与同伴的关系
	• 个人生活
	• 与下属的关系
	• 地位
	• 稳定与保障
极满意	极不满意

赫茨伯格及其同事的研究发现,激励因素和保健因素有若干重叠现象,如赏识属于激励因素,一般能够起积极作用;但当没有受到赏识时,又可能起消极作用,这时又表现为保健因素。工资是保健因素,但有时也能产生使职工满意的结果。他还认为,传统上认同的满意的对立面是不满意是不正确的。激励因素可以使人产生满足的感觉,也可能产生尚未满足的感觉,但不是"不满意"。满意的对立面是没有满意,而不是不满意;同样,不满意的对立面是没有不满意,而不是满意。激励因素使人由没有满意走向满意,保健因素将不满意改变为没有不满意。这是一个二位的连续体。参见图 13-1。

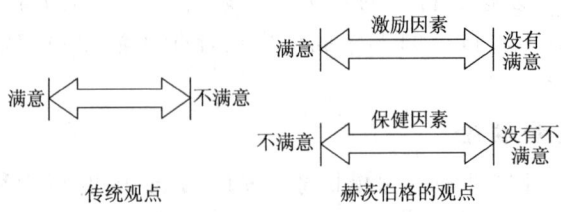

图 13-1　传统观点和赫茨伯格的观点的比较

双因素理论告诉我们,满足各种需要所引起的激励强度和效果是不一样的。物质需要的满足是必要的,没有它会导致不满,但是即使获得满足,它的作用往往也是很有限的、不能持久的。从我国的实际情况来看,工资和奖金还是重要的激励因素,不能把它们完全归为保健因素。这就需要慎用工资和奖金,要把它同个人的工作绩效挂钩,按贡献决定报酬,并要与精神激励等方法结合起来使用。要想持久有效地激励员工,必须改进员工的工作内容,积极推广工作扩大化、工作丰富化以及工作再设计等劳动组织形式,为员工提供更大的激励和更多的产生满意的机会,使员工从工作中体会到成就感、责任感以及自我发展和自我完善。

(四) ERG 理论

美国耶鲁大学的克雷顿·奥尔德弗(Clayton Alderfer)对马斯洛提出的需要层次理论进行了修订,使之与实证研究的结果更加一致,提出了一种新的人本主义需要理论。

奥尔德弗认为,人类存在 3 种核心需要,即生存(existence)的需要、关系(relatedness)的需要和成长(growth)的需要,因而这一理论被称为 ERG 理论。生存的需要与人们基本的物质生存需要有关,它包括马斯洛提出的生理和安全需要。关系的需要,即指人们对于保持重要人际关系的欲望,相当于马斯洛的爱的需要和自尊需要的外在部分,即赢得别人的尊重和认可。最后,奥尔德弗把成长的需要独立出来,它表示个人谋求发展的内在愿望,包括马斯洛的自尊需要分类中的内在部分和自我实现层次中所包含的特征。

奥尔德弗并不只是把马斯洛的需要层次简化为三大类,他认为 3 种需要可以同时具有激励作用。此外,ERG 理论还提出了一种叫做"受挫—回归"的思想:当一个人在某一更高等级的需要层次受挫时,那么作为替代,他的某一较低层次的需要可能会有所增加。假如一份工作对某人很有挑战性,他能从工作中获得快乐,可能他对薪水的在乎度就不太高;如果他从事的工作没有新鲜感,不能从中得到快乐,对物质报酬的要求就会提高。对较低层次需要较少满足的人,应该通过增加工资、津贴和福利等诱因来激励其工作动机。一旦人较低层次的需要能够得到较多满足,他就可能迫切要求满足较高层次的需要(关系需要和成长需要)。这种需要层次的升级不一定严格按照生存—关系—成长的顺序,是可以越级的。有人在满足生存需要后可能迫切寻求满足关系需要,有的人则可能直接寻求成长需要的满足。

由此可以看出,管理措施应该随着人的需要结构的变化而作出相应的改变,并根据每个人不同的需要制定出相应的管理策略。

(五) 戴维·麦克莱伦的三重需要理论

戴维·麦克莱伦(David McClelland)提出了"三重需要理论"。该理论认为人在工作情境中有 3 种重要的动机或需要:①成就需要(need for achievement):追求优越感的驱动力或者争取成功、希望做得最好的需要;②权力需要(need for power):影响或控制他人且不受他人控制的需要;③亲和需要(need for affiliation):

寻求与别人建立友善且亲近的人际关系的需要。

不同的人成就需要不同,其行为和处事的方式也会不同。麦克莱伦认为,具有强烈的成就需要的人渴望将事情做得更为完美,提高工作效率,获得更大的成功,他们追求的是在争取成功的过程中克服困难、解决难题、努力奋斗的乐趣,以及成功之后的个人成就感,他们并不看重成功所带来的物质奖励。研究也表明,成就需要的高低与工作绩效之间有很高的相关性。麦克莱伦发现,高成就需要者具备以下几个特点:①选择中等的风险。他们追求的不是无限的高目标,而是现实的成就;他们既不愿意做那些简单、没有挑战性的工作,也不愿做那些不可能完成的任务。②有较强的责任感。他们并不把工作仅仅看作为组织作贡献,还希望从中实现和体现个人价值,因此对工作有较高的投入。③喜欢能够及时得到反馈,看到自己工作的绩效和评价,因为这是产生成就感的重要方式。

不同的人对权力的渴望程度也是不一样的。权力需要较高的人喜欢支配、影响他人,喜欢对别人"发号施令",注重争取地位和影响力。他们喜欢具有竞争性和能体现较高地位的场合或情境,他们也可能会追求出色的成绩,但他们这样做并不像有高成就需要的人那样是为了个人的成就感,而是为了获得地位和权力,或者只是为了使自己的行为与自己已具有的权力和地位相称。高权力需要是管理成功的基本要素之一。研究表明,杰出的经理们往往具有较高的权力需要。

亲和需要就是寻求被他人喜爱和接纳的一种愿望。高亲和需要者往往重视来自别人的接受、喜欢,渴望友谊,喜欢合作而不是竞争的工作环境,希望彼此之间的沟通与理解,他们对环境中的人际关系更为敏感,所以在组织中容易形成良好的人际关系。有时,亲和需要也表现为对失去某些亲密关系的恐惧和对人际冲突的回避。亲和需要是保持社会交往和人际关系和谐的重要条件。

拓展阅读 13-1

测测你的主导需要

对下面的每一句话,请给出和你的感觉最相近的数字,从 1 至 5 代表着由弱到强。

(1)我非常努力改善我以前的工作以提高工作绩效。
(2)我喜欢竞争和获胜。
(3)我常常发现自己和周围的人谈论与工作无关的事情。
(4)我喜欢有难度的挑战。
(5)我喜欢承担责任。
(6)我想让其他人喜欢我。
(7)我想知道在我完成任务时是如何进步的。
(8)我能够面对与我意见不一致的人。

(9) 我乐意和同事建立亲密的关系。
(10) 我喜欢设置并实现比较现实的目标。
(11) 我喜欢影响其他人以形成我自己的方式。
(12) 我喜欢隶属于一个群体或组织。
(13) 我喜欢完成一项困难任务后的满足感。
(14) 我经常为了获得更多的对周围事情的控制权而工作。
(15) 我更喜欢和其他人一起工作而不是一个人。

成就需要得分 =（1）+（4）+（7）+（10）+（13）。
权力需要得分 =（2）+（5）+（8）+（11）+（14）。
关系需要得分 =（3）+（6）+（9）+（12）+（15）。
得分最高的项便是你的主导需要。

二、过程型激励理论

内容型激励理论从一定程度上解决了激励因素的问题,但是如何使用这些激励因素,内容型激励理论并没有提出很多建设性的意见,而过程型激励理论正是解决如何使用激励因素问题的理论。

（一）公平理论

公平理论是由斯达西·亚当斯提出的,研究工资报酬的合理性、公平性对个人积极性的影响。他认为员工的工作动机不仅受自己所得的绝对报酬(即实际收入)的影响,而且还受相对报酬(即与他人相比较的相对收入)的影响。

这一理论认为,员工首先思考自己收入与付出的比率,然后将自己的收入—付出比与他人的收入—付出比进行比较,如果员工感觉到自己的比率与他人相同,则认为公平；如果感到二者的比率不相同,则产生不公平感。也就是说,他们会认为自己的收入过低或过高(参见表13-2)。这种不公平感出现后,员工们就会试图去纠正它。

表 13-2 公平理论

感知到的比率比较	员工的评价
$\frac{A所得}{A付出} < \frac{B所得}{B付出}$	不公平(报酬过低)
$\frac{A所得}{A付出} = \frac{B所得}{B付出}$	公平
$\frac{A所得}{A付出} > \frac{B所得}{B付出}$	不公平(报酬过高)

注：A 代表某员工，B 代表参照对象。

比较的对象可以是他人,也可以是自己。和他人比较表现为一种横向比较(与组织内或者组织外的他人进行比较)。和自己的比较表现为一种纵向比较,与自己过去的工作和待遇相比,可以是在现在组织内的工作和待遇也可以是在过去组织内的工作和待遇。研究发现,男女员工都倾向于与同性别的员工比较;而任职期短的员工更倾向于依赖于自己的经历,任期长的员工更倾向于与同事比较;高层次员工(即受教育程度较高的人员和专业技术人员)更多的是与组织外部的同类人比较。

当员工感到不公平时,他们可能会采取以下几种做法:采取某种行为改变自己的付出或所得,改变自己的努力水平;曲解自己或他人的付出或所得;采取某种行为使得他人的付出或所得发生改变;选择另外一个参照对象进行比较;辞去自己的工作。

公平理论提出了4种假设:对于采用按时计酬的,过度报酬的员工比待遇公平的员工绩效好,他们提高产量和质量,使自己多付出一些;而报酬偏低的员工会降低产量或者质量。对于计件报酬,过多报酬的员工比待遇公平的员工减少产量,但同时提高质量;报酬偏低的员工会提高产量,同时降低质量。这4个假设均得到了研究结果的支持。

公平理论也注意到过度报酬造成的不公平感比过低报酬造成的不公平感对人们行为的影响要小,人们对于过度报酬经常采取合理化降低不公平感。另外,每个人对公平的看法、敏感性和承受性也不同。

公平理论在实践中有很多的应用。在人力资源管理中,要遵循公平的原则,按劳分配、多劳多得、奖勤罚懒,建立公平公正的人力资源政策和制度;推行职位分析,确定每一职位的职责、职权,再进行职位评价,根据职位评价的结果建立薪酬管理制度;加强教育培训,让员工正确客观地评价自己与他人的"投入"与"收入"的比例。

(二) 期望理论

心理学家弗洛姆(Victor Vroom)提出的期望理论认为,人之所以采取某种行为(如努力工作),是因为他觉得这种行为可以有把握达到某种结果,并且这种结果对他有足够的价值。换言之,激励力的大小取决于效价与期望值的乘积,用公式表述为:

$$激励 = 效价 \times 期望值 (M = V \times E)$$

式中:效价(V)指个人对某一行动成果的价值评价,它反映个人对某一成果或奖酬的重视与渴望程度;期望值(E)是个人对某一行为导致特定成果的可能性或概率的估计与判断;激励(M)则是直接推动或使人们采取某一行动的内驱力。

显然,只有当人们对某一行动成果的效价和期望值同时处于较高水平时,才有可能产生强大的激励力。

弗洛姆的期望理论辩证地提出了在进行激励时要处理好3个方面的关系,这也是调动人们工作积极性的3个关键。第一,努力与绩效的关系。人们总是希望通过一定的努力达到预期的目标,如果个人主观地认为达到目标的概率很高,就会有信心,并激发出很强的工作力量;反之,如他认为目标太高,通过努力也不会有很好的绩效时,就失去了内在的动力,导致工作消极。第二,绩效与奖励的关系。人总是希望取得成绩后能够得到奖励,当然这个奖励也是综合的,既包括物质上的,也包括精神上的。如果他认为取得绩效后能得到公正合理的奖励,就可能产生工作热情,否则就可能没有积极性。第三,奖励与满足个人需要的关系。人总是希望自己所获得的奖励能满足自己某方面的需要。然而,由于人们在年龄、性别、资历、社会地位和经济条件等方面都存在着差异,他们对各种需要要求的程度就不同。因此,采用同一种奖励办法,对于不同人的需要满足的程度也不同,能激发出的工作动力也就不同。

在管理激励中,设定激励目标和采用激励措施时应该注意:

(1)设置的目标要考虑到被激励者的能力,让其经过努力可以达到。

(2)要考虑组织目标和被激励者的需要,被激励者对自己看重的目标会努力奋斗。

(3)激励目标和措施要因人而异,因此要经常注意员工的需要和能力的变化。

(4)目标实现后要予以一定的强化,如应有的奖励等,让员工对出自上级的目标保持较高的效价。

(三)强化理论

强化理论是美国心理学家和行为科学家斯金纳提出的。他认为,行为的结果对行为本身有强化作用,是行为的主要驱动因素,即行为是结果的函数。当某种行为的后果会给一个人带来奖励或对其有利时,这种行为就会在以后重复出现;当行为会给一个人带来不利影响时,这种行为就减弱或消失。

管理者为了让员工表现出管理者期望的行为,可以采用强化的方式,逐步采取指导个体学习的方式来塑造个体的行为。强化的方式可以分为4种:积极强化、消极强化、惩罚和消退。积极强化是对员工的正确行为予以奖励;消极强化是当员工做了不正确的事情,但是做了积极的悔改和补救,可免于惩罚,即当一种反应伴随着中止或避免不愉快事情的发生而发生时,这种反应的发生率会上升;惩罚是对做出的行为给予批评和处罚;消退(忽视)是对出现的某种行为不予注意,久而久之这种行为被判定为无价值而消退。例如,某企业曾对员工加班加点给予奖酬,后经研究认为这样不利于员工的身体健康和企业的长远利益,因此不再发给奖酬,从而使加班加点的员工逐渐减少。

(四)目标设置理论

埃德温·洛克于1968年提出了目标设置理论,简称目标理论。在经过大量的实验室研究和现场调查后他和他的同事发现,无论采取何种激励手段,都离不开目标设置,因此研究激励问题最根本的就是高度重视目标设置并尽可能设置合适的目标。那么怎么才能知道目标设置得是否合适呢？该理论认为，可以从以下3个方面去考虑：一是目标的具体性，即目标能够精确观察和测量的程度；二是目标难度，即目标实现的难易程度；三是目标的可接受性，即目标被员工认可的程度。有一定难度的具体的目标，并且得到员工的认可，可以获得极大的激励作用。

（五）波特和劳勒的综合激励理论

1968年，美国心理学家波特和劳勒提出了一种激励模式。他们在"需要理论"、"双因素理论"、"期望理论"和"公平理论"的基础上，把激励的心理过程依次排列，并标明努力（动机所驱使的行为力量）与绩效、报酬之间的联系，同时也注意到了行为结果对后继行为的影响。参见图13-2。

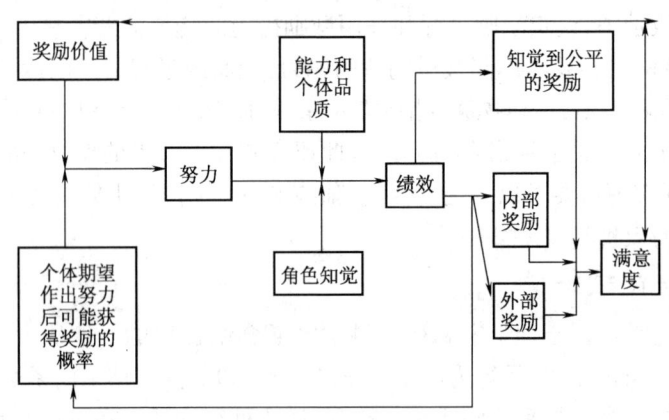

图 13-2　波特和劳勒的综合激励理论

第三节　激励理论的应用

一、了解员工的需要

前面我们介绍过马斯洛的需要层次理论、双因素理论、ERG理论、麦克莱伦的成就需要理论，这些理论都告诉我们需要是推动有机体活动的动力和源泉。不同的人有不同的需要，即使是同一个人，在不同的年龄阶段、不同的工作环境下也会有不同的需要，这就使得做好激励工作首要的前提就是了解员工目前的需要是什么，哪些是员工最迫切的需要。一般说来，员工有着多种需要，但必然会有占主导地位的需要。了解员工需要，对症下药，就能用小成本换取大收益，使激励的效果更为显著。

有效激励的第一步就是了解员工的需要，只有满足员工需要的激励才能获取最大的收益。然而,目前很多企业在实施激励措施时并没有对员工的需要进行仔细分析,而是"一刀切"地对所有人采用同样的激励方法,所以效果往往很不理想。当然,对企业内众多员工进行个别需要分析的做法是不太现实的,就算能够做到,也肯定会因为成本过高而无法长期坚持。解决这个问题最好的办法是在实施奖励制度时建立起让员工自己选择的制度,比如弹性福利制度,即员工可以从企业所提供的一份列有各种福利项目的"菜单"中自由选择其所需要的福利,每位员工都有其专属的福利组合。

管理者也可以采用比较简单的分层次激励的方法。首先,我们要了解的是特定地区、特定行业员工的普遍需要水平,可以重点调查几家重要的竞争对手对员工的激励情况。然后对企业内部员工的需要进行一次摸底调查,与其他企业的情况进行对比分析,看是否具有一定的普遍性,是否能够对他们的需要进行简单的分组归类。例如,一般来说,从事简单劳动的员工为企业创造的价值较低,替代成本也不大,他们的需要注重实用和经济,对于他们可以采用以物质激励为主,辅以相配套的优惠福利政策的做法;而一些知识型的技术人员和管理人员是企业价值的主要创造者,他们对于内在荣誉和成就的需要会更多些,企业希望留住他们就必须在物质激励之外还要特别重视精神激励,可以提供宽松舒适的工作环境以及富有挑战性的工作来满足这些人的需要。

二、把握有效的激励方式

管理者们对激励的作用已经有了认识,那么,如何采用有效的激励方式,使激励的作用实现最大化呢?激励方法多种多样,常见的有以下几种。

(一) 薪酬

薪酬的激励作用是显而易见的。薪酬是企业对员工给企业所作的贡献,包括他们实现的绩效,付出的努力、时间、学识、技能、经验与创造所付给的相应的回报,包括基本工资、附加工资、奖金和福利等。另外,员工生存的需要、自尊的需要、成就的需要、公平的需要都要求企业建立起公平的薪酬制度。

拓展阅读 13-2

全面薪酬

统人事管理理论认为,薪酬是员工实际上拿到的或雇主支付的劳动报酬。埃德·劳勒于 1971 年提出全面薪酬的概念,将员工薪酬和企业发展紧密联系起来。全面薪酬主要包括两部分:外在薪酬和内在薪酬。外在薪酬是员工为组织工作所获得的外部收益,包括经济性薪酬和非经济性薪酬。经济性薪酬就是传统薪酬的内涵,比如基本工资、奖金等短期激励,股票期权、利润分享等长期激励,退休金、医疗保险以及公司支付的其他各种形式的福利等。非经济性报酬主要指工作环境与组织环境、为员工提供的培训学习等发展机会、组织管理与组织文化以及组织发展带来的机会和前景等。内在薪酬对员工而言是内在的心理收益,主要表现为社会和心理方面的回报。根据工作特征理论,工作本身就是工作报酬。员工在工作特性、工作意义、工作多样性、工作决定权和反馈都得到满足时,员工的心理状态就会得到改善,从而对组织承诺增强。如参与决策所获得的归属感与责任感、挑战性的工作带来的成就感、领导与主管的赞美和肯定得到的荣誉感等,能够长时间给员工带来激励和工作满足感。

20世纪90年代初,特罗普曼(Tropman,1990)较为完整地提出了定制性与多样性相结合的整体薪酬计划,他提出应该把基本工资、附加工资、福利工资、工作用品补贴、额外津贴、晋升机会、发展机会、心理收入、生活质量和个人因素等统一起来,作为一个整体来考虑。这是一种将组织能够提供的对员工有价值的东西统一作为组织的激励资源。美国薪酬协会在此基础上提出了第一个总报酬模型,在关注薪酬和福利的同时,将工作体验(赞誉和赏识,工作与生活的平衡,组织文化,职业生涯发展,工作环境)也作为重要组成部分。在这一模型中,薪酬和福利是用于吸纳、保留和激励员工的基础,而置身于组织所获得的工作体验则发挥着重要的杠杆作用。

赞誉和赏识:要让员工在工作中得到肯定、认可和赏识,充满成就感,承认员工的绩效贡献并对员工的努力工作给予特别的关注。

工作与生活的平衡:要考虑员工工作和生活的平衡,例如,提供员工家庭成员计划、财务和健康咨询计划、便利服务计划以及其他可提高员工生活质量的一切因素。

组织文化:倡导多元化和不断创新的企业文化,领导和管理层要与员工充分沟通。

职业生涯发展:为员工提供个性化的发展机会,如学习和受教育的机会、在职训练的机会、资深专家指导的机会、事业提升的机会等。

工作环境:提供富于激励的工作环境和办公环境,以及通过工作本身来吸纳、保留并激励员工,让员工有一种家的感觉。

总报酬模型提出后,有关的研究和实践迅速发展,2006年,美国薪酬协会提出了一个更为全面的总报酬模型。总报酬定义为用于吸纳、保留和激励员工的各种手段的整合,任何员工认为具有价值的东西都有可能成为总报酬的一部分。总报酬模型分为五个部分:薪酬,福利,绩效与赏识,平衡工作与生活,个人发展和职业机会。

相较于传统的激励方式,总报酬模型重新审视了组织与组织中的人的价值,强调将那些对员工最具价值的要素作为组织的付酬基础,考虑到了员工多样化的需求;同时,总报酬计划在系统分析组织内外环境的基础上,将多种激励方式有机地整合在一起,更加强调沟通和员工参与,能够更容易促进员工对组织薪酬公平性的认识,提升薪酬系统的有效性。

(二)目标

德鲁克(Peter Drucker)1954年在其名著《管理实践》中最先提出了目标管理的思想。管理者可以通过目标对企业进行管理,同样也可以通过目标来有效地激励员工。目标管理的核心思想是强调组织群体共同参与制定具体的、可行的且能够客观衡量效果的目标。

(三)授权

授权首先表现为领导对于员工目前工作能力和业绩的一种认可,其次对员工未来工作提出了更高的挑战和要求。因此,一方面这是对员工的一种非正式的晋升,另一方面也可以激励员工尽快成长。

(四)认可

员工喜欢从他人尤其是上司或其重视的同事那里寻找各种能反映他们工作状况的信号和反馈。当工作做得很好时,他们愿意得到他人的赞许和鼓励。也许他人不必说出很夸张的言辞,有的时候只是点点头、竖起大拇指就足够了。当然,如果员工需要更多的赞美,也可以采取影响较为广泛的认可方式,让员工参加学习和培训也是认可的一种方式。

(五)惩罚

惩罚的目的在于防止员工的失职行为,保证组织目标的顺利实现。但是对惩罚的使用要慎重,因为一旦员工受到惩罚,就可能会产生抵触心理,所以在实施惩罚措施时,要注意何时、何地以及使用何种惩罚的问题。

(六)运用休闲激励员工

人们在工作时,通常愿意呷口茶、喝杯饮料或者吃点零食。这些小吃可能有助于人们保持活跃状态,使他们精神振作。这种放松如果不影响安全、质量和工作进展,让人们享用一下也是一种激励。

在实际中使用的激励措施是远远不止以上这些的。就算是对于同一个人的同一件事,可以选择的激励措施也肯定不止一项,那么如何进行合理的选择呢?在需求分析的基础上,我们已经掌握了企业员工需求的基本情况,此时可以采用借鉴其他企业的激励方法或者在原来的基础上进行相关调整的方式,制定适应本企业的激励方式。这样做风险比较小,一些操作的细节问题也比较容易掌握。

三、激励的具体实施

在激励实施期间可能会遇到许多阻力和问题,因此,首先必须要取得企业高层领导的全力支持,然后针对不同的激励方法采用不同的推行步骤。如果制定的激励措施一步到位风险比较大的话,可以采用先选择部门或分公司进行试点的方法。如果有些措施是大家比较乐于接受的,那就可以增加试行的范围,缩短试行的时间,使之早日得到全面的推行。有些激励措施并不能得到大家的认可,就必须耐心地和大家不断沟通,对于一些反馈意见也要谨慎处理,要等到试点推行比较有起色的时候再适时全面推广。若有些激励措施仅覆盖一部分员工,那么必须公开其获得激励的原因和评判标准。

在激励的实施过程中,要遵循以下几个原则。

(一)激励的公正性

公平公正这一基本原则将直接影响到激励措施的效果。在激励的过程中,一定要树立在激励机制面前人人平等的观念,实际操作中必须做到铁面无私、一视同仁,千万不能因个人偏好而有任何不公正的言语和行为。具体措施包括公开制定激励的标准,对各项指标尽可能地量化,减少人为操作的可能;选择受奖对象必须充分尊重民意,最好让全体员工都参与到这个过程中来;对受奖者要进行公开表扬,使之充分感受到荣耀和成就感。

(二)激励的普及性

激励的普及性主要是指激励覆盖面的广度,这个原则将直接影响企业的整体士气。主要的改善方法有:一是将激励的精神尽可能多地贯彻到所有的规章制度和管理过程中,让组织中的所有人都能感受到制度力量的同时,也能被激励前进;二是避免平均主义,这样一方面可以降低激励的成本,另一方面能让人看到奖励的价值;三是合理运用典型的示范力量,一般来讲榜样的力量是巨大的,但众人的眼光一直集中在几个人身上也难免会影响其他人的积极性。

(三)激励的适度性

激励的适度性是指激励次数的多少和力度的大小,这个原则可以避免大范围的牢骚和不满的情绪,若激励力度太大也会过分刺激员工的欲望,并且使企业内机会主义和短期行为盛行。主要的改善方法有:一是增强激励的成本收益观念,管理成本的投入需要有相应回报产生,并不是高投入必然就有高产出;二是尽量与员工的期望值相符,期望值是员工的主观评价标准,也是员工能够获得最大激励的基准点。

(四)激励的及时性

激励的及时性是指激励措施实现的快慢。"机不可失,时不再来。"现代心理学研究表明,及时激励的有效率可达到80%,而延迟激励的有效率仅为7%。主要的改善方法是:员工一旦出色地完成了工作,马上就给予实质性的奖励;一旦犯下错误,也马上就进行相应的惩罚。当然,这里的及时并不单指时间上的迅速,主要还是体现为遇事果断、雷厉风行的工作作风,不能存有年终算账的想法和做法。

企业的激励机制在实施后需要对其效果进行一些评价,借此可以判断激励设计是否成功,同时也是对现有激励机制进行修正的机会。在这一个步骤中发现了的问题,应该回到第一步需求分析的环节中进行局部或全面的重新设计和调整,这样,整个激励设计过程也就形成了一个比较有效的循环系统。

复习思考题

1. 什么是激励?激励对于管理有哪些意义?
2. 谈谈你对内容型激励理论的看法。
3. 如果你是员工,你认为哪种激励最有效?

第十四章 领 导

本章提要

领导是影响别人的一种过程。本章重点介绍了领导的内涵、领导理论和领导的有效性。传统的领导理论可以分为特质理论、行为理论和权变理论，领导理论研究最新的进展是提出了魅力型、变革型和交易型领导理论以及领导的替代理论。这些理论为提升领导的有效性奠定了坚实的基础。

第一节 领导概述

一、领导的定义

领导是一种重要的管理职能,也是人类社会活动的要素。任何一个组织都离不开领导和领导者。过去,人们更多地把领导和拥有某种职务联系在一起,认为领导就是统治和指挥别人。现代的领导观念认为:领导的实质是影响别人,是一种影响过程。

有研究者把领导定义为领袖使追随者去做追随者本不会去做的事情,或者,领袖使追随者去做领袖希望他们做的事情。如伯恩斯对领导的定义是："领袖劝导追随者为某些目标而奋斗，而这些目标体现了领袖及其追随者共同的价值观和动机、愿望和需求、抱负和理想。"他认为，领袖与追随者之间关系的实质是具有不同动机和权力（包括技能）的人们相互影响，以寻求一个共同的目标。

二、领导与管理的区别

领导与管理之间是否有区别，一直是一个争论的话题，尤其成为近年的热点话题，很多专家在这方面有着不同的看法。

哈佛商学院的亚伯拉罕·扎莱兹尼克（Zaleznik，1986）指出，管理者和领导者是两类完全不同的人，他们在动机、个人历史以及想问题、做事情的方式上存在着差异。他认为，管理者即使不是以一种消极的态度，也是以一种非个人化的态度面对目标的，而领导者则以一种人本的、积极的态度面对目标；管理者倾向于把工作视为可以完成的过程，这种过程包括人与观念，二者相互作用就会产生策略和决策，而领导者的工作则具有高度的冒险性，他们常常倾向于主动寻求冒险，尤其当机遇和奖励很高时；管理者喜欢与人打交道的工作，他们回避单独行为，因为这会引起他们的焦虑不安，他们根据自己在事件和决策过程中所扮演的角色与他人发生联系，而领导者则关心观点，以一种更为直觉和移情的方式与他人发生联系。

同在哈佛商学院的约翰·科特（Kotter，1990）却从另一角度指出了管理与领导的差异。他认为，管理主要处理的是复杂的问题。优秀的管理通过制订正式计划、设计规范的组织结构以及监督计划实施的结果来达到有序而一致的状态。相反，领导主要处理变化的问题，领导者通过开发未来前景来确定前进的方向，然后把这种前景传达给组织成员，与组织成员进行交流，激励他们克服障碍达到这一目标。科特认为要达到组织的最佳效果，领导和管理具有同等的重要性，二者不可或缺。但是大多数组织总是过于强调管理而忽视了领导的重要性，因此我们应更加注重开发组织中领导的作用。

本书使用的是广义的领导概念，它包含目前有关这一主题的所有观点，我们把领导定义为一种影响一个群体实现目标的能力。这种影响的来源可能是正式的（如来源于组织中的管理职位），也可能是非正式的（如来自专业知识的权威）。由于管理职位总与一定的正式权威有关，人们可能会认为领导角色仅仅来自组织所赋予的职位。但是，并非所有的领导者都是管理者，也不是所有的管理者都是领导者。仅仅由于组织提供给管理者某些正式权力并不能保证他们实施有效的领导。我们发现，那些非正式任命的领导，即影响力来自组织的正式结构之外的领导，他们的影响力与正式影响力同等重要，甚至更为重要。换句话说，一个群体的领导者可以通过正式任命的方式出现，也可以从群体中自发产生。

第二节 领导理论

一、特质理论

领导理论的研究始于 20 世纪 30 年代的领导特质理论的研究。

"领导是天生的",这种信念在 19 世纪末至 20 世纪上半叶占主导地位。这种理论认为:某些人生下来就注定要成为领导者。根据这种理论,恺撒、贞德、拿破仑都是与生俱来的领导者,他们生下来就具有一系列促使他们成为伟大领袖的个人素质。在早期众多的理论和假说中,比较著名的是亨利的特质理论和吉赛利的特质理论。亨利 1949 年提出成功的领导者应具有 12 点特质:成就欲强烈;敢于承担责任;尊重上级;组织能力强;决断力强;思维敏捷;自信心强;极力避免失败,不断驱使自己前进;讲求实际,注重现在;亲近上级、疏远下级;独立生活;忠诚组织。美国学者吉赛利在 20 世纪 60 年代指出,领导者特质与领导效率有关,认为凡自信心强而魄力大的领导者,成功的概率较高。最近的研究表明,个体是不是高自我监控者(在调节自己行为以适应不同环境方面具有很高的灵活性)也是一项重要因素,高自我监控者比低自我监控者更易于成为群体中的领导者。

另外,也有人试图寻找特质理论的生物基础,关注领导者与非领导者、与不成功的领导者在生理因素等方面的差别。研究发现,领导者确有其生物学根源,人体的荷尔蒙和脑化学物质的生化混合物能帮助领导者构建社会交往关系和处理压力。例如,人体中的 5-羟色胺影响人的社交能力和控制攻击能力。对猴子进行的研究发现:占统治地位的猴子也就是猴王,比其他猴子的 5-羟色胺水平更高。当猴群更换猴王时,新当选的猴王 5-羟色胺水平显著增加。对一个大学生联谊会的研究发现,处在最高领导地位的男性 5-羟色胺水平也是最高的。但是二者之间的因果关系尚不清楚:是高水平的 5-羟色胺能够激发领导,还是领导导致了 5-羟色胺水平的增高?

但是,领导的特质理论在解释领导行为时并不成功。首先,其所提出的天才领导者的个人特性范围太广,人们并未找到一些特质因素总是能够对领导者与非领导者、有效领导者和无效领导者进行区分;也无法对特质的相对重要性作出判断;没有对诸如到底是领导者的自信导致了成功,还是成功导致了领导者的自信这种因果关系进行区分。更为重要的是,它忽视了情境因素,这是特质理论的致命弱点。众所周知,在管理实践上没有"最好的",只有"最适合的",领导者的素质也不例外。任何一种所谓"最好的"领导者个性特征,如果不能与其所处的组织内外环境相匹配,仍然无法进行卓有成效的领导。也正因为如此,特质理论经过一段发展之后被人们慢慢地遗忘了。尽管如此,特质理论还是对于领导的选拔和使用提供了方向,并且在 20 世纪 80 年代重新得到了人们的重视,即魅力型领导理论的出现,它实际上是特质理论的一个延伸。

拓展阅读 14-1

我国对于领导行为的研究由来已久,早在两千年前,孔子就认为合格的领导者应该具有"仁者不忧"的道德情感力量、"智者不惑"的智慧力量、"勇者不惧"的意志力量等,认为仁智勇三方面的统一是实现领导的根本保障。墨子对于领导者也提出"博乎道术""厚乎德行""辩乎言谈""摩顶放踵""非乐节用""兼容守拙",详细阐述了领导者应该具有的知识结构、道德品质、言语能力、工作态度、生活作风和为人原则,这些言论包含着丰富的领导者素质思想,对当代中国领导者的胜任力研究仍然有积极的影响。

二、行为理论

行为理论研究的真正萌芽开始于19世纪40年代,那时,许多管理心理学家在调查研究中发现了领导者在领导过程中的领导行为与他们的领导效率之间有密切的关系。基于此,为了寻求最佳的领导行为,许多机构对此进行了大量的研究。

(一)俄亥俄州立大学的研究

首先是俄亥俄州立大学海菲尔(Hemphill 1941)等用因素分析的方法,从多种领导行为因素中抽出了两个基本因素,发现了领导行为的两个互相独立的维度:结构纬度(抓组织)和关怀纬度(关心人),并设计量表作为测量工具来评定这两个维度的领导行为。

结构维度(initiating structure)指的是在达成组织目标时,领导者更愿意界定和建构自己与下属的角色,它包括设立工作、工作关系和目标的行为。高结构特点的领导者向组织成员分派具体工作,要求员工保持一定的绩效标准,并强调工作的最后期限。

关怀维度(consideration)指的是领导者尊重和关心下属的看法与情感,更愿意建立相互信任的工作关系。高关怀特点的领导者愿意帮助下属解决个人问题,友善而平易近人,公平对待每一个下属,并对下属的生活、健康、地位和满意度等问题十分关心。

以结构维度和关怀维度概念为框架,可以确定领导者在每种维度中的位置。根据这样的分类,领导者可以被分为4种基本的类型:高关怀—高结构型领导者、高关怀—低结构型领导、低关怀—高结构型领导、低关怀—低结构型领导,参见图14-1。

以这些概念为基础进行的大量研究发现,一个在结构和关怀方面均高的领导者——高—高型领导者(high-high leader)常常比其他3种类型的领导者更能使下

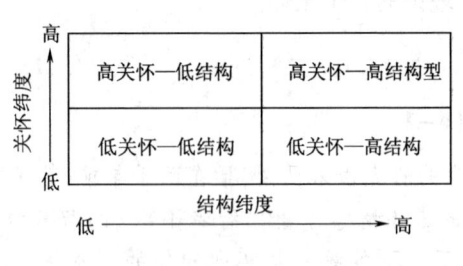

图 14-1

属达到高绩效和高满意度。但是,高—高型风格并不总是产生积极的效果。比如,当工人从事常规任务时,以高结构为特点的领导行为导致了高抱怨率、高缺勤率和高离职率,工作的满意度水平也很低。其他研究还发现,直接上级主管对领导者进行的绩效评估等级与高关怀性成负相关关系。

总之,俄亥俄州立大学的研究说明,一般来说,高—高型风格能够产生积极效果,但同时也发现了足够的特例表明这一理论还需加入情境因素。

(二)密歇根大学的研究

与俄亥俄州立大学的研究同期,密歇根大学调查研究中心也进行了相似性质的研究,目的是确定领导者的行为特点与员工的满意水平和工作绩效的关系。

密歇根大学的研究小组也将领导行为划分为两个维度:员工导向(employee oriented)和生产导向(production oriented)。员工导向的领导者被描述为重视人际关系,他们总会考虑到下属的需要,并承认人与人之间的不同。生产导向的领导者倾向于强调工作的技术或任务事项,主要关心的是群体任务的完成情况,并把群体成员视为达到目标的工具。

密歇根大学研究者的结论对员工导向的领导者十分有利——员工导向的领导行为与高群体生产率和高工作满意度成正相关;而生产导向的领导者则与低群体生产率和低工作满意度联系在一起。

(三)管理方格

1964年,布莱克和莫顿在以往领导行为研究的基础上,提出了著名的"管理方格理论",他们用纵坐标表示对人的关心程度,横坐标表示对生产的关心程度。两者按程度大小各分成9等分,从而形成一个方格图。这样,在理论上能组合成81种不同的领导方式,在这81种领导方式中,有5种比较典型的领导方式。参见图14-2。

这5种最具代表性的典型领导类型分别是贫乏型领导(1.1)、任务型领导(9.1)、乡村俱乐部型领导(1.9)、中庸之道型领导(5.5)和团队型领导(9.9)。

贫乏型(1.1):领导者对必需的工作付出最少努力以维持恰当的组织成员关系。

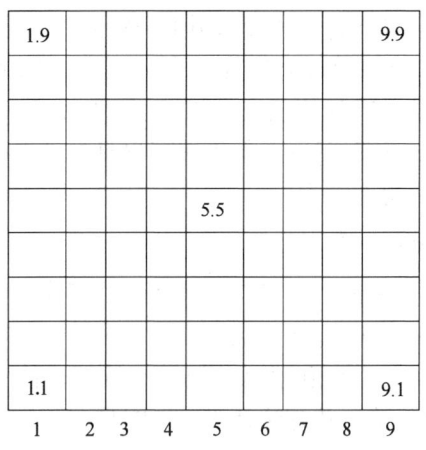

图 14-2　管理方格图

任务型(9.1)：领导者只重视任务效果，只关注高效率的工作，而不重视下属的发展和下属的士气。

乡村俱乐部型(1.9)：领导者只注重支持和关怀下属而不关心任务效率。

中庸之道型(5.5)：领导者维持足够的任务效率和令人满意的士气。

团队型(9.9)：领导者对工作和人员都予以高度关心，并促使二者融为一体，从而提高任务效率与工作士气。

布莱克和莫顿得出结论：9.9 风格的管理者工作最佳。遗憾的是，管理方格论并未对如何培养管理者提供答案，只为领导风格的概念化提供了框架。并且，也没有实质性的证据支持在所有情境下 9.9 风格都是最有效的方式。

（四）斯堪的纳维亚学者的研究

前面介绍的 3 种行为观点都是在 20 世纪 40 年代末至 60 年代初提出来的。这些观点是在世界发展较为稳定且可预测的背景下提出的，一些研究者认为它们未能很好反应当今变化极快的现实，于是芬兰和瑞典的研究者再次提出是否在把握领导行为的实质方面只存在两个维度。他们的基本假设是：在变化的世界中，有效的领导者应该表现出发展取向(development-oriented)的行为。这些领导者重视尝试的价值，寻求新方法，发动和实施变革。

斯堪的纳维亚的研究者重新考察了俄亥俄州立大学的原始实验数据，他们发现俄亥俄的研究者们的研究包括发展因素，如"做事总愿意采用新方法""运用新观点解决问题""鼓励下属采取新活动"。但是，这些项目在当时并不能很好地解释有效的领导。他们认为，这是因为在那个时代里，开发新观点和实行改革并不是十分重要的。然而，在今天的动态环境中，情况发生了根本改变。所以，这些学者进行了新的研究，以考察是否还有第三个维度——发展维度——与领导的有效性有关。

初步的证据是十分积极的,研究者采用了一些芬兰和瑞典领导者的样本,有力支持了应该把发展取向的领导行为作为一个分离和独立的维度的观点。也就是说,传统上只重视两类领导行为的观点在20世纪90年代似乎并不十分适当。另外,尽管在传统结论中缺乏确凿证据,但也表现出具有发展取向行为的领导者更令下属满意,被下属评价为更有能力。

(五) 亚洲学者的研究

日本大阪大学的学者三隅二不二在20世纪60年代在吸取了前人研究成果的基础上,提出了著名的PM理论。该理论也是从两个维度来分析领导行为的,在形式上与俄亥俄州立大学的校正矩阵相似,但是它从把群体作为一个整体的角度出发研究领导行为和群体行为。该理论认为,群体具有两种功能:一种功能是实现群体的特定目标,即绩效(performance,用P表示);另一种功能是改善群体自身的正常运转,即维持(maintain,用M表示)。PM理论认为,领导者的作用就在于执行这两种团体机能。因此,领导者的行为也就包括这两个因素。这样,不论M因素多么强,也总包含着某种程度的P因素;同样的道理,不管P因素多么强,也总包括M因素。此外P和M两方面都强或两方面都弱的情况也是存在的。参照布莱克和莫顿(1964)管理方格图的思想,如果以P为横坐标,M为纵坐标,并在P和M坐标中点各画一条线,就可划分出PM,PM,MP,pM 4种领导类型。

20世纪80年代,我国的徐联仓等人对PM理论进行了研究,并根据我国国情对PM量表进行标准化。后来凌文辁等还探讨了领导行为评价的中国模式问题,增加了品德维度。

三、权变理论

权变理论学者们针对特质理论和行为理论研究的不足,在研究领导与绩效的关系时把情境因素考虑在内。权变理论比较有代表性的有费德勒模型、保罗·赫塞(Paul Hersey,1977)和肯尼斯·布兰查德(Kenneth Blanchard,1977)提出的情境领导理论、乔治·格里奥(George Graen,1995)提出的领导者—成员交换理论、罗伯特·豪斯(Robert House,1977)提出的路径—目标理论、维克多·弗罗姆(Vector Vroom)和菲利普·耶顿(Phillip Yetton)提出的领导者—参与模型等。

(一) 费德勒模型

弗莱德·费德勒(Fred Fiedler)认为,有效的群体绩效取决于与下属相互作用的领导者的风格和情境对领导者的控制和影响程度之间的合理匹配,并不存在一种普遍适用各种情景的领导模式,然而在不同的情况下可以找到一种与特定情景相适应的有效领导模式。他指出,一个"有效领导的权变模型"中包括两种基本领导风格和3种情景因素,3种情景因素又分别组成8个明显不同的环境,领导方式与环境类型相适应,才能获得有效的领导。

费德勒开发了最难共事者问卷(Least-preferred co-worker questionaire,LPC),用以测量个体的领导风格是任务取向型还是关系取向型。问卷由16组两极形容词(如开放—保守)构成。费德勒让作答者回想一下与自己共过事的所有同事,并找出一个最难共事者,在16组形容词中按1~8等级对其进行评估。在LPC问卷的回答基础上,可以判断出人们最基本的领导风格。

费德勒列出影响领导效果的关键"情景因素"有3个,即领导者—成员关系、工作任务结构与领导人所处职位的固有权力。领导者—成员关系是指领导者对下属信任、信赖和尊重的程度。工作任务结构是指工作任务的结构化程度,即工作任务规定的明确程度(即结构化或非结构化)和部下对这些任务的负责程度。职位权力是指领导者拥有的权力变量(如雇佣、解雇、训诫、晋升和加薪)对员工的影响程度。

他认为,领导者—成员关系越好,任务的结构化程度越高,职位权力越强,则领导者拥有的控制和影响力也越高。比如,一个非常有利的情境(即领导者的控制力很高)可能包括:下属对在职管理者十分尊重和信任(领导者—成员关系好),所从事的工作内容(如工资计算、填写报表)具体明确(工作结构化高),工作给他提供了充分的自由来奖励或惩罚下属(职位权力强)。相反,如果一个资金筹措小组不喜欢他们的主席则为不够有利的情境,此时,领导者的控制力很小。总之,3项权变变量总和起来,便得到8种不同的情境或类型,每个领导者都可以从中找到自己的位置。

通过研究得出结论:任务取向的领导者在领导者—成员关系比较好、任务结构比较高和职位权力比较强的情境和领导者—成员关系差、任务结构低和职位权力弱的情境下工作会取得比较好的工作绩效;而关系取向的领导会在中等条件下取得比较好的工作绩效。

按照费德勒的观点,个体的领导风格是稳定不变的,因此提高领导者的有效性实际上只有两条途径:第一,替换领导者以适应情境。在棒球比赛中,教练可以根据击球手的情境特点而决定起用左手投手还是右手投手,从而获得比赛的胜利。再比如,如果群体所处的情境被评估为十分不利,而目前又是一个关系取向的管理者进行领导,那么替换一个任务取向的管理者则能提高群体绩效。第二,改变情境以适应领导者。通过重新建构任务或提高或降低领导者可控制的权力因素(如加薪、晋升和训导活动)以达到改变情境的目的。

(二)赫塞—布兰查德的情境领导理论

保罗·赫塞和肯尼斯·布兰查德开发的领导模型称为情境领导理论(Situational Leadership Theory),它被广大的管理专家们所推崇,并常常作为主要的培训手段而应用。这是一个重视下属的权变理论。

赫塞和布兰查德在考虑情景时引入了成熟度作为重要因素。

他们将成熟度(maturity)定义为:个体对自己的直接行为负责任的能力和意愿。它包括两项要素:工作成熟度与心理成熟度。工作成熟度包括一个人的知识和技能,工作成熟度高的个体拥有足够的知识、能力和经验完成他们的工作任务而不需要他人的指导。心理成熟度指的是一个人做某事的意愿和动机,心理成熟度高的个体不需要太多的外部鼓励,他们靠内部动机激励。

赫塞和布兰查德创立的情境领导模式使用的两个领导维度与费德勒的划分相同:任务行为和关系行为,但更向前迈进了一步,他们认为每一维度有低有高,从而组合成以下4种具体的领导风格(参见图14-3):

(1)指示(高任务—低关系):领导者定义角色,告诉下属应该干什么、怎么干以及何时何地去干。

(2)推销(高任务—高关系):领导者同时提供指导性的行为与支持性的行为。

(3)参与(低任务—高关系):领导者与下属共同决策,领导者的主要角色是提供便利条件与沟通。

(4)授权(低任务—低关系):领导者提供极少的指导或支持。

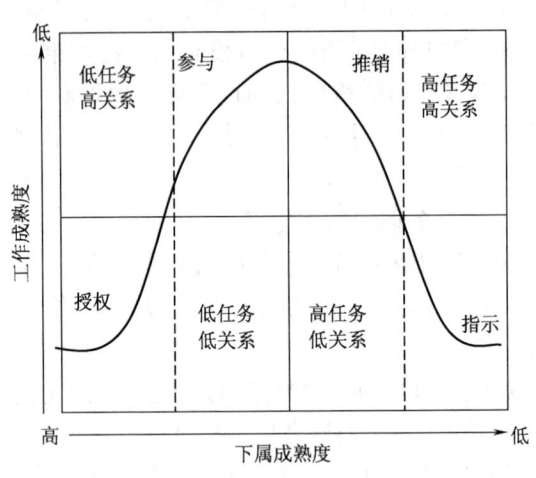

图14-3 情境理论

根据情境模型理论,随着员工的成长,领导者与员工之间的关系要经历4个阶段,领导者要因此而不断改变自己的领导风格,领导生命也随之呈现出周期性的变化,所以情境模型也被称为领导生命周期模型。

第一阶段,员工对于执行某任务既无能力又不情愿。他们既不胜任工作又不能被信任,工作成熟度和心理成熟度都比较低,这时候,领导应该采用指示型领导方式,给下属明确的命令和具体的指导。

第二阶段,员工缺乏能力,但愿意从事必要的工作任务。他们有积极性,但目前尚缺乏足够的技能,这时候,领导应该采用推销式领导方式,高任务行为能够弥补下属能力的欠缺,高关系行为则试图使下属在心理上"领会"领导者的意图。

第三阶段,员工有能力却不愿意干领导者希望他们做的工作。在此阶段,应该采用参与式领导方式,采用支持性、非指导性的参与风格以解决对员工的激励问题。

第四阶段,员工既有能力又愿意干领导让他们做的工作。这是领导的授权式阶段。领导者不需要做太多事,因为下属既愿意又有能力担负责任。

当下属的成熟度水平不断提高时,领导者不但可以不断减少对活动的控制,还可以不断减少关系行为。

(三)领导者——成员交换理论

我们前面介绍的大多数领导理论都基于这样一个假设,即领导者以同样方式对待所有下属。但实际上,领导者对待下属并不是"一视同仁"的,领导者以不同的方式对待下属,而且这种差异不是随机发生的,有些下属得到的绩效评估等级更高,离职率更低,对主管更满意。乔治·格里奥和他的助手们发现,在领导者与某一下属发生相互作用的初期,领导者就将其暗自划入圈内或者圈外,并且,这种关系并不随时间的推移而发生改变。对于圈内人士,他们受到更多的信任,得到领导更多的关照,也更可能享有特权,这就是领导者——成员交换理论。

该理论认为,领导者倾向于将有以下特征的人划入圈内:态度或个性特点与领导者相似,或相比圈外人士有更高的能力。需要注意的是,虽然是领导者本身在作选择,事实上是下属的一些特征在推动领导者作出选择。

(四)路径——目标理论

路径——目标理论已经成为当今最受人们关注的领导观点之一,它是罗伯特·豪斯开发的一种领导权变模型,这一模型从俄亥俄州立大学的领导研究和激励的期望理论中吸收了重要元素。

该理论的核心在于,领导者的工作是帮助下属达到他们的目标,并提供必要的指导和支持,以确保他们各自的目标与群体或组织的总体目标相一致。"路径——目标"的概念来自这种信念,即有效的领导者通过明确指明实现工作目标的途径来帮助下属,并为下属清理实现目标过程中的各种路障和危险,从而使下属更为顺利地达到目标。

按照路径——目标理论(Path-Goal Theory),领导者的行为被下属接受的程度取决于下属将这种行为视为获得满足的即时源泉还是作为未来获得满足的手段。豪斯确定了4种领导行为:指导型领导让下属知道期望他们的是什么,以及完成工作的时间安排,并对如何完成任务给予具体指导,这种领导类型与俄亥俄州立大学的结构维度十分近似;支持型领导十分友善,并表现出对下属需求的关怀,这种领导类型与俄亥俄的关怀维度十分近似;参与型领导则与下属共同磋商,并在决策之前充分考虑下属的建议;成就取向型领导设置有挑战性的目标,并期望下属发挥自己的最佳水平。与费德勒的领导行为观点相反,豪斯认为领导者是弹性灵活的,同一领导者可以根据不同的情境表现出任何一种领导风格。

以下是由路径—目标理论引申出的一些假设:

(1)与具有高度结构化和安排完好的任务相比,当任务不明或压力过大时,指导型领导会带来更高的满意度。

(2)当下属执行结构化任务时,支持型领导会带来员工的高绩效和高满意度。

(3)对于能力强或经验丰富的下属,指导型的领导可能被视为多余。

(4)当工作群体内部存在激烈的冲突时,指导型领导会带来更高的员工满意感。

(5)内控型下属(即相信自己可以掌握命运)对参与型领导更为满意。

(6)外控型下属对指导型领导更为满意。

(7)当任务结构不清时,成就取向型领导将会提高下属的期待水平,使他们坚信努力必会带来成功的工作绩效。

这些假设基本上得到了证实。这些证据支持了理论背后的逻辑实质。也就是说,当领导者弥补了员工或工作环境方面的不足时,则会对员工的绩效和满意度起到积极的影响。但是,当任务本身十分明确或员工有能力和经验处理它们而无须干预时,如果领导者还要花费时间解释工作任务,则下属会把这种指导性行为视为累赘、多余甚至侵犯。

(五)领导者—参与模型

领导者—参与模型认为,领导者可以根据不同的情景调整他的决策风格。该模型由两个阶段的工作组成,即弗洛姆—叶顿模型和弗洛姆—亚戈模型。

1. 弗洛姆—叶顿模型

弗洛姆—叶顿模型的目的用于决定管理者在解决某些问题时让下属参与的时机与参与的程度,同时把决策的质量和决策的可接受性考虑在内。该理论将领导从完全独裁到群体决策设定为 5 个等级和 7 项权变因素,它们构成了一个从集权型到咨询型再到充分参与型方式的连续统一体。

2. 弗洛姆—亚戈模型

弗洛姆—亚戈模型继承了弗洛姆—叶顿模型的基本思想,在此基础上,提出决策的有效性取决于决策的质量、对决策的承诺程度、决策所耗用的时间等因素,并将权变的因素扩为 12 项:质量要求、承诺要求、领导者信息、问题结构、承诺的可能性、目标一致性、下属的冲突、下属的信息、时间限制、地域的分散、激励—时间、激励—发展。

该模型认为,对于某种决策情境而言,5 种领导行为中的任何一种都是可行

的,它们是:独裁Ⅰ(AⅠ)、独裁Ⅱ(AⅡ)、磋商Ⅰ(CⅠ)、磋商Ⅱ(CⅡ)和群体决策Ⅱ(GⅡ),具体描述如下:

独裁Ⅰ:领导使用自己手头现有的资料独立解决问题或作出决策。

独裁Ⅱ:领导从下属那里获得必要的信息,然后独自作出决策。在从下属那里获得信息时,领导可以告诉或不告诉他们领导的问题。在决策中下属的任务是向领导提供必要信息而不是提出或评估可行性解决方案。

磋商Ⅰ:领导与有关的下属进行个别讨论,获得他们的意见和建议。领导所作出的决策可能受到或不受到下属的影响。

磋商Ⅱ:领导与下属们集体讨论有关问题,收集他们的意见和建议,领导所作出的决策可能受到或不受到他们的影响。

群体Ⅱ:领导与下属们集体讨论问题,一起提出和评估可行性方案,并试图获得一致的解决办法。

四、领导理论的新发展

(一)魅力型领导

西方学术界和公众普遍认为富兰克林·罗斯福、约翰·肯尼迪、马丁路德·金、沃尔特·迪斯尼、泰德·特纳等人是具有领袖魅力的领导者。康格(J. A. Conger)等人认为魅力型领导(charismatic leadership)指的是领导者主要通过调动追随者对愿景在情感上的承诺与一系列价值准则的共享等途径来影响追随者。

20世纪初,德国社会学家韦伯(Max Weber)提出"charisma",即"魅力"这一概念,意指领导者对下属的一种天然的吸引力、感染力和影响力。但从20世纪70年代后期开始,一些学者对这一概念作了重新解释和定义,并进行了深入的研究,充实了新的内容。

豪斯于1977年指出,魅力型领导者有3种个人特征,即高度自信、支配他人的倾向和对自己的信念坚定不移。随后,本尼斯(W. Bennis)在研究了90名美国最有成就的领导者之后,发现魅力型领导者有4种共同的能力:有远大目标和理想;明确地对下级讲清这种目标和理想,并使之认同;对理想的贯彻始终和执着追求;知道自己的力量并善于利用这种力量。

1987年,康格与卡纳果(R. N. Kanungo)对魅力型领导者进行了系统的研究。他们的结论是,领袖魅力型领导人具有以下特点:

(1)他们反对现状并努力改变现状。

(2)设置与现状距离很远的目标前景。

(3)对自己的判断力和能力充满自信。

(4)能深入浅出、言简意赅地向下级说明自己的理想和远大目标,并使之认同。

(5)采取一些新奇、违背常规的行为,当他们成功时,会引起下级的惊讶和赞叹。

(6)对环境的变化非常敏感,并采取果断措施改变现状。
(7)经常依靠专长权力和参照权力。
(8)经常突破现有秩序的框架,采用异乎寻常的手段达到远大的目标。
(9)被认为是改革创新的代表人物。

越来越多的研究表明,具有领袖魅力的领导与其下属的高绩效和高满意度之间有着显著的相关性。为领袖魅力型的领导人工作的员工受到激励而付出更多的工作努力,而且,由于他们喜爱自己的领导,也表现出更高的满意度。

既然领袖魅力型领导如此理想,人们是否可以学做领袖魅力型的领导者呢?领袖魅力型的领导是否天生具有这些气质?尽管仍有少数人强调领袖魅力不可能被习得,但大多数学者专家认为个体可以经过培训而展现领袖魅力的行为,并因而享受到领袖魅力型领导者所自然得到的效益。比如,一些研究者指出一个人可以通过以下3个阶段的学习变成领袖魅力型的领导者。首先,个体要保持乐观态度;使用激情作为催化剂激发他人的热情,运用整个身体而不仅仅是言语进行沟通。通过这些方面可以开发领袖魅力的氛围。其次,个体通过与他人建立联系而激发他人跟随自己。第三,个体通过调动跟随者的情绪而开发他们的潜能。研究者利用这种方法使商业专业的在校大学生成功地"扮演"了领袖魅力型领导的角色。他们指导学生清晰地表述一个极高的目标,向下属传达高绩效的期望,对下属达到这些目标所具备的能力表现出充分的信心,重视下属的需要;学生们练习表现出有力、自信和动态的形象,并使用富有魅力的迷人语调。为了进一步捕捉领袖魅力型领导的特征,研究者还训练这些学生使用领袖魅力型领导的非言语行为,他们或者坐在自己的办公桌上,或者在桌边漫步,身体向前倾向下属,保持直接的目光接触,呈现放松的姿态和生动的面部表情。研究者发现,这些学生学会了如何展现领袖魅力,并且,这些领导者的下属表现出更高的工作绩效、对工作任务的适应性,以及对领导和群体的适应性。

(二)变革型领导

当前,变革型与交易型领导是学者们热衷研究的主题。由于变革型领导也具有领袖魅力,因此这一主题与前面对领袖魅力型领导的讨论有一定重复之处。

本章中介绍的大多数领导理论,如俄亥俄州立大学的研究、费德勒的模型、路径—目标理论,讲的都是交易型领导者。这种领导者通过明确角色和任务要求来指导或激励下属向着既定的目标努力。但是还有另一种领导类型,他们鼓励下属为了组织的利益而超越自身利益,并能对下属产生深远而不同寻常的影响。他们是变革型的领导者,如通用电子公司的杰克·威尔奇(Jack Welch)。他们关怀每一个下属的日常生活和发展需要,帮助下属以新观念看待老问题从而改变了下属对问题的看法,能够激励、唤醒和鼓舞下属为达到群体目标而付出更大的努力。表14-1概括了变革型和交易型的领导者在4个方面的不同特点。

表 14-1　变革型领导者与交易型领导者的特点

交易型领导者的特点：
权变奖励：努力与奖励相互交换原则，良好绩效是奖励的前提，承认成就。 通过例外管理（主动）：监督、发现不符合规范与标准的行为，把它们改正为正确行为。 通过例外管理（被动）：只有在没达到标准时才进行干预。 自由放任：放弃责任，回避决策。
变革型领导者的特点：
领袖魅力：提供远见和使命感，逐步灌输荣誉感，赢得尊重与信任。 感召力：传达高期望，使用各种方式强调努力，以简单明了的方式表达重要意图。 智力刺激：鼓励智力、理性活动和周到细致的问题解决活动。 个别化关怀：关注每一个人，针对每个人的不同情况给予培训、指导和建议。

但是，交易型领导者与变革型领导者并没有采取截然对立的方法处理问题。变革型领导者是在交易型领导者的肩膀上形成的，其导致的下属努力水平和绩效水平比单纯的交易观点好得多。此外，变革型领导者也更具领袖魅力。"单纯领袖魅力的领导者仅仅是想让下属适应领袖魅力的世界就足够了，而变革型领导者则试图逐步培养下属的能力，使他们不但能解决那些由观念产生的问题，而且完全能解决那些由领导者提出的问题。"

有相当多的证据支持变革型领导者优于交易型领导者。比如，对美国、加拿大和德国的军队官员进行大量的研究发现，在每个水平上，对变革型领导者的评估都比交易型领导者更好。在联邦快递公司中，那些被下属评估为更具变革型领导风格的管理者，被他们的直接上级主管评估为有更高成就的人和更应晋职的人。总之，所有证据表明，变革型领导者与低离职率、高生产率和高员工满意度之间有着更高的相关性。

（三）领导的替代理论

领导并不总是重要的。不少研究资料表明：在许多情境下，领导者表现出什么样的行为是无关紧要的。某些个体、任务和组织变量可能成为"领导"的替代因素，或者使领导者对下属的影响无效。

替代因素不仅使领导者的领导行为产生不了影响，而且变得没必要，它可以代替领导者的影响。而无效因素使领导者的行为对下属的工作产生不了影响，它使领导者的影响失效。比如，当下属的特点为有经验、受过培训或对组织奖励十分淡然时，这些特点可以替代或者抵消某些领导行为。同样，当工作本身十分明确、规范或自身能满足个体需要时，对领导的需要也大大减少。最后，某些拥有正式明确的目标、严格的规章和程序或内聚力高的工作群体，都可以取代正式的领导活动。参见表 14-2。

表 14-2 领导的替代因素和无效因素

特　点	关系取向领导	任务取向领导
个体：		
经验/培训	无影响	替代
专业	替代	替代
对奖励的淡然态度	无效	无效
工作：		
高结构化任务	无影响	替代
提供自身反馈	替代	无影响
满足个体需要	替代	无影响
组织：		
正式明确的目标	无影响	替代
严格的规章和程序	无影响	替代
内聚力高的工作群体	替代	替代

拓展阅读 14-2

家长式领导

家长式领导是基于中国传统文化而有别于西方领导理论的本土领导理论,广泛存在于各种类型的华人组织中,是中华文化下组织的普遍特征。

家长式领导的研究最早始于中国台湾。Silin(1976)总结了 20 世纪 60 年代台湾企业的领导行为,发现这些企业的老板和经理人的领导行为具有与西方迥然不同的且清晰可辨的特色,Silin 将其总结为教诲式领导、德行领导、中央集权、上下保持距离、领导意图及控制。Silin 的这一研究促使了家长式领导概念的萌芽,并为后来提出家长式领导概念奠定了基础。从 20 世纪 80 年代末开始,我国台湾学者郑伯埙和他的同事采用个案分析和实证检验的方式对我国台湾地区家族企业主与经理人的领导风格进行了一系列的研究,发现台湾企业的领导方式与 Silin 和 Redding 描述的家长式领导非常相似,研究结果再次肯定了家长式领导遍布于这些企业。

樊景立与郑伯埙回顾了自 Silin 以来的所有研究结论,将家长式领导定义为:一种表现在人格中的、包含强烈的纪律性和权威、包含父亲般的仁慈和德行的领导行为方式。根据这一定义,家长式领导包含三个重要维度:威权、仁慈和德行领导。威权是指领导者的领导行为,要求对下属具有绝对的权威和控制,下属必须完全服从。仁慈是指领导者的领导行为对下属表现出个性化,关心下属个人或其家庭成员。德行领导则大致可以描述为领导者的行为表现出高度的个人美德、自律和无私。家长式领导者表现出权威、仁慈和德行领导行为,相应地,下属则会表现出敬畏顺从、感恩图报以及认同效法行为。这种对应关系体现了一个基本假设,即家长式领导的效能必须建立在领导者和下属对各自角色的认同以及下属对领导者的追随之上,否则将导致管理效能降低、人际和谐关系破裂,甚至发生公开的冲突。

随着社会变迁和经济全球化的发展,德行领导的内涵也有发展,有研究指出,下属对领导的道德要求包含下列三方面。首先,要为人正直;其次,在人际交往上,要严于律己,能宽宏大量,做个谦谦君子;最后,在工作方面必须做到敬业,还要有高专业素养。敬业及专业素养是对经理人新的道德要求。

第三节　领导的有效性和领导者影响力

一、领导的有效性

理论界认为,领导的效用是决策效益、决策成本和决策者能力的函数。领导的有效性等于决策的有效性减去决策成本,再加上参与决策人的能力的开发而实现的价值。因此,考虑领导的有效性应当全面。

（一）领导者自身因素

要提高领导的有效性,首先需要从领导者自身入手。在明确组织对领导工作要求的基础上,领导者应及时为组织成员指明目标,并使个人目标与组织目标取得协调一致;在领导过程中所发布的命令要一致,即实行统一指挥;加强直接管理,强调现场调研与管理;加强组织内外信息沟通联络,保证沟通渠道的畅通,平时就要积极沟通,而不是出了问题之后才想到要解决的问题没有解决;掌握激励理论,运用适宜的激励措施和方法,调动群众的积极性;不断地改进和完善自己的领导方法,根据组织所处的大环境、组织的发展阶段来确定领导方法与方式。

其次,要加强领导班子结构建设,全面地提高领导班子的整体效能。为提高领导的有效性,领导班子结构配备是否合理是至关重要的。一个合理化的领导班子应该具有梯形的年龄结构、互补的知识结构、配套的专业结构、叠加的智能结构和协调的性格结构。

最后,科学地运用领导艺术。现代组织在复杂多变的环境中生存和发展,要求组织的领导者不但要运用科学的理论和方法进行工作,而且还必须依靠丰富的经验和直觉判断来处理问题,这就要求有高超的领导艺术。所谓领导艺术,是指领导者在行使领导职能时所表现出来的技巧。它是建立在一定知识、经验基础上的,非规范化,有创造性的领导技能。领导艺术有随机性、经验性、多样性和创造性的特

点,具体包括待人艺术、提高工作效率的艺术等。

(二) 被领导者因素

领导者要采取多种形式不断地提高被领导者的素质,使他们不断地从不成熟到成熟。同时,领导者还应根据被领导者的个性、能力、经验、知识、价值观、对自己的要求、职业倾向、期望和士气等方面的不同,采取多种多样的措施和不同的领导方式来调动被领导者的工作自觉性、主动性和积极性。

(三) 环境因素

要不断地创造一种和谐的环境。按照费德勒的观点,个体的领导风格是稳定不变的,因此提高领导者的有效性实际上只有两条途径:第一,替换领导者以适应情境。如果现行的关系取向的领导者不能够适应环境的要求,那么替换一个任务取向的管理者则可能提高群体绩效。第二,改变情境以适应领导者。例如,通过重新建构任务或提高或降低领导者可控制的权力(如加薪、晋职和训导活动),达到提升领导有效性的目的。

二、领导者的影响力

领导的有效性与权力有关。权力的本质就是一个人影响他人的能力,这种影响力使得人们做了在其他情况下不可能做的事。权力的这个定义包括3个方面的内容:权力是依赖的函数;假定人们对自己的行为有一定的自主权;权力是潜在的,无须借助其他来证明自己的有效性。

权力与领导的关系体现在:权力与领导是有差别的,最主要的差别在于目标的相容性。权力不要求构成权力关系的双方有着一致的目标,而领导则要求领导者与被领导者有着相互一致的方向。但是,权力对于领导工作是极为重要的。这表现在:领导过程中影响他人的基础是权力;组织中权力的配置决定了领导的工作方式;正确地对待权力是领导工作成功的保证。

目前对于权力来源的解释主要是根据约翰·弗伦奇(John French)和伯特伦·雷文(Bertram Raven)提出的权力的5种来源或基础:强制权、奖赏权、法定权、专家权和感召权。

(1) 强制权,也称为惩罚权。它是指通过精神、感情或物质上的威胁,强迫下属服从的一种权力。惩罚权源于被影响者的恐惧。

(2) 奖赏权。它是基于被影响者执行命令或达到工作要求而给予其奖励的一种权力。奖赏权源于被影响者期望奖励的心理。

(3) 法定权。它是指组织内各管理职位所固有的法定的、正式的权力。

以上3种权力都与组织中的职位联系在一起,是从职位中派生出来的权力,因此统称为职位权力。

(4) 专家权。它是指由个人的特殊技能或某些专业知识而产生的权力。

（5）感召权。它是与个人的品质、魅力、经历、背景等相关的权力,也被称为个人的影响力。

后两种权力都与组织的职位无关,因此,也称为非职位权力。这种权力是由于领导者自身的某些特殊条件才具有的。有效的领导者不仅要依靠正式的职位权力,还必须具有个人的影响力。

领导者权力的大小是由相互关系中所流动的资源的稀缺程度、重要程度和替代程度的依赖关系所决定的。当管理者拥有重要的资源、稀缺的资源、不可替代的资源时,其权力就较大;反之,其权力就较小。

要想提高领导的影响力,领导者必须学会有效地运用自身的权力,不仅在工作中运用好职位赋予自己的强制权、奖赏权、法定权,还要注意运用好需要其自身努力才能够获得的专家权和感召权。事实证明,职位赋予领导者的权力可以使员工一时服气或者表面上认同,领导者通过努力获得的非职位权力才能使员工真正地心悦诚服。

复习思考题

1. 领导的实质是什么?
2. 尝试使用管理方格理论分析某一公司或者部门,谈谈该公司或部门在管理上的优劣。
3. 你认为领导的魅力来自何处?
4. 如何增强领导的影响力?

第十五章 工作压力与健康

本章提要

工作压力是个体对环境认知评估的动态过程,是对环境中的刺激的一种非特异性反应。压力的成因可能来自个体与环境的不匹配,也可能来自工作需求和工作控制或者是情景的交互作用。压力会对人的生理、心理和行为带来影响,所以组织和个人都要学会如何缓解压力。

第一节 压力和工作压力

一、压力的含义

压力是一个物理名词,指的是外力的作用导致的物体的变形。斯利(Selye)首先使用"压力"来描述人体对环境中的刺激所引起的一种非特异性反应,即我们常说的应激。坎农(Cannon)将压力定义为外部压力事件的刺激作用,个人关系、工作和经济状况等变化都会形成压力。20世纪80年代中期,拉扎卢斯(Lazarus)和弗克曼(Folkman)认为压力不单指外部刺激事件,也不单指机体对外部刺激事件的反应,还包括个体对环境认知评估的动态过程。压力是一种动态条件,在这种条件中,个体要面对与自己渴望的目标相关的机遇、限制和要求,而且个体感觉到结果非常重要而又不确定。压力并不是一种情绪,而是人对发生在其周围或在其身上的事情的一种反应。

在目前的科学文献中,压力的概念包括3个方面的内容:第一,压力是指那些使人感到紧张的事件或者环境。例如,你是一个部门的经理,在你所管辖的部门突然出现了紧急的情况必须立即解决,否则就会造成严重的后果。第二,压力是指一种主观的反应。从这个意义上讲,压力是一种心态,它是人体内部出现的解释性的、情感性的、防御性的反应过程。例如,前一天夜里由于思虑公司的事务而失眠,导致上班时间延迟,而在上班的途中在不该堵车的地方又出现了意外堵车。此时人们往往认为自己非常不顺,"怎么所有的人和事情都在和自己作对?!"。第三,压力可能是对需要或者伤害侵入的一种生理和行为上的反应。这种反应是每个有压力的人都很容易体会到的。人们在有压力的情况下,往往会感到全身发冷,手掌心甚至脚心会出汗、脸发热、双手颤抖等。

从压力对个体行为的意义上分析,一些适度的压力可以促使人振奋,促进注意力的集中、提升工作的动机、引发正向情绪(如兴奋)、增加成功后的成就感等;而那些不适当的压力或者过度压力往往会给人带来负面影响甚至破坏性后果,例如造成注意力狭窄、思维僵化、产生恐惧与逃避的心理、引起情绪与行为失控、长久压力导致身心疾病等。因此,个体需要调适自己,正确面对发展过程中出现的各种压力,找到一个平衡点,寻找更多的良性压力而尽量避免恶性压力的出现。

二、工作压力理论

工作压力的产生是多方面的,关于工作压力的理论主要有以下几种。

(一)个体—环境匹配理论

个体—环境匹配理论是弗兰奇(French)和卡普兰(Caplan)在1972年提出的。这一理论是工作压力研究领域中运用最多、被广泛接受的理论。该理论认为,引起压力的因素不是单纯的个人因素或环境因素,而是两者间匹配的程度的结果。这一理论包括3个基本的差别。首先,最基本的差别存在于人们的能力、需求与他们所处的环境和要求之间。第二个差别存在于人们对环境主观与客观上的理解中。主观意义包括人们对于自己和环境的理解,客观意义包括现实存在的人与环境。主观匹配是压力源和压力结果的主要决定因素。第三个差别包括两种个人与环境匹配与否的关系。第一种匹配与否的关系存在于依据工作规范、角色、组织标准等确定的环境要求与依据技能、精力、接受培训状况、时间观念确定的能完成规定要求的个人能力之间。第二种匹配与否的关系存在于依据生理、心理要求所确定的个人需求与环境能够满足这些个人需求的能力之间,这些个人需求包括薪酬、工作条件等外在回报及参与管理、提高能力等内在回报。依据个体—环境匹配理论,当个人与环境不匹配时,压力源存在且最终会导致生理压力、心理压力的产生,而良好的个体—环境匹配会对健康有积极作用。

(二)工作需求—控制模式

工作需求—控制模式(以下简称"JDC 模式")是研究工作与健康之间关系的一个很有影响的工作压力模式。这一模式由卡拉塞克(Karasek,1979)提出,至今仍受到研究者的关注,并在不断地得到检验。工作需求—控制模式包含工作环境中两个重要的方面:工作需求和工作控制。进入 20 世纪 80 年代后,这一模式中又加入了一个社会维度——社会支持,使这一模式成为工作需求—控制—支持模式(以下简称"JDCS 模式")。

工作需求—控制—支持模式中,工作需求指工作环境中反映员工的工作量及难易程度的因素,包括工作任务、时间限制、角色冲突等。工作控制可以界定为个人对工作控制的能力,包括两个成分:技能和决策力量,反映了员工调整、把握自己工作行为的程度。工作场所中的控制包括有效的自制、个人对时间和工作量的主观把握等。工作压力并不仅仅取决于工作需求或工作控制,而是取决于二者间的交互作用。根据 JDCS 模式,对工作过程有所控制可以减轻员工的压力,加强他们的学习,激励个人发展,而工作需求既加强员工的学习也增加他们的工作压力。因此,高压力的工作是高需求—低控制—低支持的工作,这种工作往往导致心理压力和生理疾病。与之相对应的是高需求—高控制—高支持的工作,这样的工作将增加学习、动机和技能的发展,而且,控制和社会支持可以抵挡高需求对健康的消极影响。

(三)基于交互作用模型的工作压力认知评价理论

拉扎勒斯(Lazarus)在 1966 年就提出了他的交互理论。该理论认为,传统工作压力的研究孤立地看待工作环境条件和个体特点,没有正确地描述工作压力问题。个体—环境匹配理论虽然通过研究个体和环境间匹配与否来考虑工作压力产生的原因,但它仍然没有把个体和环境有效联系起来。交互理论认为,压力是一个过程,这一过程随时间和任务的变化而变化。个体和环境的关系,以及个体与环境匹配程度,在时间上、工作任务或活动上都是动态相关、紧密相连的。

交互理论有两个主要原则:一是个体与环境在一个情景中相互作用;二是个体与环境的关系超越单独的个体与环境的结合。压力的产生取决于两次评价。在第一次评价中,个体考察情景对自己的重要性;在第二次评价中,个体考察自己所具有的应对资源。应对的方式随着不同的压力情景、时间而改变。因而,个体紧张反应的产生,除了压力源之外,应满足两个条件,即首先个体感觉到对自己需要和动机的威胁,其次个体缺乏对压力源进行有效应对的能力。

三、工作压力的后果

长期的、过大的压力会给员工带来一系列的不良后果,这些后果主要可以分为生理、心理和行为3类。

(一)压力带来的生理反应

首先,压力会使人在生理上出现各种疾病。压力感能使人新陈代谢出现紊乱,心率、呼吸频率增加,血压升高,头痛,易患心脏病,皮质醇、肾上腺素和去甲肾上腺素增加,胃肠失调(如溃疡),身体疲劳、受伤、死亡,汗流量增加,易患癌症,肌肉紧张,睡眠不好,等等。

这些生理症状严重影响了人才的身体健康,工作压力使他们长期处于这种状态下,导致亚健康、英年早逝的现象频频发生。根据中国国际亚健康学术成果研讨会公布的数据,目前,中国人70%属于亚健康人群,而其中的70%左右都是知识分子。

亚健康者过度疲劳会造成猝死,俗称为"过劳死"。日本把"过劳死"定为职业病,有90%的"过劳死"者是因为长期每天工作14小时以上。中青年人处在促进社会经济发展的主流位置,工作压力大,受亚健康问题的影响更为严重,中年知识分子过劳死、英年早逝的现象不断发生。例如:2004年,52岁的大中电器公司前总经理胡凯、56岁的地产巨子汤臣集团汤君年、38岁的均瑶集团前董事长王均瑶去世;2005年,清华大学教师36岁的焦连伟和46岁的高文焕去世;等等。这些都是工作压力带来的恶果。

(二)压力带来的心理反应

工作压力过大,心理上也会出现一系列问题。主要表现为:情绪不稳定,容易烦躁冲动,焦虑不安;对工作丧失信心,厌倦不满;人际关系紧张,敏感多疑,缺乏安全感;注意力难以集中,记忆力下降,做事优柔寡断;生活单调,缺少与朋友及家人的沟通;等等。心理上长期压抑,得不到缓解,最终会导致抑郁症。2005年,来自亚洲精神科学高峰会上的数据显示,我国抑郁症发病率约为3%~5%,约有2 600万人患有抑郁症。美国加州大学胡德伟教授的最新调查报告显示,抑郁症在中国造成的直接经济损失约为141亿元人民币,间接经济损失481亿元人民币。

(三)压力带来的行为反应

压力与行为反应、工作绩效之间有着密切的关系,其中人们研究最广泛的是二者的倒U型关系模型。当员工的压力低于中等水平时,它有助于员工绩效的提高,压力此时表现为动力。但当对员工施加过大的压力、提出过多要求和限制时,会使员工工作绩效降低,此时的压力表现为副作用力。长期的压力,即使处于中等水平,也会给员工的工作绩效带来负面的影响。例如,一个员工可以利用压力的积极

性影响在全国劳动技能大赛中发挥出更高的水平,但是如果长时间地承受中等水平的压力,就会导致绩效水平的降低。

压力过大可导致的行为症状包括失眠、过度吸烟喝酒、迟到、缺勤、离职,甚至发生自残、自杀倾向。在美国,约有34%的员工承认自己工作压力太大以至于想辞职的事实。在我国,2004年3月,一篇调查员工跳槽原因的报告称,近25%的员工因工作压力太大而选择跳槽。近年来,工作压力引起的自杀行为也频频发生。例如:上海大众汽车有限公司前总经理方宏不堪心理重负,从5楼办公室跳楼身亡;2003年,韩国现代集团总裁跳楼自杀。

拓展阅读 15-1

拖沓的健康成本

当老师给你布置了一个任务——每个学生生活中都会经历的压力事件——你会试图尽快完成,还是打算拖到最后一分钟?心理学家已经设计了一套测量方法,称为一般拖延量表(Lay,1986),用以区分那些习惯上将事情拖后的人(拖沓者)和那些习惯上立即做的人(不拖沓者)。两位研究者在健康心理学课程上将这一量表给学生使用,并在课上布置了一篇学期末论文。在学期初和学期末,学生们还被要求报告他们体验到了多少身体不适的症状。结果不出所料,拖沓者交论文的时间平均晚于不拖沓者,而且得分也普遍偏低。在学期初,拖沓者报告的症状少于不拖沓者。到了学期末,一切都将到期,所有学生症状都有所增加,但是拖沓者比不拖沓者报告出更多的躯体症状。

从这个研究中可以看出,为什么相同的生活事件会对每个人产生不同的影响。不拖沓者喜欢马上将工作做完,因此他们在学期初体验到更多的压力和症状。然而,那些在学期初躲避压力的拖沓者会在学期末体验到更多的生理病痛。因此,恰恰在一学期中最需要他们以良好的健康状态来完成被他们拖到最后的工作的时候,他们却身体最不舒服。

所以,如果你发现自己是一个习惯性拖沓者,为了健康,应试着改变你的行为。以下是避免拖沓的做法:

● 把握自己,马上开始完成讨厌的任务。

● 当面对某个期限时,从那个时间倒着计算应有的工作进度,从开始一步步做起,并一直遵循它。

● 将规模较大的项目分成若干个易于完成的部分。这种方法使你能够一次就做好一些事情。

● 对各种事情的优先级别有清楚的认识,并首先去做优先级最高的事。

● 不要允许自己被某种玩笑或紧急的任务所分神,否则优先级最高的任务就不能完成。

第二节　组织中的压力源

压力的来源指的是给我们造成压力感的那些事情,如交通的阻塞、城市的污染、不听话的小孩、上司对自己的不满、工作环境恶劣等。除了这些外在的事情外,压力源还包括自己的自卑感、人格障碍、社交恐怖等内部的冲突和挣扎。

压力与压力源的不同在于,压力是我们的主观感受,而压力源是指给我们造成压力的客观事情。通过对压力源的分析,可以进一步加深我们对自身的压力的认识。

不同组织中的员工有不同的工作、不同的岗位,也会承受不同的压力。但是概括起来,组织中的压力源主要包括以下几个。

一、角色压力源

角色是社会对个体在特定场合下职能的划分,代表了个体在社会中的地位和社会期待个体表现出的符合其地位的行为。每个人都承担着多种角色。这类工作压力源是与其角色有关的,我们把它叫作角色压力源。一个人角色负荷太重或必须同时扮演多重角色,别人对其期望过高,皆是造成其压力的来源。

角色压力主要包括3种情况。

第一种情况是角色模糊,当一个人角色模糊而不清楚自己的角色定位时,那份不安与焦虑可能引起压力的产生。因为在知识经济时代,员工的工作是有变化的,其工作任务的结构化比较低,常常面临角色的模糊,而不像传统意义上生产线上的工人,其工作流程甚至动作都是固化了的。这种工作内容变化、增加或者重新定位的情况会给人带来压力。

第二种情况是角色冲突,指角色期待或角色认知的矛盾、对立或抵触,使个体在角色体现时所出现的进退两难的状况。比如让一个内向的人做销售经理,他会压力很大,这是个人和角色之间的冲突。还有的时候,两个上级的指令是相互冲突的,这在矩阵制的组织中表现得十分明显;或者,一个领导发送指令前后冲突,本来是说要用客户满意度来考核,但是最后还是只用销售量来考核,这种来自领导的角色冲突也是一种压力源。角色冲突是引起个人紧张的一个源泉,因为角色冲突常常会导致"角色超负荷"。

第三种情况是角色负荷太重,指组织对员工的角色期望超过员工个人的工作能力、时间与精力所能负荷的程度。角色超载分成数量超载和质量超载两种。数量超载是指雇员能够达到各种角色要求,但是需要雇员在短时间应对多个工作角色,员工因此感到了很大的压力。如果给员工更多时间的话,他就可以轻松地应对。质量超载是指由于技能的问题,即使给员工很多的时间和资源,他也难以达到角色要求。公司的裁员可能会引起数量超载,由于一部分员工被辞退,没有被辞退的员工就要负担更多的工作。即使在正常的组织运营状态下,不良的工作设计或者不良的沟通也会引起数量超载。

二、工作任务压力源

压力可能来自工作太多或太少以及太复杂、时间压力、面临工作任务的最后期限、作出重要的决定、工作太多变化以及工作失误造成的严重影响等。工作要求掌握多种技巧,或者要求经常给予反馈,或者需要来自别人的反馈,或者工作要求有很高的能力,很高的智商、情商、领导他人或者要求与别人协作的技巧等,这些都可能成为压力的来源。

目前,中国社会正在经历着急剧的社会变革,社会结构的转型、文化的冲击与震荡、全球信息时代的到来以及经济全球化的两难进程,带给各行各业的人们以挑战和压力。组织的结构、职能等更不可避免地面临巨大转变。改进管理方式,提高工作效率,就成了员工一个迫切而又艰巨的任务。这些变化和要求必定给他们带来心理上的冲击和相当大的压力。

现代社会中唯一不变的就是变化本身。很多工作要求员工不停地学习。这类员工的学习曲线与技术工人的学习曲线有很大的不同,生产线上的装配工人,3个月就会是成熟工了,他们的学习曲线在前期会比较陡,在他们掌握生产技巧之后就会变得很平缓。但是需要终身学习的员工则要经常学习,不停地学习。终身学习也是一个压力源。

三、变革压力源

目前我国正处在社会变革期,许多组织都在进行组织变革,如并购、重组、裁员等。面对激烈的市场竞争,组织要进行不断的技术更新,培养技能多面手,这样才能在竞争中取得优势。而知识经济时代员工的工作所包含的技术含量高、知识更新速度快。一方面,为了使自己跟上新科技或本领域发展的步伐,他们要不断学习新技能;另一方面,他们又要适应组织变革后的新角色,结识新同事等。这都会给他们带来很大的心理压力。

四、人际关系压力源

与同事、上司或下属关系的不协调也会使人产生压力。近年来,经济全球化导致公司组织全球化,不同国家、地区、文化背景的人士合作共事,人际摩擦愈加频繁,导致人们的压力更趋沉重。公司结构扁平化也必然会给员工造成压力,因为工作资历相仿的员工之间的竞争更趋激烈。同时,同事间工作联系更为紧密,角色经常交叉,容易产生冲突。

知识经济时代的员工在完成本职工作的同时还要协调各种关系,参与许多社会活动。他们往往在组织中身兼要职,他们事业心强,全力以赴地投入工作。一方面,上级领导对他们的工作要求很高,使他们常常担心工作结果会令上级不满;另一方面,随着新一代人才的成长,给他们带来被淘汰的危机感。而他们特殊的工作条件和角色,决定了他们不愿暴露自己的弱点,不愿寻找心理帮助,这使他们变得敏感多疑,容易冲动,常发脾气,做事过于谨慎、畏首畏尾。结果是他们与下属和同事的关系变得紧张,对外界事物的兴趣减退,很少与朋友交往。

人际关系成为压力源的原因还在于,中国的伦理型文化传统主宰和贯穿于社会的各个领域,正规的社会组织也处于十分发达的人际关系系统中,而且人际关系规则非常复杂,这就要求每个员工都必须尽量了解、掌握并能够灵活地运用这些不成文的规则,以此来维护错综复杂的人际关系的和谐。

五、个人职业发展压力

个人职业发展压力主要来自提升、调转和发展的机会。提升的不足和过度都会给员工带来压力。调转和发展的机会关系到员工未来的职业发展。作为员工,其自我实现的需要得以满足的主要途径在于获得事业上的成功和他人的认可。因而,他们更担心未来的工作和业绩,更容易感觉到职业发展带来的压力。当个人的职业发展到达职业高原时,压力更是相应增加。职业高原是指在个体职业生涯中的某个阶段,个体获得进一步晋升的可能性很小,是个体职业生涯的峰点。

六、行业压力源

还有一些来自行业的特殊压力。有一些压力是跟行业有关的,比如与IT行业有关的独特的压力源。例如我们现在经常说的SOHO(Small Office,Home Office,居家办公)看起来很好,有的人觉得这是一种放松的方式,但是它实际上经常会成为又一种压力源。总之,现代社会对于粗放的工作、结构化的工作要求越来越少,而对白领的工作要求越来越高,使他们面对着一些独特的压力源。再如,导游工作是一项需要投入大量情绪、生理等方面的精力,持续性强、服务对象期望高的特殊职业。对于别人来说,旅游是放松,但是对于导游员来说,这是工作,并且存在着时间长、体力消耗大、常年奔波在外、应急事件较多以及游客交通安全、饮食安全保障等方面的压力源。

拓展阅读 15-2

小测验:

你是否具有过度压力?

1. 两个非常了解你的人正在谈论你,下面的哪一条是他们最有可能用到的?
①某某这个人很合群,似乎没有什么事情可以让他感到心烦意乱;
②某某很不错,但是你跟他谈话时要精力集中;

③某某的生活中总有一些地方显得不对劲;
④我发现某某近来喜怒无常,捉摸不定;
⑤近来我很少看到某某很开心。

2. 下列哪些是你生活中的普遍特征?
①感觉自己做事情总是出错,或者自己总是不满意;
②感到别人总是强迫自己做事情,而不是自愿完成的;
③感觉自己消化系统好像出了问题;
④夜晚总是失眠;
⑤时常感到头昏眼花、心动过速;
⑥没有剧烈活动、气温也不高时经常浑身冒汗,到医院检查身体也没有异常;
⑦在拥挤的环境中惊惶不安;
⑧感到自己疲惫不堪、心力交瘁;
⑨有强烈的失望感;
⑩对琐碎的小事极度烦躁不安;
⑪晚上无法放松自己;
⑫半夜和凌晨经常惊醒;
⑬难以作出决定,总是犹豫不决;
⑭对别人的指责感到无能为力;
⑮对即使是很容易成功的事情也缺乏足够的热情;
⑯不愿意会见生人,也不愿意尝试新的经验;
⑰被别人要求时不会说"不";
⑱经常担心别人指责自己的所作所为;
⑲感到所承担的任务超过了自己的能力范围;
⑳一旦事情进展不顺利,立即会坐立不安;
㉑总担心有什么潜在的危险要发生;
㉒觉得工作就是为了生存,没有什么乐趣可言;
㉓经常暗自怀疑自己的工作能力;
㉔对周围很多人都耿耿于怀;
㉕背部和颈部经常会出现不适感;
㉖早晨上班时,总觉得不是很情愿。

3. 你比以前更乐观还是更悲观?
①更乐观;②大致一样;③更不乐观

4. 你喜欢看体育比赛吗?
①是;②否

5. 你能在周末睡懒觉而不产生负罪感吗?
①是;②否

6. 在合理的职业和个人范围内,你能把想法告诉你的老板、同事或者自己的亲人吗?
①是;②否

7. 在生活中什么人为你作决定?
①你自己;②其他人

8. 在工作中受到批评时,你通常:
①非常沮丧;②中度沮丧;③轻度沮丧

9. 你每天完成工作后对成绩感到满意吗?
①经常;②有时;③只是偶尔

10. 你是否觉得多数时候都没有解决与同事间的冲突?
①是;②否

11. 你必须完成的工作量是否超过了时间的允许?
①经常;②有时;③偶尔

12. 你对工作给你的要求有清楚认识吗?
①多数时候;②有时;③几乎没有

13. 你能说自己有足够的时间处理私事吗?
①是;②否

14. 假如你想商量自己的问题,你能找到一个有同情心的人吗?
①是;②否

15. 你在实现人生目标的固定轨道上吗?
①是;②否

16. 你对工作厌倦了吗?
①经常;②有时;③很少

17. 你是否总想着工作?
①几乎所有的日子;②在某些时候;③几乎从未有过

18. 你觉得自己的能力和工作被恰当评价了吗?
①是;②否

19. 你觉得自己的能力和工作成绩被恰当奖励了吗?
①是;②否

20. 你觉得上司:
①极力限制你的工作;②积极帮助你工作。

21. 如果10年前你就会知道自己的工作像现在一样,你会认为日子:
①超出了期望;②完成了期望;③没有达到期望

22. 假如你必须把喜欢自己的程度划分为5(最喜欢)到1(最不喜欢)的5个等级,你的等级是什么?
① 5;② 4;③ 3;② 2;① 1

评分标准：

1. ①0分;②1分;③2分;④3分;⑤4分
2. 每个小问题回答"是"得1分
3. ①0分;②1分;③2分
4. ①0分;②1分
5. ①0分;②1分
6. ①0分;②1分
7. ①0分;②1分
8. ①2分;②1分;③0分
9. ①0分;②1分;③2分
10. ①1分;②0分
11. ①2分;②1分;③0分
12. ①0分;②1分;③2分
13. ①0分;②1分
14. ①0分;②1分
15. ①0分;②1分
16. ①2分;②1分;③0分
17. ①0分;②1分;③2分
18. ①0分;②1分
19. ①0分;②1分
20. ①1分;②0分
21. ①0分;②1分;③2分
22. ①0分;②1分;③2分;②3分;①4分

得分解释：

首先需要说明的是,对压力自评量表的解释必须谨慎一些。因为除了这个量表涉及的因素之外,还有一些其他的因素影响我们对压力的理解和处理方式。

注意:即使是两个得分完全一样的人,所体验到的压力程度也是不同的。

尽管如此,这个量表还是可以提供很多具有参考价值的信息,它可以使你了解自己目前大致的压力状况。

0~15分:祝贺你！压力在你的生活中不是问题。生活的历练或个人天生的素质使你对压力具有非常强的免疫力。面对巨大压力,你总是能够沉着应付,也不会出现不良的反应。

16~30分:提醒你！对于一个终日忙碌的职业人来说,这是个中等程度的压力。对你来说,你也许更多地感到生活和工作的充实,不是过度的压力。但是,这种状态如果持续时间过长,你时刻紧绷的神经就会厌倦这种生活方式,随后就会出

现慢性的压力反应症状。因此,对于这一得分范围的人来说,如何能缓解压力还是值得注意的。

31~45分:告诫你!压力对你来说显然是个问题,采取措施的必要性是显而易见的。你在这种压力程度下工作的时间越长,解决它的困难就会越大。

46~60分:警示你!在这个程度上的压力算是一个非常突出的问题了,必须立即采取措施!你可能正处于精疲力竭的阶段,你感到自己时刻都会有崩溃的可能。压力对于你来讲必须被缓解!如果有可能,你应该面见专业人士进行详尽的咨询和治疗。

(资料来源:《驾驭压力》,戴维·丰塔纳著,邵蜀望译,生活·读书·新知三联出版社,1996年版)

第三节 压力管理

在美国,压力正在引发严重的健康和生产问题,正以每年500~1500亿美元的速度侵蚀美国人的财富。联合国一份报告中称工作压力已经变成了"21世纪的流感"。同样,中国的企业家和大部分普通员工也面临着如何缓解压力、保护雇员和提高企业和谐程度与运行效率的困扰。相当多的企业员工感到自己只有职业,没有生活;工作负荷重,缺乏时间思考,要做的工作头绪太多。在情绪上,一些员工感到沮丧、郁闷、夜间睡眠不好、比平时更容易激怒,甚至觉得生活没有意义。

良好的压力管理能够减少过高工作压力对工作行为的负面影响。压力管理可以从两方面入手:组织角度和个人角度。

一、组织角度

(一)改进工作特征,规范管理制度

角色模糊、角色冲突往往是企业的规章制度不够完善、岗位职责界定不清造成的。为避免员工因工作目标不明确、职责划分不清而造成工作压力,企业应建立健全各项管理制度。

可以尝试工作再设计,包括工作内容的丰富化和工作时间及场所的弹性设计。过于复杂的工作(如高级主管职位)和过于简单的工作(如装配线生产)都是高压力的工作,工作丰富化将员工从一种无创造力的、附属于机器的被动劳动中解脱出来,使之从事能发挥自身潜能的更有意义的工作。岗位分享制、灵活工作时间制等都是工作时间及场所的弹性设计的主要形式。

在遵守企业规章制度的前提下,管理者在日常管理工作中可以结合企业实际,实行岗位轮换、工作扩大化、工作丰富化等,以提高工作本身的吸引力,避免工作内容一成不变给员工带来的乏味感。工作扩大化是指在横向水平上增加工作任务的

数目或变化性,使工作多样化。工作丰富化是指从纵向上赋予员工更复杂、更系列化的工作,使员工有更大的控制权。

一个现代的企业,一个讲求人文关怀的企业,应该有为员工减压的机制和方法,如成立压力管理办公室、提供咨询、提供倾诉机会,以及帮助员工掌握管理时间的技巧、提高管理与他人关系的能力等。这一方面要提供设施,帮助员工提高自身的能力,训练他们的技巧;另一方面要帮助员工认识到压力对健康的负面影响,提高他们的认识和自身抗压能力的决心。

(二)改善工作条件,合理调整工作负担

企业应从长远发展的角度努力改善员工的工作条件。嘈杂、脏乱的环境会直接影响员工的工作热情。工作条件过于低劣,不仅是压力产生的根源,甚至会直接威胁到员工的人身安全,给企业造成巨大的经济损失。

工作负担过于沉重会使员工对工作产生抵触情绪。企业应采取科学的方法,合理确定员工的工作量。在丰田公司中,超产被视为一种最严重的浪费形式。在详尽计划的指导下,员工各司其职,整个生产体系平稳有序。

压力管理中需要对员工的不良情绪进行疏导,因此需要进行情感激励。情感激励强调的是人性化管理。在对员工严格要求的同时,要在生活上和思想上关心、尊重员工。尊重他们的独立人格和情感,让员工感到企业是个大家庭,而自己是这个大家庭中不可缺少的一位成员,使员工对企业产生归属感,从而大大降低其在工作中受到的压力水平。

(三)促进组织内部的沟通与支持系统的构建

坦诚的双向沟通能够增强管理者与员工间的信任与理解。管理者通过了解员工对工作的真实想法及内心中存在的困惑,可以找到问题的症结所在,帮助员工解决困难,减少工作压力,提高效率。

沟通是人们社会生活中的基本需求之一,有效的沟通也是转变员工态度和行为,使其向积极的方面发展的重要途径。因此,沟通是企业内部形成轻松愉快的工作环境的必需条件,这就需要建立内部沟通制度。首先是如何了解员工的需求问题。企业管理人员可以采用无记名问卷、抽样调查、访谈等方法了解员工的愿望和需求,了解他们对工作条件、津贴、企业政策等的看法和意见,这样可以有效缓解员工的压力,提高他们的工作满意度。其次是建立内部投诉制度。企业的内部顾客(即员工)和外部顾客一样有可能会得到劣质的服务,如培训部门的不负责任、财务部门的拖拉甚至上级主管的官僚作风。这些现象无疑会影响员工的满意度,使他们满腔怨言,压力感、失望感加重。久而久之,员工或者消极怠工,或者不堪忍受而跳槽。建立内部投诉制度,可鼓励员工投诉,限制武断和官僚主义,促使内部服务质量不断提高。最后是定期举行恳谈会。大家可畅所欲言,开诚布公,企业可及时发现和解决员工不必要的积怨。同时,通过自由交谈,员工可分享企业的资讯,

使每位员工都有作为企业一分子的责任感和满足感。

此外还要增强部门间的沟通。企业内部各部门之间常常会产生矛盾。如销售部门和经营部门之间常发生矛盾,服务人员认为销售人员向客人作出的承诺太高,而推销人员则认为服务人员未尽到职责,导致双方相互指责,互不信任,降低员工的工作满意度,也必然降低客人感觉到的整体服务质量。因此,企业的各个部门必须加强沟通,统一认识,共同履行职责,创造一个彼此满意的工作环境。

再有就是要增强企业上下级之间的沟通。企业的管理人员应该实行走动式管理,直接与第一线员工接触、沟通,了解他们的内心世界。管理人员应具备敏锐的洞察力和判断力,发现员工的情绪变化时要及时与他们进行沟通,耐心真诚地聆听,帮助员工排解压力。有效的沟通可以使员工的态度、行为向积极的方面转变,帮助员工提高他们的压力阈限,使他们能更加自如地面对压力,化压力为动力,取得最佳的工作绩效。

企业要提供强有力的支持系统,支持系统可以是来自上级、同事、下属的。同时加强对员工的培训,提供充足的上岗训练,增加员工技能,提升员工的再就业能力。

(四) 实施员工帮助计划(EAP)

EAP(Employee Assistance Program)为员工帮助计划,它是由企业为员工设置的一套系统的、长期的福利与支持项目,它不是单个项目而是系列项目的组合。从这个角度,它又可以称为 EAPS。EAP 是一种新兴的心理咨询模式,它帮助识别员工所关心的问题这些问题会影响到员工的工作表现,同时影响到整个组织机构业绩目标的实现,并且给予解答。EAP 由美国人发明,最初用于解决员工酗酒、吸毒和不良药物影响带来的心理障碍。截至 2004 年,世界财富 500 强中有 98% 以上的企业建立了 EAP 项目。完整的 EAP 包括压力评估、组织改变、宣传推广、教育培训、压力咨询等几项内容。其具体程序如下:①把脉与诊治。由专业人员采用专业的心理健康评估方法来评估员工心理生活质量现状,分析问题产生的原因。针对造成问题的压力源进行处理,即减少或消除不恰当的管理和环境因素。②宣传与推广。搞好职业心理健康宣传,利用海报、健康知识讲座等形式引导员工正确认识心理健康,鼓励他们遇到心理困扰时积极寻求帮助。③改善环境。主要通过组织结构变革、领导力培训、团队建设、工作轮换、员工职业生涯规划等手段改善工作的软环境,在企业内部建立支持性的工作环境,丰富员工的工作内容,指明员工的发展方向。④全员培训。开展员工和管理者培训,通过压力管理、挫折应对、保持积极情绪等一系列培训,帮助员工掌握提高心理素质的基本方法,增强对心理问题的抵抗力。⑤心理咨询。组织多种形式的员工心理咨询,对于受心理问题困扰的员工,提供咨询热线、网上咨询、团体辅导、个人面询等多种形式,解决员工心理困扰问题,克服个体自身的弱点,即改变员工不合理的信念、行为模式和生活方式等。

(五) 慎用远程办公

由于宽带网络和无线网络的普及,办公室和家庭之间的通信变得越来越方便了,远程办公得到了快速的发展。在家办公电脑可以连接到公司的内部网中和专用分支交换机上,使用同一网络、邮件接入以及电话功能,一切都和在办公室一样。

远程办公虽然方便,但也给员工带来了压力。远程办公工作方式最初在西方出现的时候,很多人都以为它可以一劳永逸地解决员工压力问题。但是没有想到,事实证明,远程办公本身也会成为一种压力。远程办公,员工往往面临"睡衣族压力"。员工长期远离工作和社交场所,会变得无精打采,精神抑郁,甚至导致生理疾病。此外,由于没有管理者与被管理者面对面的交流沟通,企业的激励机制产生了新的问题。企业往往只能以量化指标来测评员工表现,只能用金钱激励员工,缺乏有效的测评和激励手段,也可导致压力。

二、个人角度

从个人角度来说,压力管理策略主要包括以下几个方面。

(一) 调整心态,改变不良认知方式

一个人的心态与思维方式很大程度上决定了他对某一事物的态度和看法。乐观、积极、自信的人面对挑战会适当地调整自己的行为,缓解压力,迎难而上。而悲观、消极的人遇到困难会犹豫徘徊、焦躁不安;更有甚者,终日忧郁,不能自拔。员工应客观地评价自己,在尊重事实的基础上,变压力为动力,不断进取。只有保持平衡的心理状态、比较宽容的态度,才有利于心理健康。杰克韦尔奇在 GE 工作的初期,曾因不堪忍受公司中存在的严重官僚作风而一度产生了辞职的念头,但他以非凡的毅力顶着巨大的工作压力,勤奋工作,最终赢得了同事们的认可,带领 GE 全体员工创造了一个又一个奇迹。

员工需要了解自身的抗压机制。每一个员工应对自己的性格以及压力管理能力有一个大概的认识,尤其是了解自身特点与工作特性之间的契合度及其对健康的影响。

要学习如何控制压力源和管理压力,主动地学习抗压技巧和知识,在感到困惑、沮丧时主动寻求帮助和支持,尽力提高自身对不确定因素的抵抗力和适应性。

拓展阅读 15-3

应对压力的策略

假设你即将面临一场重大考试。考试之前,你已经对它进行了深思熟虑,对情形进行了充分的评估,判断这是一个压力情景。你会怎么做?你一定注意到,应对

行为可以先于潜在的压力事件出现。你将如何对付考试将至带来的压力？你将如何告诉你的父母你在学校跟不上了？对一种压力情景的预期会带来许多想法和感受，它们本身也导致了压力的产生，比如一次采访、演讲或者无法预见的面试。你需要知道如何去应对。

进行应对的两条主要途径是问题指向的应对和情绪指向的应对。问题指向的应对指通过直接的行动解决问题来改变压力源。情绪指向的应对是指减轻压力产生的不适，但不去改变压力源。

"擒贼先擒王"通常被用来描述问题指向的应对。这一方法包括所有直接对付压力源的策略。面对压力源，要么面对危险，要么逃跑，关注的焦点是要对付的问题和产生压力的事件。你会评判要采取的行动、所拥有的应对资源，还要采取适当的反应来消除或减轻威胁。这类解决问题的努力对于那些可以控制的应激源通常是有效的，即那些你可以通过你的行动改变或消除的应激源，比如盛气凌人的老板或还可以挽回的损失。

情绪指向的应对方法对于应付那些不可控的应激源产生的影响更奏效。比如，你有责任照顾患阿尔茨海默病的父母。在那个情景下，没有什么来自环境的威胁需要你去排除。你无法找到改变外界应激情景的方式。你需要改变自己对于此事的感觉和想法。可以换一种方式来考虑你所处的环境、在其中的角色，以及在解释那些出乎意料的结果时所采用的归因方式。你可以通过寻求各种社会支持，感受自己被爱、被关心，感知自己生活在一个彼此联系且互相帮助的社会网络当中，也可以通过学习各种放松技术来减少痛苦。

（二）合理安排时间，做好时间管理

很多时候压力来源于堆积如山的工作，这个时候最需要的就是进行时间管理。时间管理的方法有一个演变的过程。最早的时间管理是利用便条、备忘录和记事本等来记下工作的重点。第二代的时间管理方法更注重计划性，人们利用安排表、效率手册以至商务通等电子手段来安排工作事项。在时间管理的第三个阶段，人们设立近期、中期和长期的工作目标，根据不同的目标来分配各自的工作重点，安排工作时间。现在已经进入了时间管理理论的时代。前几代的时间管理注重完成工作的时间和工作量，而时间管理理论则更注重个人的管理，注重产能，关注完成的工作是否具有有用性。时间的帕金森定理表明工作会自动地膨胀，占满所有可用的时间；80/20原则表明应该把最佳的时间用在最重要的工作上，所谓"好钢用在刀刃上"。时间管理是企业的财富之源，"时间就是金钱"的观念早已深入人心，而对于职场中的人来说，做好时间管理不仅意味着丰厚的经济利益，更能令自己的事业突飞猛进。保持焦点，一次只做一件事情，一个时期只有一个重点。

员工应合理安排自己的工作、生活，努力使自己有效地工作、有规律地生活，处理好工作与家庭的关系。在工作中常用的时间管理原则包括：首先，列出每天要做的事;其次,根据重要程度对所要做的事进行排序;再次,根据排序情况进行日程安排;最后,在自己最有效率的时间段内完成最重要的工作。

(三) 找到合适的缓解压力的方法

倾诉是缓解压力的十分有效的方法。通过向他人倾诉,员工可以获得一定程度的帮助和支持,从而调节紧张的情绪,慢慢恢复自信。此外,员工还可以通过放松训练、生物反馈训练等心理训练方法消除压力。可以尝试练习入静和放松。研究表明,每天花费一些时间从事入静和放松运动的人,会降低血压,并减少患心脏病的风险。比如可练习太极拳、瑜伽、气功、冥想等。切记不要总是陷入过去的错误和失败中,努力消除那些隐藏在心中的负罪感和忏悔感,否则应激反应强烈,对身心产生的负面影响相当大。

自己如果觉得压力过大,要寻求专业性的帮助。

(四) 把压力控制在一定范围之内

人的生活永远处在各种压力之下,国际压力研究院的创办人塞利士说:"逃避压力就跟逃避食物、运动或爱一样不合理"。但人承受压力的程度是有一定限度的,如果压力经常处于最佳反应点上,并且有规律地进入相对低阈值内缓冲,这样对人体有积极作用,如集中注意力、调动人的积极性、激发人的动力、挖掘人的潜力、促进人的身心健康与事业的发展。最关键的是把握好"最佳反应点"和及时缓冲,如果不注意缓冲就容易越过最佳反应点,压力就会进入高阈值区域内,产生消极的反应,即应激激素分泌过多;如果压力经常处在相对低阈值内,人的最佳表现、最积极的作用就发挥不出来。压力太小和压力太大的结果是一样的,即无绩效可谈;只有压力处于最佳反应区(最好是最佳反应点)时,绩效才是最高的。因此压力管理的目的不是彻底消除压力,而是把应激反应控制在一个最佳状态上。

(五) 培养运动的习惯

生命在于运动。运动不仅有益身心健康,还能够缓解工作上的压力。在压力较大的情况下进行运动,体现了"优势兴奋灶"原理。依据运动生理学"交互抑制"原理,即一个神经兴奋灶兴奋,其他神经兴奋灶就抑制。人体的一切活动都是在中枢神经系统指挥下完成的,长期从事脑力劳动的人,视觉神经中枢和与思考相对应的神经中枢经常处于兴奋和疲劳状态,而运动神经中枢始终处于抑制(休息)状态。如果经常参加体育运动,使运动神经中枢兴奋起来,其他神经中枢就会受到抑制(休息),这对员工缓解压力、使大脑进入相对休息状态无疑起到了积极的作用。有氧运动不但能降低人焦虑的程度,还能降低任何抑郁和缺乏自信心的感觉。超过20分钟以上的耐力性有氧运动(如竞走、慢跑、骑自行车等)就可以使人体产生减轻痛苦的物质"内啡肽"。

拓展阅读 15-4

呼吸练习

(1) 坐在一张舒适、支撑性能良好的椅子上——不是一坐就会陷下去的那种很软的椅子。

(2) 让椅子支撑着你的背部。

(3) 肩部自然下垂,感受它从脊柱向外逐渐变宽,一直到臂膀为止。

(4) 尽量扩胸和扩张肺部的容量。

(5) 进行五次深呼吸,以呼气开始。不要屏住呼吸。当吸气时,小腹将微微凸起,而呼气时,小腹将再次凹下。

(6) 继续吸气、呼气,默念计数"1—2—3—4"。

复习思考题

1. 压力给人带来哪些影响?
2. 组织中有哪些压力源?
3. 组织如何为员工减压?
4. 你有哪些减压技巧?谈谈个人减压的经验。

参考文献

[1] 刘纯. 旅游心理学[M]. 北京:高等教育出版社,2004.
[2] 戴彦臻. 旅游心理学[M]. 济南:山东大学出版社,2006.
[3] 吕勤,郝春东. 旅游心理学[M]. 广州:广东旅游出版社,2000.
[4] 曾廷忠. 旅游心理学[M]. 成都:四川人民出版社,1995.
[5] 甘朝有,齐善鸿. 旅游心理学[M]. 天津:南开大学出版社,1995.
[6] 岳祚弗. 旅游心理学[M]. 北京:北京广播学院出版社,1988.
[7] 谢苏,等. 旅游心理学[M]. 北京:旅游教育出版社,2001.
[8] 孙喜林,荣晓华. 旅游心理学[M]. 大连:东北财经大学出版社,1999.
[9] 薛群会. 旅游心理学[M]. 昆明:云南大学出版社,2000.
[10] 孔祥勇. 管理心理学[M]. 北京:高等教育出版社,2001.
[11] 马莹. 旅游心理学[M]. 北京:中国旅游出版社,2007.
[12] 李祝舜. 旅游心理学[M]. 北京:高等教育出版社,2005.
[13] 娄世娣. 旅游心理学[M]. 郑州:郑州大学出版社,2006.
[14] 陈福义,田振霞. 旅游心理学[M]. 长沙:湖南大学出版社,2005.
[15] 王婉飞,等. 旅游心理学[M]. 杭州:浙江大学出版社,2006.
[16] 田利军,张惠华,是丽娜. 旅游心理学[M]. 北京:中国人民大学出版社,2006.
[17] 杜炜. 旅游心理学[M]. 北京:旅游教育出版社,2005.
[18] 时蓉华. 社会心理学[M]. 上海:华东师范大学出版社,1989.
[19] 高玉祥,等. 心理学[M]. 北京:北京师范大学出版社,1985.
[20] 黄希庭. 普通心理学[M]. 北京:人民教育出版社,1991.
[21] 麻益军,芦爱英,金海峰. 旅游心理学原理与实务[M]. 北京:旅游教育出版社,2005.
[22] 赫尔雷格尔,等.组织行为学[M]. 9版. 俞文钊,等译.上海:华东师范大学出版社,2001.
[23] Myers G. D. 社会心理学[M]. 8版. 侯玉波,等译.北京:人民邮电出版社,2006.
[24] 肖建中.管理人员十项全能训练[M].北京:北京大学出版社,2006.
[25] 张德. 组织行为学[M]. 2版. 北京:高等教育出版社,2005.
[26] 罗宾斯. 组织行为学[M]. 10版. 孙健敏,李原,等译. 北京:中国人民大学出版社,2003.

[27]鲁森斯.组织行为学[M].9版.王垒,等译.北京:人民邮电出版社,2004.

[28]孙健敏,李原.组织行为学[M].上海:复旦大学出版社,2005.

[29]曾仕强,等.领导与激励[M].北京:清华大学出版社,2003.

[30]杨忠,等.组织行为学:中国文化视角[M].南京:南京大学出版社,2006.

[31]周文霞.管理中的激励[M].北京:企业管理出版社,2004.

[32]周学军.公平理论在薪酬管理中的应用[J].经济论坛,2004(24):64-65.

[33]丰塔纳.驾驭压力[M].邵蜀望,译.北京:生活·读书·新知三联出版社,1996.